Guido Knopp

# Die Deutschen im 20. Jahrhundert

Guido Knopp

# Die Deutschen im 20. Jahrhundert

## Vom Ersten Weltkrieg bis zum Fall der Mauer

In Zusammenarbeit mit Alexander Berkel, Barbara Bichler, Stefan Brauburger, Rudolf Gültner, Friederike Haedecke, Annette von der Heyde, Theo Pischke, Ricarda Schlosshan, Alexander Simon, Mario Sporn, Susanne Stenner

Gesamtredaktion: Mario Sporn

C. Bertelsmann

**KURZERKLÄRUNGEN DER ABBILDUNGEN AUF DEN TITELSEITEN UND IM VORWORT:**

Seite 1: Helmut Kohl, Hans-Dietrich Genscher und der sowjetische Staatspräsident Michail Gorbatschow, Juli 1990;
Seite 3: Friedrich Ebert, Reichspräsident 1919–1925 (links außen); Nürnberger Kriegsverbrecherprozess, Januar 1946 (links); DDR-Staatsratsvorsitzender Walter Ulbricht, 1960 (rechts); Fritz Walter, Toni Turek und Sepp Herberger nach Sieg bei der Fußball-WM 1954 (rechts außen);
Seite 6: Feier an der Berliner Mauer und am Brandenburger Tor aus Anlass der Grenzöffnung zur DDR, Berlin, 10. November 1989;
Seite 8: Erster Weltkrieg, Verabschiedung eines Soldaten, Oktober 1914;
Seite 9: Erster Weltkrieg, die zerstörte Stadt Verdun, 1916;
Seite 9: Bücherverbrennung durch die Nazis, Berlin, Mai 1933;
Seite 10: Hitler bei der Abnahme einer Truppenparade in Warschau, Oktober 1939;
Seite 11: Trümmerfrauen bei Aufräumarbeiten, 1945;
Seite 12: Konrad Adenenauer, erster Kanzler der Bundesrepublik, 1949;
Seite 12: Wirtschaftswunder, der millionste »Käfer«, August 1955;
Seite 13: Empfang des DDR-Ministerratspräsidenten Willi Stoph durch Bundeskanzler Willy Brandt in Kassel, Mai 1970;
Seite 14: Plakat »All unsere Flaggen an den Mast«

*Hinweis:* Die Textbeiträge dieses Buches basieren vielfach auf dem Band »Unser Jahrhundert« von Guido Knopp, erschienen 1998 im Verlag C. Bertelsmann, München

FSC Mix
Produktgruppe aus vorbildlich bewirtschafteten Wäldern und Recyclingholz oder -fasern
www.fsc.org Zert.-Nr. SGS-COC-004980
© 1996 Forest Stewardship Council
Verlagsgruppe Random House FSC-DEU-0100
Das für dieses Buch verwendete FSC-zertifizierte Papier *Profibulk* liefert Sappi, Alfeld.

## Impressum

**2. AUFLAGE 2008**



**UMSCHLAGGESTALTUNG:**
R · M · E Roland Eschlbeck
und Rosemarie Kreuzer, München

**GRAFISCHE GESTALTUNG UND SATZ:**
Thomas Dreher, München
(dreher@gestaltungswelten.de)
Petra Dorkenwald, München
(dorkenwald@gestaltungswelten.de)

**BILDREDAKTION:**
Dietlinde Orendi

**DRUCKVORSTUFE:**
Lorenz & Zeller, Inning a. A.

**DRUCK UND BINDUNG:**
Print Consult, Grünwald b. München
Printed in Slovakia

**ISBN 978-3-570-00976-5**
www.cbertelsmannverlag.de

## Vorwort

Das 20. Jahrhundert hat der Menschheit ihre schlechtesten und schönsten Möglichkeiten offenbart. Voller Widersprüche hinterließen diese Jahre ihre Spuren im Gedächtnis von Millionen Deutschen: Es war das Jahrhundert von Einstein und Hitler, von Auschwitz und der unverhofften Einheit, von Hiroshima und der Mondlandung. Es hat gezeigt, was dieser schöne blaue Planet sein kann, wenn nicht nur Mut und wissenschaftliche Vernunft regieren, sondern obendrein auch Menschlichkeit und Liebe. Aber es hat auch offenbart, wozu die Menschen fähig sind: zu allem – auch dazu, ihresgleichen auszulöschen.

1914, 1918, 1933, 1945, 1949 oder 1989 – das sind deutsche Jahre, die zugleich zu Wendepunkten des Jahrhunderts wurden. Sie markieren eine Zeit der Extreme: Krieg und Frieden, Aufbruch und Untergang, Wohlstand und Elend, Leid und Zuversicht – nie zuvor waren diese Gegensätze krasser, nie zuvor gab es sie in so rasantem Wechsel.

Mathematisch zählt das 20. Jahrhundert 100 Jahre. Doch politisch sind es eigentlich nur 75. Es begann so richtig erst im Jahr 1914, als die Lichter in Europa jäh erloschen, und es endete im Jahr 1989 mit dem Abschied von der zweigeteilten Welt. Ein kurzes 20. Jahrhundert also. Die Geschichte war in Eile – nach dem überlangen 19. Jahrhundert, das 1789 anfing: mit dem Sturm auf die Bastille – und 1914 endete.

Nur 75 Jahre also: 1914 bis 1989. Aber was für Jahre! Es sind zwei komplette Zeitalter. Zuerst die Zeit der Katastrophen: 1914 bis 1945. Je mehr Abstand wir von dieser Ära haben, desto mehr wird deutlich, dass es ein Weltbürgerkrieg gewesen ist – 31 Jahre lang, der Dreißigjährige Krieg des 20. Jahrhunderts. Denn der Zweite Weltkrieg speist sich aus dem Ersten. Dazwischen gab es keinen wahren Frieden, sondern nur die Zwischenkriegszeit.

Am Ende dieser Ära 1945 stand Hiroshima. Seit damals wissen wir: Die Menschheit ist imstande, technisch und moralisch, sich selbst auszulöschen. Doch die Angst davor, die Angst der Menschen vor der kollektiven Selbstvernichtung, hat im Kalten Krieg, dem Zeitalter danach, den Frieden sicherer gemacht. Zwei atomare Supermächte, Sieger des Weltbürgerkriegs, hielten sich in Schach – in viereinhalb Jahrzehnten Nicht-Krieg. Frieden nicht durch menschliche Vernunft. Nur eine Art von Frieden durch die Angst vor der Atombombe. Mit dem Fall der Mauer von Berlin, dem wirkungsmächtigsten Symbol der zweigeteilten Welt, war diese Ära abgeschlossen – und damit das 20. Jahrhundert.

Am Anfang des Jahrhunderts aber, 1914, hat die Angst der Mächte voreinander erst den großen Krieg entfesselt. Wie mörderisch der werden würde, ahnte niemand. Die Völker Europas feierten in jenen Augusttagen des Jahres 1914 all die Siege, die sie nie erringen würden, inbrünstig schon einmal vor. Alle empfanden sich als Angegriffene, keiner als Angreifer. »Aufgewachsen in einem Zeitalter der Sicherheit, fühlten wir alle die Sehnsucht nach dem Ungewöhnlichen, nach der großen Gefahr. Da hat uns der Krieg gepackt wie ein Rausch«, schrieb der Schriftsteller Ernst Jünger. Rausch genügte als Motiv, man brauchte noch keine Ideologien, um sich gegenseitig umzubringen. Das »Augusterlebnis« nannten das die Zeitgenossen später in ergriffener Erinnerung. In

den Straßen vieler Städte zwischen Moskau und Marseille wurden Soldaten wie Opfertiere mit Blumengebinden geschmückt. Die Menschen wussten noch nichts vom modernen mechanisierten Vernichtungskrieg, vom Gastod in den Gräben, vom millionenfachen Sterben im Dreck. Der Krieg übertraf dann an Grausamkeit, an menschlicher Verrohung selbst die schlimmsten Ahnungen. Hier wurde die Saat gelegt für eine Zeit, in welcher der Mensch als Material galt, nicht als Individuum. Der Erste Weltkrieg war das Schlangenei des Zweiten.

Die Folgen jenes Krieges hatten die deutschen Demokraten zu tragen. Im November 1918 kamen sie an die Macht. Nur mit ihnen war der Friede zu erlangen, den der Feldherr Ludendorff, im Feld besiegt, den in die Pflicht genommenen Demokraten später vorwarf: »Sie sollen die Suppe jetzt essen, die sie uns eingebrockt haben.« Angerichtet aber hatte diese Suppe ganz allein Ludendorff mit dem Vabanquespiel seiner Offensiven.

Die Republik, die nun entstand, begeisterte die Deutschen nicht. Sie geriet zum Hassobjekt der Linken wie der Rechten. Die einen sahen sich um die soziale Revolution betrogen, die anderen verabscheuten die neue Staatsform als Produkt der Niederlage. Die Anhänger zweier konträrer Ideologien rangen um die Gunst der Deutschen. Ihre unmenschlichen Utopien scheiterten am Ende beide.

Als die eine anfangs noch obsiegte, schwor ein Mann den Amtseid auf die Republik, die er immer wieder in den Schmutz gezogen hatte. »Ich werde meine ganze Kraft für das Wohl des deutschen Volkes einsetzen, die Verfassung und die Gesetze des Reiches wahren, die mir obliegenden Pflichten gewissenhaft erfüllen und meine Geschäfte unparteiisch und gerecht gegen jedermann führen.« Es war die erste öffentliche Lüge des neu ernannten Kanzlers.

Hitler war nicht zwangsläufig. Es hätte anders kommen können. Seine »Machtergreifung« war in Wahrheit eine Machterschleichung. Alle Aufpeitschung der Massen, aller rednerischer Aufruhr allein hätten Hitler nicht zur Macht verhelfen können. Die erhielt er erst durch

das Intrigenspiel um einen altersmüden Präsidenten und durch das Versagen jener Kräfte, die die kranke Republik beschützen sollten. Denn trotz ihrer inneren Verzagtheit wären Weimars Machteliten noch stark genug gewesen, um die Diktatur zu stoppen. Doch kaum einer wollte mehr so richtig. Man nahm Hitler hin wie ein Verhängnis. Dieser Super-GAU der Zeitgeschichte mündete in einen mörderischen Krieg.

Zwischen Hitler und den Deutschen gab es über eine lange Zeitspanne hinweg eine Teilidentität der Ziele. Der Einmarsch ins Rheinland, die Einverleibung Österreichs, die Besetzung des Sudentenlands wurden von den meisten Zeitgenossen enthusiastisch gefeiert. Solche Blumenkriege waren populär. Die Deutschen außerhalb der Grenzen »heim ins Reich« zu holen, wie man sagte, ohne Krieg, das »Unrecht von Versailles« zu tilgen – mehr wollten viele nicht. Und noch mehr Deutsche dachten, dass auch Hitler nicht mehr wollte. Aber das war ein enormes Missverständnis.

Seine wahren Absichten hatte Hitler schon ein paar Tage nach dem Machtantritt vor Reichswehrgenerälen offenbart: Eroberung von Lebensraum im Osten. Sein Ziel war das deutsche Europa – ein großgermanisches Reich vom Atlantik zum Ural –, von Autobahnen durchzogen, von Totentempeln gekrönt: Es wäre ein Albtraum geworden.

Knapp sieben Jahre nach seiner Machterschleichung hatte Hitler jenen Krieg entfesselt, den er immer wollte. Es war ein erzwungener Krieg. Bis zuletzt hatten Frankreich und Großbritannien versucht, den deutschen Überfall auf Polen zu verhindern – vergeblich. Am Morgen des 1. September 1939 rollten Panzerverbände von 4.45 Uhr an über die Grenzen, Görings Luftwaffe bombardierte Flugplätze und Städte in ganz Polen. Am Ende war das Nachbarland dreigeteilt, Warschau vernichtet im Bombenhagel. Rotterdam sollte folgen, ebenso Köln, Hamburg, Berlin und Dresden.

Für den Kriegsherrn begann der Krieg erst mit dem Überfall auf die Sowjetunion im Sommer 1941 richtig. Das war tatsächlich sein Krieg, frei von jeder Zivilisation. Bereits in seiner Schrift »Mein Kampf« hatte er die Eroberung Russlands als »deutsche Mission« ausgegeben, als Kreuzzug gegen »Weltjudentum und Bolschewismus«. War es ein Präventivkrieg?

Nein. Für Hitler war es zweitrangig, was Stalin plante. Er wollte den Krieg führen und war sich sicher, ihn zu gewinnen.

Schon seit der Niederlage vor den Toren Moskaus, im Dezember 1941, ahnte der deutsche Diktator, dass dieser Krieg vielleicht mit einer Niederlage enden würde. Gegenüber wenigen Vertrauten, etwa Jodl, sprach er es auch aus. Doch wenn schon seine erste Wahnidee nicht mehr realisiertbar war, so wollte er doch wenigstens die zweite noch vollenden: Jahre später dämmerte den Zeitgenossen, dass das eigentliche Menetekel dieser Ära nicht der Krieg gewesen ist mit seinen offenen Schrecken, sondern das in ihm verborgene Verbrechen. Dieses war offiziell »geheime Reichssache«, aber spätestens ab 1942 ahnten, sahen, wussten Hunderttausende von Menschen an der Front und in der Heimat schon genug, um ganz genau zu wissen, dass sie nicht mehr wissen wollten.

Jene, die den Psychopathen Hitler töten und den Krieg aus eigener Kraft beenden wollten, blieben einsamen Helden – Verschwörer, die nicht von der Volksstimmung getragen wurden, sondern nur von ihrem eigenen Pflichtgefühl. Der Krieg war verloren. Die führenden Köpfe der Verschwörer wollten den Schlag nach einer Reihe gescheiterter Attentatsversuche dennoch riskieren. Es komme darauf an, so Henning von Tresckow, der Kopf der Verschwörung, dass der deutsche Widerstand, um vor der Geschichte zu bestehen, den entscheidenden Ruf gewagt habe.

Was hätte es genutzt, wenn die Bombe unter dem Kartentisch des Lageraums im »Führer«-Hauptquartier »Wolfsschanze« ihr Zielobjekt zerrissen hätte? Millionen in den Konzentrationslagern, an den Fronten, in den Bombennächten wären nicht gestorben. Der Holocaust erreichte 1944 seinen Höhepunkt. Ein gelungener Tyrannenmord, er hätte seinen Sinn gehabt. So aber ging das Morden weiter. Und am Ende hätte Hitler auch sein eigenes Volk am liebsten mitgenommen in den Untergang – weil es in seinen Augen ja komplett versagt hat. Das zumindest hat er nicht geschafft.

Jene, die das schreckliche Geschehen überlebten, fanden keine Zeit für Tränen. Nichts als weiter überleben wollten sie. Noch Hunderttausende verhungerten in diesem Schicksalsjahr – gefangene Soldaten, Greise, Kranke. Ein Mann wie Konrad Adenauer sah, so schrieb er es im Jahr 1945, »unser Volk zugrunde gehen – langsam, aber sicher«. Doch der alte Herr aus Rhöndorf hatte seine Deutschen unterschätzt. Sie streckten Leberwurst mit Holz, sie bückten sich nach Ami-Kippen, fälschten Fragebögen, tauschten Silber gegen Butter, schlugen wegen Brennholz Wälder kahl und schneiderten aus Fahnentüchern Blusen.

Nur vier Jahre nach der bedingungslosen Kapitulation des Deutschen Reiches wurde am 23. Mai 1949 in Bonn das Grundgesetz unterzeichnet. Im Gegenzug legte der Deutsche Volksrat in der sowjetischen Besatzungszone

einen Verfassungsentwurf für einen zukünftigen Oststaat vor. Kurz darauf wurde die DDR gegründet.

Bundesrepublik Deutschland und Deutsche Demokratische Republik – zwei Schöpfungen des »Kalten Krieges«. An der Wiege standen die Besatzungsmächte. Nachdem im Dezember 1947 die Londoner Außenministerkonferenz gescheitert war, verfolgten die USA, Großbritannien und auch Frankreich mit allem Nachdruck einen neuen Kurs Richtung Weststaat. Ein Meilenstein auf diesem Weg war die Währungsreform vom 20. Juni 1948. Die Sowjets antworteten mit der Blockade Westberlins. Die Spaltung Deutschlands schritt voran. Als im Herbst 1948 klar war, dass sich der Parlamentarische Rat in Bonn keinesfalls von seiner Verfassungsarbeit abbringen lassen würde, erarbeitete Ostberlin demonstrativ einen eigenen Verfassungsentwurf. Beide Entscheidungen zementierten die deutsche Teilung für die nächsten 40 Jahre.

Konrad Adenauer wurde bald zur ersten prägenden Figur der jungen Bundesrepublik. Freiheitliche Demokratie und Westbindung – keiner seiner Nachfolger stellte die von ihm ausgebauten Fundamente der zweien Republik in Frage. Und wenn ihm seine Gegner vorhielten, die Westbindung vertiefe doch die Spaltung der Nation und komme einer Preisgabe der deutschen Einheit gleich, dann erwiderte der Kanzler, Einheit in Freiheit sei nur durch den Anschluss der Bundesrepublik an den Westen zu erreichen. Nur ein politisch, wirtschaftlich und militärisch starkes Bündnis werde die Sowjetunion bewegen, eines Tages auch den Osten Deutschlands preiszugeben. Zwar erstarrte diese Hoffnung mit den Jah-

ren zur Rhetorik, doch mit der Einheit 1990 bekam er posthum recht. Im Rückblick haben selbst die schärfsten Widersacher eingeräumt, die Westbindung des Konrad Adenauer sei der einzig mögliche Weg der Bundesrepublik zur Einheit gewesen – auch wenn die Teilung so für mehr als eine deutsche Generation zur schmerzlichen Tatsache wurde.

Das eigentliche deutsche Nachkriegswunder war, dass dem Kunstgebilde Bundesrepublik in seinen Kinderjahren eine doppelte Integration gelang: Zum einen war dies die Eingliederung von 13 Millionen Flüchtlingen und Vertriebenen in einem ausgebombten ruinierten Land – eine auch im Nachhinein grandiose Leistung angesichts des Sprengstoffs, der sich hinter der Gefahr sozialer Konflikte verbarg. Und ebenso die Integration der traumatisierten Kriegsgeneration.

Möglich wurde dies vor allem durch den sagenhaften wirtschaftlichen Aufschwung, dem das Wort vom »Wirtschaftswunder« anhaftet – doch war der alles andere als ein Wunder: Seine Fundamente ruhten auf dem wirksamen Rezept von harter Arbeit und Verzicht auf Zeit. Und harte Arbeit nach der großen Katastrophe war die beste Therapie für das besiegte und besetzte und geteilte Volk. Millionen Menschen waren froh, aus dem Dreck, der da war, herauszukommen, wollten von den schlimmen Jahren vorher nichts mehr sehen, nichts mehr hören, nichts mehr wissen – wie die drei berühmten Affen.

Überall im Land feierte man Produktionsrekorde: das zehnte vom Stapel gelassene Frachtschiff, die hundertste Lokomotive, den einmillionsten Käfer. Unverfängliche Symbole eines neuen Selbstgefühls. Mit der Wirtschaft wuchs der Wohlstand, mit dem Wohlstand auch die Liebe zum System, das ihn gebar. Ohne den durch Fleiß erworbenen Wohlstand wäre diese Republik nicht so stabil gewesen und geblieben.

Willy Brandts Kanzlerschaft dagegen bleibt in Erinnerung als eine Reihe großer Bilder – emotionale Szenen wie die von Warschau, wo er, der es nicht nötig hatte, kniete – auch für jene, die es nötig gehabt hätten, aber nicht zu knien in der Lage waren. Brandts Dialog mit Moskau, Warschau, Ostberlin – er brachte ihm den Friedensnobelpreis ein. Zu Hause wurde der Prophet geschmäht. So wie die SPD sich in den fünfziger Jahren gegen Adenauers Westpolitik gewandt hatte mit dem Vorwurf, diese zementiere Deutschlands Teilung, genauso wandte sich die CDU nun mit dem gleichen Vorwurf gegen Brandts Ostpolitik. Der Verlauf der Geschichte hat nicht nur Adenauers Westintegration recht gegeben, sondern auch Brandts Ostpolitik. Jahre später zeigte sich, dass beide Ideen sich zusammenfügten. Ohne das Vertrauen der Partner im Westen und im Osten hätte es die deutsche Einheit nicht gegeben.

Dass der Kalte Krieg am Ende überwunden wurde und dass Deutschland 1989/90 neu vereint und frei geworden ist, das ist ein Glück und eine Gnade der Geschichte. Wir, die Bürger des geeinten Deutschland, haben ja nach einem blutigen Jahrhundert allen Grund zur Dankbarkeit und Freude. Und wir müssten eigentlich auf den Straßen unseres Landes jauchzen und frohlocken: Einheit, Freiheit, Frieden – diese lange unerfüllten Hoffnungen und Ziele unserer Geschichte sind zum ersten Mal erreicht. Zum ersten Mal zur gleichen Zeit. An unseren Grenzen stehen keine Gegner, keine Feinde, sondern Nachbarn, Partner, Freunde. Zum ersten Mal in unserer Geschichte sind wir jetzt umzingelt von Verbündeten. Vier Jahrzehnte waren wir das potenzielle Schlachtfeld eines atomaren Krieges, der uns Gott sei Dank erspart geblieben ist – ein Glück und eine Gnade der Geschichte.

An einem Wendepunkt der Weltgeschichte haben unsere Nachbarn in Europa das latente, alte Misstrauen dem Volk der Mitte gegenüber überwunden. Im Prozess zur deutschen Einheit wurde letzten Endes eines klar: Europa funktioniert nicht ohne das geeinte Deutschland. Und genauso wenig ist auch Deutschland ohne das Bekenntnis zu Europa überlebensfähig. Am Ende des Jahrhunderts hat uns die Geschichte eine Art von »Happy End« beschert – nach einer bitteren Lektion. Heute sind wir das geeinte Land der Mitte in Europa – das ist eine Chance und besondere Verantwortung.

Europa hat jetzt Chancen wie noch nie, trotz aller Krisen. Wir, die Europäer, sind am Ende alle aufeinander angewiesen, ob wir wollen oder nicht. Wir sitzen allesamt in einem Boot. Wie gut die Kommunikation an Bord ist, das entscheidet über unsere Zukunft in der Welt. Das ist die Botschaft aus dem 20. Jahrhundert. Und sie gilt für alle Europäer und für alle Deutschen.

# 1914

## Der Sündenfall

Seit Stunden schon hatten sich die Menschen im Lustgarten des Berliner Stadtschlosses versammelt. Selbst auf den Stufen des Domes und um das alte Museum herum warteten sie auf die ersehnte Nachricht. Die Glocke des Berliner Domes schlug gerade fünf Uhr, als sich ein kaiserlicher Generalstabsoffizier im offenen Wagen auf der Prachtstraße Unter den Linden näherte. Er fuhr an der wogenden Menschenmenge vorbei, schwang sein Taschentuch und verkündete die Mobilmachung. Als Kaiser Wilhelm II. sich mit seinen Ministern und Generälen auf dem Balkon des Berliner Stadtschlosses zeigte, war die Atmosphäre des gespannten Wartens schon der Euphorie gewichen. Das tief ergriffene Volk stimmte unter den Klängen der Domglocken den Choral »Nun danket alle Gott!« an.

Ein Taumel nationaler Kriegsbegeisterung erfasste die Menschen. In Berlin, in Wien, Paris und andernorts bejubelten sie die Aussicht auf einen Kampf, von dem noch niemand ahnte, wie mörderisch er werden würde. Die Völker Europas zogen in jenen Augusttagen 1914 mit einer fast schon religiösen Inbrunst in den Krieg. Alle fühlten sich als Angegriffene, keiner als Angreifer. Auf den Straßen Europas feierten die Menschen die Aussicht auf den Weltenbrand als Ausbruch aus den Zwängen der Epoche, die als lähmend, ja als langweilig emp-

Ein Offizier verkündet einer gebannt lauschenden Menschenmenge den Zustand der drohenden Kriegsgefahr. Berlin, Unter den Linden, 31. Juli 1914.

funden wurde. »Aufgewachsen in einem Zeitalter der Sicherheit, fühlten wir alle die Sehnsucht nach dem Ungewöhnlichen, nach der großen Gefahr. Da hatte uns der Krieg gepackt wie ein Rausch«, erinnerte sich der Schriftsteller Ernst Jünger. Der 1. August 1914 besiegelte die Todeskrise des alten bürgerlichen Europa. Er war das Ende einer Ära – und das Ende eines überlangen 19. Jahrhunderts.

Nur wenige sahen in diesen Tagen die Konsequenzen eines Krieges voraus, der die ersten industriellen Massenvernichtungswaffen hervorbringen würde. Der Rausch der ersten Augusttage fegte jene Stimmen hinweg, die sich warnend gegen den Krieg erhoben hatten. Überall in Europa bekundete die Bevölkerung Solidarität mit ihrer Regierung, gleich welcher sozialen Schicht oder Partei sie auch angehörte. Die Reihen der Nationen waren fest geschlossen, auf der Strecke blieb die internationale Solidarität. Der Sog der nationalen Kriegseuphorie riss auch die Arbeiter mit sich.

In den am Krieg beteiligten Ländern bewilligten die Parlamente ohne Zögern die notwendigen Kriegsmittel, traten dann ins zweite Glied zurück und überließen den Exekutiven das Feld. Als Kaiser Wilhelm II. am 4. August die erste Kriegssitzung des Deutschen Reichstags eröffnete, war auch er sich allgemeiner Unterstützung gewiss. »Ich kenne

## Kaiser Wilhelm II.

Er war ein Fabeltier seiner Zeit: ein prunksüchtiger Monarch, selbstverliebt und redselig, von innerer Unsicherheit und großspurigem Auftreten. Er wollte aus der Landmacht Deutschland eine Seefahrernation machen und seinem Reich einen »Platz an der Sonne« sichern. Über seinen Uniformfimmel und die Reisemanie spotteten bereits die Zeitgenossen. Doch in vielem, was er tat, verkörperte er eine Epoche, der er seinen Namen gab. »Dieser Kaiser, über den ihr euch aufregt, ist euer Spiegelbild«, hielt 1908 der große Liberale Friedrich Naumann seinen Landsleuten vor. Für das deutsche Bürgertum war dieser Monarch ein Idol, Symbol für eigenes Streben nach Glanz und Größe. Selten hat ein Mensch den Geist seiner Zeit so in sich getragen wie der letzte deutsche Kaiser.

Hunderttausende meldeten sich freiwillig, um an dem vermeintlichen »Ausflug« zum »Preisschießen nach Paris« teilzunehmen.

keine Parteien mehr. Ich kenne nur Deutsche«, rief der Monarch den Abgeordneten zu. Dann forderte er die Parteivorstände zu einer symbolischen Geste auf: »… und zum Zeugen dessen, dass sie fest entschlossen sind, ohne Parteiunterschiede, ohne Standes- und Konfessionsunterschiede zusammenzuhalten, mit mir durch dick und dünn, durch Not und Tod zu gehen, fordere ich die Vorstände der Parteien auf, vorzutreten und mir dies in die Hand zu geloben.« Der Spruch war für Wilhelm typisch, doch an diesem Tag kam Pathos an. Nachdem sich alle Parteivorstände erhoben hatten, schüttelte der Kaiser jedem die Hand. Es blieb nicht nur bei symbolischen Gesten. Der Reichstag stimmte in der feierlichen Sitzung einmütig der Aufnahme von Kriegskrediten zu und verzichtete für die Dauer des Krieges freiwillig in weiten

Bereichen auf die Ausübung seiner parlamentarischen Pflichten. Man einigte sich zunächst auf die Vertagung des Reichstags bis zum 2. Dezember.

Staatliche Zensur sollte von nun an über den »Burgfrieden« wachen. Offene oder versteckte Kritik an der Regierung oblag ab diesem Zeitpunkt nicht mehr der politischen Leitung, sondern ausschließlich dem stellvertretenden Generalkommando. Die Worte Wilhelms II. an die Reichstagsabgeordneten: »Mit reinem Gewissen und reiner Hand ergreifen wir das Schwert«, bewegten das deutsche Volk nicht nur in Berlin. Das Gefühl, das sich allenthalben ausbreitete, erhielt bald einen Namen: das »Augusterlebnis«. So einig, so geschlossen war das deutsche Volk noch nie gewesen wie in diesen Tagen. Doch bekanntermaßen halten Emotionen nicht sehr lange an.

*Mitten im Frieden überfällt uns der Feind. Darum auf zu den Waffen! Und wir werden diesen Kampf bestehen – auch gegen eine Welt von Feinden.*

WILHELM II., 6. AUGUST 1914

Vorerst aber wurde Deutschland von einer Woge des Patriotismus erfasst. Spontan meldeten sich Hunderttausende freiwillig, um für ihr Vaterland zu kämpfen. Allerorts quollen die Bahnhöfe über von jungen Männern in Uniformen, bejubelt von ihren Müttern, Schwestern und Frauen. »Jeder war begeistert und dachte, das sei wohl ein Spaziergang, einmal Paris hin und zurück«, so Käthe Rodde, die die Mobilisierung als Kind erlebte. »Die Soldaten marschierten durch die Stadt, Sträußchen am Helm, Sträußchen auf dem Bajonett. Begleitet

Unter den Tausenden, die am 1. August 1914 vor der Münchner Feldherrnhalle den Kriegsausbruch bejubelten, war auch Adolf Hitler.

von der Musik und getragen von der großen Begeisterung der Bevölkerung, zogen sie durch die Straßen.«

Auch in München begrüßten die Menschen den Kriegsbeginn voll Euphorie. Der Schriftsteller Johannes R. Becher erinnerte sich später: »Schon vom Odeonsplatz an stand alles dicht gedrängt. An der Feldherrnhalle baute sich, die Stufen empor, eine Menschenmauer auf.« Unter den Tausenden, die vor der Feldherrnhalle voller Jubel die Kriegsproklamation begrüßten, stand auch ein unscheinbarer österreichischer Postkartenmaler, der an derselben Stelle rund neun Jahre später die Bühne der Weltgeschichte betreten sollte: Adolf Hitler.

Nicht nur die Deutschen zogen voller Inbrunst in den Krieg. Auch in England meldeten sich im ersten Kriegsmonat 500 000 Männer aller Altersstufen, die sich der Berufsarmee anschließen wollten. Insgesamt sollte Großbritannien mehr als drei Millionen Freiwillige auf den europäischen Kontinent entsenden. 5,4 Millionen Soldaten der alliierten Streitkräfte sollten aus dem Krieg nicht wiederkehren, vier Millionen aufseiten der Mittelmächte fallen. Doch das Blutopfer einer ganzen Generation blühender Jugend sah in jenen strahlenden Augusttagen 1914 niemand voraus.

*In Europa gehen die Lichter aus. Wir werden es nicht mehr erleben, wenn sie wieder angehen.*

SIR EDWARD GREY, BRITISCHER AUSSENMINISTER

Begonnen hatte der Countdown zum Ersten Weltkrieg auf dem Balkan – von dem Bismarck noch gesagt hatte, er sei nicht die Knochen eines einzigen pommerschen Grenadiers wert. Als der österreichische Thronfolger Franz Ferdinand sich entschloss, am 28. Juni 1914, seinem Hochzeitstag, in Sarajevo die dort stationierten Truppen zu inspizieren, hatte er damit auch seinen Todestag bestimmt. Kaum war der Besuch offiziell angekündigt, plante ein halbes Dutzend junger Männer die Ermordung des Thronfolgers. Bosnien und die Herzegowina waren wenige Jahre zuvor dem Machtbereich Österreich-Ungarns zugefallen. Ehemals türkisch, wurde das Gebiet seit 1878 von Österreich-Ungarn zunächst verwaltet, dann 1908 annektiert – sehr zum Unwillen der Serben, die ein großserbisches Reich anstrebten. Durch seine militärischen Erfolge in den beiden Balkankriegen 1912 und 1913 ermutigt, fühlte sich Serbien stark genug, auf eine Vereinigung aller zum südslawischen Kulturkreis zählenden Völker zu pochen – einschließlich Bosnien-Herzegowinas.

Franz Ferdinand hatte andere Vorstellungen. Er wollte die Neugliederung der österreichisch-ungarischen Monarchie. Eine Gesamtregierung unter dem Kaiser sollte die 15 Einzelstaaten zentral verwalten, Deutsch die offizielle Amtssprache werden. Der eigensinnige Thronfolger, unduldsam gegenüber oppositionellem Gedankengut, schien wie geschaffen als Opfer einer gezielten Aktion. Als Franz Ferdinand am 28. Juni in einem offenen Automobil durch Sarajevo fuhr, standen vier junge Männer bereit, die Bluttat zu begehen. Zwei Versuche scheiterten im Vorfeld. Der Schriftsetzer Nedeljiko Cabrinović warf eine Bombe auf den Wagen des Erzherzogs – doch er traf nur ein Begleitfahrzeug. Unverletzt, doch aufs Höchste empört, entschloss sich Franz Ferdinand, die Stadt sofort zu verlassen. Sein Chauffeur wurde freilich nicht von der geänderten Route unterrichtet. Er nahm die falsche Abkürzung, wendete das Automobil und fuhr es direkt vor die Pistole eines anderen Verschwörers. Unter den Zuschauern, die der heranrollenden Kolonne applaudierten, befand sich ein schmächtiger siebzehnjähriger Schüler serbischer Herkunft, Gavrilo Princip. »Ich ging zum Geschäft Schiller, weil ich aus der Zeitung wusste, dass der Thronfolger dort vorbeikommen würde«, gab der Attentäter später zu Protokoll. »Plötzlich hörte ich die Leute ›Hoch‹ rufen. Gleich darauf sah ich das erste Automobil. Als das zweite Automobil näher kam, erkannte ich darin den Thronfolger. Ich sah auch eine Dame darin sitzen und überlegte, ob ich schießen sollte oder nicht. Im selben Augenblick überkam mich ein eigenartiges Gefühl, und ich zielte vom Trottoir aus auf den Thronfolger.« Gavrilo Princip tötete den Erzherzog mit einem Schuss – und traf mit dem zweiten dessen Frau, die sofort ihrer Verletzung erlag.

Die Schüsse auf den österreichischen Erzherzog Franz Ferdinand waren der Anlass zur Auslösung des Krieges.

Das Attentat von Sarajevo, letztes Glied in einer Kette terroristischer Aktionen in den südslawischen Gebieten der k.u.k. Monarchie, war der Zündfunke einer ohnehin schon aufgeladenen politischen Atmosphäre. In Wien betrachtete man den Mord als einen Angriff auf Souveränität und Ansehen der eigenen Nation. Serbien, davon waren die Wiener überzeugt, sei schuldig oder zumindest indirekt verantwortlich für das Komplott. Die Waffen der Attentäter stammten in der Tat aus dem serbischen Heeresdepot, serbische Beamte hatten den Mördern die Überschreitung der Grenzen ermöglicht. Überdies wurde die Geheimorganisation »Vereinigung oder Tod«, auch »Schwarze Hand« genannt, in deren Auftrag Gavrilo Princip tötete, von Dragutin Dimitrijević geleitet, einem Oberst im serbischen Generalstab. Dieser wiederum stand in Opposition zur Regierung des Ministerpräsidenten Nikola Pašić, der seinerseits Konflikte mit Österreich eher zu meiden versuchte. Die k.u.k. Monarchie musste handeln, wollte sie ihren Status als Großmacht demonstrieren und ihr sinkendes Prestige bei den Balkanvölkern wiedererlangen.

Niemand ahnte zu diesem Zeitpunkt, dass es ausgerechnet die Schüsse von Sarajevo sein sollten, die den schwachen Balancezustand zerbrechen würden, mit dem sich Europa seit Jahren am Rande des Krieges entlanghangelte.

Die Frage, wie sich Österreichs Bündnispartner Deutschland im Kriegsfall verhielt, wurde im Politpoker zum Dreh- und Angelpunkt. Als Kaiser Wilhelm II. den österreichisch-ungarischen Gesandten in Berlin, Graf Szögyény, zum Frühstück in das Neue Palais nach Potsdam lud, überreichte dieser ihm zwei Schriftstücke aus Wien: ein Handschreiben des Kaisers Franz Joseph I. sowie eine Denkschrift des österreichischen Außenministeriums. Von Wien zu einer eindeutigen Stellungnahme gedrängt, antwortete der Monarch, er müsse von einer endgültigen Antwort vorerst absehen. Die »ernsten europäischen Komplikationen« seien mit seinem Kanzler Bethmann Hollweg zu besprechen. Jedoch, so versicherte er seinem Frühstücksgast, könne Österreich-Ungarn auch im Falle einer »ernsten europäischen Komplikation« mit der vollen Unterstüt-

## Bündnissysteme in Europa

Der Zweibundvertrag, geschlossen im Jahr 1879, verpflichtete Deutschland im Fall eines russischen Angriffs zur Waffenhilfe für Österreich. In den Entente-Verträgen von 1904 und 1907 war das politische Zusammenwirken Englands mit Frankreich und Russland festgelegt. In Wien und Berlin erwartete man für den Fall einer militärischen Aktion gegen Serbien schärfste Gegenmaßnahmen von russischer Seite. Man war sich zwar bewusst, dass die bestehenden Abkommen einen allgemeinen europäischen Krieg provozieren könnten, hoffte jedoch auf eine Begrenzung des Konflikts. Obwohl Russland sich als Schutzmacht der slawischen Staaten auf dem Balkan verstand, würde es sich im Fall einer bewaffneten Auseinandersetzung mit Säbelrasseln begnügen, so die vorherrschende Meinung. Deutschland müsse nur entschlossen genug hinter Österreich stehen. Es war eine Politik des äußersten Risikos.

zung Deutschlands rechnen. Deutschland, so wiederholte der Kaiser, werde in gewohnter Bündnistreue an der Seite Österreichs stehen.

Am Nachmittag desselben Tages empfing Kaiser Wilhelm II. seinen Reichskanzler sowie den Unterstaatssekretär Arthur Zimmermann. Er sehe den Ernst der Lage, erklärte Wilhelm seinen Beratern. Kaiser Franz Joseph I. müsse jedoch wissen, dass Deutschland auch in ernster Stunde Österreich-Ungarn nicht verlassen werde. Das hieß Schulterschluss gegen Serbien! Deutschland stellte seinem Bündnispartner den berühmten »Blankoscheck« aus. Zwar war man sich auch in Berlin über die Gefahr eines allgemeinen europäischen Krieges im Klaren, doch hoffte man auf eine Eingrenzung des Konflikts und nahm die Risiken auf sich. Die deutsche Zwangslage umriss Reichskanzler Bethmann Hollweg in kurzer, aber prägnanter Weise: »Unser altes Dilemma bei jeder österreichischen Balkanaktion: Reden wir ihnen zu, so sagen sie, wir hätten sie hineingestoßen. Reden wir ab, so heißt es, wir hätten sie im Stich gelassen. Dann nähern sie sich den Westmächten, deren Arme offen stehen, und wir verlieren den letzten mäßigen Bundesgenossen.« Ergäbe sich aus einem lokalen österreichisch-serbischen Krieg nicht außerdem auch die Gelegenheit, das erstarrte europäische Koalitionssystem zu durchbrechen, den Ring der Gegner zu sprengen? Den Bündnispartner Österreich-Ungarn erachtete Berlin im Inneren als akut gefährdet, die Verlässlichkeit des Verbündeten Italien wurde angezweifelt. Serbien wiederum schien aufgrund militärischer Erfolge und territorialer Gewinne enorm gefestigt. Hinzu kam die Furcht vor einem erstarkenden Russland, dessen machtpolitische Ambitionen sich in Südeuropa immer deutlicher abzeichneten. Russland habe sein Rüstungsprogramm in zwei bis drei Jahren abgeschlossen, warnte der deutsche Generalstab und riet zum Präventivschlag.

Franz Joseph I. auf einem Gemälde aus dem Jahr 1915. Zu diesem Zeitpunkt war er bereits 67 Jahren österreichischer Kaiser.

Reichskanzler Theobald von Bethmann Hollweg gehörte zu den wenigen Politikern, die die Gefahren eines »Weltenbrands« fürchteten.

*In zwei bis drei Jahren wird Russland seine Aufrüstung abschließen. Jetzt wären wir ihnen noch einigermaßen gewachsen. Es bleibt meines Erachtens nichts übrig, als den Gegner zu schlagen, solange wir den Kampf noch einigermaßen bestehen können.*

HELMUTH VON MOLTKE, GENERALSTABSCHEF

In Sankt Petersburg versicherte man sich derweil der Bündnistreue Frankreichs. In einer Atmosphäre, erfüllt vom Geist erneuerter Waffenbrüderschaft, erklärte der französische Präsident Raymond Poincaré bei seinem Staatsbesuch feierlich, Frankreich werde »alle Verpflichtungen des Bündnisses erfüllen«. War das nicht auch eine Art von Blankoscheck? Russland beurteilte die durch das Attentat ausgelöste Krise als ernst und zeigte sich als Schutzmacht Serbiens entschlossen, etwaige österreichische Maßnahmen, die sich auf die Integrität und Souveränität Serbiens schädlich auswirken würden, keinesfalls zuzulassen. Immerhin waren hier auch eigene Belange im Spiel. Auf keinen Fall wollte die russische Regierung tatenlos mit ansehen, wie Deutschland und Österreich die Geschicke auf dem

»Geist erneuerter Waffenbrüderschaft«. Der französische Präsident Raymond Poincaré (im Anzug) besucht den russischen Zar Nikolaus II. Kronstadt, Juli 1914.

Balkan bestimmten. Vitales Interesse hatte Russland außerdem an der Kontrolle der strategisch wichtigen Meerengen Bosporus und Dardanellen. Teilmobilisierung war nun die Antwort auf Österreich-Ungarns Drohungen.

Als am 23. Juli die Donaumonarchie ein überaus scharfes, auf 48 Stunden befristetes Ultimatum an Serbien stellte, befand sich Kaiser Wilhelm II. noch auf einer Nordlandreise. Das Ultimatum verlangte ein Einschreiten gegen die rechtsradikale Bewegung in Serbien unter Beteiligung österreichisch-ungarischer Staatsorgane. Die Devise hieß: Volle Genugtuung für das Attentat von Sarajevo! Die Forderung Österreichs war so formuliert, dass ihre Annahme so gut wie ausgeschlossen war, wollte Serbien die eigene Souveränität nicht preisgeben. 48 Stunden später antworteten die Serben. Auf das eigene Souveränitätsrecht pochend, gaben sie den Forderungen bezüglich der Bekämpfung der österreichfeindlichen Umtriebe nach. »Eine brillante Leistung für eine Frist von bloß 48 Stunden! Das ist mehr, als man erwarten konnte«, kommentierte der deutsche Kaiser auf seiner Yacht in nordischen Fjorden die Entwicklung und befahl die Heimfahrt. »Ein großer moralischer Erfolg für Wien, aber damit fällt jeder Kriegsgrund fort«, meinte Wilhelm. Er sollte sich irren, denn Wien gab sich mit der geschickt formulierten Antwort nicht zufrieden. Die Donaumonarchie reagierte mit dem Abbruch der diplomatischen Beziehungen und der Teilmobilmachung.

Als Österreich-Ungarn am 28. Juli Serbien den Krieg erklärte, schien eine Lokalisierung des Konflikts nur noch durch Verhandlungen möglich. Bis zu diesem Punkt hatte die deutsche Regierung Österreich volle Unterstützung zugesichert. Nun versuchte sie – auch unter dem Einfluss Großbritanniens –, mäßigend auf den Bundesgenossen einzuwirken. Bethmann Hollweg schrieb am 28. Juli an den Botschafter in Wien: »Wir sind bereit, unsere Bündnispflicht zu erfüllen, müssen es aber ablehnen, uns von Wien leichtfertig und ohne Beachtung unserer Ratschläge in einen Weltbrand hineinziehen zu lassen.« Der Kanzler versuchte, zwischen Wien und Sankt Petersburg zu vermitteln. Österreich solle Russlands Außenminister Sergej Sasonow versichern, dass man keine Territorialansprüche an Serbien stelle. Teilgebiete würden nur bis zur Erfüllung der serbischen Zusagen besetzt. Die Initiative, durch bilaterale Verhandlungen die brisante Lage zu entspannen, ging von London aus. Sir Edward Grey, Großbritanniens Außenminister, hatte bereits einige Tage zuvor eine Viermächtekonferenz vorgeschlagen. Militärische Bewegungen sollten in diesem Zeitraum ebenso unterbleiben wie die Berührung serbischen Territoriums. Aber es war zu spät! Die Kriegsmaschinerie ließ sich nicht mehr aufhalten. Die Staatsmänner vertrauten dem Mittel der Einschüchterung auf höchster Ebene, der Mobilmachung. Doch die Kombination von Bluff und martialischen Drohgebärden, die sich bis dahin des Öfteren als wirkungsvoll erwiesen hatte, sollte diesmal auf schreckliche Weise realisiert werden.

Am Nachmittag des 29. Juli nahm in Sankt Petersburg der Außenminister Sasonow eine deutsche Demarche entgegen, die die unverzügliche Einstellung der russischen Mobilmachungsvorbereitungen verlangte. Die Zeichen standen auf Sturm. Dessen waren sich auch Zar Nikolaus II. (»Nicky«) und sein Vetter Wilhelm II. (»Willy«) bewusst. Sie hofften, den großen Krieg durch die Beschwörung monarchischer Familienbande verhüten zu können. Zar Nikolaus II. bat seinen Vetter in Berlin per Telegramm um dessen Vermittlung in Wien. Die warnende Antwort Wilhelms ließ nicht lange auf sich warten. Wenn nun Russland gegen Österreich mobilisiere, werde »meine Vermittlerrolle, mit der Du mich gütigerweise betraut hast und die ich auf Deine ausdrückliche Bitte übernommen habe, gefährdet, wenn nicht unmöglich gemacht. Das ganze Gewicht der Entscheidung ruht jetzt ausschließlich auf Deinen Schultern. Sie haben die Verantwortung für Krieg oder Frieden zu tragen.«

Am Nachmittag des 30. Juli gab der Zar dem Drängen seines Außenministers Sasonow nach und ordnete die Generalmobilmachung an. Die Furcht, eine Blamage auf dem Balkan könnte das Ende des russischen Imperiums bedeuten, das bereits im Inneren durch nationale und revolutionäre Aktivitäten bedroht war, saß tief. Die Aussicht auf einen siegreichen Krieg, mit dem sich das Zarenreich stabilisieren ließ, schien zu verlockend. Die verwandtschaftlichen Beziehungen konnten diese Dynamik nicht aufhalten. Zar Nikolaus II. schrieb an seinen Vetter Wilhelm II. nach Berlin, es sei »technisch unmöglich, unsere militärischen Vorbereitungen einzustellen, die infolge der Mobilmachung gegen Österreich notwendig waren«. Weiterhin versicherte er: »Es liegt uns fern, einen Krieg zu wünschen. Solange die Verhandlungen mit Österreich wegen Serbien andauern, werden meine Truppen keinerlei herausfordernde Handlungen unternehmen. Ich gebe Dir mein feierliches Ehrenwort darauf.«

Eine Atmosphäre politischer Gegensätze herrschte unterdessen in Berlin. Während Kanzler Bethmann Hollweg Österreich zu einer Strategie des Innehaltens zu bewegen suchte, um dadurch Handlungsfreiheit zurückzugewinnen, versprach der Chef des Generalstabs, Helmuth von Moltke, seinem österreichischen Kollegen Conrad von Hötzendorf deutsche Unterstützung als Antwort auf die russische Mobilmachung. Militärische und politische Führung arbeiteten nun nicht mehr Hand in Hand, sondern gegeneinander. Nur ein Machtwort des Kaisers hätte den gordischen Knoten noch lösen können. Doch das Primat des Militärs siegte über das Primat der Politik.

Kaiser Wilhelm II. und Generalstabschef Helmuth von Moltke während eines Manövers.

Am 31. Juli verkündete Österreich-Ungarn die allgemeine Mobilmachung. Europa taumelte dem Krieg entgegen. Als in Berlin die Kunde von der russischen Generalmobilmachung eintraf, fragte Bethmann Hollweg von Moltke: »Ist das Vaterland in Gefahr?« Dieser bejahte natürlich. Deutschland verkündete den Zustand drohender Kriegsgefahr und entsandte Ultimaten: Von Russland forderte das Reich innerhalb von zwölf Stunden die sofortige Demobilisierung, und Frankreich sollte sich im Falle eines deutsch-russischen Konflikts neutral verhalten. Doch Russland schwieg, während die Telegrafendrähte in Europa glühten. König George V. schickte von London aus Telegramme nach Paris und Sankt Petersburg. Der britische Monarch bot seine Vermittlung an, um »das Missverständnis zu beseitigen« und »um für Unterhandlungen und Friedensmöglichkeiten noch freien Raum zu lassen«. Doch mit dem fünften Glockenschlag des Berliner Domes endete nicht nur das Ultimatum an Russland, sondern auch der Friede in Europa. Während sich in Berlin das Viertel um Stadtschloss und Lustgarten mit Menschen füllte, unterschrieb und verkündete Kaiser Wilhelm II. die allgemeine Mobilmachung. Um 20 Uhr telegrafierte der deutsche Botschafter Graf von Pourtalès aus Sankt Petersburg an das Auswärtige Amt, er habe den Außenminister Sasanow dreimal hintereinander gefragt, ob er die verlangte Erklärung betreffs Einstellung der Kriegsmaßnahmen gegen Deutschland und Österreich geben könne. Nach dreimaliger Verneinung der Frage habe er die befohlene Note überreicht. »Seine Majestät der Kaiser, mein erhabener Herrscher, nimmt im Namen des Reiches die Herausforderung an und betrachtet sich als im Kriegszustand mit

Die Ansprache des Kaisers vom Balkon des Berliner Stadtschlosses am 1. August 1914 auf einem zeitgenössischen Gemälde von Fritz Genutat.

Russland befindlich.« Deutschland hatte Russland den Krieg erklärt.

Europa schien wie von Sinnen. Während auf den Bahnhöfen des Kontinents junge Männer Abschied von der Heimat nahmen, überreichte der deutsche Botschafter in Paris, Feiherr von Schoen, im Auftrag Bethmann Hollwegs der französischen Regierung die Kriegserklärung. Berlin fürchtete den Zweifrontenkrieg. Die bestehenden Bündnisverpflichtungen, so schätzte man realistisch ein, würden Deutschlands Truppen in Ost und West binden. Man wollte Frankreich zuvorkommen und seine Armee binnen kürzester Frist außer Gefecht setzen, noch ehe der vermeintlich schwerfälligere russische Aufmarsch beendet sei. In einer gewaltigen Umfassungsschlacht sollte Frankreich überfallartig geschlagen werden, so die Strategie, die im Jahr 1905 vom damaligen Generalstabschef Alfred von Schlieffen ausgearbeitet worden war.

Auf den Schlieffen-Plan vertrauend, rechnete auch Helmuth von Moltke fest damit, dass Deutschland dank seiner leistungsfähigen militärischen Organisation den Gegner im Westen vernichten konnte, noch ehe die Mobilisierung der russischen Armeen abgeschlossen war.

*Krieg! Es war Reinigung, Befreiung, was wir empfanden, und eine ungeheure Hoffnung.*

THOMAS MANN, »GEDANKEN IM KRIEG«

Die deutsche Kriegsmaschinerie setzte sich in Bewegung.

In den frühen Morgenstunden des 2. August überschritten deutsche Truppen die Grenze. Als am Morgen des 3. August Generalstabschef von Moltke Reichskanzler Bethmann Hollweg über den Einmarsch in Belgien informierte, waren in London bereits die Würfel gefallen. Premierminister Herbert Asquith, Außenminister Grey und Kriegsminister Lord Richard Haldane beschlossen die Entsendung eines britischen Expeditionskorps nach Frankreich. Die Verletzung der belgischen Neutralität zwang das Vereinigte Königreich zum Handeln. Immerhin hatte Großbritannien selbst einst die Souveränität Belgiens garantiert. Überdies stellte ein besetztes Belgien eine akute Gefahr für Sicherheit und Unabhängigkeit der Seemacht England dar. Der britische Gesandte George Goschen überreichte am 4. August Kanzler Bethmann Hollweg ein auf Mitternacht befristetes Ultimatum, das eigentlich einer Kriegserklärung gleichkam, denn

»Mit Hurra vorwärts!« Die Original-Bildunterschrift dieses Fotos aus den ersten Kriegstagen verdeutlicht den anfänglichen Optimismus der deutschen Soldaten.

Der Sturmlauf der deutschen Truppen im Westen endete schon bald in einem mörderischen Grabenkrieg. Foto von Dezember 1914.

der Forderung, die belgische Neutralität zu achten, konnte Deutschland nicht mehr entsprechen. Seine Truppen standen bereits auf dem Territorium des Nachbarlandes. Daraufhin erklärte Großbritannien Deutschland den Krieg.

*Frankreich, ungerechterweise herausgefordert, hat den Krieg nicht gewollt. Es hat alles getan, um ihn abzuwenden. Da er ihm aufgedrängt wurde, wird es sich gegen Deutschland verteidigen.*

RAYMOND POINCARÉ,
FRANZÖSISCHER MINISTERPRÄSIDENT,
4. AUGUST 1914

Die folgenden Kriegserklärungen Serbiens an Deutschland, Österreich-Ungarns an Russland, Frankreichs an Österreich-Ungarn, Großbritanniens an Österreich-Ungarn waren nur noch Formsache. Nun regierte in Europa des Gesetz des Tötens.

Nationaler Rausch und Kriegsbegeisterung fanden in den ersten Kriegswochen auf deutscher Seite Nahrung in militärischen Erfolgen. Doch der deutsche Vormarsch wurde Anfang September an der Marne gestoppt. Die Fronten erstarrten zum Grabenkrieg. Er wurde zum Fanal eines Kampfes, der grauenvolle neue Maßstäbe setzte: Stellungskrieg, Giftgas, Materialschlachten. Die Soldaten lagen einander in Schützengräben gegenüber, aus denen sie immer wieder herausstürmen mussten – über das Niemandsland, durch

General Erich von Falkenhayn, Chef der deutschen Heeresleitung, war der Schöpfer des zynischen Begriffs von der »Blutpumpe« Verdun.

Granaten- und Kugelhagel, oft in den Tod. Der Krieg zeigte seine hässlichste Fratze. Trotz immenser Anstrengungen und Opfer auf allen Seiten blieb der Kampf stecken – in aufgewühlter Erde, Blut und Schlamm.

Als Ausweg aus dem Stellungskrieg schlug General Erich von Falkenhayn, Chef der deutschen Heeresleitung, dem Kaiser im Dezember 1915 vor, durch einen konzentrierten Angriff bei Verdun wieder Bewegung in die festgefahrene Front zu bringen. Im Festungsgürtel von Verdun sollte »die Blutpumpe das französische Heer zermalmen«. Am 21. Februar 1916 um 8.12 Uhr begann der Wahnsinn – mit dem bis dahin schwersten Artillerieangriff der Geschichte. Auf einer Breite von nur zwölf Kilometern feuerten über 1300 deutsche Geschütze aller Kaliber, darunter auch einige »Dicke Berthas« – Kanonen, die Granaten von einer Tonne Gewicht verschießen konnten. Dies war ein neues militärisches Konzept: der systematische Einsatz von Technologie auf dem Schlachtfeld. Von nun an regierte das Prinzip des industrialisierten Tötens, die Hölle der Massenvernichtung.

Das französische Oberkommando unter General Joseph Joffre wurde von der Wucht des deutschen Angriffs völlig überrascht. Noch nie war jemand Zeuge eines solchen mörderischen Bombardements gewesen. Mit blinder Präzision zerstörten die deutschen Granaten die französischen Stellungslinien, zerrissen die Gräben, zerfleischten die Verteidiger. Nach zwei Tagen unaufhörlichen Geschützdonners gingen die ersten deutschen Sturmtruppen vor. Sie führten ein weiteres neues Geschenk der Technologie mit sich: den Flammenwerfer. Flüssiges Feuer sollte die Überlebenden aus ihren Löchern treiben. Am vierten Tag der »Operation Gericht« stieß die vorrückende deutsche Infanterie auf einen immer schwächer werdenden Widerstand. Am 25. Februar fiel die mächtigste Festung des Verteidigungssystems, Fort Douaumont, in die Hände einer Sturmabteilung des Regiments Brandenburg. Es war die Ironie des Schicksals, dass der erreichte Durchbruch keineswegs Ziel der Falkenhayn'schen Strategie war. Die relativ geringe Truppenstärke der deutschen Divisionen machte einen raschen Vormarsch überhaupt nicht möglich.

Nun geriet die Schlacht zum Schlachten. Falkenhayns französischer Gegenspieler vor Verdun, General Philippe Pétain, sang ebenso das Hohelied von der zerstörerischen Macht der Artillerie: »Die Kanone besiegt, die Infanterie besetzt.« Pétain entschloss sich, seine Soldaten der Hölle des Schlachtfelds im Rotationssystem auszusetzen. Schon Anfang April bezogen über 40 französische Divisionen ihre Stellungen in der Festung Verdun.

Mit Anbruch des Frühlings hatte die Schlacht ein Eigenleben gewonnen. Strategische Prioritäten waren zur Nebensache verkommen. Während Pétain die Feuerkraft seiner Artilleriestellungen weiter ausbaute, stieg die Rate

»Einblick in Dantes Hölle«. Die Franzosen hatten bei der Verteidigung Verduns ebenso hohe Verluste wie die deutschen Angreifer zu beklagen.

General Philippe Pétain wurde wegen der Abwehr des deutschen Angriffs in Frankreich als »Held von Verdun« gefeiert.

»Bis hierher und nicht weiter!« Diese Postkarte versinnbildlicht die enorme Bedeutung Verduns für die französische Verteidigung.

*Der Krieg ist die rücksichtsloseste Despotie gegen wehrlos gemachte Massen, denen die Verfügung über ihr eigenes Leben entzogen ist.*

KARL ROSNER, DEUTSCHER SOLDAT VOR VERDUN

der deutschen Verluste. Vorrückende deutsche Truppen trafen nun auf die geballte Wucht der wartenden französischen Kanonen und Haubitzen. Pétains Plan ging auf: Auch die Angreifer wurden zur »Blutpumpe« geführt.

Das Leid der einfachen Soldaten auf beiden Seiten der Front ist schwer zu beschreiben. Wie war es überhaupt möglich, das tägliche Martyrium aus Feuer und Stahl unbeschadet zu überleben? Ein französischer Soldat bezeichnete das Schlachtfeld als »einen Einblick in Dantes Hölle«. – »Man isst, trinkt neben den Toten, man schläft unter den Sterbenden, man lacht in der Gesellschaft von Leichen«, berichtete der französische Truppenarzt Georges Duhamel. Der bayerische Soldat Ludwig Maier schrieb nach Hause: »Hier herrscht wirklich der Tod, der völlige Tod. Eine Granate nach der anderen saust in die Erde hinein. Vor mir eine Gruppe Gefallener. Einem sind beide Beine weggeschossen. Keine Rettung mehr, er muss verbluten.«

Deutsche Offensiven, französische Gegenoffensiven: Tag für Tag, Nacht für Nacht. Die »Blutpumpe« verrichtete ihr Werk in erbarmungsloser Gründlichkeit. Kontinuierlich umgepflügt durch den Regen der Granaten,

Makabre Symbolik: Ein deutscher und ein französischer Gefallener liegen im Tod vereint in einem Schützengraben an der Somme in Nordfrankreich, 1915.

*Man hat bald keine Kraft mehr, vor den Granatsplittern in Deckung zu gehen. Man besitzt bald kaum mehr die Kraft, das Vaterunser zu beten. Die Angst, von einer Granate in Stücke gerissen zu werden, ist die eigentliche Angst des Trommelfeuers.*

PAUL DUBULLE,
FRANZÖSISCHER FELDWEBEL IN VERDUN

glich das Schlachtfeld einem Friedhof voller gewaltsam geöffneter Gräber.

Noch während die blutigen Kämpfe wüteten, wurde Verdun offiziell zu einem französischen Nationalmythos erklärt. Für Deutschland endete die Schlacht mit einer Niederlage. Es dauerte bis zum 15. August 1916, ehe Falkenhayn Zweifel am Erfolg seiner Stra-

»Das Blutopfer einer ganzen Generation blühender Jugend«. Ein französischer Soldatenfriedhof bei Verdun.

tegie einräumte. Er war nicht in der Lage gewesen, die deutsche Armee »aus den Fängen des Fleischwolfs« herauszuhalten. Ende August wurde Falkenhayn durch Feldmarschall Paul von Hindenburg und General Erich Ludendorff abgelöst. Schließlich, am 2. September, stellte das deutsche Heer die Kampfhandlungen vor Verdun ein.

Die Bilanz ist ungeheuerlich: Über 300 000 deutsche und französische Soldaten ließen vor Verdun ihr Leben. Weitere 770 000 wurden verwundet. Es war die grausamste und längste Schlacht des Ersten Weltkriegs – ein Blutzoll, der völlig umsonst gezahlt wurde.

Sie gehören zu jenen über zehn Millionen Toten und Vermissten, die die Welt bis zum Kriegsende 1918 betrauern sollte. »Das Blutopfer einer ganzen Generation blühender Jugend konnte niemals wiedergutgemacht werden«, resümierte der ehemalige Frontsoldat und spätere Verleger Gottfried Bermann Fischer. »Die herrlichen Begabungen, die in den gefeierten Schlachten der ersten Kriegswochen vernichtet worden sind, konnten niemals wieder ersetzt werden. Der Gedanke, wie sich wohl die spätere Geschichte Deutschlands entwickelt hätte, wenn diese zu Männern herangereifte Jugend an ihr mitgewirkt hätte, hat mich später niemals verlassen.«

# 1918

## Die Novemberrevolution

»Das deutsche Volk hat auf der ganzen Linie gesiegt. Das Alte und Morsche, die Monarchie, ist zusammengebrochen. Es lebe das Neue! Es lebe die deutsche Republik!« Die riesige Menschenmasse, das unüberschaubare Heer revolutionärer Arbeiter, die sich an diesem Samstag um die Mittagszeit vor dem Berliner Reichstag versammelt hatten, traute ihren Ohren nicht: Der SPD-Parlamentarier Philipp Scheidemann hatte von einem Fenster aus nicht nur die Abdankung des Kaisers, sondern gleich auch ein neues Staatsgebilde proklamiert! Der Überraschung folgte tosender Jubel. Die Begeisterung über den Triumph mischte sich mit einem befreienden Gefühl der Erleichterung – schließlich hatten die Männer an diesem 9. November 1918 schon mit dem Schlimmsten gerechnet. »Generalstreik« lautete die Parole an diesem Samstag, der ein Arbeitstag wie jeder andere war. Die Forderung der Arbeiter: Kaiser Wilhelm II. solle abdanken, ein Waffenstillstandsabkommen endlich unterzeichnet werden. Aber wie würden die Offiziere und Soldaten der kaiserlichen Armee darauf reagieren? Würden sie die Souveränität ihres obersten Dienstherrn, des Kaisers, mit Maschinengewehren, Karabinern und Handgranaten blutig verteidigen?

»Es lebe das Neue!« Philipp Scheidemann ruft am 9. November 1918 vom Balkon des Reichstagsgebäudes die Republik aus.

Auf dem Brandenburger Tor wehte schon die rote Fahne. Soldaten, Gewehre im Anschlag, patrouillierten in offenen Fahrzeugen durch die Stadt. Die kaiserliche Residenz, das Stadtschloss, war belagert von revolutionären Spartakisten. Im benachbarten Marstall verbarrikadierten sich kaisertreue Offiziere. Es war eine Ironie der Geschichte, dass in dem Moment, als sich der Kaiser im fernen Spa endlich zur Abdankung durchgerungen hatte, die Ereignisse des Tages schon über ihn hinweggegangen waren. »Herrliche Zeiten« hatte Wilhelm II. den Deutschen versprochen. In der Stunde des Zusammenbruchs rührte sich keine Hand zur Verteidigung der Monarchie.In Berlin sah die USPD, eine linke Abspaltung der Sozialdemokraten, ihre Chance gekommen und rief zum Generalstreik auf. Auf einmal ging es nicht mehr nur um die Abdankung des Kaisers, sondern auch um die künftige Staatsform: parlamentarische Demokratie oder Rätesystem?

Noch ist die Lage in der Hauptstadt unklar: Von der Front heimgekehrte Soldaten warten im November 1918 vor einem Café Unter den Linden.

»Brüder – nicht schießen!« stand auf Plakaten, die den Demonstrationszügen der Berliner Arbeiterschaft vorangetragen wurden. Man streikte, weil ein Ultimatum der USPD abgelaufen war: Bis zum Freitagnachmittag hätte der Kaiser seine Abdankung erklären sollen. Aber dieser Schritt war nicht erfolgt. Die Konsequenz: Generalstreik am Samstag, dem 9. November. Die Arbeiter, die an diesem Tag auf die Straßen gingen, hatten es sich nicht leicht gemacht – viele fürchteten, dass ihre Demonstration in einem Blutbad enden würde. Doch das

»Ein Hoch auf den freien Volksstaat!« Der SPD-Reichstagsabgeordnete Otto Wels spricht vor dem Berliner Arbeiter-und-Soldaten-Rat im Reichstag, November 1918.

änderte wenig an der Entschlossenheit der Männer – sie waren nach vier Jahren Krieg und Entbehrungen bereit, für die Revolution Opfer zu bringen.

Aber das befürchtete Massaker blieb aus – die Soldaten der Berliner Garnison schossen nicht, obwohl sie noch am Vorabend verstärkt worden waren. Der zur USPD zählende Arbeiterführer Richard Müller hatte am Freitagabend den bedrohlichen Einmarsch des 4. Jägerregiments beobachtet, einer Truppe, die schon an der Ostfront gegen russische Revolutionäre vorgegangen war. Er notierte: »Schwer bewaffnete Infanteriekolonnen, Maschinengewehr-Kompagnien und leichte Feldartillerie zogen in endlosen Zügen an mir vorüber, dem Inneren der Stadt zu. Das Menschenmaterial sah recht verwegen aus. Mich erfasste ein beklemmendes Gefühl.«

*Der Tag der Revolution ist gekommen. Wir haben den Frieden erzwungen. Der Friede ist in diesem Augenblick geschlossen. Das Alte ist nicht mehr. Die Herrschaft der Hohenzollern ist vorüber. In dieser Stunde proklamieren wir die Freie Sozialistische Republik Deutschland.*

KARL LIEBKNECHT AM 9. NOVEMBER 1918

Das revolutionäre Chaos verhindern: Den »Rechtssozialisten« um Friedrich Ebert gelang es, in den meisten Arbeiter-und-Soldaten-Räten die Mehrheit zu erringen.

Aber als an diesem Abend in Berlin Handgranaten an die Soldaten ausgegeben wurden, forderten sie von ihren Offizieren Aufklärung über den bevorstehenden Einsatz. Am frühen Samstagmorgen verlor die gereizte Truppe die Geduld mit ihren Vorgesetzten. Die Soldaten beschlossen, selbst herauszufinden, was ihnen an diesem Tag in den Straßen Berlins bevorstand. Auf Lastwagen fuhren sie zum Redaktionsgebäude der Arbeiterzeitung *Vorwärts*. Dort nahm gerade der SPD-Abgeordnete Otto Wels an einer Betriebsversammlung der Belegschaft teil. Als die Soldaten eintrafen, entschloss er sich zu handeln. Er begleitete die schwer bewaffneten, aber orientierungslosen Soldaten zu ihrer Kaserne. Vor der komplett angetretenen Truppe traf er den richtigen Ton – er schilderte ihnen die hoffnungslose militärische Lage des Reiches, die undurchsichtige Haltung des Kaisers und die angespannte politische Situation in Berlin. Seine Offenheit überzeugte die Männer. Schließlich appellierte er an ihre Verantwortung: »Es ist eure Pflicht, den Bürgerkrieg zu verhindern! Ich rufe euch zu: Ein Hoch auf den freien Volksstaat!« Und tatsächlich – die Soldaten folgten ihm. Mit einer Delegation von Soldaten besuchte er nun die anderen Kasernen der Berliner Garnison, hielt seine schon bewährte Rede und schaffte es, an diesem Samstagmorgen die bewaffnete Macht

Der SPD-Vorsitzende Friedrich Ebert setzte sich an die Spitze der revolutionären Massenbewegung, um sie in geordnete Bahnen zu lenken.

in Berlin von der vernunftbetonten Haltung der SPD zu überzeugen.

Der Tag sollte noch andere Umwälzungen bringen: Einsame Entschlüsse verhinderten, dass die Revolution, die sich seit zehn Tagen ihren Weg durch das Deutsche Reich bahnte, am 9. November 1918 in Berlin in einem blutigen Chaos gipfelte. Den USPD-Aufruf zum Generalstreik hielten die Vertreter der gemäßigten SPD für gefährlich. Deshalb setzten sie alles daran, ein Überlaufen der erregten Masse zu den unberechenbaren Linken zu verhindern. Friedrich Ebert, SPD-Fraktionsvorsitzender und somit der Führer der stärksten Partei im Reichstag, stellte an diesem Vormittag ein demonstratives Ultimatum: »Der Kaiser muss sofort abdanken, sonst haben wir die Revolution.« Prinz Max von Baden, der letzte kaiserliche Reichskanzler, stimmte zu – er wusste, dass die Zeit der Monarchie in Deutschland endgültig abgelaufen war. Er versetzte ihr den Todesstoß, indem er ohne Einwilligung des Kaisers dessen Abdankung erklärte: »Der Kaiser und König hat sich entschlossen, dem Thron zu entsagen. Der Reichskanzler bleibt noch so lange im Amt, bis die mit der Abdankung des Kaisers und der Einsetzung der Regentschaft verbundenen Fragen geregelt sind. Er beabsichtigt, dem Regenten die Ernennung des Abgeordneten Ebert zum Reichskanzler und die Vorlage eines Gesetzentwurfs wegen der sofortigen Ausschreibung allgemeiner Wahlen für eine verfassunggebende deutsche Nationalversammlung vorzuschlagen, der es obliegen würde, die künftige Staatsform des deutschen Volkes endgültig festzustellen.« Wilhelm II. selbst war zu alledem nicht gefragt worden: »Verrat, schamloser Verrat!«, tobte der Monarch im belgischen Spa. Er wollte wenigstens noch Preußens König bleiben. Aber das erwies sich als blanke Illusion.

*Deutschland muss frei werden oder untergehen.*

FRIEDRICH EBERT, 1918

Als Ebert gegen zwölf Uhr in der Reichskanzlei eintraf, forderte er unter dem Eindruck der angespannten Situation in den Straßen Berlins die sofortige Übernahme der Regierungsgewalt durch die SPD. Er selbst, Friedrich Ebert, sollte der neue Reichskanzler sein. Mit diesem öffentlichkeitswirksamen Akt wollte er den Revolutionären noch an diesem Tag zeigen, dass ein Umsturz in Berlin überhaupt nicht mehr nötig sei. Und tatsächlich: Reichskanzler Prinz Max von Baden trat zurück. »Ich lege Ihnen das Deutsche Reich ans Herz«, mahnte er Friedrich Ebert, worauf dieser antwortete: »Ich habe zwei Söhne für dieses Reich verloren.«

Kurz darauf verkündete Philipp Scheidemann genau diese Entscheidungen vor der Menschenmasse am Reichstag – die SPD hatte deren Forderungen übernommen und so weiteren revolutionären Aktionen die Spitze genommen. Aber es war eine Revolution von oben, denn die SPD war bereits in der Regierung des Prinzen Max von Baden mit Ministern und Staatssekretären vertreten. Trotzdem sind die von ihr getroffenen Maßnahmen als revolutionär zu bezeichnen, denn von der Verfassung wurde keiner der am 9. November 1918 unternommenen Schritte gedeckt. Doch Monarchie und Verfassung, die sie getragen hatte, fielen in diesen Stunden wie ein Kartenhaus in sich zusammen. Der Krieg hatte ihre Fundamente zermürbt. Dieses Abschlachten, das doch in wenigen Wochen die Entscheidung bringen sollte, dauerte schon vier Jahre. Statt Ruhm auf dem Feld der Ehre gab es Elend: Soldaten aller Seiten verreckten im mörderischen Grabenkrieg, wurden vom Trommelfeuer zerfetzt, starben qualvoll den Gastod – bisher Undenkbares wurde Realität in diesem ersten modernen Krieg.

Im Reich hatte sich seit dem Ausbruch dieses Massenschlachtens vieles verändert. Kaiser Wilhelm II. war nominell zwar oberster Kriegsherr, tatsächlich aber lag die militärische Macht in Händen der Obersten Heeresleitung (OHL). »Wenn man sich in Deutschland einbildet, dass ich das Heer führe, so irrt man sich sehr«, seufzte er schon kurz nach Kriegsausbruch. »Ich trinke Tee und säge Holz und gehe spazieren, und dann erfahre ich von Zeit zu Zeit, das und das ist gemacht, ganz wie es den Herren beliebt.«

Seit August 1916 hatten Generalfeldmarschall Paul von Hindenburg und sein Generalquartiermeister Erich Ludendorff die Leitung der Kriegsgeschäfte übernommen. Hindenburgs Popularität überstieg seit seinem überraschenden Triumph über die russische Armee bei Tannenberg im August 1914 sogar die des Kaisers. Er war die Galionsfigur für den angestrebten »Siegfrieden« Deutschlands. Doch die eigentlich treibende Kraft war Ludendorff als jahrelanger heimlicher Herrscher Deutschlands. Mit nahezu diktatorischen Befugnissen organisierte Ludendorff die heimatliche Wirtschaft ganz nach den Bedürfnissen des Krieges – des ersten »totalen Krieges«.

*In der zweiten Hälfte des Krieges war Ludendorff zu einer Art Diktator geworden. Seine Stellung übertraf die des Kaisers an Bedeutung und Einfluss.*

FRITZ FISCHER, HISTORIKER

Doch das deutsche Volk war kriegsmüde. Als Folge der alliierten Blockade hungerten Jung und Alt, Grippeepidemien führten zum Tode Tausender. Trotz Lebensmittelausgaben auf Karten reduzierte sich am Ende in den Städten die Ernährung stellenweise auf Kohlrüben. Selbst an der Front wurden im letzten Kriegsjahr die Rationen der Soldaten halbiert. Während des Kaisers liebstes Kind, die deutsche

Hunger im Krieg: Berliner drängen sich um einen städtischen Küchenwagen, der für wenig Geld ein warmes Mittagessen ausgibt.

Hochseeflotte, seit der Schlacht im Skagerrak untätig in ihren Heimathäfen lag, versuchten deutsche U-Boote, die alliierte Blockade zu durchbrechen, und provozierten damit Amerikas Kriegseintritt, der letztlich kriegsentscheidend sein sollte.

Doch Anfang 1918 schöpften viele Deutsche neue Hoffnung. Nach der russischen Oktoberrevolution 1917 hatte im März 1918 das Kaiserreich Lenin und Trotzki einen rabiaten Friedensschluss aufzwingen können. Den Russen wurden große Gebietsabtretungen und Reparationen auferlegt. Außerdem wurde die deutsche Ostfront militärisch entlastet. Die Tinte der Unterschriften unter den Vertrag von Brest-Litowsk war kaum getrocknet, da versuchte die Oberste Heeresleitung an der Westfront den entscheidenden Durchbruch. Trotz geringer Geländegewinne war jedoch die Übermacht der Alliierten nicht zu schlagen. Seit April 1918 schickten die Amerikaner jeden Monat 10 000 neue Soldaten an die Front. Die Mittelmächte hatten dem nichts mehr entgegenzusetzen.

*Ich sehe ein, wir müssen Bilanz ziehen. Der Krieg muss beendet werden.*

WILHELM II.
AM 11. AUGUST 1918

Im August 1918, während der Kaiser seiner herzkranken Frau im Kasseler Schloss Wilhelmshöhe Gesellschaft leistete, spazieren ging und Gemäldegalerien besuchte, zerschlugen sich alle Illusionen der militärischen Führung Deutschlands. Am 8. August 1918, dem »schwarzen Tag des deutschen Heeres«, brachen die Alliierten tief in die feldgrauen Stellungen ein. Die deutschen Truppen mussten den Rückzug antreten. Nach vier Jahren millionenfachen Sterbens ging es auf einmal ganz schnell. Am 29. September 1918 erklärten Hindenburg und Ludendorff die Fortführung des Kampfes für aussichtslos und forderten die Reichsregierung in Berlin auf, umgehend auf die Bedingungen eines Verständigungsfriedens hinzuwirken. Selbst die nachgeordnete Generalität war schockiert. Das Eingeständnis der Niederlage kam für viele überraschend. Als ein Offizier der OHL den Politikern in Berlin erstmals die militärische Lage ungeschminkt schilderte, notierte ein Augenzeuge die Reak-

## Die Dolchstoßlegende

Nicht die Truppe im Felde sei schuld, erklärte Ludendorff (links im Bild), sondern die Heimat habe aufgrund der Belastungen des Krieges den verräterischen Dolchstoß in den Rücken des siegenden Heeres geführt. US-Präsident Wilson kam Ludendorff dabei unwillentlich entgegen. Der Sohn eines Predigers hatte für einen Frieden ohne »Sieger und Besiegte« plädiert. Anfang 1918 hatte Wilson seine »Vierzehn Punkte« verkündet, die das Prinzip der Selbstbestimmung postulierten und das Deutsche Reich auf einen Verständigungsfrieden hoffen ließen. Aus dem Kalkül, dass ein demokratisches Deutschland mit einem milderen Frieden rechnen konnte, forderte Ludendorff die sofortige Parlamentarisierung der Regierung. Was der Deutsche Reichstag seit Jahren angestrebt hatte – im Namen der kaiserlichen OHL wurde es möglich. Vertreter der sozialdemokratischen Reichstagsmehrheit traten in die Regierung des Reichskanzlers Prinz Max von Baden ein. Sie übernahmen damit Verantwortung für eine Entwicklung, die die Militärs und der

»Die deutsche Armee ist von hinten erdolcht worden.« Erich Ludendorff und Paul von Hindenburg im Jahr 1919.

Kaiser in Gang gesetzt hatten. Doch Ludendorff wies die Schuld am verlorenen Krieg denjenigen zu, denen bis dahin jegliche Einflussnahme auf die Entwicklung in Deutschland versagt blieb: »... Wir werden also diese Herren jetzt in die Ministerien einziehen sehen. Die sollen nun den Frieden schließen, der jetzt geschlossen werden muss. Sie sollen die Suppe jetzt essen, die sie uns eingebrockt haben!«

tion der Zuhörer: »Ich höre die halb erstickten Aufschreie, ich bemerke die hervorquellenden Tränen. Erwachen aus der Narkose, Zorn, Wut, Scham, Anklage: Wir sind jahrelang von den Militärs belogen worden, und wir haben daran geglaubt wie an ein Evangelium!«

Doch Ludendorff war viel zu sehr Stratege, um nicht von Anfang an zu versuchen, seine Armee vom Makel der Niederlage weißzuwaschen. Und wider besseres Wissen lancierte er jene »Dolchstoßlegende«, an der die Weimarer Republik von Anfang an schwer tragen sollte.

Schon bald nach seinem Amtsantritt schickte Prinz Max von Baden auf wiederholtes Drängen der OHL am 3. Oktober ein Friedens- und Waffenstillstandsgesuch an den amerikanischen Präsidenten Wilson. In seinem Tagebuch verteidigte er diesen Schritt, der einer deutschen Kapitulation gleichkam: »Die militärische Lage hat uns auf Verlangen der Obersten Heeresleitung unerwartet genötigt, am 5. Oktober ein hastiges Ersuchen um Waffenstillstand an den Präsidenten der Vereinigten Staaten zu richten. Die Oberste Heeresleitung trägt dafür die Verantwortung: Sie hat die militärische Lage als aussichtslos bezeichnet; der politischen Leitung bleibt daher nur übrig, die Konsequenzen zu ziehen.« Es war eine militärische Niederlage, die lange nicht akzeptiert wurde. Denn die Feldherren wählten den Selbstbetrug und belasteten die deutsche Geschichte mit der Mär vom »Dolchstoß«.

US-Präsident Woodrow Wilson plädierte zunächst für einen Friedensschluss ohne Sieger und Besiegte.

*Nach der letzten Note Wilsons hat das Volk das Gefühl, dass wir ohne den Kaiser einen besseren Frieden bekommen. Das ist die Meinung, die auch in Berlin verbreitet ist.*

WILHELM SOLF,
STAATSSEKRETÄR DES ÄUSSEREN,
ZU WILHELM II. IM OKTOBER 1918

In den Antwortnoten Wilsons zeichnete sich schnell ab, dass die Alliierten nicht gewillt waren, mit Vertretern der alten Regimes zu verhandeln. Das hieß nichts anderes, als dass die Person des Kaisers einem Friedensschluss im Weg stand. Ludendorff war entsetzt über die Forderung der Kriegsgegner. Als »unannehmbar« bezeichnete er Wilsons Ansinnen und forderte ohne Wissen der Reichsregierung seine Soldaten zur Fortsetzung des Widerstands »mit äußersten Kräften« auf. Doch die Zeiten hatten sich geändert. Deutschland hatte jetzt eine

Reise ohne Wiederkehr: Kaiser Wilhelm II. (im Auto links) verlässt Ende Oktober 1918 zum letzten Mal die Hauptstadt Berlin.

demokratisch legitimierte Regierung. Diesmal kostete Ludendorff seine Eigenmächtigkeit Kopf und Kragen. Der Kaiser persönlich enthob ihn seines Postens. Ludendorff setzte sich bald darauf nach Schweden ab. Der neue Mann an Hindenburgs Seite hieß von nun an Wilhelm Groener. Er sollte eine Zusammenarbeit mit der Sozialdemokratie in die Wege leiten.

Am 29. Oktober überstürzten sich die Ereignisse. Der Kaiser verließ die Reichshauptstadt und reiste wieder zum Hauptquartier im belgischen Spa. Am selben Tag erhielt die Hochseeflotte in Kiel und Wilhelmshaven den Befehl zum Auslaufen. Man habe die Landtruppen in Flandern entlasten wollen, wird es später aus Marinekreisen heißen. Tatsache ist, dass der Auslaufbefehl weder mit der OHL noch mit der Regierung in Berlin abgesprochen war. Unter den Mannschaften der betroffenen Geschwader verbreitete sich das Gerücht, die Marineleitung plane einen heroischen Untergang. Der Kommandant der »Thüringen« wurde zitiert mit: »Wir verfeuern unsere letzten 2000 Schuss und wollen mit wehender Fahne untergehen.« Jetzt, so kurz vor dem sich abzeichnenden Kriegsende, lag den Matrosen aber wenig an ehrenvollem Sterben. Die Mannschaften streikten, die Heizer löschten die Feuer unter den Kesseln.

Ein Matrose hat sich mit einer roten Fahne an die Spitze eines Demonstrationszuges in Berlin gesetzt, November 1918.

Noch dachte niemand an eine Revolution. Erst als die meuternden Matrosen verhaftet wurden, ihnen Kriegsgericht und Erschießung drohten, radikalisierte sich die Bewegung. Tausende demonstrierten jetzt in Kiel für die Freilassung ihrer Kameraden. Eine Militärpatrouille schoss in die Menge – neun Menschen starben. Jetzt wollten die Matrosen die Macht. Rote Fahnen wurden auf allen Schiffen gehisst. Nur ein Kapitän verteidigte die königliche Fahne mit der Waffe, er wurde erschossen. Die Matrosen wählten den ersten Soldatenrat in Deutschland, entwaffneten ihre Offiziere, und nun breitete sich ein Flächenbrand in Deutschland aus: Mit roten Armbinden zogen Soldaten und Matrosen durch die Straßen, besetzten Rathäuser und Bahnhöfe und befreiten politische Gefangene. Überall schlossen sich Arbeiter der Bewegung an. Das Volk wollte Frieden. Die Verantwortlichen für die Misere sollten gehen. Die Kräfte des alten Regimes waren wie gelähmt. Doch die Revolution war nicht gewalttätig. Es gab keine Racheakte oder Lynchjustiz an den bisherigen Machthabern. Der revolutionäre Akt erschöpfte sich im Hissen von roten Fahnen und in Demütigungen der Offiziere. Man riss ihnen ihre Epauletten von den Schultern, nahm ihnen die Kokarde ab – Symbole ihrer Verbundenheit mit der Monarchie.

*»Und dass in meiner stolzen Flotte, meiner Schöpfung, die Empörung zuerst offen zutage getreten ist, hat mich am tiefsten ins Herz getroffen.«*

WILHELM II., ERINNERUNGEN

Nachdem die Nachricht von der Abdankung des Kaisers eingetroffen ist, veranstalten die aufständischen Matrosen der deutschen Hochseeflotte ein großes Munitionsfeuerwerk.

Der Kaiser war für einen Frieden nicht zu haben – das hatte sich im Volk und beim Militär längst herumgesprochen. Wilhelm II. plante in völliger Verkennung der Lage, an der Spitze des Heeres die Ordnung in der Heimat wiederherzustellen. Es blieb Ludendorffs Nachfolger Groener überlassen, dem Kaiser schonungslos die neuen Verhältnisse darzustellen: »Unter seinen Führern und Generälen wird das Heer in Ruhe und Ordnung in die Heimat zurückmarschieren, nicht aber unter dem Befehl Eurer Majestät! Es steht nicht mehr hinter Eurer Majestät!« Der Kaiser fühlte sich brüskiert.

Mittlerweile war die deutsche Delegation im Wald von Compiègne eingetroffen, dem Hauptquartier des französischen Marschalls Ferdinand Foch, der den Oberbefehl über die alliierten Truppen innehatte. Im Auftrag der Reichsregierung sollte der Zentrumspolitiker Matthias Erzberger in einem Eisenbahnsalonwagen von Foch die Waffenstillstandsbedingungen der Alliierten entgegennehmen. Und diese waren hart: Besetzung des linksrheinischen Gebietes, Fortdauer der Blockade über das Kriegsende hinaus, Ablieferung von Militärgut, vorerst keine Freilassung deutscher Kriegsgefangener. Verhandlungen auf gleichberechtigter Ebene mit der deutschen Delegation lehnten die Alliierten kategorisch ab. Erzberger unterschrieb am 11. November den Waffenstillstandsvertrag im Auftrag von Hindenburg. Er hatte keine Wahl, die Sieger drohten mit einem Einmarsch ins Reich. Es sei wohl das »erste Mal in der Weltgeschichte, dass nicht Militärs den Waffenstillstand abschließen, sondern die Politiker«, bemerkte Hindenburg süffisant.

*Die Willkürmacht der Militärkaste Deutschlands, die geheim und aus eigener Macht den Weltfrieden stören konnte, ist vernichtet.*

US-PRÄSIDENT WOODROW WILSON AM TAG DES WAFFENSTILLSTANDS

Der Erste Weltkrieg war beendet. Über acht Millionen Tote waren weltweit zu beklagen. Deutschland hatte den Krieg verloren, aber seine Truppen standen im November 1918 noch tief im Feindesland. Die Heimat war verschont geblieben von den Zerstörungen des Krieges. Aber in den Köpfen vieler Deutscher hinterließ der Weltkrieg seelische und geistige Schäden, die noch lange nachwirken sollten. Wie alle, die sich in diesen Tagen für die Beendigung der Kampfhandlungen einsetzten, wurde Erzberger als »Novemberverbrecher« verfemt. 1921 fiel er dem Mordanschlag eines rechtsextremistischen Offiziers zum Opfer.

Schon am Tag vor dieser Unterzeichnung hatte der Kaiser aufgegeben. In den frühen Morgenstunden des 10. November verließ Wilhelm II. das Hauptquartier in Spa, nachdem auch Hindenburg nicht mehr für seine Sicherheit hatte garantieren können, und begab sich an die nahe holländische Grenze. Die Reise verlief unter konspirativen Umständen: Der Hofzug wurde nach Holland geleitet, Kaiser Wilhelm fuhr jedoch, von wenigen Begleitern eskortiert, streckenweise im Auto. Man rechnete mit Überfällen aufständischer Soldaten,

Im Wald von Compiègne bei Paris unterzeichnen Matthias Erzberger (im schwarzen Mantel) und Marschall Ferdinand Foch (stehend am Tisch) den Waffenstillstandsvertrag, 11. November 1918.

aber alles verlief glimpflich. Am holländischen Grenzbahnhof Eijsden bat Wilhelm II. die überraschte Königin Wilhelmina um Asyl. Seit der Hinrichtung seines Vetters Zar Nikolaus II. durch Rotarmisten war erst ein knappes halbes Jahr vergangen. Nach 24 Stunden die Erlösung – der deutsche Kaiser durfte einreisen. In Amerongen fand er seine erste Unterkunft. »Jetzt müssen Sie mir eine Tasse heißen, guten englischen Tee geben lassen«, bat er den Majordomus seines Domizils bei der Begrüßung. Im Haus Doorn bei Utrecht verbrachte Wilhelm II. dann den Rest seines Lebens. Sogar Eisenbahnwaggons mit Möbeln und Kleidung wurden ihm 1919 aus dem Reich nachgesandt und verwandelten sein Exil in einen Mikrokosmos früherer Hofhaltung.

»Wir hatten erwartet, dass der Kaiser auf den Stufen des Thrones fallen würde«, kommentierte ein Veteran der kaiserlichen Armee diese Flucht, »doch der Kaiser war nicht mutig genug, um nicht zu sagen feige.« Hindenburg sollte später eine Ehrenerklärung für ihn abgeben: »Seine Majestät der Kaiser und König ist nicht fahnenflüchtig geworden! Diese Verleumdung weise ich mit Entrüstung zurück! Der Kaiser ist von uns gegangen, weil ihn sein Volk verlassen hatte. Der Heldentod an der Spitze des Heeres war unmöglich, weil gerade der Waffenstillstand abgeschlossen wurde!«

Unfähig, die wahren Gründe für die deutsche Niederlage zu akzeptieren, entschied sich Wilhelm II., die Schuld am Zusammenbruch des Kaiserreichs bei den Juden zu suchen. In fataler Weise schwamm er damit auf den trübsten Strömungen seiner Zeit. An den ehemaligen Generalfeldmarschall von Mackensen schrieb er 1919: »Die tiefste und gemeinste Schande, die je ein Volk in der Geschichte fertiggebracht hat, die Deutschen haben sie verübt an sich selbst. Angehetzt und verführt durch den ihnen verhassten Stamm Juda, der Gastrecht bei ihnen genoss. Das war sein Dank! Kein Deutscher vergesse das je und ruhe nicht, bis diese Schmarotzer vom deutschen Boden vertilgt und ausgerottet sind. Dieser Giftpilz am deutschen Eichbaum!«

Das neue politische System sah sich seitens des ancien régime mit Hass und Wut konfrontiert. Doch auch die politische Linke sollte dazu beitragen, dass die deutsche Republik, die im November 1918 aus der Taufe gehoben wurde, kein Erfolgsmodell wurde. Noch am Samstag, dem 9. November, als sich Ebert und Scheidemann mit ihrer regierungsinternen »Revolution von oben« mäßigend an die Spitze der Entwicklung setzten, formierte sich in der Reichshauptstadt der Widerstand von links. Eher symbolischen Charakter hatte die Besetzung des Berliner Schlosses durch Karl Liebknecht und seine Anhänger. Gegen 17 Uhr rief der radikale Arbeiterführer von einem Balkon die sozialistische deutsche Republik aus: »Wer von euch die freie sozialistische Republik Deutschland und die Weltrevolution erfüllt sehen will, erhebe seine Hand zum Schwur!« Die anwesende Menge reckte die Hände hoch und jubelte ihm zu. Doch an diesem ereignisreichen Tag hatte Liebknechts Auftritt keine entscheidenden Konsequenzen für das politische Geschehen.

Wirkungsvoller dagegen war die Aktion einiger gut organisierter, radikaler Arbeiterführer: Die sogenannten »Revolutionären Obleute der Berliner Großbetriebe« durchschauten die Taktik von Eberts revolutionsscheuen »Rechtssozialisten«. Die Obleute, eine Gruppe

Vorbote der Weltrevolution: Die Ausrufung der sozialistischen Republik durch Karl Liebknecht (DDR-Gemälde aus den fünfziger Jahren).

von etwa 100 Mann, zogen am Abend mit zahlreichen Anhängern in den Reichstag ein. An einem Tag, an dem die Volksmassen die Straßen und öffentlichen Gebäude beherrschten, fiel eine solche Aktion nicht weiter auf. Zwischen 20 und 21 Uhr besetzte die Gruppe den Plenarsaal des Reichstags. Man hängte überall rote Fahnen auf, dann nahmen die Eindringlinge auf den Abgeordnetensitzen Platz – der Reichstag wurde zum »Revolutionsparlament«. Den herbeigeeilten regulären Reichstagsabgeordneten blieb nichts anderes übrig, als dem Schauspiel tatenlos zuzusehen. Die Obleute, einer von ihnen war der USPD-Reichstagsabgeordnete Emil Barth, hatten ihre Leute gut im Griff und führten das Wort. Dieses »Revolutionsparlament« beschloss kurzerhand, dass am nächsten Morgen, also am Sonntag, in den Betrieben und Kasernen Arbeiter-und-Soldaten-Räte gewählt werden sollten. Diese Räte würden sich dann am Sonntagabend im Zirkus Busch versammeln, um ihrerseits eine provisorische Regierung zu wählen, den »Rat der Volksbeauftragten«, der die reformerische Regierung Ebert ersetzen sollte.

Reichskanzler Ebert sah sich plötzlich mit einer organisierten, gefährlichen Gegenkraft konfrontiert. Die Revolution war das Resultat einer unorganisierten Massenbewegung, an deren Spitze sich Friedrich Ebert gesetzt hatte. Doch er war kein Revolutionär, er hasste die soziale Revolution »wie die Sünde«. Ebert befürchtete einen Bürgerkrieg, sollten sich die Kräfte des deutschen Novembers 1918 weiter gegen Generalität und Offiziere richten oder gar die kaiserliche Ministerialbürokratie antasten. Die Ereignisse in Russland wirkten abschreckend. In seinem ersten Aufruf als Reichskanzler wandte er sich deshalb an die alten Kräfte des Kaiserreichs: »Ich weiß, dass es vielen schwer werden wird, mit den neuen Männern zu arbeiten, die das Reich zu leiten unternommen haben, aber ich appelliere an ihre Liebe zu unserem Volke. Ein Versagen der Organisation in dieser schweren Stunde würde Deutschland der Anarchie und dem schrecklichen Elend ausliefern.« Die Revolution war für ihn mit dem 9. November abgeschlossen. Konkursverwaltung, »Ruhe und Ordnung« – das waren für Ebert jetzt die Gebote der Stunde.

»Ruhe und Ordnung«. Ein Plakat der Regierung Ebert von November 1918.

*Das Herum- und Hereinregieren der Arbeiter-und-Soldaten-Räte im Land muss aufhören.*

FRIEDRICH EBERT, 1918

Er beschloss daher an diesem Samstagabend, seine linken Kontrahenten mit ihren eigenen Mitteln zu schlagen: Seine gemäßigte SPD musste am nächsten Morgen bei der Wahl der Arbeiter-und-Soldaten-Räte die Mehrheit erringen, dann konnte er sich von diesen Räten auch zum Vorsitzenden des »Rates der Volksbeauftragten« wählen lassen. Er setzte darauf, dass es unter den Berliner Arbeitern genug gemäßigte Sozialdemokraten gab. Die Masse der Soldaten empfand seines Wissens ohnehin keine Sympathien für die Linken. Die Revolution sollte also einfach niedergestimmt werden. Ebert setzte dafür seinen Parteiapparat in Bewegung – noch in der Nacht zum Sonntag wurden Flugblätter mit seinen Parolen gedruckt.

Am Sonntagmorgen fanden sich die Arbeiter wirklich in ihren Betrieben ein. Es gab sogar Lesestoff: Eine Sondernummer des SPD-Parteiblatts *Vorwärts* warb für Ebert und forderte in fetten Lettern: »Kein Bruderkampf!« Eberts Vermutung hatte sich als richtig erwiesen: Berlins Arbeiter und besonders die Soldaten der Garnison waren mehrheitlich zufrieden mit den Entwicklungen des vergangenen Tages – in ihrer revolutionären Siegesstimmung sahen sie keinen Bedarf für weitere Umstürze und schlugen sich auf Eberts Seite. Trotzdem wollte der soeben ernannte Reichskanzler bei der Versammlung zur Wahl des »Rates der Volksbeauftragten« keine Konfrontation mit den Linken, sondern um jeden Preis eine breit legitimierte demokratische Regierung. Er suchte Kontakt zu den Reichstagsabgeordneten der linksgerichteten USPD und bot an, drei ihrer Vertreter in ein neues Kabinett aufzunehmen. Die USPD stimmte zu, eines der Kabinettsmitglieder sollte Emil Barth sein.

Die Versammlung im Zirkus Busch wurde von SPD-treuen Soldatenräten, die geschlossen einzogen, dominiert – die linken Obleute und ihre USPD-Unterstützer konnten angesichts von Eberts kompromissbereitem Auftreten kaum an Boden gewinnen. USPD-Mann Richard Müller merkte resigniert an: »Eine Regierung ohne die Rechtssozialisten war nicht zu erreichen. Man musste sie als eine Tatsache hinnehmen. Dass

# Das Diktat der Sieger

»Die Stunde der Abrechnung ist da«, erklärte der französische Premierminister Georges Clemenceau (Bildmitte, mit Bart) bei der offiziellen Übergabe der Friedensbedingungen im Mai 1919 in Versailles. In der Tat löste die Bekanntgabe der Friedensbedingungen in Deutschland eine heftige Protestwelle aus. Das französische Bedürfnis nach Rache und Sicherheit hatte über den amerikanischen Idealismus gesiegt. Das Deutsche Reich sollte umfangreiche Gebietsabtretungen akzeptieren. Der Verlust der deutschen Kolonien, von Elsass-Lothringen und großer Teile der deutschen Ostgebiete schmerzte. Ostpreußen wurde vom Reich abgekoppelt und war nun nur noch über einen Korridor erreichbar. Die Höhe der Reparationszahlungen blieb späteren Verhandlungen vorbehalten. Auf empörte Ablehnung im Reich stieß insbesondere die moralische Verdammung durch Artikel 231, der Deutschland und seinen Verbündeten die Alleinschuld am Krieg gab. »Welche Hand müsste nicht verdorren, die sich und uns in solche Fesseln legte!«, entrüstete sich Ministerpräsident Philipp Scheidemann vor der deutschen Nationalversammlung und trat zurück. Doch letztendlich gab es zur Unterzeichnung keine Alternative. Die Demütigung von Versailles geriet zum Sinnbild für das nationale Trauma, und sie barg den Todeskeim der Republik.

Die Unterzeichnung des Vertrages am 28. Juni 1919 im Spiegelsaal von Versailles.

Die deutsche Delegation bei den Friedensverhandlungen in Versailles, Mai 1919. Außenminister Ulrich Graf von Brockdorff-Rantzau (3. von rechts) trat später aus Protest gegen die alliierten Friedensbedingungen zurück.

die Rechtssozialisten die Macht der Arbeiter-und-Soldaten-Räte zu brechen versuchen würden, um zur Nationalversammlung und damit zur bürgerlich-demokratischen Republik zu kommen, war auch allen klar. Gelang das, war die Revolution verloren.«

Die Revolution der Linken war tatsächlich verloren. Manche von ihnen, die dies nicht akzeptieren konnten, entwickelten sich in den folgenden Monaten und Jahren zu Gegnern jener Republik, deren grundlegende Weichenstellungen am 9. und 10. November erfolgt waren. In manchen Regionen des Reiches sollte die sich abzeichnende Konfrontation bürgerkriegsähnliche Ausmaße annehmen. In den folgenden Jahren würden sich auch die linken Gegner am Untergang des neuen, demokratisch verfassten Gemeinwesens schuldig machen.

Doch die eigentliche Gefahr drohte der jungen Republik seit dem 9. November von rechts. Zu viele Menschen urteilten wie der Gefreite Adolf Hitler, der in einem Lazarett im pommerschen Pasewalk vom Umsturz des 9. November 1918 erfahren hatte. »Elende und verkommene

Verbrecher« nannte er jene, die in der Stunde des Zusammenbruchs die Verantwortung übernahmen. »Kaiser Wilhelm II. hatte als erster deutscher Kaiser den Führern des Marxismus die Hand zur Versöhnung gereicht, ohne zu ahnen, dass Schurken keine Ehre besitzen. Während sie die kaiserliche Hand noch in der ihren hielten, suchte die andere schon nach dem Dolche.« In »Mein Kampf« dramatisierte er diese Erfahrung sogar noch: »Ich aber beschloss, Politiker zu werden.«

Deutschlands neue Republik trug schwer an diesem bösen Erbe, denn der sogenannte Friede von Versailles gab den Besiegten die Alleinschuld an fast allem.

Auf viele Deutsche wirkten die Bedingungen der Sieger wie ein Schock. Sie verdrängten den Diktatfrieden von Brest-Litowsk und maßen Versailles an den moderaten Friedensschlüssen des 19. Jahrhunderts, vor allem aber an den »Vierzehn Punkten« des amerikanischen Präsidenten Wilson – und empfanden diesen Frieden als Verrat. Es war weniger die materielle Last, die den Zorn entfachte – es war vielmehr die moralische Verdammung. Keiner vermochte diese Stimmungslage so für sich zu nutzen wie Hitler.

# 1929

## Die wilden Zwanziger

»Panik an der New Yorker Börse«, titelte der Frankfurter *General-Anzeiger* am 25. Oktober 1929. Das Blatt meldete schwere Kursrückgänge; das gewaltige Kursgebäude des Wertpapierhandels sei ins Wanken geraten: »Die Baissestimmung wuchs innerhalb von zehn Minuten zu einer Panik an, die jeden Widerstandsversuch über den Haufen rannte. Wilde Szenen spielten sich ab, wie sie New York seit Jahren nicht mehr gesehen hatte.« Die in Wien erscheinende *Freie Presse* berichtete einige Tage später: »In den Büros der Börsenmakler löste eine aufregende Szene die andere ab. Zahlreiche Personen ... fielen in Ohnmacht, als sie erfuhren, dass sie ihr Kapital verloren hatten. Luxusautomobile ... und wertvoller Schmuck werden zum Verkauf angeboten von Leuten, die noch gestern Millionäre waren.«

Am Donnerstag, dem 24. Oktober, hatte die New Yorker Börse den Handel wie üblich um zehn Uhr morgens eröffnet. Aktien der größten Unternehmen Amerikas wechselten ihre Besitzer. Doch innerhalb der nächsten Stunde zeichnete sich eine unheilvolle Entwicklung ab: Immer mehr Wertpapiere wurden zum Verkauf angeboten, für die sich keine Käufer fanden. Die Preise fielen. Panik griff um sich. Broker hetzten zu den Telefonen, um ihre Kunden zu informieren, und erhielten neue Verkaufsaufträge. Jetzt konnten die Fernschreiber nicht mehr Schritt halten mit dem Tempo, in dem die Kurse stürzten. Der Tumult griff auf die Straße über. Die Hiobsbotschaft vom Zusammenbruch der Börse verbreitete sich rasant, woraufhin sich eine erregte Menschenmenge vor den Toren des Handelshauses versammelte. Wie üblich schloss die Börse um drei Uhr nachmittags, doch die erschöpften Angestellten werteten noch Stunden später die Geschäftsabschlüsse aus. Fast 13 Millionen Aktien – dreimal mehr als üblich – waren an diesem Tag verkauft worden, zu Preisen, »die die Träume und Hoffnungen ihrer Besitzer zerstörten«.

In den folgenden Tagen setzte sich der unheilvolle Trend fort und erreichte schließlich am Dienstag, dem 29. Oktober, seinen traurigen Höhepunkt: 16,5 Millionen Anteile wurden an diesem Tag gehandelt – noch einmal mehr als in den vorangegangenen Tagen. Jeder wollte retten, was noch zu retten war, und verschlimmerte damit die Katastrophe nur noch. Die Kurse mancher Werte fielen schon in den ersten Handelsminuten alle zehn Sekunden um einen Dollar. Am Ende hatten einige Aktien bis zu 90 Prozent ihres Wertes verloren. Anschließend erklärten sich 5000 US-amerikanische Banken für zahlungsunfähig. Neun Millionen Sparguthaben hatten aufgehört zu existieren, viele Amerikaner ihr gesamtes Vermögen verloren.

*»Einer der führenden amerikanischen Tabakgrossisten, Anthony Snyder, sprang vom zehnten Stockwerk seines Wohnhauses auf die Straße, als er aus den Kursen ersah, dass er sein ganzes Vermögen verspekuliert hatte.«*

FRANKFURTER ZEITUNG, 31. OKTOBER 1929

Harpo Marx, zweitältester der legendären Marx-Brothers, erlebte den »Crash« am eigenen Portemonnaie: »Als die Börse am Montag öffnete, waren meine 35 000 Aktien im Durchschnitt 75 Dollar das Stück wert. Aber als die Börse schloss, sah alles anders aus. ... Meine Anteile waren auf einen Durchschnittswert von einem Dollar pro Aktie zusammengeschrumpft. Kurs-

Panik an der New Yorker Börse: Am 24. Oktober 1929 versammeln sich Tausende von Börsenmaklern, Aktionären und Geschäftsinhabern in der Wall Street, um ihre Aktien abzustoßen.

wert, nicht Wiederverkaufswert. Als Vermögensbestände waren sie etwa so viel wert wie ein mittlerer Beutel schwarzer Geleebonbons.«

Der gewaltige Börsencrash von 1929 – er beendete abrupt eine Epoche, die als die »wilden« oder die »goldenen« Zwanziger in das kollektive Gedächtnis einging. Die ganze Welt schien kopfzustehen. Nach den entbehrungsreichen Kriegsjahren brach sich in Europa und Amerika eine Vergnügungssucht Bahn, die alte Traditionen über Bord warf. Sieger wie Besiegte hatten schwer an den Folgen des Ersten Welt-

Angehörige der Roten Ruhrarmee im März 1920. Diese von der KPD dominierte Kampftruppe hatte sich in Reaktion auf den rechtsgerichteten Kapp-Putsch gebildet.

kriegs zu leiden. Erst Mitte der Zwanziger ging es leidlich wieder aufwärts. »Hoppla, wir leben!«, hieß eine populäre Devise. Es war, als ahnte die Welt, dass die nächste Katastrophe nicht mehr lange auf sich warten lassen würde. Trotzdem: Wer immer diesen Jahren das Etikett »golden« verpasst hat – er war ein Meister der Verdrängung. Denn die zwanziger Jahre hatten so turbulent begonnen, wie sie endeten.

Insbesondere Deutschland kam nach der Gründung der Republik im Jahr 1919 nie wirklich zur Ruhe. Immer wieder sorgten die Meldungen von Revolten, Putschversuchen und politischen Attentaten für Unruhe. Hunger und Elend bestimmten den Alltag der Menschen. Ein Grund dafür waren die Reparationen, die das Deutsche Reich nach dem Versailler Vertrag an seine ehemaligen Kriegsgegner zahlen musste. Anfang 1923 geriet das Reich aufgrund der allgemein schlechten wirtschaftlichen Lage in Lieferschwierigkeiten. Die Verzögerungen nahmen Frankreich und Belgien zum Anlass, das Ruhrgebiet, das Zentrum des deutschen Bergbaus und der Schwerindustrie, zu besetzen. Ziel der Franzosen und Belgier war es, sich die ausstehenden Reparationen direkt zu holen – in Form von Kohle, die hier gefördert wurde.

In der deutschen Öffentlichkeit herrschte weitgehende Empörung über dieses Vorgehen. Reichskanzler Wilhelm Cuno rief zum »passiven Widerstand« gegen die ungebetenen Gäste auf.

*Es ist nicht einer unter uns, der sich von diesem gemeinsamen Leidensgefühl auszuschließen vermöchte, der nicht aufs Tiefste erschüttert wäre im Glauben an Menschheit und Recht. Es gibt aber ein Höheres als die Versenkung in das Leid; das ist der tätige Wille des Überwindens.*

REICHSKANZLER WILHELM CUNO IM REICHSTAG, 13. JANUAR 1923

Fortan streikten die Arbeiter und Beamten im Ruhrgebiet und arbeiteten nicht mehr für die Besatzer. Das verschärfte die Lage noch einmal, denn die Streikenden erhielten keinen Lohn mehr. Die Reichsregierung beschloss daraufhin, die Löhne der etwa zwei Millionen Ruhrgebietsarbeiter vom Staat bezahlen zu lassen. Und weil daraufhin bald kein Geld mehr verfügbar war, wurde einfach immer mehr gedruckt. Dies war jedoch eine fatale Entscheidung: Da immer weniger produziert wurde, gab es keinen Gegenwert mehr für die ungeheure Geldmenge. Es kam zu einer Inflation.

Ein französischer Soldat bewacht während des Ruhrkampfs einen beschlagnahmten Kohlenzug.

Ein deutsches Propagandaplakat, das zum passiven Widerstand gegen die Besatzer aufruft.

# Inflation

Normalerweise soll die in einem Land im Umlauf befindliche Geldmenge immer tatsächlichen Werten entsprechen. So war die Währung des deutschen Kaiserreichs zu einem Drittel durch Gold gedeckt, der Rest mit Sachwerten – die Folge war eine stabile Mark. Nach Beginn des Ersten Weltkriegs wurden diese strengen Kriterien jedoch zunehmend aufgeweicht, um die Finanzierung des gewaltigen Militärapparats sicherzustellen. Die umlaufende Geldmenge nahm immer mehr zu. Nach 1918 verschärfte sich die Lage noch einmal. Um die Kriegsfolgekosten zu bewältigen und die umfangreichen Reparationsforderungen zu befriedigen, mussten immer neue Staatsschulden aufgenommen werden, was die Währung weiter destabilisierte. Der Ruhrkampf 1923 führte zum endgültigen Kollaps des deutschen Währungssystems – es kam zu einer Hyperinflation. Die Preise stiegen ins Unermessliche, ohne dass Löhne oder Gehälter auch nur annähernd Schritt halten konnten: Für ein Brot, das vor dem Krieg noch 40 Pfennige gekostet hatte, musste man im Januar 1923 280 Mark berappen, im Juli schon 6600, im September 69 000 und Anfang November 1923 1,7 Milliarden Mark. Große Teile der Bevölkerung verarmten, während Schieber und Spekulanten, die »Raffkes«, sich hemmungslos bereicherten. Diese Profiteure verjubelten ihr soeben verdientes Geld gern mit vollen Händen – am nächsten Tag konnte es schon nichts mehr wert sein. Der äußere Schein der Goldenen Zwanziger trog.

Rasante Geldentwertung: Vor einer Berliner Bank werden die Banknoten körbeweise abgeladen.

Die Not des einfachen Volkes vergrößerte sich dadurch noch einmal. Es war deshalb kein Wunder, dass jetzt vor allem Parteien und Organisationen rasanten Zulauf erhielten, die den Menschen eine radikale Umwälzung der Verhältnisse versprachen. In einigen Regionen schlug das Pendel nach links aus: In Sachsen und Thüringen traten Kommunisten in die Länderregierungen ein, um so eine »proletarische Revolution« in Deutschland auszulösen. In Hamburg kam es zu einem kommunistischen Aufstand, der von der Polizei allerdings blutig niedergeschlagen wurde.

Bayern dagegen war fest in der Hand der Rechten. Der konservative Regierungschef Gustav Ritter von Kahr wollte das Land zu einer – wie er es selbst nannte – »Ordnungszelle« machen, die auf ganz Deutschland ausstrahlen sollte. Das brachte ihn jedoch in Konflikt mit der Reichsregierung in Berlin, zumal er mit rechtsextremen Politikern und Organisationen zusammenarbeitete, auf deren Konto etliche Attentate und Anschläge gingen. Auch Adolf Hitler und seine antidemokratische und judenfeindliche NSDAP wurden von Kahr hofiert.

Der bayerische Generalstaatskommissar Gustav Ritter von Kahr strebte den Sturz der Reichsregierung an.

*Ich habe Hitler gehört, wie er 1920 sein Programm verkündet hat in seiner Versammlung im Hofbräuhaus, und ich hatte einen denkbar schlechten Eindruck von ihm. Die Versammlung hat mit Tumulten geendet. Da habe ich zu meinem Freund, der mit mir in der Versammlung war, gesagt: »Dieser Mann dürfte nie eine politische Gewalt bekommen.«*

JOSEF FELDER, SPD-POLITIKER

Hitler war schon damals der gefährlichste Demagoge der Weimarer Republik – nur wussten es die meisten Zeitgenossen noch nicht. Mit antisemitischen Parolen hatte er sich einen Namen in der rechten Szene gemacht. In Bayern, der reaktionären Hochburg im Reich, fand er zahlreiche Gleichgesinnte. Hitlers Ziel war der Sturz der demokratischen Regierung in Berlin. Die Führer der bayerischen Reaktion witterten die Chance zu einem Staatsstreich. Mussolini hatte es ihnen in Rom gerade vorgemacht. Mit dem Weltkriegsgeneral Ludendorff als Zugpferd versuchten sie die bayerische Regierung zum gemeinsamen Marsch auf Berlin zu überreden. Spätestens im November, so hatten die Führer der rechten Bewegungen vereinbart, wollten sie nach Berlin ziehen. Das gegenseitige Misstrauen war jedoch groß – und gegenüber dem Emporkömmling Hitler erst recht. Als Generalstaatskommissar von Kahr die gesamte Münchner Prominenz zu einem Treffen in den Bürgerbräukeller einlud, fürchtete Hitler, ausgebootet zu werden. Der Propagandist beschloss, Kahr auf der Versammlung am nächsten Tag zuvorzukommen.

Am Abend des 8. November, kurz vor 20 Uhr, betrat Hitler sichtlich nervös den Bürgerbräukeller. 3000 Menschen, darunter viele Anhänger des NS-»Trommlers«, drängten sich bereits im Lokal. Während der Agitator ungeduldig vor dem Versammlungssaal wartete, zogen schwerbewaffnete SA-Trupps vor dem Gebäude auf und besetzten die Eingänge. Dann überschlugen sich die Ereignisse. Um 20.30 Uhr stürmte Adolf Hitler, in der Hand eine entsicherte Pistole, in die Versammlung und schoss in die Decke. In einer hitzigen Rede erklärte der Demagoge die bayerische Regierung für abgesetzt. Er verkündete die Bildung einer provisorischen Regierung und proklamierte den Marsch auf Berlin. Den drei Vertretern der bayerischen Regierung, Kahr, Hans Ritter von Seißer und Otto von Lossow, befahl er barsch, ihm umgehend ins Nebenzimmer zu folgen. Die Münchner Prominenz war sichtlich überrascht. Der Augenzeuge Günther Grassmann erinnerte sich: »Die Stimmung im Saal war keineswegs begeistert, sie war eher erschreckt, man hat nicht gewusst, was wollen diese Leute eigentlich? Mir ist das alles furchtbar komisch vorgekommen. Neben mir stand ein Bekannter meines Vaters, ein Ministerialrat, und der sagte immer wieder: ›Kasperltheater, Kasperltheater.‹«

SA-Männer aus der bayerischen Provinz treffen am 9. November 1923 als Verstärkung für die Putschisten in München ein.

Die Niederschlagung des Hitler-Putsches auf einem NS-Gemälde. In Wahrheit suchten die »Helden« des »Marschs auf die Feldherrnhalle« nach den ersten Schüssen panisch das Weite.

Hinter verschlossenen Türen bedrängte Hitler nun das Triumvirat, gemeinsame Sache mit den Putschisten zu machen. Kahr allerdings zeigte sich wenig beeindruckt von Hitlers Drohungen. Inzwischen war auch General Ludendorff eingetroffen – offenbar konsterniert über Hitlers eigenmächtiges Handeln. Doch als der »Weltkriegskamerad« Lossow dem Exheerführer fälschlich versicherte, die Reichswehr stehe bedingungslos hinter ihm, forderte schließlich auch Ludendorff die drei Männer auf, dem Angebot zuzustimmen. Widerwillig gab Kahr seine Einwilligung.

Um 22.30 Uhr verließ Hitler vorzeitig den Bürgerbräukeller. Das war ein fataler Fehler, denn Ludendorff schickte die »abgesetzte« Regierung nach Hause. Ihr Ehrenwort hatte dem Weltkriegsgeneral genügt. Noch verhielten sich Landespolizei und Reichswehr neutral. Trotzdem war es den SA-Männern nicht gelungen, strategisch wichtige Punkte zu besetzen. Nur das Wehrkreiskommando befand sich in der Hand von SA-Chef Ernst Röhm. Die Putschisten verfügten zu diesem Zeitpunkt über 2500 Mann in der Stadt. Schon in jener Nacht gingen die ersten Scheiben zu Bruch. Die

Redaktionsräume der sozialdemokratischen *Münchner Post* wurden verwüstet, Sozialdemokraten, Kommunisten und Juden verhaftet. Vier Stunden nach seiner Freilassung, um 2.55 Uhr nachts, gab Kahr einen Funkspruch durch, in dem er sich gegen die Putschisten stellte. Berlin reagierte prompt und verhängte den Ausnahmezustand.

Am Morgen des 9. November herrschte Verwirrung in der Stadt. Plakate verkündeten den Regierungswechsel. Auf dem Marienplatz versammelten sich Zehntausende, um die neuen Machthaber zu hören. General Ludendorff schlug einen Marsch durch die Münchner Innenstadt vor, um damit gleichsam in letzter Minute das Debakel eines gescheiterten Putschs abzuwenden. Gegen Mittag trafen sich mehrere tausend Menschen vor dem Bürgerbräukeller. Dann setzte sich der Zug in Richtung Feldherrnhalle in Bewegung – Ludendorff und Hitler an der Spitze. Mit militärischem Widerstand rechnete niemand. Erst am Odeonsplatz stellte sich ihnen die Landespolizei in den Weg. Ein Schuss fiel – dann folgte eine wilde Schießerei, in deren Verlauf Hitler zu Boden stürzte. Sein Leibwächter Ulrich Graf warf sich schützend auf ihn und wurde von mehreren Kugeln getroffen. Wahrend die meisten Putschisten panisch auseinanderliefen, schritt Ludendorff unbeirrt weiter. Doch niemand folgte ihm. Drei Polizisten und vierzehn Putschisten starben. Der nur leicht verletzte Hitler flüchtete in einem Sanitätsauto zu seinen Gönnern, dem Ehepaar Hanfstaengl, nach Uffing an den Staffelsee. Als die Polizei ihn dort zwei Tage später fand, wollte sich Hitler der Verhaftung entziehen. Der Sohn der Familie, Egon Hanfstaengl: »Da hat er gesagt: ›Jetzt hat es keinen Sinn mehr‹, und dergleichen – und hat Anstalten

Der gescheiterte Putschist nach der Verurteilung in seiner Landsberger Gefängniszelle.

gemacht, sich mit einer Pistole zu erschießen. Meine Mutter hat ihn davon abgehalten, ist ihm in den Arm gefallen, hat ihm die Pistole abgenommen und gesagt: ›Herr Hitler, das können Sie doch nicht tun, denken Sie an Ihre treuen Gefolgsleute, die können Sie doch nicht im Stich lassen.‹« Hätte ihn Helene Hanfstaengl doch nur gewähren lassen!

Drei Monate später wurde den Putschisten der Prozess wegen Hochverrats gemacht – eine Farce, denn das Gericht war voreingenommen.

Hitler erkannte seine Chance. Vor der Öffentlichkeit nahm er alle Verantwortung auf sich und verdrängte den Volkshelden Ludendorff aus der Führungsrolle. Das Urteil für Hitler: fünf Jahre Festungshaft – Zeit genug, seine Taktik neu zu überdenken. Im Gefängnis diktierte er seinem Sekretär Rudolf Heß das biografische Pamphlet »Mein Kampf«. Nach nur neun Monaten wurde der Demagoge entlassen – und schwor sich, sein Ziel, in Deutschland an die Macht zu kommen, fortan auf legalem Weg zu erreichen.

*Hitler war bereits mehrfach vorbestraft. Und wenn das Gericht nicht so dumm gewesen und hätte ihn laufen lassen, dann hätte er mindestens bis 1929 oder 1930 sitzen müssen, dann wäre es sowieso vorbei gewesen.*

OTTO GRITSCHNEDER, RECHTSANWALT

Dass die Krise des Jahres 1923 in Deutschland überhaupt überwunden werden konnte, war vor allem einem Mann zu verdanken: Gustav

»Vernunftrepublikaner«: Reichskanzler Gustav Stresemann (Mitte) auf einem Empfang für ausländische Pressevertreter Ende 1923.

Stresemann. Der Politiker der liberalen Deutschen Volkspartei beendete als Reichskanzler den passiven Widerstand gegen die Ruhrbesetzung und sagte der Inflation den Kampf an. Wenige Tage nach dem Hitler-Putsch wurde eine neue Währung eingeführt. Für eine Billion der alten Reichsmark bekam man ab dem 15. November 1923 eine neue Rentenmark – und diese war wieder durch Sachwerte gedeckt. Zwar verloren mit dieser Maßnahme viele Menschen, die Geld auf der Bank gespart hatten, ihr Vermögen. Doch die Wirtschaft stabilisierte sich daraufhin zusehends – auch durch ausländische Kredite, die jetzt wieder nach Deutschland flossen.

Plakat zur Uraufführung von Brechts »Dreigroschenoper« im Berliner Theater am Schiffbauerdamm, Oktober 1928

Auch nach außen hin setzte Stresemann Akzente: Er betrieb eine Politik der Aussöhnung mit dem vormaligen Kriegsgegner Frankreich, um den Versailler Vertrag auf friedlichem Wege zu überwinden. Sein größter Erfolg bestand darin, dass Deutschland Ende 1926 in den Völkerbund aufgenommen wurde.

Die Deutschen genossen wieder Ansehen in der Welt – nicht zuletzt auch wegen ihrer Künstler und Wissenschaftler. In der Kinometropole Berlin entstanden damals Filme von Weltruf, Bertolt Brechts »Dreigroschenoper« wurde zu einem grandiosen Theatererfolg. Schriftsteller wie Thomas Mann oder Hermann Hesse veröffentlichten bahnbrechende Werke. In der Architektur prägte das »Bauhaus« einen für die damalige Zeit revolutionären, sachlichen Stil. Deutsche Forscher erhielten Nobelpreise für Physik und Chemie.

Die Goldenen Zwanziger – das waren vor allem aber ganz neue, breit gefächerte kulturelle Angebote für die Masse der Bevölkerung. Die Übergänge von der hohen Kunst zur leichten Muße waren dabei fließend – Revuegirls fegten jetzt über Bühnen, die zuvor nur schwere Kost geboten hatten. Zahlreiche Klubs und Kabaretts warteten auf Kundschaft. Grammofon und Radio machten freche Schlager populär. Überall wurde getanzt: nach den mitreißenden Rhythmen des Charleston, der seinen Siegeszug durch Deutschland antrat. Zum ersten Mal bewegte man sich nicht nur nach vorgeschriebenen Schrittfolgen mit den Beinen, sondern tanzte mit dem ganzen Körper. Ein ekstatischer Freiheitsdrang machte sich Luft – auch in Sachen Liebesleben. »Nachtschwarze Frauen sind en vogue ..., ruhelose Steppenwölfinnen, rauschgiftsüchtige oder auch trink- und liebesfeste Diseusen«, bemerkte die zeitgenössische

Mitreißender Rhythmus: Aus Amerika kamen neue Tänze nach Deutschland. Charlestonunterricht in einer Berliner Tanzschule.

Das neue Lebensgefühl: Junge Berlinerinnen genießen einen Sommertag auf dem begrünten Hausdach einer Mietskaserne. Das Radio sorgt für Unterhaltung.

Journalistin Karena Niehoff. Und Marlene Dietrich besang 1930 das neue Lebensgefühl der Frau in ihrer Rolle als »Der blaue Engel«: »Kinder, heut' Abend, da such' ich mir was aus, einen Mann, einen richtigen Mann. Wie er aussieht, mir egal, irgendeinen trifft die Wahl.«

Ein Name symbolisierte die neue Freizügigkeit auf ganz besondere Weise – Josephine Baker. Als sie im Herbst des Jahres 1925 aus Amerika in Paris eintraf, war sie gerade 19 Jahre alt. Am Broadway hatte die junge schwarze Tänzerin schon bescheidene Erfolge feiern können, in Europa war sie ein Niemand. Das änderte sich sprichwörtlich über Nacht. Am 2. Oktober 1925 trug im Théâtre des Champs-Élysees ein muskulöser Schwarzer im Lendenschurz ein schlankes Mädchen auf die Bühne. Langsam ließ er sie zu Boden gleiten, wo sie regungslos verharrte. Dem Pariser Publikum stockte der Atem: Das dunkelhäutige Wesen vor ihnen war nackt – bis auf eine rosa Flamingofeder zwischen den Schenkeln. Bevor die meisten Zuschauer begriffen hatten, welche Ungeheuerlichkeit sich da vor ihren Augen abspielte, setzte die Musik wieder ein – und mit ihr ein Tanz, den die »Alte Welt« bis dahin noch nicht gesehen hatte. Zu rhythmischem Trommelklang entfesselten die beiden Tänzer einen Pas de deux voller Erotik und Leidenschaft. Das Publikum war schockiert – und bezaubert zugleich. Nachdem Josephine Baker Paris im Sturm erobert hatte, versetzte sie schon drei Monate später auch Berlin in Ekstase. Ihr erster Auftritt am 14. Januar 1926 im Nelson-Theater am Kurfürstendamm wurde ein Triumph. Die »schöne Wilde« – mal im knappen Baströckchen, mal im rosa Mullschurz – war die Sensation des Abends. Die Reichshauptstadt lag der »schwarzen Venus« schnell zu Füßen: Wenn sie ein Lokal betrat, brach die Musik ab, und alle Gäste applaudierten. Sie machte die Nächte durch und wurde von Verehrern mit Blumen und Geschenken überschüttet. Kurt Tucholsky war von ihr hingerissen, Max Reinhardt wollte sie an sein Theater holen und sie zur Schauspielerin ausbilden lassen.

Die schwarze Venus: Mit Josephine Baker hielt im Unterhaltungsbetrieb eine bis dahin unbekannte Freizügigkeit Einzug.

*Der Saal vibrierte und genoss. Alle die Blasierten, nicht zu Bewegenden, hier fanden sie die geheime Lust der Unterwerfung ... dies eigentlich war der neue, der ungeheure Trick, mit dem die Dunkle dort eine Welt erregte und hielt.*

BRUNO FRANK, SCHRIFTSTELLER, 1928

»Braun wie ein gut gebratenes Steak, langbeinig und paradiesisch, in provokanter Unschuld trug sie nur eine Bananengirlande um ihre Hüfte«, schrieb der Journalist Walter Kiaulehn über Josephine Bakers Welterfolg im Bananenrock. Erst in diesem gewagten Kostüm begann für die schwarze Tänzerin der wahre Siegeszug. Die großen Revuen Europas rissen sich förmlich um sie. Auch in den USA, ihrer Heimat, wurde Josephine Baker stürmisch als »schwarzer Stern« gefeiert. Doch gab es immer noch Kritiker: Als sie auf ihrer Welttournee nach Wien kam, läuteten alle Glocken der Stadt – nicht, um sie willkommen zu heißen, sondern um die Wiener vor den sittenverderbenden Folgen ihres Auftritts zu warnen. Der Skandal war perfekt – und ihr Erfolg umso größer. 40 000 Liebesbriefe und 2000 Heiratsanträge erhielt sie in nur einem Jahr. Die Männerwelt lag ihr zu Füßen. Mit Kronprinz Gustav, dem späteren König von Schweden, hatte sie eine leidenschaftliche Affäre. Auch der Prince of Wales, Albert Einstein und Franz Werfel gehörten zu ihren zahlreichen Verehrern. Dies war eine außergewöhnliche Karriere für eine schwarze Tänzerin, die ihre Kindertage in den Slums von Saint Louis verbracht hatte.

Hatte noch 1925 der Anblick von Josephine Bakers spärlich bedecktem Körper die Welt in Aufruhr versetzt, so gehörte nackte Haut bald überall zum Repertoire. »Girls« in knappen Kostümen waren ein Muss – »eine Revue ohne Girls ist keine Revue«, hieß es Mitte der Zwanziger. Die Ideen und Ausstattungen der Programme wurden immer extravaganter: »Tausend süße Beinchen« war der Titel einer Revue, in der ein befrackter junger Mann vom Kronleuchter in ein Bassin voller Nixen sprang – sein Name war Hans Albers.

Das neue Lebensgefühl dieser Jahre zeigte sich freilich vorwiegend in den Großstädten. In der Provinz und auf dem Land ging das Leben vielfach weiter seinen gewohnten Gang. Vor allem die Millionenstadt Berlin war jedoch eine pulsierende Metropole, die im wahrsten Sinne des Wortes niemals schlief. Besonders die zahlreichen Angestellten amüsierten sich im Nachtleben: Tippfräulein, Telefonistinnen und Verkäuferinnen, Handlungsgehilfen, Buchhalter oder Vertreter. Sie tanzten im »Haus Vaterland« am Potsdamer Platz, trafen sich in einer der zahlreichen Mokkabars an der Friedrichstraße zum Rendezvous oder schauten sich im Gloria-Palast an der Gedächtniskirche die neuesten Kinofilme an.

Die Ära der Freizügigkeit und Lebenslust war jedoch nur von kurzer Dauer. Der große Knall an der New Yorker Börse stürzte die gesamte Weltwirtschaft in eine dramatische Krise. Bis heute wird in Fachkreisen darüber diskutiert, wie es zum Wall Street-Desaster der kommen konnte. Aktienspekulationen und Schwächen in der Wirtschaftsstruktur werden für den »Großen Krach« verantwortlich gemacht. Dabei galt die amerikanische Wirtschaft in den Goldenen Zwanzigern als ausgesprochen gesund – die Industrie erlebte eine beispiellose Phase der Hochkonjunktur. Seit 1923 wuchs der Wohnungsbau, Automobilbetriebe boomten. Radios, Kühlschränke und Toaster bescherten den Elektrofirmen fantastische Umsätze. Dank neuer Technologien konnte mehr und billiger produziert werden. Da Löhne und Preise relativ stabil blieben, stiegen die Gewinne enorm. Das führte zu einer höchst ungleichen Verteilung der Kaufkraft. »1929 waren die Reichen ganz besonders reich«, schrieb der Wirtschaftsexperte John Kenneth Galbraith. Nur fünf Prozent der Bevölkerung verfügten über ein Drittel des gesamten privaten Einkommens. Die Durchschnittsfamilie war nicht in der Lage, sich ein Einfamilienhaus oder ein Auto zu kaufen – doch diejenigen, die es sich leisten konnten, hatten irgendwann ihren Bedarf gedeckt. 1929 drosselte wegen drohender Absatzschwierigkeiten die Industrie ihre Produktion. Wohin aber mit Profiten, die bis dahin in die Wachstumsbranchen geflossen waren? Alternative Investitionsmöglichkeiten gab es kaum – lediglich der Aktienmarkt versprach weiterhin Gewinn. So legten viele Unternehmer ihr Vermögen in Wertpapieren an.

Von 1926 bis 1929 verdoppelten sich die Kurse und stärkten in der Öffentlichkeit den Glauben, an der Wall Street könnten alle Normalsterblichen wohlhabend und Reiche zu Milliardären werden. Wilde Geschichten kursierten vom »Kammerdiener eines Maklers, der fast eine Viertelmillion am Markt gemacht« habe oder von »einem Viehzüchter aus Wyoming, der über 30 Meilen von der nächsten Bahnstation entfernt war, aber täglich 1000 Anteile kaufte

»Die Party war zu Ende.« Nach dem schwarzen Freitag bietet ein Spekulant, der sein Geld beim Börsencrash verloren hat, gegen Bargeld sein Auto zum Schnäppchenpreis an.

oder verkaufte«. Maklerbüros schossen wie Pilze aus dem Boden und offerierten Anteile auf Kredit: Nur zehn Prozent des Aktienwerts verlangte der Broker in bar, als Sicherheit behielt er die Papiere, deren Wert durch die steigenden Kurse gedeckt war. Die so erworbenen Anteile konnte man wieder beleihen – und sein Aktienpaket beharrlich vergrößern. Amerika wurde vom Spekulationsfieber erfasst.

*Die Anleger schauten einfach nicht auf die Entwicklung der Wirtschaft. Ihre Gier war stärker als der Verstand.*

EDWARD LAMONT,
BANKER-DYNASTIE

Die derart in die Höhe getriebenen Kurse hatten jede Anbindung an die reale wirtschaftliche Entwicklung verloren. Im Sommer 1929 kündigte sich ein Konjunkturabschwung an. Wenn nicht die »Orgie zügelloser Spekulation« sofort gestoppt werde, prophezeiten Wirtschaftsexperten, sei ein Zusammenbruch unvermeidlich. Erste Anzeichen eines Kursverfalls waren dann Anfang Oktober 1929 spürbar. Am 21. Oktober erreichten die Aktien einen bedrohlichen Tiefstand mit über sechs Millionen gehandelten Papieren. Das Ende der Spekulationsspirale war nun erreicht: Die Zahl der Anleger, die auch bei Preissteigerungen noch kauften, war erschöpft, wodurch die Kurse nicht weiterkletterten. Ab diesem Zeitpunkt wurde der Markt für die Spekulanten uninteressant – wollten sie ihre Gewinne realisieren, so mussten sie umgehend verkaufen. Am »schwarzen Donnerstag« hatten offenbar zu viele von ihnen diese Absicht und lösten damit eine Kettenreaktion aus: Da die Preise jetzt fielen, forderten die Broker ihre Kreditkunden auf, Bargeld als Sicherheit zu hinterlegen. Wer nicht zahlen konnte, musste notgedrungen verkaufen. Die Katastrophe nahm ihren Lauf.

*Man spricht ja gerne von den wilden Zwanzigern, aber nach dem Börsenkrach hörte die Musik auf. Die Party war zu Ende.*

EDWARD LAMONT,
BANKER-DYNASTIE

Durch den Kapitalverlust in den USA geriet die internationale Wirtschaft völlig aus den Fugen. Bis in die dreißiger Jahre hinein wurden alle Industrienationen von der Weltwirtschaftskrise heimgesucht. Produktionsrückgang, Massenarbeitslosigkeit, Verelendung – so hießen die Symptome der Depression. Deutschland litt ganz besonders unter dem Rückzug amerikanischer Kredite, die für den Wiederaufbau nach dem Ersten Weltkrieg bestimmt waren. Eine zweite Welle von Kreditkündigungen aus Übersee traf die deutschen Banken nach der Reichstagswahl von September 1930, bei der die Nationalsozialisten ihren Stimmenanteil im Vergleich zur Wahl von 1928 versiebenfachen konnten. Reichskanzler war seit März 1930 der Zentrumspolitiker Heinrich Brüning. Er hatte zwar keine Mehrheit im Reichstag, konnte aber mittels einer Reihe harter Notverordnungen des Reichspräsidenten Hindenburg eine rigorose Sparpolitik betreiben. Durch staatlich verordnete Lohn- und Preissenkungen versuchte Brüning, die Geldmenge zu verknappen. Ziel dieser Deflationspolitik war es, dem Ausland Zahlungsunfähigkeit zu demonstrieren, um so die Streichung der Reparationslasten zu erreichen. Die Kürzung von Sozialleistungen und öffentlichen Aufträgen verschärften den

Rigorose Sparpolitik: Reichskanzler Heinrich Brüning während einer Regierungserklärung im Reichstag, Oktober 1930.

Wirtschaftsabschwung. Im Februar 1932 erreichte die Arbeitslosigkeit mit 6,13 Millionen Menschen einen traurigen Höhepunkt. Das hieß: Mitsamt den Familien waren rund 25 Millionen Männer, Frauen und Kinder betroffen. Im weltweiten Vergleich wies Deutschland den höchsten Prozentsatz an Arbeitslosen auf. Eine beispiellose Selbstmordwelle war die tragische Begleiterscheinung: Auf eine Million Menschen kamen 1932 in Großbritannien 85, in den USA 133, in Frankreich 155, in Deutschland aber 260 Suizidopfer.

Der Sozialdemokrat Paul Löbe, in diesen Jahren Reichstagspräsident, umriss die Notsituation, in der sich ein großer Teil des Volkes befand: »Was es heißt, zweihundert-, dreihundertmal im Jahre vergeblich aufs Arbeitsamt zu gehen oder ans Fabriktor zu klopfen und sozusagen um Arbeit zu betteln; was es heißt, ebenso oft nach Hause zu kommen, mit dem Resultat, es war wieder vergeblich; welche Reibungen sich daraus oft genug zwischen Mann und Frau ergaben, wie verheerend sich der Müßiggang des Vaters auf die heranwachsenden Kinder auswirken musste – nur wer selber darunter gelitten hat, wird das verstehen.« Seelische Zermürbung war die Folge. Hinzu kam das oft stundenlange Anstehen vor öffentlichen Notküchen. Und ebenso das endlose Herumlungern in Parkanlagen, um der bedrückenden Atmosphäre daheim zu entgehen. Am schwersten hatten es die Langzeitarbeitslosen: dreieinhalb Millionen Menschen von sechs Millionen. Für sie musste die Wohlfahrtsfürsorge der Kommunen aufkommen. Doch die finanzielle Situation vieler Städte und Gemeinden war inzwischen katastrophal. Die Stadtverwaltungen von Dresden und Dortmund erklärten sich im Januar 1932 für zahlungsunfähig.

Wo noch Gelder flossen, reichten sie oft nicht, um die Versorgung der Familien sicherzustellen. Millionen ernährten sich nur von Brot und Kartoffeln, selten gab es etwas Margarine oder Malzkaffee. In Interviews, die der amerikanische Journalist Hubert Knickerbocker in Berlin führte, schilderten ihm Arbeitslose und deren Angehörige ihre Lebensumstände: Bei einer siebenköpfigen Familie wirtschaftete die Hausfrau mit einer wöchentlichen Unterstützung von 15,85 Reichsmark. Sie erzählte Knickerbocker: »Bevor ich ans Essen denke, muss ich 85 Pfennig vorne wegnehmen, die Max in der Woche für Tabak kriegt. Für die Miete müssen wir 3 Mark wöchentlich zahlen; Gas 70 Pfennig; 50 Pfennig in der Woche Ratenzahlung für den Sweater von Max und 30 Pfennig in der Woche Handtuchmiete; 1,30 Mark für Zeitungen und 1 Mark Parteibeitrag. Das macht 6,80 Mark, übrig bleiben 8,20 Mark. … An dem Tag, an dem wir das Geld kriegen, kaufen wir uns Wurst. Einmal in der Woche will doch der Mensch ein bisschen Fleisch haben. Dafür hungern wir aber die beiden letzten Tage von der Woche.« Die Unterstützung sollte die betroffenen Arbeitslosen und ihre Familien lediglich vor dem Verhungern und Erfrieren bewahren.

Die Verzweiflung wuchs. Vereinzelt kam es schon zu Plünderungen von Geschäften. Verheerend waren die Straßenkämpfe der Extremen, die immer mehr einem verdeckten Bürgerkrieg glichen. Ausgetragen wurden sie vor allem zwischen Nazis und Kommunisten. Am 19. Januar 1932 stürmten SA-Trupps ein Parteilokal der KPD in Berlin-Reinickendorf. Zwei Menschen starben, sieben wurden schwer verletzt. Es war ein Beispiel unter vielen. Thomas Mann schrieb im *Berliner Tageblatt*: »Deutschland hat es endgültig satt.« Er ahnte nicht, dass das Ende längst noch nicht erreicht war, dass Gewalt sich auszuzahlen schien. Erst einige Tage zuvor, am 11. Januar, hatte die NSDAP bei Gemeindewahlen im westfälischen Lippe

»Engagieren Sie mich!« Ein Arbeitsloser versucht auf ungewöhnliche Weise, eine neue Stellung zu ergattern.

Auf der Suche nach etwas Essbarem: Große Teile der Bevölkerung wurden durch die Weltwirtschaftskrise in Hunger und Elend gestürzt.

»Nach den Erfahrungen der letzten Wochen ist verfügt worden, dass jeder Demonstrationszug seinen eigenen Leichenwagen mitzuführen hat.« Zeichnung und Originalzitat aus dem *Simplicissimus*, Februar 1931.

zehn Prozent hinzugewonnen und war dort mit 31,4 Prozent die stärkste Kraft geworden. Als drittstärkste Partei hinter der SPD, die starke Verluste hinnehmen musste, etablierte sich die KPD. Die großen Verlierer waren neben den Sozialdemokraten die Parteien der bürgerlichen Mitte. Damit hatte ein Trend eingesetzt, der sich in den nächsten Monaten unvermindert fortsetzen sollte.

Stephen Spender, englischer Essayist und Augenzeuge, beschrieb die Stimmung jener Tage: »Das Gefühl der Unruhe ging in Berlin tiefer als alles andere. Die jungen Leute, in diese Welt der Arbeitslosigkeit geworfen, traten den Parteien bei, die ihnen für die Zukunft Arbeit und ein gutes Leben versprachen.« NSDAP und KPD – das waren die Parteien, die darauf vertrauten, dass ihnen die Krise Weimars über kurz oder lang die ganze Macht in die Hände spielen würde. Die Frage schien allein: in welche Hände?

*Man sah eben, es geht nicht einfach so weiter, sondern die Leute hatten das Empfinden, es musste irgendetwas radikal Neues geschehen.*

CARL-FRIEDRICH VON WEIZSÄCKER,
1932 STUDENT

Ende Mai 1932 war die rigorose Politik Brünings gescheitert: Mit seinem Kurs hatte sich die Wirtschaft nicht »ankurbeln« lassen. Absatzkrise und Arbeitslosigkeit hatten sich

## Aufstieg der NSDAP

Der NSDAP gelang nach dem gescheiterten Putsch von 1923 ein kometenhafter Aufstieg von der Splitterpartei zur stärksten politischen Kraft in Deutschland. Nach seiner Haftentlassung gründete Hitler die Partei 1925 neu und erklärte, er wolle fortan auf legalem Wege die Macht erobern. Nach anfänglichen 2,6 Prozent bei der Reichstagswahl 1928 profitierte seine Partei ab 1930 von der wirtschaftlichen und politischen Krise. Bei der Wahl im Juli 1932 wurde die NSDAP mit 37 Prozent stärkste Partei im Reichstag. Im November 1932 hatte die Partei dann allerdings den Zenit der Wählergunst überschritten und verlor vier Prozentpunkte. Ihre Wähler kamen aus allen Schichten der Gesellschaft. Die NSDAP war eine Volkspartei. Überproportional viele Wähler gehörten dem bürgerlichen Mittelstand an: Handwerker, Händler, Angestellte, Beamte. Sie fürchteten in der Weltwirtschaftskrise den sozialen Abstieg. Schwach war die NSDAP nur in katholischen Gebieten und im sozialdemokratischen und kommunistischen Milieu.

»Die Katastrophe beschleunigen.« Eine SA-Abteilung während eines »Propagandamarsches« durch Berlin.

nur noch verschärft. Ironie der Geschichte: Das Ende der Reparationszahlungen wurde wenig später tatsächlich beschlossen. Doch Brüning, der sich schon auf »den letzten hundert Metern vor dem Ziel« wähnte, erntete die Früchte seiner Arbeit nicht mehr selbst. Hindenburg entließ ihn mit den Worten: »Jawohl, diese Regierung muss weg, weil sie unpopulär ist«, und deutete auch gleich die Richtung an, die er einzuschlagen gedachte: »Ich muss jetzt endlich nach rechts gehen, die Zeitungen und das ganze Volk verlangen es.«

Noch hieß »nach rechts« nicht Hitler.

Und obwohl die NSDAP im Sommer 1932 wieder einen großen Stimmenzuwachs einfuhr, hatte Hindenburg mit dem obskuren »böhmischen Gefreiten«, wie er ihn zu nennen pflegte, nichts im Sinn – noch nicht. Und etwaigen Putschgelüsten des Demagogen vorzubeugen, drohte er ihm mit der Armee: »Herr Hitler, ich schieße!« Doch Hitler stand nicht der Sinn danach, sich noch einmal vor den Kugeln der Staatsmacht in den Straßenstaub zu werfen – wie damals, 1923. Er wollte nur legal die Macht – dann aber die ganze, ungeteilte.

Er sollte sie im Jahr darauf erhalten. Und es waren nicht die Arbeitslosen, die sie ihm verschafften. Deren Stimmen gingen eher an die Linksparteien, nicht zuletzt auch an die KPD. Es war jedoch vor allem die von Arbeitslosigkeit geprägte depressive Grundstimmung der Zeit, die ihm zugute kam.

# 1933

## Die Machterschleichung

Am Neujahrsabend 1933 gelüstete es den gescheiterten Kunstmaler, der zum »Führer« geworden war, nach Hochkultur: Im Münchener Hoftheater lauschte Adolf Hitler der Wagner-Oper »Die Meistersinger von Nürnberg«. Anschließend feierte er den Beginn des neuen Jahres im Haus eines wohlhabenden Förderers, des Kunsthändlers Ernst Hanfstaengl. Das neue Jahr 1933 sollte nun endlich auch die von Hitler lang ersehnte »Zeitenwende« bringen. Nachdem die Festgesellschaft bei klassischer Musik bis in den frühen Morgen geplaudert hatte, verabschiedete sich ein vor Zuversicht strotzender Hitler von Hanfstaengl: »Dieses Jahr gehört uns. Das gebe ich Ihnen schriftlich.« Mit derart hoffnungsvollen Tönen stand er freilich auch in seiner Partei weitestgehend allein.

**Der ewige Trommler** (Olaf Gulbransson)

„Immer rein, meine Herrschaften, gleich beginnt zum unwiderruflich letztenmal das Dritte Reich!" — „Mensch, wenn wir jetzt nicht bald wirklich anfangen, läuft uns das ganze Publikum davon!"

Hatte Hitler Anfang 1933 seinen Zenit bereits überschritten? Karikatur von Olaf Gulbransson aus dem *Simplicissimus* vom 22. Januar 1933.

Denn in Deutschland griff um die Jahreswende erstmals ein zaghafter Optimismus um sich. Hoffnung kam auf – allerdings eine ganz anders geartete als die der Nationalsozialisten und ihres Führers. Während Hitler 1933 die Macht erobern wollte, die ganze Macht und nicht nur einen Zipfel davon, sahen die Kommentatoren der demokratisch gesinnten Zeitungen die Nazis auf dem absteigenden Ast. »Der gewaltige nationalsozialistische Angriff auf den demokratischen Staat ist abgeschlagen«, schrieb die *Frankfurter Zeitung* in ihrem Leitartikel zum Jahreswechsel. Das SPD-Blatt *Vorwärts* titelte in der ersten Ausgabe des neuen Jahres: »Hitlers Aufstieg und Niedergang«. Und der *Simplicissimus* spottete: »Eins nur lässt sich sicher sagen, / und das freut uns rundherum: / Hitler geht es an den Kragen. / Dieses ›Führers‹ Zeit ist um.«

Hitler und seine Partei waren groß geworden im Gefolge von Not und Elend, hatten immer wieder profitiert von politischer Instabilität und Krise. Gregor Strasser, lange Zeit als NSDAP-»Reichsorganisationsleiter« der zweitmächtigste Mann der Nationalsozialisten, gab offen zu: »Alles, was dazu dient, die Katastrophe zu beschleunigen – jeder Streit, jede Regierungskrise, jede Beeinträchtigung der Staatsmacht, jede Schwächung des Systems –, ist gut, sehr gut für uns.« Doch der soziale Abstieg des Mittelstands, die Verelendung der Arbeiter – Gründe, die die Massen den radikalen Rattenfängern zugetrieben hatten und die Nazis zur stärksten Partei im Reichstag werden ließen – konnten Ende 1932 erstmals wirkungsvoll eingedämmt werden. Erste Silberstreifen am Konjunkturhimmel zeichneten sich ab: Seit dem Frühjahr 1932 war der Wert von Aktien und Pfandbriefen an der Frankfurter Börse um mehr als 30 Prozent gestiegen. Die Konkurse hatten sich im Vergleich zum Frühjahr um ein Drittel verringert, der Index der Industrieproduktion zeigte verheißungsvoll nach oben. »Land« verhieß die Schlagzeile im Wirtschaftsteil der Neujahrsausgabe der *Frankfurter Zeitung.* Auch bekämpfte die Regierung das Arbeitslosenproblem endlich mit Arbeitsbeschaffungsprogrammen, für die eigens ein Reichskommissar für Arbeitsbeschaffung ernannt wurde. Zugleich wurde die NSDAP, die bei der Reichstagswahl am 6. November 1932 erhebliche Stimmenverluste hatte hinnehmen müssen, von Machtkämpfen erschüttert. Strasser glaubte nicht mehr an Hitlers »Alles-oder-nichts«-Strategie, plädierte vielmehr für eine Beteiligung der Partei an der Regierung, für den Eintritt nationalsozialistischer Minister in das Kabinett des seit dem 2. Dezember 1932 amtierenden Reichskanzlers Kurt von Schleicher.

General Schleicher hatte schon versucht, Rückhalt bei Hitler zu finden und die Nazis mit der Einbindung ihres »Führers« in sein Kabinett zu »zähmen«. Doch war er bei Hitler auf strikte Ablehnung gestoßen: Nur als Kanzler werde er Mitglied einer Regierung. Nach diesem Misserfolg bei Hitler versuchte Schleicher es mit einer Spaltungsstrategie: Strasser sollte in sein Kabinett eintreten, einen großen Teil der nationalsozialistischen Reichstagsabgeordneten auf seine Seite ziehen und Hitler zur Bedeutungslosigkeit verurteilen. Die Nazis würden ihm schon »bald aus der Hand fressen«, zeigte sich Schleicher seiner Sache nach außen sicher.

Auch von anderer Seite geriet Hitler unter Druck: Hohe SA-Führer waren seine »Legalitätstaktik« leid. Während Hitler seit seinem gescheiterten Putsch in München 1923 jegliche Lust verloren hatte, noch einmal vor abgefeuerten Gewehrkugeln auf dem Straßenpflaster Deckung zu suchen, sondern nur »legal« zur Macht kommen wollte, drängten SA-Haudegen voller Sieges-, Rache- und Beutelust zum Losschlagen. Auf den Straßen führten sie längst einen unerklärten Bürgerkrieg gegen die Kommunisten, aber auch gegen die Sozialdemokraten und andere Verteidiger der Weimarer Republik. Nun wollte die SA zum letzten Sturm auf die Demokratie ansetzen.

Zu all diesen inneren Streitereien gesellte sich die desolate Finanzlage der NSDAP; nach endlosen Wahlkämpfen war die Partei nahezu pleite. Frierende Braunhemden bettelten Ende 1932 auf den Straßen Berlins mit der Sammelbüchse in der Hand um Spenden. Einen Tag vor Heiligabend schrieb der Berliner Gauleiter Joseph Goebbels in sein Tagebuch: »Das Jahr war eine einzige Pechsträhne. Man muss es in Scherben schlagen. Die Zukunft ist dunkel und trübe; alle Aussichten und Hoffnungen vollends entschwunden.«

Schleicher schien es tatsächlich zu gelingen, ein Stück Stabilität wiederherzustellen. Dem greisen Reichspräsidenten Paul von Hindenburg tat die Ruhe offenkundig gut. »Lieber jun-

Drängen zum Losschlagen: Angehörige einer SA-Standarte während einer »Propagandafahrt« durch Berlin, Anfang 1933.

ger Freund«, schrieb er zur Jahreswende an seinen Kanzler, »ich danke Ihnen für die ruhige stille Weihnacht, die ruhigste Zeit, die ich in meiner Amtszeit erlebt habe.«

Es war eine trügerische Ruhe. Hitler gelang es, seine innerparteilichen Widersacher auszubooten. Strasser, ein gelernter Apotheker aus Bayern, war dem machtbesessenen Demagogen nicht gewachsen. Vor der versammelten Parteiführung rechnete Hitler mit seinem Rivalen ab, bezichtigte ihn des Verrats, der Sabotage, der Spaltung der Partei. Strasser gab klein bei und trat von seinen Parteiämtern zurück.

*Schleicher war ein gefährlicher Mann, der dauernd mit Verschiedenen gespielt hat. Er hat eine Politik des Hin-und-Herwerfens betrieben, ohne eine feste Haltung einzunehmen, und dadurch hat er es den Reaktionären ermöglicht, ihr Spiel weiterzutreiben.*

JOSEF FELDER, SPD-REICHSTAGSABGEORDNETER

Schleichers Konzept einer politischen »Querfront«, eines breiten Bündnisses von den freien und christlichen Gewerkschaften bis hin zum Strasser-Flügel der Nazis, erwies sich als blanke Illusion. Nicht nur seine Idee von der »Zähmung« der NSDAP war gescheitert, sondern auch das Bekenntnis des konservativen Schleicher, er sei ein »sozialer General«, wirkte auf die Gewerkschaften unglaubwürdig. Beim Reichspräsidenten verlor er binnen weniger Tage rapide an Einfluss. Dafür sorgten die »Einflüsterer« des greisen Hindenburg: sein Sohn Oskar, sein Staatssekretär Otto Meißner und Franz von Papen, Schleichers Amtsvorgänger. Hindenburg und seine Berater waren entscheidend für Machterhalt oder Machtverlust der Regierung, denn seit dem Rücktritt der letzten parlamentarischen Regierung unter dem SPD-Reichskanzler Hermann Müller im März 1930 regierten nur noch »Präsidialkabinette«, die sich auf keine Mehrheit im Reichstag stützen

Trügerische Harmonie: Papen (links), Schleicher (rechts) und Meißner (mit dem Rücken zur Kamera) zu Gast bei Hindenburg, September 1932.

## Ein konservativer Militarist

Der 1847 geborene General Paul von Hindenburg hatte eigentlich bereits seinen Abschied vom Militärdienst genommen, als er 1914 reaktiviert wurde und die von ihm geführten Truppen den Einfall russischer Truppen in Ostpreußen abwehrten. Als »Sieger von Tannenberg« genoss er in Deutschland fortan nahezu kultische Verehrung, die ihn 1916 an die Spitze der Obersten Heeresleitung führte. Im Jahr 1925 wurde Hindenburg, der alles andere als ein überzeugter Demokrat war, nach dem Tod Eberts zum Reichspräsidenten gewählt. Der Artikel 48, der eigentlich im Fall eines beschlussunfähigen Parlaments dem Schutz der Republik dienen sollte, erwies sich in der Hand des ehemaligen preußischen Feldmarschalls als verhängnisvoll.

konnten. Voraussetzung dafür war der Artikel 48 der Weimarer Verfassung. Er ermöglichte dem Reichspräsidenten, ohne Mitwirkung des Reichstags Gesetze erlassen.

Mit Hilfe des Artikels 48 war bereits am 20. Juli 1932 die rechtmäßige preußische Regierung unter dem sozialdemokratischen Ministerpräsidenten Otto Braun abgesetzt worden. Seine Funktion übernahm ein von Hindenburg benannter Reichskommissar. Als Vorwand für die Amtsenthebung dienten die blutigen Straßenkämpfe zwischen Nazis, Kommunisten und Polizei im damals noch nicht nach Hamburg eingemeindeten preußischen Altona, bei denen 18 Menschen ums Leben gekommen waren. Hindenburg warf Braun vor, die Landesregierung könne Sicherheit und Ordnung nicht mehr garantieren. Für die Nazis war der 20. Juli ein Vorbild: Die nahezu kampflose Aufgabe der demokratisch gewählten Regierung, die den Widerstand gegen ihre Absetzung auf ein langwieriges, politisch wirkungsloses Gerichtsverfahren beschränkte, zeigte, wie weit de facto und psychologisch der Machtverlust der verbliebenen demokratischen Instanzen schon fortgeschritten war. Der »Preußenschlag« wurde zum Vorspiel für die Apathie und den mangelnden Widerstandswillen der Demokraten gegen die Feinde der Weimarer Republik.

Unter dem Einfluss seiner Ratgeber ging Hindenburg im Januar 1933 immer mehr auf Distanz zu Schleicher, dem er zum Jahreswechsel noch so anerkennende Worte geschrieben hatte. Besonders sauer stieß dem Reichspräsidenten Schleichers Konfrontationskurs gegenüber der Bauernlobby auf, die dem Kanzler vorwarf, nichts gegen billige Lebensmittelimporte zu unternehmen. »Die Ausplünderung der Landwirtschaft zugunsten der allmächtigen Geldbeutelinteressen der international eingestellten Exportindustrie und ihrer Trabanten dauert an«, wetterte der Reichslandbund. Hindenburg hatte als ostpreußischer Großgrundbesitzer immer ein offenes Ohr für seine Standesgenossen und kritisierte Schleichers Landwirtschaftspolitik. Doch Schleicher bekam in dem Konflikt wieder Luft, als der »Osthilfeskandal« für Schlagzeilen sorgte: Elard von Oldenburg-Januschau, ein Freund Hindenburgs, wurde beschuldigt, sich von seinen 620 000 Mark Staatssubventionen ein zweites Gut gekauft zu haben. Andere Junker, so hieß es, hätten die Staatsgelder an der Riviera verprasst. Sogar Hindenburgs Sohn Oskar kam ins Gerede. Die Großagrarier hatten nun allen Grund zum Schweigen und Schleicher für eine kurze Weile seine Ruhe. Doch Hindenburg nahm ihm den Konflikt übel. Und vor allem Papen kam jedes Zerwürfnis zwischen Kanzler und Präsident nur zu gelegen. Hinter den Kulissen arbeitete er emsig an Schleichers Sturz.

Im Sommer 1932 waren Papen und Schleicher noch ein Herz und eine Seele gewesen. Auf Schleichers Betreiben war Papen am 1. Juni 1932 Reichskanzler geworden. Als weit rechts stehender Politiker der Zentrumspartei war Papen in Schleichers Augen der richtige Mann, um das Zentrum in ein Bündnis der »nationalen Rechten« zu integrieren. Doch Franz von Papen sollte nur der »Hut« einer neuen Regierung sein, als »Kopf« wollte Schleicher selbst im Hintergrund die Fäden ziehen. So war es denn auch Schleicher, der Papens Kabinett zusammenstellte. Doch der monarchistisch gesinnte Papen war in der Zentrumspartei völlig isoliert, zudem galt er

»Hut« und »Kopf« der deutschen Regierung: Reichskanzler Franz von Papen (vorn rechts) und sein späterer Nachfolger General Kurt von Schleicher (vorn Mitte) im September 1932.

als politisch nicht besonders weitsichtig. Sein Zentrumsparteifreund, der spätere Bundeskanzler Konrad Adenauer, bescheinigte ihm eine »abnormale Beschränktheit«. Und nachdem feststand, dass Zentrum und »nationale Rechte« unter Einschluss der Nazis sich nicht einig wurden, hatte Papen bald seine Schuldigkeit getan. Schleicher legte den »Hut« beiseite, der »Kopf« selbst wurde Kanzler.

Der tief gekränkte Papen wurde zum erbitterten Gegner Schleichers. Der wollte »Fränzchen«, wie er ihn nannte, nun ganz weit weghaben von Berlin, auf dem Botschafterposten in Paris. Doch Hindenburg beharrte darauf, Papen als Berater in seiner Nähe zu behalten. Der gut situierte Adlige und frühere Generalstabsoffizier, der sich dank seiner höfischen Erziehung und Servilität ausgezeichnet auf den Umgang mit dem alten Feldmarschall verstand, war für Hindenburg ein Repräsentant der »alten großen Zeiten« und daher schätzenswert und vertrauenswürdig. Während Schleichers Verhältnis zum Reichspräsidenten zusehends an Distanz zunahm, ging Papen bei Hindenburg ein und aus. Am 16. Dezember witterte der Exkanzler eine Gelegenheit, sein politisches Comeback vorzubereiten. In seiner

Rede anlässlich des Jahresempfangs des exklusiven »Berliner Herren-Clubs« forderte Papen eine Beteiligung der Nationalsozialisten an der Regierung. Diese Ansprache löste bei zahlreichen Zuhörern »große Erregung« aus, erinnerte sich der Zeitgenosse Theodor Eschenburg, damals als Geschäftsführer eines Industrieverbands Zeuge von Papens Auftritt. Papen habe einem »Dolchstoß gegen Schleicher« das Wort geredet. Der Chef der Reichskanzlei, Staatssekretär Erwin Planck, den Eschenburg darauf ansprach, wiegelte jedoch ab: »Lassen Sie ihn doch reden, völlig bedeutungslos. Den nimmt kein Mensch mehr ernst.« Aber Planck täuschte sich. Papen wurde ernst genommen. Besonders hellhörig wurde Baron Kurt von Schröder, ein einflussreicher Kölner Bankier und Sympathisant der NSDAP. Eingedenk der Rede schlug er Papen ein Treffen mit Hitler vor.

Die Nazis schätzten Papen und sein Verhältnis zu Hindenburg richtig ein: »Hat noch das Ohr des Alten«, notierte Goebbels. Hitler musste sich durch Papens Rede indirekt von Hindenburg angesprochen fühlen. Der war, wie Schleicher und Papen, schon lange dafür, die NSDAP an einer Regierung zu beteiligen. Doch den »Gefreiten«, wie Hitler von Hindenburg abschätzig genannt wurde, als Kanzler – das konnte sich der Feldmarschall auf dem Präsidentensessel nicht vorstellen. Selbst nach dem großen NSDAP-Wahlsieg am 31. Juli 1932, der 230 Braunhemden in den Reichstag gehievt hatte, 123 mehr als vorher, war eine Kanzlerschaft Hitlers bei Hindenburg auf Ablehnung gestoßen. Auch warnte er den »Führer« vor einer gewaltsamen Machtübernahme: »Herr Hitler, ich schieße«, drohte Hindenburg bei einem Treffen am 13. August 1932. Doch zum Abschied schlug der »Alte« wieder versöhnliche Töne an: »Wir sind ja beide alte Kameraden und wollen es bleiben, da später uns der Weg doch wieder zusammenführen kann. So will ich Ihnen denn auch jetzt kameradschaftlich die Hand reichen.«

Hindenburgs Berater sorgten dafür, dass der Feldmarschall und der Gefreite nur ein halbes Jahr später wieder zusammenfanden. Papen, der sich als Antidemokrat bekannte, war zum Pakt mit Hitler bereit. In Baron Schröders Kölner Villa sollte er eingefädelt werden – nach allen Regeln der Konspiration. Am 3. Januar 1933 bestieg Hitler in München den Abendzug nach Norden, weil er offiziell im lippischen Landtagswahlkampf eine Rede halten wollte. Doch zur Überraschung seiner Begleiter war sein Ziel das Rheinland. In Bonn »wurde am 4. Januar morgens der Zug verlassen und die Reise mit Hitlers Wagen, der ihn am Bahnhof erwartete, nach Bad Godesberg fortgesetzt«, erinnerte sich Hitlers Pressesprecher Otto Dietrich. Im Hotel Dreesen wurde das Frühstück eingenommen. Danach erhielten Dietrich, Hitlers Leibfotograf Heinrich Hoffmann und sein Chauffeur Julius Schreck den Befehl, in der Mercedes-Kompressorlimousine Platz zu nehmen. Die Männer wunderten sich, dass Hitler darauf bestand, dass Schreck, dessen Gesicht ein »Führerbärtchen« zierte, sich auf den Beifahrersitz setzen und Dietrich den Chauffeur spielen sollte. Drei Kilometer hinter Köln, auf der Straße nach Düsseldorf, sollten sie auf Hitler warten. Er selbst ließ sich von einem anderen Wagen mit verhängten Fenstern zu Schröders Villa am Kölner Stadtwaldgürtel fahren.

Kurz nach Hitler traf auch Papen dort ein. In einem fünf Stunden dauernden Gespräch verhandelten beide über die Bildung einer

»Lassen Sie ihn doch reden ...« Franz von Papen am 26. Januar 1933 während einer Veranstaltung von Deutschnationalen und des »Stahlhelms«, bei der er für eine neue Regierung mit Hitler an der Spitze warb.

gemeinsamen Regierung. Papen bot ein »Duumvirat« an: Zusammen mit Hitler wollte er eine »Regierung der nationalen Konzentration« bilden. Hitler bestand auf der Kanzlerschaft, sicherte jedoch Papen und dessen Leuten einflussreiche Posten in seiner Regierung zu. Zu einem Bündnis kam es noch nicht, allerdings einigten sich beide darauf, heimlich die Fäden weiterzuspinnen.

Aber ihr Treffen flog auf. Hitler und Papen waren vor der Villa Schröders fotografiert worden, die Zeitungen berichteten in großer Aufmachung. Bei Schleicher mussten die Alarmglocken klingeln. Doch er unterschätzte »Fränzchen« Papen, traute ihm einen Kanzlersturz nicht zu. Obwohl Hitler sein Ziel, Kanzler zu werden, noch nicht erreicht hatte, war er ihm doch ein großes Stück näher gekommen. Der braune Agitator war in Hindenburgs engster Umgebung salonfähig geworden und konnte sich berechtigte Hoffnungen machen, Hindenburgs Vorbehalte gegen ihn mit Papens Hilfe auszuräumen. Und er behielt recht: Hindenburg gab sein Einverständnis, dass Papen weiterhin streng vertrauliche Kontakte zu Hitler hielt.

Am 18. Januar trafen die beiden erneut zusammen. Schauplatz war wieder eine Villa: diesmal die des Sekthändlers Joachim von Ribbentrop, der später Hitlers Außenminister werden sollte und den Papen seit seiner Offizierszeit im Ersten Weltkrieg kannte. Hitler wollte weiterhin das Amt des Reichskanzlers für sich. Die Begegnung verlief ergebnislos. Am nächsten Treffen am selben Ort, vier Tage später, nahmen auch Hindenburg-Sohn Oskar, der eigentlich »in der Verfassung nicht vorgesehen war«, und Hindenburg-Staatssekretär Meißner teil. Meißner, ein Mann von geschmeidiger Anpassungsfähigkeit, war schon Staatssekretär unter Reichspräsident Ebert gewesen. Er sollte es auch unter Hitler bleiben. Oskar von Hindenburg war ein »gehobener Kammerdiener seines Vaters«, so Theodor Eschenburg. »Niemand kannte besser die Gewohnheiten, jeweiligen Stimmungen und Interessen des alten Hindenburg, keiner hatte stärkeren Einfluss auf den Zeitplan, hatte größere Möglichkeiten, ihm Informationen zugänglich zu machen und andere über dessen Auffassungen zu informieren als dieser Sohn.« Die beiden wichtigsten Ratgeber des Reichspräsidenten gehörten nun zum engsten Kreis der Verschwörer gegen Schleicher.

Jetzt signalisierte Papen seine Bereitschaft, sich mit dem Posten des Vizekanzlers zu begnügen. Hitler erklärte sich damit einverstanden, dass Papen sich das Mitspracherecht bezüglich der Zusammensetzung des Kabinetts vorbehielt. Auf diese Weise, meinte Papen, den »Führer« in der Regierung mit Leuten seines Vertrauens »einrahmen«, ihn so in Schach halten und persönlich im Hintergrund die Fäden ziehen zu können.

Schleicher, ohne Mehrheit im Reichstag und ohne Rückhalt bei Hindenburg, trat am 28. Januar 1933 zurück. Papens Taktik, die NSDAP durch Integration in eine Regierung zu »zähmen«, hatte stets auch Schleichers Zustimmung gefunden. Allerdings dachte er nie an Hitler als Kanzler, sondern »nur« als Minister. Papen verfiel dem verhängnisvollen Irrtum, auch mit einem Kanzler Hitler, der nie einen Zweifel an seiner Gier nach absoluter Macht gelassen hatte, noch fertig werden zu können. Hindenburg verabschiedete Schleicher mit den Worten: »Nun wollen wir mal sehen, wie mit Gottes Hilfe der Hase weiterläuft.« Papen war sicher, dass Hitler nur eine Etappe war auf dem Weg zu einem autoritären Staat monarchistischer Prägung: »In zwei Monaten haben wir Hitler in die Ecke gedrückt, dass er quietscht.«

Am 29. Januar legte Papen Hindenburg die Ministerliste vor. Darauf standen vier parteilose Mitglieder des Kabinetts Schleicher: Außenminister Konstantin Freiherr von Neurath, Finanzminister Johann Ludwig Graf Schwerin von Krosigk, Post- und Verkehrsminister Paul Freiherr von Eltz-Rübenach sowie der Reichskommissar für Arbeitsbeschaffung, Günter Gereke. Alfred Hugenberg, der Führer der Deutschnationalen, wurde Wirtschafts- und Ernährungsminister, Generalleutnant Freiherr von Blomberg Reichswehrminister, »Stahlhelm«-Führer Franz Seldte Arbeitsminister. Als dritter Nationalsozialist in der Regierung, neben Reichskanzler Hitler und Reichsinnenminister Wilhelm Frick, stand der bisherige Reichstagspräsident Hermann Göring als Minister ohne Geschäftsbereich, Reichskommissar für die Luftfahrt und zugleich preußischer Innenminister auf der Kabinettsliste. Der Posten des Justizministers blieb zunächst offen, um Hindenburg vorzugaukeln, man wolle durch Verhandlungen

»Es ist soweit.« Der neu ernannte Reichskanzler inmitten eines Spaliers jubelnder Anhänger in der Berliner Wilhelmstraße.

auch das Zentrum an der Regierung beteiligen und diese so auf eine breite parlamentarische Basis stellen. Doch eine Woche später wurde der bisherige Justizminister Franz Gürtner in seinem Amt bestätigt. Papen begnügte sich mit dem Vizekanzlerposten, einem Amt ohne wirklichen Einfluss – »bezeichnend für seine Unerfahrenheit«, so Theodor Eschenburg.

Am nächsten Morgen, dem 30. Januar, fuhren Hitler, Göring und Frick vom Hotel Kaiserhof, wo der »Führer« und sein Gefolge für 10 000 Mark wöchentlich eine ganze Etage belegten, zur Reichskanzlei – trotz der Kälte im offenen Mercedes. In ihren Mänteln und Schlapphüten sahen sie aus wie Mafiosi. Sie waren auf dem Weg zur »Machtergreifung«. Als Hugenberg kurz vor der Vereidigung des neuen Kabinetts erfuhr, dass Hitler schon bald eine Neuwahl plane, um dann einen Reichstag mit absoluter Nazi-Mehrheit in seiner Hand zu haben, war er schockiert. Der Zeitungszar befürchtete dramatische Stimmenverluste für die Deutschnationalen. Schließlich tauchte Meißner mit einer Uhr auf. Es war bereits Viertel nach elf, um elf Uhr hatte die Vereidigung des neuen Kanzlers stattfinden sollen. Hindenburg hasste Verspätungen. Hugenberg hatte keine Einwände mehr. Hitler schwor den Amtseid auf die Verfassung der Republik, die er so oft verbal in den Schmutz gezogen hatte:

»Ich werde meine ganze Kraft für das Wohl des deutschen Volkes einsetzen, die Verfassung und die Gesetze des Reiches wahren, die mir obliegenden Pflichten gewissenhaft erfüllen und meine Geschäfte unparteiisch und gerecht gegen jedermann führen.«

Hindenburg verabschiedete das 21. und letzte Kabinett der Weimarer Republik auf seine preußisch-protestantische Art: »Und nun meine Herren, vorwärts mit Gott!« Nie hatte Hitler einen Hehl daraus gemacht, dass er sich von der Macht nicht wieder trennen würde, wenn er sie erst einmal in Händen hielte. So sagte er im Oktober 1932 in einer Rede in Königsberg: »Wenn wir einmal die Macht bekommen, dann werden wir sie, so wahr uns Gott helfe, behalten. Wegnehmen lassen wir sie uns dann nicht mehr.« Er hatte sein Ziel erreicht.

*Welche ungeheure Aufgabe liegt doch vor uns, Herr von Papen. Wir dürfen uns niemals trennen, bis unser Werk vollendet ist.*

HITLER, 30. JANUAR 1933

Es war ein weiter Weg gewesen bis in die Reichskanzlei – ein Weg, geprägt von Demagogie, Agitation, Brutalität, Intrigen und einem giftigen Feldzug gegen Demokratie und Republik. Fortan galt der 30. Januar 1933 als »Tag der Machtergreifung« – bei den NS-Parteigenossen und bald auch bei allen Deutschen. Doch Hitler hat die Macht an diesem Tag nicht »ergriffen«, sie wurde ihm überlassen, sozusagen auf einem goldenen Tablett serviert – nach einem selbstherrlichen Ränkespiel reaktionärer Antidemokraten. Die Auslieferung der Macht an Hitler war das Resultat persönlichen Versagens von Papens, Schleichers und Hindenburgs. Sie hoben den »Führer« in den Sattel. Papen wollte durch seine Machenschaften ein politisches Comeback erreichen und sich an Schleicher rächen. Schleicher ignorierte die Gefahr und tat nichts, um Hitler am letzten Schritt zur Macht zu hindern. Dem greisen Hindenburg fehlte der politische Durchblick; er wollte nur noch seine Ruhe und folgte den verhängnisvollen Einflüsterungen seiner Berater. Der Präsident, den auch Zentrums- und SPD-Anhänger »als letzte Reserve zur Wahrung der Verfassung gewählt hatten«, wie es der ehemalige SPD-Reichstagsabgeordnete Josef Felder ausdrückte, lieferte die Republik ihrem teuflischsten Gegner aus. Doch die Verantwortung dafür, dass Hitler es bis in die Reichskanzlei schaffte, trugen auch die Millionen Deutschen, die der NSDAP aus freien Stücken ihre Stimme gegeben und sie zur stärksten Partei gemacht hatten.

Hitler vermochte sein Glück kaum zu fassen. »Wir haben es geschafft!«, rief er immer wieder, als ihn der offene Mercedes zurück zum »Kaiserhof« brachte. In der Hotelhalle, umringt von jubelnden Anhängern, konnte er nur noch sagen: »Jetzt sind wir so weit.« Goebbels notierte in sein Tagebuch: »Einige Minuten später ist er bei uns im Zimmer. Er sagt nichts, und wir alle sagen auch nichts. Aber seine Augen stehen voll Wasser. Es ist so weit!« Wie ein Lauffeuer ging die Nachricht von Hitlers Ernennung durchs Reich. Seine Anhänger triumphierten, seine Gegner waren schockiert. Die ersten packten ihre Koffer, doch viele trösteten sich mit dem Gedanken: So schlimm wird es wohl nicht werden. Die demokratischen Parteien hatten keine Gegenstrategie. Die Gewerkschaften riefen dazu auf, Ruhe zu

»Die braunen Bataillone«: Mit einem Fackelzug feiern die Nationalsozialisten am Abend des 30. Januar 1933 die »Machtergreifung« Hitlers.

bewahren: »Kühles Blut und Besonnenheit« sei »erstes Gebot«. Tatsächlich hätte nur ein sofortiger Generalstreik noch helfen können.

*Keine Macht der Welt wird mich jemals lebend hier wieder herausbringen.*

HITLER,
30. JANUAR 1933

Hitler ließ sich noch am Tag seiner Vereidigung in staatsmännischer Pose am Schreibtisch des Reichskanzlers fotografieren. Um 17 Uhr fand die erste Kabinettssitzung statt. Am Abend stand der neue Regierungschef dann stundenlang am Fenster seines Amtssitzes und nahm die Parade Tausender SA-Männer und »Stahlhelm«-Angehöriger ab,

## Der Reichstagsbrand

Der Brand des Reichstags am 27. Februar 1933 ist bis heute Gegenstand von Kontroversen. Als Brandstifter am Tatort festgenommen wurde der vierundzwanzigjährige Holländer Marinus van der Lubbe, Malergeselle aus Leiden und schwärmerischer Rätekommunist. Aus seiner Verhaftung konstruierten die Nazis eine kommunistische Verschwörung. Der Reichstagsbrand sei »ein von Gott gegebenes Signal, Herr Vizekanzler«, sagte Hitler zu Papen. Und Goebbels jubilierte: »Die Linie unserer Agitation ist durch die Ereignisse selbst festgelegt. Nun können wir aufs Ganze gehen.« Noch in der Nacht holte die preußische Polizei, deren oberster Dienstherr Göring war, ihre vorbereiteten Verhaftungslisten aus den Schubladen. Tausende kommunistischer Funktionäre wurden verhaftet, aber auch schon Sozialdemokraten, linke Schriftsteller und Journalisten. Kommunistische und sozialdemokratische Zeitungen, Plakate und Flugblätter wurden verboten. Hindenburg stärkte Hitler den Rücken mit der am 28. Februar erlassenen »Verordnung des Reichspräsidenten zum Schutz von Volk und Staat«. Grundrechte wie jene auf freie Meinungsäußerung, die Pressefreiheit, die Vereinigungs- und Versammlungsfreiheit, das Brief- und Postgeheimnis und auf die Unverletzlichkeit der Wohnung wurden auf unbestimmte Zeit außer Kraft gesetzt: Ab sofort herrschte ein permanenter Ausnahmezustand. Hitler ließ nun endgültig die Maske fallen.

Den Reichstagsbrand vom 27. Februar 1933 nutzten die Nationalsozialisten als Vorwand zum Losschlagen gegen politische Gegner.

die mit Fackeln die Wilhelmstraße entlangmarschierten und Kampflieder sangen. Auch Hindenburg schaute von einem Fenster seiner Amtsräume auf das Fackelmeer und schlug mit seinem Handstock den Takt der Marschlieder. »Ich wusste gar nicht, dass wir im Weltkrieg so viele russische Gefangene gemacht haben«, legte der Berliner Volksmund dem greisen Feldmarschall und »Sieger von Tannenberg« beim Anblick der marschierenden Braunhemden später in den Mund. Auf diese Weise zogen die Leute ironisch in Zweifel, ob Hindenburg noch im Vollbesitz seiner geistigen Kräfte war.

*»Hinter den roten Hakenkreuzfahnen marschieren die braunen Bataillone ins leuchtende Leben hinein und brechen dem neuen Deutschland die Bahn.«*

GOEBBELS,
TAGEBUCH, 30. JANUAR 1933

Der Fackelzug war keine spontane Aktion, sondern bestens organisiert. »25 000 Menschen. Und jeder dieser 25 000 wusste, wo er seine Fackel abholen sollte«, erinnerte sich die 1999 gestorbene französische Journalistin Stéphane Roussel, damals Deutschlandkorrespondentin

der Zeitung *Le Matin.* »Ein einziger feuriger Teppich auf der ganzen Wilhelmstraße.«

Goebbels sprach im Rundfunk von einer »großen Volksgemeinschaft« und zeigte sich »maßlos glücklich. Glücklich darüber, dass nun eine vierzehnjährige Arbeit durch Sieg und Erfolg gekrönt worden ist. Wenn ich den heutigen Tag auf den einfachsten Nenner bringen soll, dann möchte ich sagen: Es ist ein Triumph der Zähigkeit. Die Zähigkeit der nationalsozialistischen Führung hat diesen Sieg errungen.« Angesichts eines »sinnlosen Taumels von Jubel und Begeisterung« könne man am 30. Januar »mit gutem Recht sagen: Deutschland ist im Erwachen«. Die Demokratie war besiegt, die Demokraten waren geschlagen. »Am nächsten Morgen ist die Weimarer Republik so weggegangen, wie sie gelebt hat: auf Zehenspitzen«, so Stéphane Roussel.

Am 1. Februar richtete die neue Regierung einen »Aufruf an das deutsche Volk«. Er enthielt bereits einen Hinweis auf die bevorstehende Ausschaltung der Parteien und des Parlaments: Die »nationale Regierung« werde über ihre Proteste hinweggehen, denn sie könne »die Arbeit des Wiederaufbaus nicht der Genehmigung derer unterstellen, die den Zusammenbruch

»Schriftsteller ist er?« – so lautet der Titel dieser zeichnerischen Darstellung einer Hausdurchsuchung der SA von George Grosz.

Der Terror wurde legal: Politische Gegner der NSDAP nach ihrer Verhaftung im Keller eines SA-»Sturmlokals« in Berlin.

verschuldeten«. Hitler, noch »eingerahmt« von nicht-nationalsozialistischen, aber stockreaktionären Ministern – Antidemokraten allesamt –, machte sich nun daran, die absolute Macht zu erringen. Anstatt der von Papen angepeilten Restauration autoritärer Herrschaft kam der totalitäre Staat.

Nach einer Neuwahl, die für den 5. März 1933 angesetzt wurde, rechnete Hitler mit einer absoluten Mehrheit im Reichstag, der ihn dann mit diktatorischen Vollmachten ausstatten sollte. Die NSDAP, der nun alle staatlichen Mittel zur Verfügung standen, entfaltete eine gewaltige Propaganda. Hinzu kam nackte Gewalt.

Die politisch-psychologische Rechtfertigung und die formale Legalisierung der längst geplanten Terror- und Unterdrückungsmaßnahmen lieferte der Reichstagsbrand am 27. Februar 1933.

Mitten in der heißen Phase des Reichstagswahlkampfs ließ Hitler politische Gegner auch von mehreren zehntausend SA-Männern, die Göring kurzerhand zu preußischen Hilfspolizisten ernannt hatte, drangsalieren, verfolgen und verhaften. Trotzdem verfehlte die NSDAP am 5. März 1933 mit 43,9 Prozent der Stimmen die absolute Mehrheit. Das änderte aber nichts daran, dass Hitler am 23. März mit Hilfe von Drohungen und Einschüchterungen sowie des Ausschlusses der 81 kommunistischen Abgeordneten die benötigte Zweidrittelmehrheit für das »Ermächtigungsgesetz« bekam. Das Gesetz übertrug die legislative Gewalt vom Reichstag auf die Regierung. Das Parlament hatte sich selbst vollends entmachtet. Gegen das Ermächtigungsgesetz stimmte nur die SPD. Ihr Fraktionsvorsitzender Otto Wels sagte in der Debatte: »Wir grüßen die Verfolgten und Bedrängten. Wir grüßen unsere Freunde im Reich. Ihre Standhaftigkeit und Treue verdienen Bewunderung. Ihr Bekennermut, ihre ungebrochene Zuversicht verbürgen eine hellere Zukunft.« Das Reichstagsprotokoll verzeichnete »wiederholten lebhaften Beifall bei den Sozialdemokraten« und »Lachen bei den Nationalsozialisten«. Die Nazis lachten, ihre Zukunft hatte gerade angefangen. Es war der Beginn der dunkelsten Periode deutscher Geschichte.

# 1939

## Der Weg in den Weltkrieg

Am Vormittag des 1. September 1939 trat Adolf Hitler um zehn Uhr vor den Reichstag. Der »Führer« und Reichskanzler hatte der Öffentlichkeit eine wichtige Mitteilung zu machen. Er hatte die feldgraue Soldatenuniform angelegt, zum ersten Mal seit dem Weltkrieg trug er »jenen Rock, der mir selbst der heiligste und teuerste« war – so begann er. Seine Uniform war der erste unheilvolle Hinweis auf die Botschaft, die er nun mit dem ihm eigenen Pathos vortrug. Hitler sprach von den Qualen des »Versailler Diktats«, die die Deutschen erlitten hätten, und von seinen unermüdlichen Bemühungen, die berechtigten Interessen seines Volkes zu erfüllen. Er stilisierte sich hoch zum friedliebenden Staatsmann, der immer wieder Vorschläge für eine Verhandlungslösung formuliert habe – und der nun allein wegen der Unvernunft seiner Kontrahenten zum letzten Mittel greifen müsse. Dann berichtete er von Zwischenfällen, die sich in der Nacht an der Grenze zu Polen ereignet hätten, um schließlich zum eigentlichen Thema zu kommen: »Polen hat den Kampf gegen die Freie Stadt Danzig entfesselt! Polen hat heute Nacht zum ersten Mal auf unserem eigenen Territorium auch durch reguläre Soldaten geschossen. Seit 5.45 Uhr wird jetzt zurückgeschossen!«

»Seit 5.45 Uhr wird zurückgeschossen.« Hitler rechtfertigt am Vormittags des 1. September 1939 vor dem Reichstag den Angriff auf Polen.

Es waren gleich zwei Lügen, die Hitler damit in die Welt setzte. Die eine unterlief ihm – unbewusst – im sprichwörtlichen Eifer des Gefechts. Der deutsche Angriff hatte schon früher begonnen. Es war 4.47 Uhr, als Kapitän zur See Gustav Kleikamp an Bord des deutschen Kriegsschiffes »Schleswig-Holstein« den Befehl »Feuererlaubnis« gegeben hatte. Die Geschütze des Schiffes, das zu einem »Freundschaftsbesuch« im Hafen der Freien Stadt Danzig lag, eröffneten das Feuer auf ein polnisches Munitionsdepot auf der Danziger Westerplatte. Zur gleichen Zeit überquerten Einheiten der Wehrmacht ohne Kriegserklärung die Grenze nach Polen. Diese Uhrzeit hatte Hitler persönlich am Vortag als Angriffstermin befohlen. Und hier lag die zweite, beabsichtigte, Täuschung der Öffentlichkeit: »Es wird zurückgeschossen«, lautete die Behauptung, die nun in vielen Variationen wiederholt wurde. »Deutschland schlägt einen polnischen Angriff zurück«, hieß die Sprachregelung.

Doch es waren die Deutschen, die das Feuer eröffnet hatten. Die Überfälle, die Hitler als Rechtfertigung benutzte, waren von SS-Männern in polnischen Uniformen ausgeführt

Betroffen verfolgen Berliner Bürgerinnen und Bürger vor einem Radiogeschäft die Rundfunkübertragung der Rede ihres »Führers« aus dem Reichstag, mit der er den Startschuss zu einem fast sechs Jahre währenden Krieg gab.

worden. Durch die Schüsse, die die Menschen am 1. September in Danzig aus dem Schlaf rissen, war ein Krieg vom Zaun gebrochen worden, den Hitler seit Langem geplant und den er schon mehrfach verschoben hatte.

Der Tag, an dem er endgültig sein wahres Gesicht zeigte, war der 5. November 1937. Um 16.15 Uhr hatte Hitler in der Reichskanzlei die militärische Führung des »Dritten Reiches« um sich versammelt. Neben den drei Oberkommandierenden der Teilstreitkräfte, General Werner Freiherr von Fritsch, Großadmiral Erich Raeder und Hermann Göring, waren nur Außenminister Konstantin Freiherr von Neurath und Hitlers Wehrmachtsadjutant, General Friedrich Hoßbach, anwesend. Hitler wollte sie in seine politischen Pläne einweihen. Die Niederschrift dieser Sitzung, das »Hoßbach-Protokoll«, gibt einen Einblick in das krude Denken eines Mannes, der nur ein Ziel zu kennen schien: die Gewinnung von »Lebensraum«. »Es ist mein unabänderlicher Entschluss, spätestens 1943/45 die deutsche Raumfrage zu lösen.« Dazu gab es für ihn nur einen Weg, den »Weg der Gewalt« – und allen war klar, was das zu bedeuten hatte: Krieg!

Die zweite Schlüsselfrage neben dem Zeitpunkt war die Frage nach dem »Wie«. Auch hier hatte Hitler konkrete Vorstellungen: »Unser erstes Ziel muss sein, die Tschechei und gleich-

Die Besetzung des entmilitarisierten Rheinlands durch die Truppen der Wehrmacht im März 1936 war der erste Schritt auf dem Weg in den Krieg.

zeitig Österreich niederzuwerfen.« Was Hitler in dieser Sitzung ankündigte, hätte jedem, der »Mein Kampf« gelesen hatte, bekannt sein müssen. Doch viele hatten dieses in der Landsberger Festungshaft geschriebene Buch als Pamphlet eines gescheiterten Putschisten abgetan, nur wenige konnten glauben, dass Hitler seine »Visionen« auch tatsächlich realisieren wollte.

Allerdings war das autobiografische Elaborat, das er 1923 seinem Mithäftling Rudolf Heß diktiert hatte, in seiner ganzen bizarren Mischung von Unsinn und Wahnsinn wahrlich ernst gemeint.

*»Wir stoppen den ewigen Germanenzug nach dem Süden und dem Westen Europas und weisen den Blick nach dem Land im Osten.«*

HITLER, »MEIN KAMPF«

1941 erklärte er in einer Besprechung vor der deutschen Generalität: »Man soll heute in der anderen Welt nicht so blöde tun. Die Herren hätten bloß einmal das lesen sollen, was ich geschrieben habe, und zwar tausendmal geschrieben habe. Öfter hat kein Mensch erklärt, ... was er will, als ich es getan habe.« Ohne etwas zu beschönigen, hatte Hitler in »Mein Kampf« zugegeben: »Ein Programm, wie ich es vertrete, ist die Formulierung einer Kriegserklärung gegen eine bestehende Ordnung, gegen eine bestehende Weltauffassung überhaupt.«

Den ersten sichtbaren Schlag gegen diese Weltordnung, die im Versailler Friedensvertrag die Rolle Deutschlands festgelegt hatte, führte er am 7. März 1936: Hitler ließ seine wiedererstarkte Wehrmacht in das entmilitarisierte Rheinland einmarschieren. Zum ersten Mal zeigte sich hier die Taktik, die der deutsche Diktator in den nächsten Jahren in vielen Variationen anwandte. Von der Besetzung des Rheinlands über den Einmarsch in Österreich, die Annexion des Sudetenlands bis zur Zerschlagung der »Resttschechei« zieht sich ein roter

Faden. Die Methoden und Mittel waren identisch: Täuschung, Drohung, Erpressung. Allerdings wurde Hitlers Vorgehensweise bei jeder Aktion dreister und gewalttätiger, mit jedem Erfolg wurde er mutiger und selbstbewusster. Dabei wird aus den substanziellen Gemeinsamkeiten seines Vorgehens ersichtlich, dass Hitler gezielt auf den Krieg hinsteuerte. Mit dem Angriff auf Polen »perfektionierte« er schließlich ein Handlungsmuster, dessen er sich schon zuvor erfolgreich bedient hatte.

Da war zunächst die offenkundige Diskrepanz zwischen Sein und Schein, Reden und Handeln: Während Hitler öffentlich Frieden predigte, setzte er in der Realität seine Ziele mit gewaltsamen Mitteln durch. »Den Frieden wollen wir«, lautete Hitlers Botschaft, die in den ersten Jahren des »Dritten Reiches« vieltausendfach der Öffentlichkeit eingehämmert wurde, während sich Armee und Industrie auf den Krieg vorbereiteten. Als seine »letzte Forderung« hatte der deutsche Diktator die Klärung der »Sudetenfrage« bezeichnet, nachdem er die Abtretung des Sudetenlands erzwungen und in der Münchener Konferenz die internationale Zustimmung zu diesem Gewaltakt bekommen hatte. Dabei hatte er mit Danzig einen neuen Konfliktherd längst ins Auge gefasst.

»Sie sind Deutsche, und Deutsche gehören zusammen«. Nach dem »Anschluss« Österreichs hielt Hitler triumphalen Einzug in Wien, 5. März 1938.

Der Einmarsch der Wehrmacht ins Sudetenland und dessen Angliederung an das Reich wurden von der deutschstämmigen Bevölkerung mit Jubel begrüßt.

*Hitler hat immer wieder in seinen Reden gesagt, wer Frontsoldat im Ersten Weltkrieg gewesen ist, der kann nicht wollen, dass ein erneuter Krieg vom Zaun gebrochen wird. Wir haben immer mit diplomatischen Lösungen gerechnet.*

GÜNTHER REICHHELM,
GENERALSTABSOFFIZIER

Zur perfekt gespielten Rolle des Friedensengels gehörte, dass Hitler öffentlich nur solche Forderungen erhob, wie sie vor ihm alle Parteien der Weimarer Republik gestellt hatten. Sein Kampf gegen die Versailler Friedensordnung stand scheinbar in der Kontinuität deutscher Außenpolitik, die auch ein Friedensnobelpreisträger wie Gustav Stresemann verfolgt hatte. »Er ist in seinen Vorgarten zurückgekehrt«, war die Auffassung der Engländer nach Hitlers Einmarsch in das Rheinland. »Sie sind Deutsche, und Deutsche gehören zusammen«, erklärte Londons Botschafter in Berlin, Neville Henderson, nach dem triumphalen Einzug Hitlers in Wien. Er schloss sich damit beispielsweise Hermann Göring an, der die ganze Aktion zur »Familienangelegenheit« erklärt hatte. Der Anschluss Österreichs war die Verwirklichung des Selbstbestimmungsrechts der Völker, für das der Westen im Weltkrieg gekämpft hatte. »Peace in our time«, prophezeite der Premierminister Seiner Majestät nach dem Münchener Abkommen in völliger Verkennung der wahren Absichten Hitlers.

Die Angliederung des Sudetenlands konnte Hitler mit dem Schutz ethnischer oder politischer Minderheiten im anderen Staat begründen. Auch wenn er diese Standardrechtfertigung aller internationalen Aggressoren für sein gewaltsames Vorgehen benutzte – die Zustimmung der Menschen in Deutschland und sogar in England und Frankreich war ihm gewiss. Mourir pour les Sudètes? Die Parole zeigte die geringe Bereitschaft etwa der Franzosen, Hitler davon abzuhalten, deutschstämmige Minderheiten »heim ins Reich« zu holen. Zu offenkundig waren die Benachteiligungen der deutschen Minderheit im Vielvölkerstaat Tschechoslowakei. Nicht zuletzt waren es die Hardliner in Prag, die alle Forderungen nach Gleichberechtigung unerfüllt ließen und Hitler die Möglichkeit gaben, sich als Retter verfolgter Landsleute zu präsentieren.

Auf dem Weg in den Krieg hatte Hitler – auch hier ein roter Faden – neue Methoden in die internationalen Beziehungen eingebracht.

»Mourir pour les Sudètes?« Französische Reservisten, die vorsorglich eingezogen worden waren, bei ihrer Rückkehr nach Paris, Oktober 1938.

Schon beim sogenannten »Anschluss« Österreichs hatte der Diktator hinter den Kulissen die österreichische Regierung erpresst und sich mit unverhohlenen Drohungen und massivem Druck einen ausländischen Staatsmann gefügig gemacht. Am 12. Februar 1938 war der österreichische Kanzler Kurt Schuschnigg nach Berchtesgaden in Hitlers Refugium, den »Berghof« auf dem Obersalzberg, zitiert worden, wo der Hausherr ihn mit Vorwürfen und Beschimpfungen überzog. Alles gipfelte in der Drohung: »Wer weiß, vielleicht bin ich über Nacht auf einmal in Wien: wie der Frühlingssturm. Dann sollen Sie etwas erleben.« Schuschnigg war der erste ausländische Staatsmann, der sich mit diesem Ton konfrontiert sah. Er blieb nicht der Einzige.

Chamberlains persönlicher Berater Sir Horace Wilson machte ähnliche Erfahrungen, als er auf dem Höhepunkt der Sudetenkrise am 26. September einen deutschen Regierungschef erlebte, der, wie es Hitlers Dolmetscher empfand, »völlig die Nerven verlor«. Der deutsche Diktator schrie den Diplomaten an, als er die Vorschläge der britischen Regierung hörte. Er brüllte, tobte, schimpfte – und stellte ein Ultimatum. Nicht viel besser war es auch dem britischen Premierminister Arthur Neville Chamberlain persönlich ergangen. Bei seinem ersten, als privat deklarierten Besuch am 15. September 1938 auf dem »Berghof« begegnete der distinguierte Regierungschef Seiner Majestät einem verantwortlichen Staatsmann, der in unverantwortlichem Ton und Inhalt seine

## Appeasement

Die Politik des »appeasement« wurde und wird häufig als schwächliches Nachgeben und Zurückweichen vor einem Angreifer kritisiert. Die Kritiker übersehen dabei, dass Chamberlain damals nicht in einer Position war, in der er mit der britischen Faust auf den europäischen Tisch donnern konnte. Es fehlten die militärischen Voraussetzungen, es mangelte an der Kampfbereitschaft der Bevölkerung, und es gab keinen ausreichenden Grund für einen Krieg. Der »appeasement policy« kann aber ein Vorwurf gemacht werden: Sie erfolgte zum falschen Zeitpunkt. Die Politik der Siegermächte hatte den Weimarer Demokraten all jene Zugeständnisse verweigert, die dem Berliner Diktator gemacht wurden. Damals trug die starre Ablehnung ihren Teil zum Scheitern der deutschen Demokratie bei, jetzt förderte die nachgiebige Haltung das Ansehen des Diktators. So falsch damals die Politik der Stärke war, so falsch war jetzt eine Politik, die nach Schwäche aussah.

Gegner beschimpfte. Dann drohte er seinem Gast: »Ich werde in kürzester Frist diese Frage so oder so aus eigener Initiative regeln.« »So oder so«, das hieß entweder – oder. Entweder das Sudetenland abtreten, oder er werde einmarschieren. »So oder so«, das hieß Krieg oder Frieden. Bei seinem zweiten Besuch in der Höhle des deutschen Löwen am 22. September traf Chamberlain in Godesberg auf einen »Führer«, der seine Versprechen brach und neue Forderungen stellte.

Am schlimmsten behandelte Hitler Emil Hacha, den greisen Staatschef der Tschechoslowakei, der im März 1939 nach der Abtretung des Sudetengebiets einen letzten Versuch unternahm, die staatliche Einheit der Resttschechoslowakei zu retten. In Berlin trieb Hitler sein wehrloses Gegenüber mit immer neuen Demütigungen in die Enge, bis Hacha einen Schwächeanfall erlitt und auf alle Forderungen seines Gastgebers einging. Die wichtigen Stationen zum Krieg durchzieht ein weiterer roter Faden: die eigenartige Mischung von Kalkül und unkalkulierbarem Risiko. Hitler konnte auf die Kriegsunlust seiner Gegner bauen, die zudem militärisch und politisch nicht in der Lage waren, einer Gewaltaktion mit Gegengewalt zu begegnen.

In Paris regierte Edouard Daladier ein Land, das mit innenpolitischen Krisen und Wirtschaftsproblemen zu kämpfen hatte. Die Schlüsselrolle in der Auseinandersetzung mit dem deutschen Kanzler fiel so dem britischen Regierungschef zu: Arthur Neville Chamberlain. Der Premierminister war ein Politiker des Ausgleichs und an einem europäischen Krieg nicht interessiert. Auch wenn Winston Churchill seinen innenpolitischen Widersacher als »the great peacemaker« abqualifizierte, so träumten doch große Teile der Bevölkerung in Frankreich und Großbritannien den Traum Chamberlains.

Der deutsche »Führer« zerstörte mit der Nachkriegsordnung, die auf dem Versailler Vertrag gründete, ein Bauwerk, dessen Fundamente bereits brüchig und dessen Bauherren nicht in der Lage waren, die erkennbaren Risse zu beheben. Gleichzeitig war sich Hitler der Risiken seines Tuns bewusst: »Ich spiele va banque, ich habe immer va banque gespielt«, beschied er in den kritischen Tagen vor dem Überfall auf Polen die Warnungen Görings. Dies galt bereits für den Einmarsch ins Rheinland, von dem er zugab: »Wären die Franzosen ins Rheinland eingerückt, hätten wir uns mit Schimpf und Schande wieder zurückziehen müssen.« Im März 1936 verlor er in der entscheidenden Phase für kurze Zeit die Fassung – wie später in vergleichbaren Situationen. Auch im Vorfeld des »Anschlusses« von Österreich schwankte der »Führer«. Es war Hermann Göring, der den österreichischen Kanzler Schuschnigg ultimativ zum Rücktritt aufforderte und das Telegramm in Auftrag gab, mit dem Hitlers Wiener Statthalter Arthur Seyß-Inquart die »deutschen Brüder« offiziell um Hilfe bat. Auch während der Sudetenkrise zögerte Hitler mehr als einmal. In den Gesprächen mit Chamberlain und Henderson stellte er zwar des Öfteren Ultimaten, lenkte dann aber immer wieder ein und trat in Etappen den Rückzug an, bis er widerwillig zustimmte, die »Sudetenfrage« auf einer Konferenz in München zu lösen.

Ein wichtiges Erlebnis, das Hitler 1938 zaudern ließ, war die Reaktion der Berliner Bevölkerung auf eine öffentliche Demonstration der Stärke. Eine motorisierte Division war auf Hitlers Befehl in Kampfausrüstung durch Berlin gefahren. Der Diktator rechnete mit der gleichen Begeisterung wie 1914 beim Kriegsausbruch. Doch statt Jubel erntete er Schweigen, statt Enthusiasmus Betroffenheit. Hitler war geschockt: »Mit diesem Volk kann ich noch keinen Krieg führen.« Die Deutschen lehnten den Krieg, den er unbedingt wollte, ab. Hitler sah sich zu einem Rückzieher gezwungen. Und er erkannte, wie notwendig eine Legitimation für ein militärisches Vorgehen war.

Schon am 21. April 1938, als er General Keitel den Auftrag erteilte, einen Plan zur Eroberung der Tschechoslowakei auszuarbeiten, hatte Hitler darauf geachtet, seinem Tun den Anstrich von Rechtmäßigkeit zu geben. So hieß es in einem Schreiben zum »Fall Grün«: »Der Gedanke eines Überfalls aus heiterem Himmel auf die Tschechoslowakei ohne jeden Anlass und ohne Rechtfertigungsmöglichkeit ist abzulehnen.« Auf dem Reichsparteitag der NSDAP im September 1938 schob ein sich in Ekstase

Der Wolf im Schafspelz: Auf dem Nürnberger NSDAP-Parteitag im September 1938 beteuerte der »Führer« seine Friedensliebe, obwohl ein Krieg für ihn längst beschlossene Sache war.

redender Hitler kühl kalkulierend jede Schuld für einen Krieg der anderen Seite zu. Der »Führer« drohte mit dem Einmarsch. Aber er versäumte nicht, hierfür eine Begründung zu liefern. »Ich brauchte ein Alibi, vor allem dem deutschen Volk gegenüber, um ihm zu zeigen, dass ich alles getan hatte, den Frieden zu erhalten«, räumte er intern ein.

Wenn der Krieg, an dessen Rand Europa schon im Spätsommer 1938 mehrfach gestanden hatte, letztlich (noch) nicht ausbrach, so beruhte dies auf der Nachgiebigkeit der Briten und Franzosen, die Hitler keinen offenkundigen Grund zum Losschlagen lieferten. Im »Führerbau« des Braunen Hauses, der Parteizentrale der NSDAP in München, begann am 29. September die Konferenz, an der neben Hitler, Chamberlain und Daladier auch Mussolini teilnahm. Ohne Beteiligung der Tschechen beschlossen sie die Abtretung des Sudetengebiets an Deutschland. Der Verlierer des Weltkriegs diktierte den westlichen Siegermächten seinen Willen. Dennoch ärgerte sich Hitler über die Lösung. Für ihn stellte das Treffen von München eine »verpasste Gelegenheit« dar. »Dieser Kerl hat mir meinen Einzug in Prag verdorben«, schimpfte der Diktator schon bald über den britischen Premierminister. Doch Hitler ließ nicht locker. Am 21. Oktober teilte er den Oberbefehlshabern in einer »geheimen Kommandosache« seine nächsten Absichten mit: »Das Ziel ist die rasche Besetzung der Tschechei.«

Als die deutschen Truppen am 15. März 1939 ihren Marsch auf Prag antraten, mussten sie eine neue Erfahrung machen. Nachdem sie im Rheinland, in Österreich, im Sudetenland von jubelnden Menschen mit Blumen empfangen worden waren, schlugen ihnen nun zum ersten Mal Wut und Hass entgegen. Der »Führer« hatte zum ersten Mal ein fremdes Land besetzen lassen und das Selbstbestimmungsrecht der Völker mit Füßen getreten.

Die »Erledigung der Resttschechei« war der entscheidende Wendepunkt. Die britische Öffentlichkeit war geschockt. »The rape of Prague« – die »Vergewaltigung Prags« – hatte London aus allen Friedensillusionen gerissen. Das Ende der Appeasement-Politik zeichnete sich ab. Neben Großbritannien gab nun auch Frankreich dem polnischen Staat ein uneingeschränktes Beistandsversprechen. »Bis hierher und nicht weiter«, lautete die Botschaft des britisch-französischen Warnschusses an die Adresse Hitlers. Der polnische Außenminister Josef Beck nahm das Angebot sofort an, er hatte erkannt, dass die Garantie an keine Bedingungen geknüpft war. Doch Hitler schätzte die neue Entschlossenheit des Westens falsch ein. »In 14 Tagen spricht niemand mehr davon«, bekräftigte er seinen Glauben an eine Fortsetzung der Nachgiebigkeit seiner Gegner. Unbeeindruckt bereitete er den nächsten Akt vor.

Das große Ziel Hitlers trug den Decknamen »Fall Weiß«. 1938 hatte Hitler seine Weisung für den »Fall Grün« gegeben. Nun wiederholten sich die Ereignisse, zwischen »Weiß«

»Erledigung der Resttschechei«. Beim Einzug der Wehrmacht in Prag, am 15. März 1939 schlug den Soldaten offene Feindschaft entgegen.

und »Grün« gab es zahlreiche Parallelen. Das Prinzip war das gleiche, nur Daten und Namen hatten sich geändert. Im »Fall Grün« war der 1. Oktober 1938 das entscheidende Datum, nun, bei »Weiß«, hieß es: »Die Durchführung muss ab 1. September jederzeit möglich sein.« War 1938 das Sudetenland der Hebel, den Hitler benutzte, so fiel diese Rolle 1939 der Freien Stadt Danzig zu.

*Danzig ist nicht das Objekt, um das es geht. Es handelt sich für uns um die Erweiterung des Lebensraumes im Osten und Sicherstellung der Ernährung.*

HITLER, 23. MAI 1939

# Der Hitler-Stalin-Pakt

Die Nachricht vom deutsch-sowjetischen Nichtangriffspakt schlug am 23. August in den europäischen Hauptstädten ein wie eine Bombe. Ein Bündnis des Nationalsozialismus mit dem Kommunismus – das schien vielen wie ein Bund von Feuer und Wasser. Das Interesse des Kreml war klar: Das geheime Zusatzprotokoll sicherte der Sowjetunion weite Teile Polens, die Herrschaft über das Baltikum und damit den freien Zugang zur Ostsee. Was aber bewog Hitler zu diesem Schritt? Er hatte seine Ziele keineswegs neu definiert: »Alles, was ich unternehme, ist gegen Russland gerichtet. Wenn der Westen zu dumm und zu blind ist, um dies zu begreifen, werde ich gezwungen sein, mich mit den Russen zu verständigen, den Westen zu schlagen und dann nach seiner Niederlage mich mit meinen versammelten Kräften gegen die Sowjetunion zu wenden.« Diese Äußerung beschreibt Kontinuität wie Wandel seiner Planung. Nach wie vor war Russland das eigentliche Ziel, dort lag der »Lebensraum«. Neu war das Bündniskonzept. Der deutsch-sowjetische Nichtangriffspakt hielt Deutschland vorerst den Rücken frei und enthob ihn und die deutsche Generalität der latenten Sorge, einen Zweifrontenkrieg führen zu müssen.

Polen galt ihm – und vielen ähnlich gesinnten Deutschen – als Fremdkörper auf der Karte Europas, als Resultat der in Versailles diktierten Weltordnung. Viele militärische Planspiele hatten schon in den zwanziger Jahren einen Konflikt mit Polen zugrunde gelegt. Seit dem Ende des Ersten Weltkriegs hatte es mit dem östlichen Nachbarn Streit um die an Polen abgetretenen deutschen Gebiete gegeben. Denn Polen herrschte über einen Korridor, der ihm Zugang zur Ostsee verschaffte und der die Landverbindung von Ostpreußen zum Deutschen

Reich abschnitt. In diesem Korridor lag die ehemals deutsche Stadt Danzig, die unter Verwaltung des Völkerbundes stand. Diese Folge des Versailler Vertrags zu revidieren war seit Langem ein zentrales Anliegen der Außenpolitik des Deutschen Reiches gewesen.

International hatte Hitler die Weichen gestellt. Bis dahin hatte die Gefahr eines Zweifrontenkriegs vor allem seine Paladine abgeschreckt. Nun hatte der sowjetische Diktator Josef Stalin am 10. März in seiner berühmten »Kastanienrede« Distanz zu England und Frankreich erkennen lassen. Hitler nutzte die Chance – und gewann den Wettlauf um die Gunst des starken Mannes im Kreml. Am 23. August 1939 wurde der Hitler-Stalin-Pakt unterzeichnet.

*Als ich mich von meinem Botschafter Graf Schulenburg in Moskau verabschiedete, bevor ich Soldat wurde, sagte er: »Die Leute werden mir zugute anrechnen, dass ich diesen Pakt abgeschlossen habe. In Wirklichkeit habe ich einen Beitrag geleistet zum Ausbruch des Zweiten Weltkrieges, den wir verlieren werden und verlieren müssen.«*

HANS VON HERWARTH,
DAMALS DIPLOMAT

Dieses Abkommen war das Signal zum Krieg – was dem sowjetischen Diktator selbst bewusst war. Nur eine Furcht plagte den »Führer«: »Ich habe Angst, dass mir noch im letzten Augenblick irgendein Schweinehund einen Vermittlungsvorschlag vorlegt.«

Hitler hatte Chamberlains Abgesandten am Vortag erklärt: Zwischen England und Deutschland gebe es nur zwei Möglichkeiten: »Verständigung oder Krieg. Und ich ziehe den Krieg im Alter von 50 Jahren einem Krieg im Alter von 55 oder 60 vor.« Von der britischen Bereitschaft zum Krieg, die Henderson übermittelt hatte, ließ er sich nicht beeindrucken. Es wäre nicht das erste Mal gewesen, dass London schließlich einen Rückzieher gemacht hätte.

Immerhin zwang die Entschlossenheit des britischen Premiers den deutschen Diktator zum Nachdenken. Natürlich wollte er den Angriff auf Polen. Aber er wollte den Krieg auf Osteuropa begrenzen. Um die Briten zu verunsichern, bot der »Führer« des »Großdeutschen Reiches« dem Britischen Weltreich Zusammenarbeit und sogar Hilfe an – natürlich nur für die Zeit nach dem gewonnenen Feldzug. Gleichzeitig versuchte er, sich der Unterstützung Mussolinis zu versichern. Der deutsche Kriegstreiber stand unter enormem Zeitdruck. Um den geplanten Angriffstermin zu halten, gab Hitler am 25. August um 15.02 Uhr einen folgenschweren Befehl: »Angriff. X Tag: 26. August, Ausgabe der Y Zeit: 4.30 Uhr, Ziel der Operation: Vernichtung der polnischen Streitkräfte.« Die deutsche Kriegsmaschinerie setzte sich in Bewegung.

Zwei Stunden später erfuhr Hitler vom formellen Beistandspakt Englands und Polens. Auch die Franzosen demonstrierten ihre Entschlossenheit. Das Schreckgespenst eines Zweifrontenkriegs zeichnete sich wieder ab. Kurz nach 18 Uhr erklärte der italienische Botschafter, dass Italien nicht kriegsbereit sei.

Hitlers Plan, den Konflikt zu begrenzen, schien gescheitert. Ohne Bündnispartner zuckte er zurück: »Der Vormarschbefehl muss sofort widerrufen werden.« Der Rückrufbefehl erreichte fast alle Truppenteile, nur ein Vorauskommando hatte die polnische Grenze schon überquert und mit Kampfhandlungen begonnen. Der Vorfall wurde von Berlin als »Missverständnis« heruntergespielt. Der Krieg hatte lediglich vier Stunden gedauert. Die Welt war noch einmal an der Katastrophe vorbeigeschrammt.

Doch Hitler hatte den Schock, der ihn zum Zögern veranlasste, schnell überwunden – wenn nicht mit Italien, dann eben ohne. Wichtiger war es, einen Keil zwischen Polen und Großbritannien zu treiben, um den Kriegseintritt Londons zu verhindern. Im Auftrag Hitlers unterbreitete Birger Dahlerus, ein schwedischer Staatsbürger und Freund Görings, dem britischen Premier ein erstaunliches Bündnisangebot. Doch London gab deutlich zu verstehen, dass man die Unterstützung für Warschau nicht rückgängig machen werde. Gleichzeitig bekundeten die Briten jedoch großes Interesse an Gesprächen zwischen Berlin und Warschau. Hitler wandte eine neue Taktik an: Er erklärte sich gegenüber dem britischen Botschafter Henderson zu direkten Verhandlungen bereit, inoffiziell wollte er die Polen mit seinem Zeitplan in die Ecke treiben. Lehnten diese ab, wären sie allein für alle weiteren Folgen verantwortlich. Nahmen die Polen seinen Vorschlag an, hätte er immer neue Forderungen stellen und den Nachbarn die Schuld für das Scheitern der Verhandlungen zuweisen können. So oder so – Hitler hätte seinen Kriegsgrund bekommen.

Henderson erkannte das Ultimatum und schlug Ribbentrop vor, sich auf einen »Modus Vivendi« für Danzig zu einigen. Der deutsche Außenminister unterbreitete nach einem hektischen Gespräch ein 16-Punkte-Papier, dessen Inhalt scheinbares Entgegenkommen signalisierte. Dem deutschen Dolmetscher Schmidt war jedoch klar, »dass dieser großzügige Vorschlag nur zum Schein erfolgt war und in Wirklichkeit nicht zur Auswirkung kommen sollte«.

Hitler hatte mittlerweile eine geheime Kommandosache unterschrieben, in der es hieß: »1. Nachdem alle politischen Möglichkeiten erschöpft sind, um auf friedlichem Wege eine für Deutschland unerträgliche Lage an seiner Ostgrenze zu beseitigen, habe ich mich zur gewaltsamen Lösung entschlossen. 2. Der Angriff gegen Polen ist nach den für den ›Fall Weiß‹ getroffenen Vorbereitungen zu führen. Angriffstag: 1. 9. 39. Angriffszeit: 4.45.« Die Angriffszeit war mit Rotstift eingefügt. Die deutsche Militärmaschine, die am 25. August angehalten worden war, lief wieder. Hitler hatte endgültig den Startschuss zum Krieg gegeben.

Am Abend des 31. August unterbrach der Rundfunk um 22 Uhr sein Radioprogramm für eine Meldung: »Gegen 20 Uhr wurde der Sender Gleiwitz durch einen Trupp polnischer Aufständischer überfallen und vorübergehend besetzt. Die Polen drangen mit Gewalt in den Senderaum ein. Es gelang ihnen, einen Aufruf in polnischer und zum Teil in deutscher Sprache zu verlesen, doch wurden die Eindringlinge schon nach wenigen Minuten von der Polizei überwältigt. Bei der Abwehr wurde ein Aufständischer tödlich verletzt.«

*Ich werde propagandistischen Anlass zur Auslösung des Krieges geben, gleichgültig, ob glaubhaft. Der Sieger wird später nicht danach gefragt, ob er die Wahrheit gesagt hat oder nicht.*

HITLER, 22. AUGUST 1939

BERLINER 10 PFENNIG

Wöchentlich 50 Pfennig Einzeln 10 Pf. Sonntags 15 Pf.

# MORGENPOST

DEUTSCHER VERLAG Bezirk I

Verlag und Schriftleitung der Berliner Morgenpost: Berlin SW 68 Kochstraße 22—26. Fernsprech-Zentrale: Sammel-Nummer 17 49 01. Draht-Anschrift: Deutschverlag, Berlin. Postscheck-Konto: Deutscher Verlag, Berlin 660, Postscheckamt Berlin NW 7

41. Jahr / Freitag, 1. September 1939 / Nr. 209

Bestellungen und Anzeigen-Annahme siehe „Kleine Anzeigen", 1. Seite. Wichtige Meldungen sind zu jeder Tages- und Nachtzeit erwünscht und werden angemessen bezahlt. Für unverlangt eingesandte Beiträge wird jedoch keine Gewähr übernommen

# Polen ließ den Führer 2 Tage warten

## Deutschlands großzügiges Friedensangebot

## Frecher Ueberfall auf den Sender Gleiwitz

### Polnische Aufständische haben die deutsche Grenze überschritten — Blutige Kämpfe mit deutscher Polizei

DNB Breslau, 31. August

**Etwa um 20 Uhr heute abend wurde der Sender Gleiwitz durch einen polnischen Feuerüberfall besetzt. Die Polen drangen mit Gewalt in den Senderaum ein. Es gelang ihnen, einen polnischen Aufruf in polnischer und zum Teil in deutscher Sprache zu verlesen. Sie wurden aber schon nach wenigen Minuten von der Polizei überwältigt, die von Gleiwitzer Rundfunkhörern alarmiert worden war. Die Polizei mußte von der Waffe Gebrauch machen, wobei es auf Seiten der Eindringlinge Tote gegeben hat.**

*

Dazu wird noch folgendes bekannt: Der Ueberfall war offensichtlich das Signal zu einem allgemeinen Angriff polnischer Freischärler auf deutsches Gebiet. Etwa zur gleichen Zeit haben polnische Aufständische, wie bisher festgestellt werden konnte, an zwei weiteren Stellen die deutsche Grenze überschritten. Es handelte sich wieder um schwerbewaffnete Abteilungen, die anscheinend von regulären polnischen Truppenteilen unterstützt werden. Abteilungen der im Grenzdienst stehenden Sicherheitspolizei haben sich den Eindringlingen entgegengestellt. Die heftigen Kampfhandlungen dauern noch an.

DNB Berlin, 31. August

Zu dem unerhörten heimtückischen Ueberfall polnischer Aufständischer auf den Sender Gleiwitz erfahren wir vom Polizeipräsidium in Gleiwitz die ersten Ergebnisse der sofort aufgenommenen Ermittlungen.

Danach ist eine Gruppe von polnischen Insurgenten kurz nach 20 Uhr in das Gebäude des Senders Gleiwitz eingedrungen. Zu dieser Zeit befand sich in dem Hause nur die übliche kleine Nachtwache, zumal der Sender Gleiwitz am Donnerstagabend kein eigenes

Bei den verhafteten polnischen Aufständischen wurde ein Manuskript des bereits in polnischer und zum Teil in deutscher Sprache verlesenen Aufrufes gefunden. Vor dem Gebäude wurde ein polnischer Insurgent, der als Posten dort zurückgelassen worden war, festgenommen. Die Vernehmungen dauern noch an.

*

Diese offensichtlichen planmäßigen Gewaltakte dürften der Welt endlich gezeigt haben, daß die Polen es unbedingt darauf anlegen, Konflikte auf deutschem Gebiet hervorzurufen. Schon in den letzten Tagen deuteten verschiedene Grenzvorfälle darauf hin, daß die polnischen Aufständischen mit Unterstützung regulärer Truppenteile ihre Gewaltakte gegen Deutsche auch auf reichsdeutsches Gebiet auszudehnen beabsichtigten.

Diese neuesten Vorfälle stellen so krasse Uebergriffe dar, daß die Geduld des deutschen Volkes nun ihr Ende erreicht hat. Unter keinen Umständen wird sich Deutschland weiter solche Vorfälle gefallen lassen. Mit Empörung hat das deutsche Volk die Mißhandlung der Volksdeutschen auf polnischem Gebiet angesehen. Wenn aber jetzt das deutsche Reichsgebiet selbst zum Schauplatz solcher Taten gemacht werden soll, dann ist es mit unserer Geduld endgültig zu Ende, dann werden gegen diese Eindringlinge andere Mittel angewendet werden müssen.

## Angriffe polnischer Freischärler auf reichsdeutsche Ortschaften

DNB. Oppeln, 31. August

**Ueber die Angriffe polnischer Banden und polnischer Freischärler auf deutsches Reichsgebiet erfahren wir weitere Einzelheiten. Daraus geht hervor, daß es sich ohne Zweifel um einen vorbereiteten Angriff polnischer Aufständischenbanden unter Beteiligung regulärer polnischer Soldaten handelt.**

Bisher konnte einwandfrei festgestellt werden, daß ein Angriff auf Pitschen in der Nähe von Kreuzburg erfolgt ist. Ein weiterer Angriff auf Hochlinden (nordöstlich Ratibor) hält zur Zeit noch an. Insbesondere bei dem Angriff auf Hochlinden, der wohl der Verbindungsstraße Gleiwitz—Ratibor gilt, scheint einwandfrei festzustehen, daß es sich um polnische Truppenteile handelt.

In Hochlinden wurde u. a. das neue Zollhaus von polnischen Aufständischen und Soldaten gestürmt. Nach anderthalbstündigem Gefecht gelang es der Grenzpolizei, das Zollhaus wieder zu besetzen.

Zu dem Angriff auf Pitschen erfahren wir noch folgende Einzelheiten: Gegen 20.30 Uhr stieß eine Streife der Grenzpolizei in der Gegend des Schlüsselwaldes bei Pitschen — etwa 2 Kilometer von der Grenze entfernt, auf deutschem Reichsgebiet — auf eine polnische, aus Insurgenten und Militär zusammengesetzte Gruppe in Stärke von über 100 Mann. Die Polen eröffneten sofort das Feuer, das von der inzwischen verstärkten Grenzpolizei erwidert wurde. Die Polen verloren zwei Tote, darunter einen polnischen Soldaten. Die Grenzpolizei hatte einen Toten und mehrere Verwundete. 15 Polen, darunter 6 Angehörige polnischen Militärs, wurden gefangen genommen.

DNB Berlin, 31. August

**Die Königlich Britische Regierung hat sich in einer Note vom 28. August 1938 gegenüber der Deutschen Regierung bereit erklärt, ihre Vermittlung zu direkten Verhandlungen zwischen Deutschland und Polen über die strittigen Probleme zur Verfügung zu stellen. Sie hat dabei keinen Zweifel darüber gelassen, daß auch ihr angesichts der fortdauernden Zwischenfälle und der allgemeinen europäischen Spannung die Dringlichkeit des Vorganges bewußt wäre.**

**Die Deutsche Regierung hat sich in einer Antwortnote vom 29. August 1939, trotz ihrer skeptischen Beurteilung des Willens der Polnischen Regierung überhaupt zu einer Verständigung zu kommen, im Interesse des Friedens bereit erklärt, die englische Vermittlung bzw. Anregung anzunehmen.**

**Sie hat unter Würdigung aller der zur Zeit gegebenen Umstände es für notwendig erachtet, in dieser ihrer Note darauf hinzuweisen, daß, wenn überhaupt die Gefahr einer Katastrophe vermieden werden soll, dann schnell und unverzüglich gehandelt werden muß.**

**Sie hat sich in diesem Sinne bereit erklärt, bis zum 30. August 1939 abends einen Beauftragten der Polnischen Regierung zu empfangen unter der Voraussetzung, daß dieser auch wirklich bevollmächtigt sei, nicht nur zu diskutieren, sondern Verhandlungen zu führen und abzuschließen.**

**Die Deutsche Regierung hat weiter in Aussicht gestellt, daß sie glaubt, bis zum Eintreffen dieses polnischen Unterhändlers in Berlin der Britischen Regierung die Grundlagen über das Verständigungsangebot ebenfalls zugänglich machen zu können.**

**Statt eine Erklärung über das Eintreffen einer autorisierten polnischen Persönlichkeit erhielt die Reichsregierung als Antwort auf die Verständigungsbereitschaft zunächst die Nachricht der polnischen Mobilmachung und erst am 30. August 1939 gegen 12 Uhr nachts eine mehr allgemein gehaltene britische Versicherung der Bereitwilligkeit, ihrerseits auf den Beginn von Verhandlungen hinwirken zu wollen.**

**Trotzdem durch das Ausbleiben des von der Reichsregierung erwarteten polnischen Unterhändlers die Voraussetzung entfallen war, der Britischen Regierung noch eine Kenntnis über die Auffassung der Deutschen Regierung in bezug auf mögliche Verhandlungsgrundlagen zu**

In großer Aufmachung berichteten die deutschen Zeitungen vom angeblichen polnischen Überfall auf den Sender Gleiwitz.

Die Beschießung der Westerplatte durch die »Schleswig-Holstein« wurde propagandistisch ausgeschlachtet: Ein Kamerateam war zur Stelle, als die Kampfhandlungen begannen.

Die Nachricht war Teil einer seit Langem vorbereiteten Aktion, deren Ziel ihr Organisator Reinhard Heydrich, Chef des Sicherheitsdienstes der SS, dem SS-Sturmbannführer Alfred Naujocks offen erklärt hatte: »Für die Auslandspresse und die deutsche Propaganda ist ein tatsächlicher Beweis für polnische Übergriffe nötig.« Als polnische Soldaten verkleidete Angehörige eines SS-Kommandos sollten den Angriff auf einen deutschen Sender vortäuschen und Hitler einen Grund für den Einmarsch in Polen liefern. Hitlers Helfer schreckten nicht davor zurück, Häftlinge aus dem KZ Sachsenhausen in polnische Uniformen zu stecken und am Ort des angeblichen Überfalls zu erschießen. Das Deckwort, »Aktion Konservendose«, wurde auf den Karteikarten der Todeskandidaten im KZ vermerkt.

Der vorgetäuschte Überfall auf den Sender Gleiwitz – Stichwort »Großmutter gestorben« – war die wichtigste von mehreren gleichartigen Aktionen. Für die Männer des SS-Kommandos begann der Krieg am 31. August um 20 Uhr mit dem Sturm auf die Sendestation, wo niemand Widerstand leistete. Drei Angestellte und ein Wachmann, die sich in dem Gebäude aufhielten, wurden niedergeschlagen und gefesselt. Doch den deutschen Planern war ein Fehler unterlaufen. Da der Sender Gleiwitz kein eigenes Programm ausstrahlte, war man nicht auf Programm-Moderationen eingestellt. Erst nach einer Viertelstunde konnte ein Notmikrofon aufgetrieben werden, in das ein Deutscher in polnischer Sprache den vorbereiteten Aufruf verlas. Nach dem Appell zum Widerstand gegen die Deutschen endete die vierminütige Durchsage mit dem Ruf »Hoch lebe Polen!«

Heydrich hatte in Berlin den angeblichen polnischen Angriff nicht am Radio miterleben können und war auch mit den angefertigten Fotos, die den »polnischen Angreifer« vor dem Sender zeigten, unzufrieden. Solche Lappalien hinderten den Sicherheitschef aber nicht, die bestellten Provokationen propagandistisch auszuschlachten. Die Schlagzeile des *Völkischen Beobachters* sollte lauten: »Unerhörter Banditenüberfall auf den Sender Gleiwitz«. Dass den Kommandos, die in Gleiwitz und anderen Stellen Scheinüberfälle durchführten, bei ihrem Rückzug reguläre deutsche Truppen begegneten, die für die lange geplante Überquerung der polnische Gren-

Gewaltsame Grenzöffnung: Deutsche Soldaten räumen in fotogener Manier für die Propaganda einen polnischen Schlagbaum beiseite, 1. September 1939.

zen bereitstanden, verschwiegen Hitlers Helfer. Die deutsche Wehrmacht überschritt die Grenze nach Polen. Um sechs Uhr wurde die Warschauer Bevölkerung durch Sirenengeheul aus dem Schlaf gerissen. Der Krieg hatte ohne Kriegserklärung begonnen.

Am frühen Abend überreichte der britische Botschafter dem deutschen Außenminister Ribbentrop eine Note seiner Regierung, in der die Deutschen aufgefordert wurden, ihre Truppen zurückzuziehen, weil sonst »die Regierung Seiner Majestät ohne Zögern ihre Verpflichtungen Polen gegenüber erfüllen« werde. Dann begann in London und Paris das lange Warten auf eine Antwort. Doch die Wehrmacht setzte ihren Vormarsch fort. Am 3. September erschien Henderson um neun Uhr in der Reichskanzlei und übergab Ribbentrop eine weitere Note: »Ich habe die Ehre, Sie davon zu unterrichten, dass, falls nicht bis 11 Uhr vormittags eine befriedigende Zusicherung erzielt wird, der Kriegszustand zwischen den beiden Ländern von dieser Stunde an bestehen wird.«

*Wenn wir diesen Krieg verlieren, dann möge uns der Himmel gnädig sein.*

GÖRING,
3. SEPTEMBER 1939

Die führenden Männer des »Dritten Reiches« verfielen in betroffenes Schweigen. Allen war bewusst, was dies bedeutete: das Scheitern der nationalsozialistischen Außenpolitik. Die entscheidenden Worte sprach der britische Premierminister in einer Rede an die Nation: »Ich muss Ihnen sagen, dass keinerlei zustimmende Antwort eingegangen ist. Dementsprechend befindet sich unser Land im Kriegszustand mit Deutschland.« Der Krieg, der zum Zweiten Weltkrieg werden sollte, hatte begonnen, die Kämpfe waren seit 55 Stunden im Gang. Sie sollten noch fünfeinhalb Jahre dauern.

# 1943

## Das Ende in Stalingrad

Am Ende hatten die Rotarmisten sogar Mitleid mit dem besiegten Gegner. Endlos lang war die Kolonne der gefangenen Wehrmachtssoldaten – 90 000 Mann in verdreckten und zerlumpten Uniformen schleppten sich mühsam voran. Gegen die schneidende Kälte der winterlichen Steppe hatten sich die Elendsgestalten in alles eingehüllt, was nur irgendwie wärmte – Decken, Schals und Lumpen machten die ehemals stolzen Soldaten zu traurig anmutenden Kreaturen. Etliche der Gefangenen waren verwundet, viele krank, von Läusen befallen; alle waren geschwächt vom wochenlangen Hunger. Die Kolonne wälzte sich nur langsam auf den Horizont zu. Die siegreichen, abgekämpften Sowjetsoldaten, die am Wegesrand standen, sahen weder den Anfang der Schlange, noch konnten sie ihr Ende ausmachen. Die Deutschen, die vor Schwäche aus diesem Zug herausfielen, blieben liegen: Ihre Kameraden mussten weiter, viele waren zu apathisch, um sich um den Nächsten zu kümmern.

Die Trümmer von Hitlers 6. Armee traten den bitteren Weg in die Gefangenschaft an. Fünf Monate lang hatte diese Armee um Stalingrad gekämpft. Von knapp 300 000 Soldaten waren am Schluss nur noch 90 000 Mann übrig geblieben.

Ausgangspunkt der Tragödie war der 22. Juni 1941. An diesem Tag hatte das »Unternehmen Barbarossa« begonnen – der Angriff der deutschen Wehrmacht auf die Sowjetunion. An diesem Morgen, um Viertel nach drei, schlug die Stunde X: Über 7000 Geschütze spien ihre tödliche Last auf die russische Seite. Zwischen Ostsee und Karpaten brachen drei Millionen deutsche Soldaten auf, um Lebensraum für ihren »Führer« zu erobern.

Der sowjetische Diktator Stalin hatte alle Hinweise auf einen unmittelbar bevorstehenden Angriff ignoriert. Dabei war er von vielen Stellen gewarnt worden. Schon Ende 1940 verdichteten sich die Meldungen der eigenen und fremden Nachrichtendienste, dass sich an der sowjetischen Westgrenze ein gewaltiger Aufmarsch deutscher Truppen anbahne. Doch die sowjetische Führung reagierte nicht.

*Ich bin nicht der Meinung, dass die deutschen militärischen Erfolge die Sowjetunion und ihre freundschaftlichen Beziehungen zu Deutschland bedrohen.*

STALIN ZUM BRITISCHEN BOTSCHAFTER CRIPPS, 13. JULI 1940

Aus Tokio schickte der deutsche Korrespondent Richard Sorge, der als Presseberater an der deutschen Botschaft fungierte, aber zugleich auch sowjetischer Spion war, detaillierte Informationen; er nannte sogar den Angriffstermin. Doch immer wieder wiegelte Stalin ab. Stets witterte er Provokationen, sah darin die Taktik kapitalistischer Mächte, die ihn aus purem Eigeninteresse in einen Krieg gegen Hitler verwickeln wollten. Stalin hielt es für unwahrscheinlich, dass sich Hitler auf einen Zweifrontenkrieg einlassen würde. Umso mehr war der Kremlherr erschrocken, als er vom Beginn des deutschen Angriffs erfuhr. Seine Befehle in den ersten Stunden fielen knapp aus: »Die Angreifer zurückwerfen.« Außenminister Wjatscheslaw Molotow fiel die undankbare Aufgabe zu, die Bürger über die Ereignisse zu informieren. In seiner Rundfunkrede sprach er von einem »in der Geschichte der zivilisierten Völker beispiellosen Treubruch«, angezettelt von

## Der deutsche Angriff

Die deutsche Angriffsfront gliederte sich in drei Abschnitte: Die Heeresgruppe Nord sollte nach Hitlers Plan die sowjetischen Verbände im Baltikum vernichten und Leningrad einnehmen. Die Heeresgruppe Süd, die südlich der Pripjetsümpfe bis zu den Karpaten aufmarschiert war, sollte die russischen Einheiten in Galizien und der Westukraine ausschalten und dann über den Dnjepr hinweg in Richtung Kiew vorrücken. Der Hauptschlag sollte jedoch nördlich der Pripjetsümpfe erfolgen. Hier war der Kampfraum der Heeresgruppe Mitte. Auf 400 Kilometern ballte sich mit der Panzergruppe 2 unter Generaloberst Heinz Guderian und der Panzergruppe 3 unter Generaloberst Hoth die eiserne Streitmacht des »Blitzkriegs«, die von einer großen Zahl Sturzkampfbombern in ihrer Schlagkraft noch verstärkt wurde. Mit diesen massierten Panzer- und Luftstreitkräften sollte eine Bresche über Minsk und Smolensk nach Moskau geschlagen werden.

den »blutrünstigen faschistischen Machthabern Deutschlands«. Als Trost gab er aus, dass am gleichen Tag 129 Jahre zuvor Napoleon den Befehl zum Angriff auf Russland erteilt hatte – auch die deutschen Truppen, so prophezeite er, würden in der Weite des Raumes verbluten.

Doch nichts schien in den ersten Tagen dafür zu sprechen. Die Kremlführung war nicht in der Lage, wirklich effektive Verteidigungsmaßnahmen zu treffen. Gleichsam benommen zog sich Stalin in seine Datscha zurück. Die später durch die Sowjetpropaganda verbreitete Version vom Väterchen Stalin, der den großen Krieg gegen die faschistischen Angreifer von Anfang an entschlossen geführt habe, ist eine Legende. Erst am 3. Juli meldete der Kremlchef sich öffentlich zu Wort und rief in einer historischen Rede zum »Großen Vaterländischen Krieg« auf. Seinen Truppen befahl er schlicht: »Halten oder sterben.«

Auf einer Breite von 1600 Kilometern drangen indessen die deutschen Truppen und ihre Verbündeten in das Landesinnere ein. Der blitzartige Schlag überraschte den Gegner völlig. Massiven Widerstand gab es kaum. Den rasch vorstoßenden Panzertruppen folgten die Infanteriedivisionen. Die im Grenzgebiet stationierten sowjetischen Einheiten wurden von den stählernen Kampfwagen förmlich überrollt.

Ungewohnte Töne: Propagandaminister Goebbels verliest über den Rundfunk die Proklamation Hitlers zum Angriff auf die Sowjetunion.

Das deutsche Heer, unterteilt in sieben Armeen, vier Panzergruppen und drei Luftflotten, umfasste insgesamt drei Millionen Mann. Den Truppen standen 600 000 Fahrzeuge, 750 000 Pferde, 3580 Panzerkampfwagen, 7184 Geschütze und 1830 Flugzeuge zur Verfügung. Zwei rumänische Armeen unterstützten den Überfall im Süden. Im Norden kämpfte die finnische Armee.

Die Siege der ersten Stunden verhießen ein rasches Vorankommen. »Nicht kleckern, sondern klotzen«, lautete die Devise des Panzergenerals Guderian. Die gegen Polen angewandte und im Frankreichfeldzug perfektionierte Strategie des »Blitzkriegs« sollte in der Weite des russischen Raumes fortgeführt werden.

An nur wenigen Frontabschnitten stieß die Wehrmacht zu Beginn der Offensive auf heftige Gegenwehr.

Ungewohnte Töne ließen die Deutschen in der Heimat am Morgen des 22. Juni, einem Sonntag, am Frühstückstisch aufhorchen. Zum ersten Mal erklang das wuchtige, schmetternde Thema aus Franz Liszts »Les préludes«, das in Zukunft die Sondermeldungen von der Ostfront einleiten sollte. Dann ertönte aus den Volksempfängern die Stimme des Propagandaministers Joseph Goebbels, der eine Erklärung Hitlers verlas. Die meisten Menschen schwiegen betroffen, als sie die Worte ihres »Führers« hörten: »Ich habe mich heute entschlossen, das Schicksal des Deutschen Reiches und unseres Volkes wieder in die Hände unserer Soldaten zu legen.«

Den Menschen im In- und Ausland galt es weiszumachen, dass nicht Hitler der Aggressor sei, sondern Stalin. Die Wehrmacht sei lediglich dem sowjetischen Angriff zuvorgekommen. Wie schon nach dem Überfall auf Polen behauptete die deutsche Propaganda unverfroren, das Deutsche Reich befinde sich in einem aufgezwungenen Krieg. Goebbels wusste genau, dass die moralische Mobilmachung der Bevölkerung diesmal noch schwieriger sein würde als bei den vorherigen Feldzügen. In den streng geheimen »Meldungen aus dem Reich« des SS-Sicherheitsdienstes sind die Reaktionen der Bevölkerung ausführlich festgehalten: Schon bald nach dem Angriff dominierten bei vielen Menschen Überraschung, Bestürzung, sogar Schock oder Lähmung. Doch sollte es der NS-Propaganda in den nächsten Wochen gelingen, den Krieg als unvermeidliche Bürde darzustellen – Goebbels' Ministerium verfügte über das notwendige Medienmonopol. Die Deutschen zogen zwar nicht mit Begeisterung in den Krieg, doch – so meldeten die SS-Dienste – würden sie den Waffengang gehorsam mitmachen.

War es ein Präventivkrieg? Immer wieder ist darüber spekuliert worden, ob die beiden großen Diktatoren Hitler und Stalin zwangläufig dahin tendierten, sich eines Tages zu zerfleischen. Offen war da lediglich, wer zuerst über wen herfiel. Mit Präventivkrieg im klassischen Sinne hat das freilich nichts zu tun. Mangels konkreter Belege bleibt Raum für Spekulationen.

Förmlich überrollt: Die motorisierten Verbände der Wehrmacht stoßen in den ersten Kriegstagen in der Sowjetunion auf keinen nennenswerten Widerstand.

Manches spricht für die These, dass Stalin die Sowjetunion in die Rolle eines »lachenden Dritten« hineinmanövrieren wollte, der die Arena dann betritt, wenn die potenziellen Gegner im Westen einander geschwächt haben. Doch auch für diese Annahme mangelt es an hieb- und stichfesten Indizien. Eindeutig lässt sich lediglich nachweisen, dass Stalin sowjetische Machtinteressen skrupellos und keineswegs nur in defensiver Absicht wahrnahm. Die sowjetischen Annexionen infolge des Hitler-Stalin-Pakts sind klare Belege dafür, wie der Diktator das Lebensrecht anderer Völker auf brutale Weise missachtete.

Wenn Stalin wirklich einen Angriff auf das Deutsche Reich plante, dann für Jahre später. Zwar standen etwa vier Millionen Mann in offensiver Aufstellung an der Westgrenze. Doch es entsprach der sowjetischen Verteidigungspolitik, einen Gegner im Falle eines Angriffs möglichst auf dem eigenen Territorium zu schlagen. Häufig wird in der Literatur die – nur mündlich überlieferte – Rede Stalins vom 5. Mai 1941 zitiert, gehalten in Moskau vor Absolventen der Militärakademien und -fakultäten. Der Diktator ließ keinen Zweifel daran, dass ein Krieg mit Deutschland unvermeidlich sei. Eindringlich beschwor er die Kampfbereitschaft der Truppen, von denen er wusste, dass sie in einem desolaten Zustand waren. »Bei der Verwirklichung der Verteidigung unseres Landes sind wir verpflichtet, offensiv zu handeln.« Doch er gab weder eine Zeitperspektive vor, noch bekundete er erkennbar Offensivabsichten. Es blieb bei der Aufforderung, militärisch und moralisch zu einem Gegenschlag bereit zu sein – und zwar nach einem erfolgten deutschen Angriff.

Die Vermutung, dass die Sowjetunion kurz- oder mittelfristig einen Angriff gegen das Deutsche Reich plante, lässt sich tatsächlich durch kein seriöses Dokument stützen. Die historische Last des Überfalls auf die UdSSR kann nicht mittels Gedankenspielen über möglicherweise langfristige Kriegsabsichten verdrängt werden. Und entscheidend ist ohnedies, dass Hitler selbst überhaupt nicht mit einem sowjetischen Angriff rechnete – für seine Pläne spielte das sowieso keine Rolle. Das »Unternehmen Barbarossa« war der Krieg, auf den der deutsche Diktator immer hingearbeitet hatte, den er immer führen wollte. Polen, Norwegen, Frankreich, England – all diese Angriffsziele waren nur Ouvertüren für die eigentliche Auseinandersetzung: den Kampf um »Lebensraum im Osten«, den Kampf gegen den »bolschewistischen Todfeind«.

Das »Unternehmen Seelöwe«, die geplante Invasion in Großbritannien, hatte der »größte Feldherr aller Zeiten« schon im September abgeblasen. Den Aufmarschplan gegen England, eigentlich sein Wunschverbündeter, hatte Hitler ohnehin nie mit der Konsequenz vorangetrieben, die nun gegen Russland zielte. Sein Drang wies nach Osten, sein Ziel war ein »Großgermanisches Reich« vom Atlantik zum Ural. Neuer »Lebensraum« sollte für die Deutschen erobert werden. Doch ging es Hitler nicht nur um »Boden«. Krieg war für ihn ein Überlebenskampf der Weltanschauungen und Rassen. Schon in »Mein Kampf« hatte er die Eroberung Russlands als »deutsche Mission« ausgegeben, als ein Kreuzzug gegen »Weltjudentum, Bolschewismus und das ostbaltisch-ostisch-innerasiatische Volkstum«. Vor 250 hohen Offizieren der Wehrmacht kündigte Hitler im März 1941 den Vernichtungskrieg gegen die Sowjetunion

Noch stimmt die »Moral der Truppe«: Eine deutsche Infanterieeinheit passiert die ukrainische Ortschaft Perejaslawl.

an, einen Krieg, der nicht mehr an bis dahin gültige Kriegs- und Völkerrechtsgrundsätze gebunden sein sollte.

So begann erst mit dem Überfall auf die UdSSR der Zweite Weltkrieg für den Usurpator Hitler richtig. Das war »sein« Krieg im Krieg, frei von jeder Rücksichtnahme auf die Regeln der Zivilisation.

Dass die Rote Armee auf diesen Krieg nicht vorbereitet war, zeigte sich am deutlichsten in den ersten Wochen. Das Tempo, das die Deutschen vorlegten, war beinahe unglaublich. Alle Berichte der deutschen Armeestäbe in den ersten Angriffstagen stimmen darin überein, dass die Rote Armee völlig überrascht wurde. Goebbels' Propagandathese vom Präventivkrieg führte sich damit sinnfällig ad absurdum.

Hitler hätte es begrüßt, wenn die Sowjets ihrerseits einen Angriff geplant hätten, es wäre der willkommene Vorwand für den Krieg gewesen, den er ohnedies führen wollte. In einem Operationsentwurf vom 5. August 1940 hieß es aber: »Die Russen werden uns nicht den Liebesdienst eines Angriffes erweisen.«

Den Russlandfeldzug sah der siegessichere Hitler als »Sandkastenspiel«. »Sie müssen nur die Tür einschlagen, dann wird die ganze verrottete Struktur zusammenbrechen.« Typisch für diese Siegesgewissheit war auch die Tagesparole von Goebbels am 23. Juni 1941: »Der Führer sagt, es dauert vier Monate. Ich aber sage Ihnen, es dauert nur acht Wochen.« Auch nüchterne Militärs ließen sich vom Größenwahn der Parteipropagandisten anstecken. Unter dem Eindruck des schnellen Vormarschs notierte der ansonsten eher kühl denkende Generalstabschef des Heeres, Franz Halder, am 3. Juli in sein Tagebuch: »Es ist wohl nicht zu viel gesagt, wenn ich behaupte, dass der Feldzug gegen Russland innerhalb von 14 Tagen gewonnen wurde.« Es war also beileibe nicht nur der Amateurstratege Hitler, der glaubte, leichtes Spiel zu haben. Die großen Generäle des kleinen Gefreiten dachten ähnlich.

*Wir sind nach den großen Anfangserfolgen begeistert weitergezogen und haben dann tatsächlich den Eindruck gehabt, das schaffen wir.*

**HANS-ERDMANN SCHÖNBECK, PANZERSOLDAT**

Dieser Krieg aber sollte nicht nur ein militärischer Schlagabtausch sein, sondern vor allem ein Eroberungs- und Vernichtungsfeldzug. Während Hitlers Generäle den »Blitzkrieg« vorbereiteten, machte Hitler die Spitzen der Wehrmacht schon im März 1941 mit dem zusätzlichen Aspekt bekannt – bei einer schonungslos offenen Ansprache im Kleinen Sitzungssaal der Reichskanzlei vor 250 Befehlshabern und höheren Offizieren, die den Überfall organisierten: »Der Kampf wird sich sehr unterscheiden vom Kampf im Westen.« Während die Militärs den Angriff auf Russland zunächst als Auseinandersetzung zweier Armeen betrachteten, sah Hitler im Krieg gegen die Sowjetunion die Vollendung seiner Wahnideen. »Ein Krieg wie gegen Russland kann nicht ritterlich geführt werden. Es handelt sich um einen Kampf der Weltanschauungen und rassischen Gegensätze und ist daher mit nie da gewesener erbarmungsloser Härte zu führen. Alle Offiziere werden sich überlebter Anschauungen entledigen müssen. … Wir müssen von dem Standpunkt des soldatischen Kameradentums abrücken. Der Kommunist ist vorher kein Kamerad und nachher kein Kamerad.«

*»Es handelt sich um einen Vernichtungskampf. Wenn wir es nicht so auffassen, dann werden wir zwar den Feind schlagen, aber in 30 Jahren wird uns wieder der kommunistische Feind gegenüberstehen. Wir führen nicht Krieg, um den Feind zu konservieren.«*

**GENERALSTABSCHEF FRANZ HALDER, TAGEBUCH ÜBER DEN VORTRAG HITLERS, 30. MÄRZ 1941**

Wohl irritierte einige Offiziere die hasserfüllte Polemik des Vortrags, doch Proteste blieben aus. Nach dem »Gerichtsbarkeitserlass« vom 13. März 1941 konnten Soldaten sowjetische Zivilisten massakrieren, ohne befürchten zu müssen, von einem Kriegsgericht belangt zu werden; und laut dem berüchtigten »Kommissarbefehl« vom 6. Juni 1941 gehörte es zur Pflicht eines jeden Soldaten, gefangene Politoffiziere

Ein politischer Kommissar der Roten Armee wird nach seiner Gefangennahme verhört.

der Roten Armee »grundsätzlich sofort mit der Waffe zu erledigen«. Der Riesenraum, so Hitler, müsse so schnell wie möglich befriedet werden – »dies geschehe am besten dadurch, dass man jeden, der nur schief schaue, totschieße«. Das Oberkommando der Wehrmacht übersetzte für die Truppe den Willen des »Führers«: »Der Soldat muss für die Notwendigkeit der harten, aber gerechten Sühne am jüdischen Untermenschen volles Verständnis haben.«

Zwar blieb der systematische Mord Sondereinsatzgruppen vorbehalten, aber im Rassen- und Vernichtungskrieg wurde auch die

»Es handelt sich um einen Vernichtungskrieg.« Sowjetische Partisanen werden gezwungen, vor der Erschießung ihre eigenen Gräber zu schaufeln.

# Verbrechen

Der Name Babi Jar für eine Schlucht nahe bei Kiew steht noch heute symbolisch für die fürchterlichen Untaten, die deutsche SS- und SD-Kommandos in der Sowjetunion verübten. Tausende Juden wurden in die Schlucht getrieben und dort grausam niedergemetzelt. In einem anderthalbtägigen Massaker ließen 33 771 Menschen ihr Leben. Babi Jar war nur eine von vielen Aktionen. Schätzungen zufolge gab es allein im Raum Kiew fast 200 000 Opfer – sie wurden erschossen, erschlagen, vergast. Millionen sowjetischer Kriegsgefangener verhungerten in den Lagern. Die ungeheure Zahl sowjetischer Gefangener war die Folge großer Zangenbewegungen der deutschen Armeen, die in vernichtende Kesselschlachten mündeten. Hunderttausende sowjetischer Soldaten, ganze Heeresgruppen, wurden zunächst eingekreist, dann von ihren Nachschubwegen abgeschnitten und unter massivem Einsatz von Artillerie und Luftwaffe aufgerieben. Tod, Verwundung, Gefangenschaft – dieses Schicksal teilten über eine Million Rotarmisten schon in den ersten Wochen.

Wehrmacht in Verbrechen verstrickt – wenngleich viele Kommandeure den Mut aufbrachten, Hitlers Befehle zu umgehen. Vier Einsatzgruppen, insgesamt 3000 Mann, ermordeten bis April 1942 mit Pistolen, Karabinern und Maschinengewehren weit über eine halbe Million Menschen hinter den deutschen Linien. Neun Zehntel der Opfer waren Juden.

Anfang August standen die Deutschen bereits 280 Kilometer vor Moskau. Den Kampf um die Hauptstadt schob Hitler jedoch auf. Die Schlacht um die Metropole in Stalins Reich sollte zum Menetekel für Hitlers Krieg im Krieg werden. Die Schlammperiode im Herbst bremste den deutschen Vormarsch, nun nahmen die deutschen Verluste stetig zu, der Nachschub stockte. Nach »General Schlamm« übernahm nun »General Winter« das Kommando.

Bei Temperaturen von fast 50 Grad unter null im freien Feld waren die Landser dem russischen Winter schutzlos ausgeliefert. Statt Winteruniformen wurde weiter Munition ins Kampfgebiet geschickt. General Guderian beklagte, dass er doppelt so viele Soldaten durch Erfrieren verliere wie durch feindliches Feuer. Darauf antwortete Hitler zynisch: »Sie lassen sich zu sehr von den Leiden des Soldaten beeindrucken. Sie haben zu viel Mitleid mit den Soldaten.« Generalfeldmarschall

Menetekel für den Krieg: 80 Kilometer vor Moskau sammelt eine deutsche Infanteriedivision ihre Gefallenen, November 1941.

Klägliches Ende eines »Blitzkriegs«: Im Winter 1941/42 mussten sich die Landser mit provisorischer Tarnkleidung behelfen.

Walther von Brauchitsch, der Oberbefehlshaber des Heeres, überzeugte sich ebenfalls von der desolaten Lage an der Front und versuchte dem »Führer« das Dilemma zu erklären; es war eine Woche vor Weihnachten 1941. Doch auch er wurde abgewiesen. Hitler ließ sich nicht von seinem Vorhaben abbringen.

Der »Blitzkrieg« mündete schließlich, im Dezember 1941, als die Vorhuten den Kreml bereits im Visier hatten, in ein Debakel, von dem sich die Wehrmacht nicht mehr erholte. 129 Jahre nach Napoleon mussten Hitlers Armeen vor den Toren Moskaus kehrtmachen. Damit zerbrach der Mythos von der Unbesiegbarkeit der Wehrmacht.

Die bitteren Erfahrungen des »Unternehmens Barbarossa« im Winter 1941/42 hätten Hitler die Risiken seiner wahnwitzigen Pläne aufzeigen müssen. Anlässe zum Überdenken der Gesamtstrategie gab es genug. Regen und Schlamm, die im Herbst 1941 den Vormarsch blockiert hatten, und die alles lähmende Kälte des russischen Winters hätten ein Umdenken zwingend erforderlich gemacht.

Doch Hitler blieb halsstarrig. Er führte mittlerweile Krieg um des Krieges willen. Am Nachmittag des 28. März 1942 rief der Diktator seine Militärführer zu einer Sonderbesprechung zusammen, um eine Operation zu planen, die höchster Geheimhaltung unterlag. Sie trug den Decknamen »Blau«. Kernstück des Angriffsplans war der Süden der Ostfront, Ziel sollten die Ölquellen im Kaukasus sein. Rund drei Viertel der russischen Erdölreserven wurden im Raum um Baku gefördert. Die Eroberung des Gebiets sollte nicht nur die eigene Versorgung sichern, sondern auch gleichzeitig die des Gegners unterbrechen und die Rote Armee vom weiteren Nachschub durch die Alliierten abschneiden. »Wenn ich das Öl von Maikop und Groznyj nicht bekomme, dann muss ich diesen Krieg liquidieren«, erklärte der »Führer«.

Am 28. Juni 1942 begann der Vormarsch. »Den Feind nur nicht festsetzen lassen. Fahren, halten, schießen! Weiter! Ran an den Gegner« – so lautete der schneidige Befehl, der an die Truppe ausgegeben wurde. Die Deutschen gewannen zügig an Boden. Trotzdem blieb ihnen der von Hitler erhoffte Erfolg versagt, denn die sowjetischen Verbände ließen sich kaum noch umzingeln. Stattdessen wich die Rote Armee den deutschen Angreifern aus und ließ sie ins Leere laufen. Die geringe Zahl der russischen Gefangenen deutete das OKW entgegen den Meldungen der Truppe als Schwäche der Sowjets. Es war eine fatale Fehleinschätzung.

»Wenn ich das Öl von Maikop und Groznyj nicht bekomme, dann muss ich diesen Krieg liquidieren.« Hitler mit Generaloberst Paulus (3. von rechts) im Hauptquartier der Heeresgruppe Süd, Juni 1942.

*»Die immer schon vorhandene Unterschätzung der feindlichen Möglichkeiten nimmt allmählich groteske Formen an und wird gefährlich.«*

GENERALSTABSCHEF FRANZ HALDER, TAGEBUCH, 23. JULI 1942

Die Geschwindigkeit des Vormarschs und die chronische Unterschätzung des Gegners verführten Hitler zu einer Änderung seiner ursprünglichen Planung: Der Angriff auf Stalingrad und der Vorstoß in den Kaukasus sollten nun zeitgleich erfolgen und nicht, wie ursprünglich vorgesehen, nacheinander.

Am 9. August erreichten die deutschen Panzer Maikop. Dort hatten die Sowjets vor ihrem Rückzug die für Hitler so wichtigen Ölraffinerien zerstört und somit die Nachschubkrise der deutschen Soldaten weiter verschärft. Bei Kalatsch gelang der Wehrmacht die letzte siegreiche Kesselschlacht im Russlandfeldzug. »Die westlich Kalatsch befindlichen Feindstreitkräfte sind durch Schließen des Ringes von Süden am Don entlang nunmehr eingekesselt«, meldete das Oberkommando des Heeres am 8. August. Damit war der Kampf um die nur 60 Kilometer breite Landbrücke zwischen Wolga und Don entschieden. Der Weg nach Stalingrad war frei.

Um den Angriff der 6. Armee zu unterstützen, brachte die deutsche Luftwaffe Tod und Vernichtung über die Stadt, Oktober 1942.

Deutsche Panzer stießen am 23. August zum ersten Mal bis zum Ufer der Wolga vor. Einen Tag später begann die deutsche Luftwaffe mit Bombenangriffen auf Stalingrad. Mehrere hundert Maschinen warfen Spreng- und Brandbomben über der Stadt ab. Zuerst brannten die Industrieviertel. Aus den getroffenen Öllagern stachen bis zu 200 Meter hohe Flammensäulen in den Himmel. Flüchtlinge hatten die Einwohnerzahl auf 900 000 Menschen anwachsen lassen. 40 000 Menschen fielen den Angriffen laut sowjetischen Angaben zum Opfer.

Die Wucht der deutschen Angriffe ließ nicht nach. Am 4. September drangen deutsche Panzer in die südlichen Vororte ein. Nach erbitterten Kämpfen eroberte die Wehrmacht drei Tage später den Flugplatz Gumrak. Am 12. September nahmen deutsche Soldaten die Eisenbahnlinie Astrachan–Moskau ein und zerschnitten damit eine der bedeutendsten Nachschubadern der Sowjets. Die Rote Armee musste sich auf den sogenannten Stadtring, den inneren Befestigungsgürtel Stalingrads, zurückziehen. Dort standen sich Rote Armee und Wehrmacht auf engstem Raum

## Stalingrad

Stalingrad wurde für Hitler zu einer fixen Idee. Die Eroberung der Wolgastadt sei allein »aus psychologischen Gründen dringend notwendig«, erklärte er. Dort wollte der »größte Feldherr aller Zeiten« die Entscheidung über den gesamten Russlandfeldzug erzwingen. Neben der kriegswirtschaftlichen Bedeutung als Industrie- und Rüstungszentrum und der strategischen Lage als Nadelöhr des Öltransports besaß die Stadt aber auch für Hitlers Gegenspieler Stalin symbolischen Wert. Stalingrad trug seinen Namen, er hatte 1924 während der blutigen Kämpfe des Bürgerkriegs an der Wolga die Verteidigung organisiert. Es war für Stalin auch eine Frage des persönlichen Renommees, »seine« Stadt nicht in deutsche Hände fallen zu lassen.

gegenüber. Um jedes Haus, jeden Keller wurde erbittert gekämpft. Verteidiger und Angreifer waren in den Ruinen der Stadt zu feindlichen Nachbarn geworden. Schon bald lag ein bestialischer Gestank von Tod und Verwesung über Stalingrad. Die Schreie der Verwundeten mischten sich mit dem Höllenlärm der Detonationen.

*»Der Kampf um Stalingrad ist gewissermaßen eine gigantische Auseinandersetzung zwischen Nationalsozialismus und Bolschewismus, oder besser gesagt zwischen Hitler und Stalin.«*

GOEBBELS, TAGEBUCH, 15. SEPTEMBER 1942

Von den Sowjets wurden besonders die Produktionshallen des Traktorenwerks »Roter Oktober« im Norden der Stadt aufopfernd verteidigt, weil dort bis zuletzt Panzer gebaut wurden, die aus der Fabrik direkt an die Front fuhren. Zehn Tage dauerte der Kampf um das drei mal drei Kilometer große Areal. Erst am 14. Oktober waren die Fabrikanlagen in deutscher Hand. Nur noch in einigen wenigen Häuserblocks konnten sich die Sowjets halten. Sie waren eingekeilt zwischen der Fabrik »Roter Oktober« und den »Barrikaden«. Mit dem Rücken zur Wolga verteidigten sie hartnäckig ihre letzten Stellungen im Stadtgebiet. 90 Prozent von Stalingrad waren bereits unter deutscher Kontrolle.

Ein deutscher Veteran berichtet von diesen Stellungs- und Häuserkämpfen in der Fabrik: »Hier wurden viele Soldaten erschossen von Scharfschützen, die oben in den Blechdächern in Stellung lagen. Die Toten, die hier erschossen wurden, wurden alle hochgestapelt, kreuz und quer, denn eine Gelegenheit zum Beerdigen gab es nicht. Dazu waren wir alle zu schwach. Und es war sogar ein Schutz gegen die Scharfschützen, dieses Hochstapeln. Es war nicht angenehm, in die Augen von toten Kameraden zu sehen, tagelang, aber so war die Realität.«

Während sich die 6. Armee in Stalingrad festrannte, trafen aus dem Kaukasus seit Anfang September immer neue Hiobsbotschaften ein. Kaum einer außer Hitler konnte die Fakten noch verdrängen: Die Ostfront war im Süden zu lang, die Kräfte waren zu schwach. Am 12. September versuchten der Chef der Heeresgruppe B, Freiherr von Weichs, und der Oberbefehlshaber der 6. Armee, Generaloberst Friedrich Paulus, Hitler die neue Lage eindringlich zu schildern.

Paulus warnte vor den Risiken des Ausharrens seiner Armee in den weit vorgeschobenen Stellungen im Osten. Er mahnte, dass die Versorgung durch die überdehnten Nachschubwege nicht gesichert und die Flanken zu schlecht gerüstet seien, um einem möglichen Gegenschlag der Roten Armee standhalten zu können. Doch Hitler ließ sich nicht umstimmen. Er wollte den Kaukasus, das Öl und Stalins Stadt um jeden Preis.

Hitlers Gegenspieler Stalin berief am 13. September eine Sonderbesprechung im Kreml ein. Eine Gegenoffensive mit dem Decknamen »Uranus« sollte die Schlacht um Stalingrad zugunsten der Sowjets entscheiden. Mit einer aus zwei Armeen gebildeten »Zange« sollten die deutschen Verbände in Stalingrad umschlossen und alle Verbindungsstränge durchtrennt werden. Aus Belagerern sollten Belagerte werden. Es war das deutsche »Blitzkriegs«-Modell – nur unter umgekehrten Vorzeichen.

*Im Ergebnis, indem sie zwei Hasen jagten – das Erdöl und die Einkreisung Moskaus –, sind die deutschen faschistischen Strategen in eine schwierige Lage geraten.*

STALIN,
6. NOVEMBER 1942

»Stalingrad ist so gut wie erobert.« Deutsche Soldaten in den Trümmern eines Industriebetriebs der Stadt.

Die deutsche Funkaufklärung fing chiffrierte russische Befehle ab, die Hinweise für den Aufmarsch der Roten Armee im Südwesten lieferten. Doch in der »Wolfsschanze« nahm man diese Alarmsignale nicht ernst und verzichtete auf die Verstärkung der bedrohten Flanken. Hitler war davon überzeugt, dass die Sowjets nicht »in der Lage [seien], eine große Offensive mit weiträumigem Ziel zu beginnen« – ein fataler Irrtum. Denn die Vorbereitungen für die »Operation Uranus« liefen bereits auf Hochtouren.

Noch am 8. November hatte Hitler im Münchener Löwenbräukeller vor den »alten Kämpfern« der NSDAP geprahlt: »Ich wollte zur

Wolga kommen, und zwar an einer bestimmten Stelle, an einer bestimmten Stadt. Zufälligerweise trägt sie den Namen von Stalin selber. Also denken Sie nur nicht, dass ich aus diesen Gründen dorthin marschiert bin. Dort schneidet man nämlich 30 Millionen Tonnen Verkehr ab. Stalingrad ist so gut wie erobert. Sie dürfen versichert sein – und ich wiederhole es mit voller Verantwortung vor Gott und der Geschichte –, dass wir Stalingrad nie wieder verlassen werden!«

Nur wenige Tage später, am 19. November, begann die Gegenoffensive der Roten Armee. Stalins Kampfparole hatte sich verändert. Aus »Keinen Schritt zurück« wurde ein »Vorwärts zur totalen Zerschlagung des Feindes«. Im dichten Schneegestöber überrannten die zahlenmäßig weit überlegenen sowjetischen Truppen die rumänischen Stellungen nordwestlich und südlich von Stalingrad. Nur vier Tage später war der Ring geschlossen. Damit saßen über 250 000 Soldaten in einer tödlichen Falle.

»Die Armee geht in kürzester Zeit der Vernichtung entgegen, wenn nicht unter Zusammenfassung aller Kräfte der von Süden und Westen angreifende Feind vernichtend geschlagen wird«, meldete Paulus in einem verzweifelten Funkspruch in der Nacht vom 23. auf den 24. November. Er erbat Handlungsfreiheit, doch Hitler hielt am »Ausharren« fest. Noch am 24. November traf im Hauptquartier der 6. Armee der endgültige »Führer«-Entscheid ein: »Unter allen Umständen halten. Luftversorgung durch Einsatz weiterer Ju's im Anlaufen. Halten und verteidigen.«

Dieser Befehl besiegelte das Schicksal der 6. Armee. Der Belagerungsring der Sowjets sollte sich nun immer enger um die deutschen Kräfte schließen. Das Vorrücken des Gegners bedeutete zudem den Verlust wichtiger Nachschubdepots der Wehrmacht und führte schnell zu einer dramatischen Zuspitzung der prekären Versorgungssituation. Verpflegung, Munition, Treibstoff – es fehlte an allem. Und auch die versprochene Versorgung der 22 eingeschlossenen Divisionen aus der Luft schien aussichtslos. Militärische Fachleute im Stab der 6. Armee, bei der Heeresgruppe B und auch im Oberkommando des Heeres bezweifelten den Erfolg der von Göring vollmundig angekündigten Hilfsaktion, noch bevor sie begann.

Schon vor der Jahreswende wurde der Treibstoff gefährlich knapp. Bei verschiedenen Waffengattungen waren die Munitionsvorräte auf 30 Prozent des Solls zusammengeschrumpft. Insgesamt 600 Tonnen Munition und Verpflegung forderte das Oberkommando der 6. Armee. Etwa 300 Transportflugzeuge am Tag wären erforderlich gewesen, um die Eingekesselten allein mit dieser Menge zu versorgen. Dagegen stand die Zahl von 300 Tonnen, die nach Einschätzung der Luftflotte 4 realistisch waren: Zahlenspiele mit tödlichen Konsequenzen.

Zwei Tage nach Schließung des Kessels, am 25. November, flogen die ersten Ju 52 in Richtung Stalingrad. Aufgrund der ersten Kälteeinbrüche Anfang Dezember sprangen bei vielen Flugzeugen die Motoren nicht an. Das Einfrieren der Landeklappen bei Temperaturen unter 30 Grad minus machte die Flüge nach Stalingrad zu einem Himmelfahrtskommando. Hinzu kam die Bedrohung durch sowjetische Flak. Die Bilanz der deutschen Luftwaffe war bitter: Jedes dritte Flugzeug kehrte nicht mehr von seinem Einsatz zurück; die Maschinen wurden abgeschossen, mussten notlanden

Die klirrende Kälte und die ständige Bedrohung durch die sowjetische Flak machen Flüge in den Kessel zu einem Himmelfahrtskommando.

oder konnten wegen technischer Defekte nicht mehr starten.

Bereits einen Tag nach der Einkesselung hatte Hitler den Entsatz des Kessels angekündigt – die »Operation Wintergewitter«. Sie sollte einen Versorgungskorridor in den Kessel schlagen. Schwache Einsatzverbände unter Generaloberst Hoth stürmten am 12. Dezember in Richtung Kessel. Vor ihnen lag eine Strecke von 120 Kilometern durch Eis und Schnee. Hitler ging davon aus, dass die eingeschlossenen Soldaten aus eigener Kraft Hoths Truppen entgegenkommen konnten. Die vorliegenden Informationen über den Treibstoffmangel im Kessel und auch die heftige Gegenwehr der Roten Armee ließ er außer Acht.

*Wir dürfen unter keinen Umständen das preisgeben. Es wieder gewinnen werden wir nicht mehr. Was das bedeutet, wissen wir.*

HITLER, 12. DEZEMBER 1942

Hoths Vormarsch wurde immer wieder aufgehalten. Vor diesem düsteren Hintergrund erreichte am 17. Dezember ein Funkspruch von Generalfeldmarschall Manstein das »Führer«-

Verwundete Stalingradkämpfer werden am Flugplatz ausgeladen. Jeder von ihnen hofft, mit einer der wenigen Maschinen aus dem Kessel ausgeflogen zu werden.

Hauptquartier. In ihm warnte der Oberbefehlshaber der Heeresgruppe Don Hitler ganz offen vor dem sich abzeichnenden Scheitern der »Operation Wintergewitter«. Manstein erbat erneut von Hitler die Genehmigung für die »Operation Donnerschlag«, den Ausbruch der 6. Armee aus dem Kessel.

Hitler ließ sich nicht umstimmen. Stur hielt er an der Strategie von »Wintergewitter« fest und war nicht bereit, den Ausbruch der 6. Armee aus Stalingrad zu genehmigen. Die Einheiten von Hoths 4. Panzerarmee hielten sich noch sechs Tage in ihren Stellungen, weniger als 50 Kilometer entfernt von den vorgestoßenen Kameraden der 6. Armee. Noch schickte man Durchhalteparolen zu den Eingeschlossenen im Kessel. »Haltet aus! Wir holen euch raus.« Aber am Heiligen Abend wurden die Panzer endgültig zum Rückzug gen Westen gezwungen, um der drohenden eigenen Vernichtung zu entgehen. Einigen aufmerksamen Ohren im Kessel entging nicht, dass der Geschützdonner von Hoths Panzern verstummte – der Entsatzversuch war gescheitert.

Im Kessel wurde die Lage jetzt immer hoffnungsloser. Kälte und Hunger zehrten an den verbliebenen Kräften. Schon Mitte Dezember wurden die Verpflegungsrationen weiter gekürzt: 100 Gramm Brot, das waren zwei Scheiben, mehr durfte nicht an die Soldaten ausgegeben werden. Für die eingeschlossenen Soldaten war Weihnachten in Stalingrad ein Fest der Angst, des Hungers und der eisigen Kälte. »Weihnachten ist bei uns ausgefallen, da war nichts. Der Russe, der hat geschossen wie verrückt, und an Weihnachten war nicht zu denken«, erinnert sich ein Überlebender der Schlacht.

*Wenn wir einen toten Soldaten gesehen haben, griffen wir ihm in die Tasche, ob er ein Stück Brot dabei hatte.*

KARL-HEINZ MÜLLER, SOLDAT IN STALINGRAD

Alle hungerten nun schon seit Wochen. Auch die vergrabenen Pferdekadaver, die der Frost konservierte, waren bald verbraucht. Ein Soldat beschrieb seinen Zustand in einem Brief: »Ich wiege noch 92 Pfund, nur noch Haut mit Knochen, der lebende Tod. Und dazu noch jede Nacht bei Schnee und Eis, bei Wind und großer Kälte vor der Infanterie schanzen, Laufgräben ziehen.« Das Thermometer fiel auf minus 40 Grad. Ohne Winterkleidung waren viele Soldaten der extremen Kälte völlig schutzlos ausgesetzt. Sie starben am Hunger, brachen einfach zusammen und erfroren.

Am 8. Januar überbrachten zwei Parlamentäre ein Ultimatum des sowjetischen Oberkommandos. Doch Hitler verbot strikt jede Verhandlung; die Unterhändler mit den weißen Fahnen sollten durch Schüsse vertrieben werden. Auch eine zweite Aufforderung zur Kapitulation wurde abgelehnt. Gleichzeitig fielen Flugblätter vom Himmel, auf denen die deutschen Soldaten zum Überlaufen aufgefordert wurden. Aber kaum einer wollte der sowjetischen Propaganda trauen. Die Angst vor der Kriegsgefangenschaft, die zudem von der deutschen Heeresleitung ganz bewusst geschürt wurde, war zu groß.

Am 10. Januar, morgens kurz vor sechs, begann schließlich der sowjetische Großangriff auf den Kessel. Pausenlos feuerten sowjetische Geschütze auf die verbliebenen deutschen Stellungen. Die Verteidigung der Wehrmacht war schwach, denn seit dem 1. Januar galt eine strenge Rationierung der Munition. Drei Schuss leichte Feldhaubitze, zwei Schuss Pak durften pro Regiment täglich abgegeben werden. Wie zynisch musste da Hitlers Losung vom »Widerstand bis zur letzten Patrone« klingen. Die massiven Angriffe der Roten Armee brachten dagegen schnelle Erfolge. An mehreren Stellen konnten die sowjetischen Truppen die deutschen Linien durchbrechen. Der Kessel wurde für die Soldaten zu einem Vorraum des Todes, die äußeren Bedingungen waren grauenhaft. »Unsere Männer liegen bei über 30 Grad Kälte auf der freien Fläche hinter den Schneemauern, keine Möglichkeit, sich mal für kurze Zeit aufzuwärmen oder abgelöst zu werden. Daher kommen zu den Verwundungen noch die große Zahl der Erfrierungen«, schreibt ein Stalingradkämpfer am 17. Januar 1943 in einem letzten Brief.

*»In Stalingrad die Frage nach Gott stellen heißt sie verneinen.«*

AUS EINEM DER LETZTEN FELDPOSTBRIEFE EINES SOLDATEN AN SEINEN VATER

Die Lazarette waren überfüllt, die medizinische Versorgung der Verwundeten bestand oft nur noch in einer Begleitung des Sterbens. So wurden die wenigen Plätze in den Flugzeugen, die nach dem Ausladen der Versorgungsgüter wieder aus dem Kessel heraus starteten, für viele zur letzten Hoffnung. Nur wenige Verwundete bekamen diese Überlebenschance. Schwerverletzte hatten selten das Glück, vom Arzt den Abtransport genehmigt zu bekommen. Denn die unbarmherzige Order der Heeresleitung schrieb vor, vorrangig solche Verwundete aus dem Kessel zu holen, die schnell wieder einsatzfähig sein würden. Vor den Augen der Piloten spielten sich dramatische Szenen ab. In panischer Verzweiflung kämpften Soldaten um die letzten freien Plätze in den Flugzeugen, besetzten die Landebahn und hielten sich krampfhaft an den Tragflächen fest. Alle wollten raus, nur mit Waffengewalt konnte auf den Flugplätzen ein geringes Maß an Ordnung aufrechterhalten werden.

Am 21. Januar setzte Friedrich Paulus einen weiteren verzweifelten Funkspruch ab: »Truppe ohne Munition und Verpflegung. Auflösungserscheinungen an der Süd-, Nord- und Westfront. 18 000 Verletzte ohne Mindesthilfe an Verbandszeug und Medikamenten. Front infolge starker Einbrüche vielseitig aufgerissen. Weitere Verteidigung sinnlos. Zusammenbruch unvermeidbar. Armee erbittet, um noch vorhandene Menschenleben zu retten, sofortige Kapitulationsgenehmigung.«

Das Ende einer Armee. Generalfeldmarschall Paulus (vorn) geht »als Privatmann« in Gefangenschaft.

*»Verbiete Kapitulation. Die Armee hält ihre Position bis zum letzten Soldaten und zur letzten Patrone und leistet durch ihr heldenhaftes Ausharren einen unvergesslichen Beitrag zum Aufbau der Abwehrfront und der Rettung des Abendlandes.«*

FUNKSPRUCH HITLERS
AN PAULUS, 24. JANUAR 1943

Im sicheren Hauptquartier, fern der Katastrophe, reagierte der »Führer« ungerührt und zum wiederholten Mal mit einem Verbot der Kapitulation. Und nicht nur das: Die Nachricht vom Untergang der 6. Armee – sie hätte sogar nicht zur Feier des zehnten Jahrestags der »Machtergreifung« gepasst. Für Hitler besaß die 6. Armee auch in ihrem desolaten Zustand noch eine strategische Funktion. An der Kaukasusfront war die Lage zu dieser Zeit äußerst prekär. Der Diktator versprach sich vom Hinauszögern der Niederlage in Stalingrad eine Bindung sowjetischer Truppen an diesen Kriegsschauplatz.

Ende Januar wurde die Lage für die Deutschen mit jedem Tag bitterer. Der Roten Armee gelang es am 26. Januar, den Kessel zu spalten. Damit war auch die Kommandostruktur zerfallen. General Strecker befehligte den Nordkessel. Generaloberst Paulus verblieb im Hauptquartier der 6. Armee im Südkessel und wurde in den letzten Tagen der Schlacht um Stalingrad immer mehr zu einer tragischen Figur.

Noch am 29. Januar hatte er seinem »Führer« per Funk zum Jahrestag der Machtübernahme gratuliert: »Noch weht die Hakenkreuzfahne über Stalingrad. Unser Kampf möge den lebenden und kommenden Generationen ein Beispiel dafür sein, auch in der hoffnungslosesten Lage nie zu kapitulieren, dann wird Deutschland siegen.«

Hitlers Antwort ließ nicht lange auf sich warten: »Mein Generaloberst Paulus! Schon heute blickt das ganze deutsche Volk in tiefer Ergriffenheit zu dieser Stadt. Wie immer in der Weltgeschichte wird auch dieses Opfer kein vergebliches sein.« Dass er von Paulus selbst ein persönliches Opfer erwartete, sagte er nicht. Stattdessen beförderte der »Führer« zwei Tage später den Generaloberst zum Generalfeldmarschall. Hitler war überzeugt, dass Paulus in seiner neuen Funktion den »Heldentod« wählen würde.

Im Berliner Sportpalast gedachte man derweil der nationalsozialistischen Machtergreifung. Reichsmarschall Göring hielt anstelle Hitlers die Hauptrede. In ihr stilisierte er die Niederlage von Stalingrad zum »größten Heroenkampf« der Geschichte: »Es ist letzten Endes, das mag hart klingen, ja für den Soldaten gleichgültig, ob er bei Stalingrad, bei Rschew oder in der Wüste Afrikas … kämpft und fällt«, erklärte er seinem Publikum im Saal und an den Volksempfängern. So erfuhren auch einige Soldaten im Kessel, dass man sie in Berlin schon abgeschrieben hatte. General Strecker ließ es sich nicht nehmen und funkte zurück: »Vorzeitige Leichenreden unerwünscht!«

Die Stunden der Verteidiger im Kessel waren gezählt. Am Morgen des 31. Januar gelang es der Roten Armee, den Südkessel zu sprengen. »Russe vor der Tür, wir bereiten Zerstörung vor«, war die letzte Meldung aus dem Hauptquartier im Kaufhauskeller. Paulus und sein Generalstab verließen schließlich mit erhobenen Händen ihren Gefechtsstand. Auch aus den umliegenden Ruinen wankten geisterhafte, zerlumpte Gestalten ans Licht, hoben die Hände und sammelten sich auf dem Roten Platz.

Die Niederlage von Stalingrad war eine Kapitulation ohne Urkunde, denn Paulus hatte keine unterschrieben. Er wollte, wie er es krampfhaft interpretierte, als Privatmann in die Gefangenschaft gehen. Als Moskau die Nachricht von der Gefangennahme Paulus' verbreitete, konnte Hitler nicht glauben, dass sein Generalfeldmarschall noch lebte. Als weitere Quellen die

Die kläglichen Reste einer Armee, mit der Hitler »den Himmel stürmen« wollte: Gerade einmal 90 000 von nahezu 300 000 Mann traten den bitteren Weg in die Gefangenschaft an.

Gefangennahme bestätigten, tobte der Kriegsherr. In der Mittagsbesprechung sagte Hitler zu General Zeitzler: »Das Heldentum von so vielen Zehntausenden von Menschen, Offizieren und Generalen wird ausgelöscht durch einen solchen Mann. In diesem Krieg wird niemand mehr Feldmarschall.«

Am 2. Februar wurde auch der nördliche Kessel gestürmt. Um 8.15 Uhr meldete sich General Strecker zum letzten Mal: »XI. Armeekorps hat mit seinen 6 Divisionen im schwersten Kampf bis zum letzten Mann seine Pflicht getan.«

*Stalingrad war die Wende des Krieges. Mit ihm endete jegliche Offensivmöglichkeit der deutschen Armee im Osten. Mit Stalingrad ging die Initiative in der Kriegsführung auf die sowjetische Seite über.*

GERHARD DENGLER,
HAUPTMANN IN STALINGRAD

Von der Einkesselung der 6. Armee am 23. November waren rund 250 000 Soldaten betroffen. Am Ende waren fast zwei Drittel der Mannschaften und Unteroffiziere sowie die Hälfte der Offiziere gefallen, erfroren, verhungert oder an Erschöpfung gestorben, der größte Teil von ihnen in den beiden letzten Wochen der Schlacht. Unter den 90 000 Gefangenen befanden sich 2500 Offiziere und 24 Generäle. Mehr als die Hälfte der äußerst geschwächten Männer erlag bereits im Frühjahr 1943 in Sammellagern dem Fleckfieber. Zehntausende Soldaten fielen den wochenlangen eisigen Transporten nach Sibirien zum Opfer. Andere überlebten die Strapazen der Arbeit in Waldlagern und Bergwerken nicht. Von den 90 000 Stalingradkämpfern, die den Weg in die Gefangenschaft antreten mussten, kehrten lediglich 6000 in die Heimat zurück. Von den 24 Generälen starb nur einer in Gefangenschaft. Alle anderen überlebten den Krieg.

# Der Tatort

Heinrich Himmler war voll des Lobes für seine SS-Schergen: »Von euch werden die meisten wissen, was es heißt, wenn 100 Leichen beisammenliegen, wenn 500 daliegen oder wenn 1000 daliegen. Dies durchgehalten zu haben und dabei – abgesehen von Ausnahmen menschlicher Schwäche – anständig geblieben zu sein, das hat uns hart gemacht. Dies ist ein niemals geschriebenes und nie zu schreibendes Ruhmesblatt unserer Geschichte«, tönte er pathetisch am 4. Oktober 1943 vor hohen SS-Kommandeuren. Der Reichsführer SS, oberster Befehlshaber der SS-Wachmannschaften in den Konzentrationslagern, log das blutige Handwerk der KZ-Wächter, ihre menschenverachtende »Pflichterfüllung« um in eine ruhmvolle Tugend. Himmler bestärkte die unmittelbaren Vollstrecker des nationalsozialistischen Rassenwahns in ihrem Glauben, die Tötung Tausender Menschen sei kein Massenmord, sondern ein »anständiger« und patriotischer Akt völkischer »Schädlingsbekämpfung«: das Umbringen zahlloser Säuglinge, Kinder, Jugendlicher, Frauen, Männer, Greise ein »Dienst an Volk und Vaterland«. Für diesen nationalsozialistischen Rassenwahn und Massenmord ist kein anderer Name so sehr zum Synonym geworden wie Auschwitz: Hauptort des Holocausts, Jahrhunderttatort.

Das KZ Auschwitz war in einem abgelegenen Teil Südwestpolens, im Hinterhof der Ostfront, errichtet worden. Im Sommer versengte die Sonne die Erde. In der stickigen Luft hing der beißende Gestank verbrannten Fleisches. Im Winter fegten Schneestürme von der Weichsel herüber, Holzbaracken und unbeheizte Backsteinhallen boten nicht den geringsten Schutz vor der Eiseskälte. Als die Mordmaschinerie 1943 und 1944 auf Hochtouren lief, waren fünf Krematorien und Gaskammern in Betrieb. An klaren Tagen waren die aus den Krematoriumschornsteinen schlagenden Flammen und der schwarze Rauch kilometerweit zu sehen. Massenvernichtung nach Plan – darin bestand der Hauptzweck von Auschwitz –, Tag für Tag, Nacht für Nacht.

Bis zu 150 000 Menschen gleichzeitig waren in dem KZ eingesperrt, vor allem Juden aus ganz Europa. Für jene Tausende, die täglich starben, kam rasch Ersatz. Lange Viehwaggonzüge brachten immer neue Häftlinge.

*Die Rampe war die Endstation der Züge, die in Auschwitz ankamen. Sie kamen Tag und Nacht, manchmal einer am Tag, manchmal fünf, aus allen Himmelsrichtungen.*

KZ-HÄFTLING RUDOLF VRBA

»Ein Ruhmesblatt unserer Geschichte.« SS-Chef Himmler besucht das Konzentrationslager Auschwitz.

Ankunft in der Hölle: Ungarische Juden, denen ihr grausames Los, das sie erwartet, noch nicht bewusst ist, treffen an der Rampe in Auschwitz ein.

Ihr Schicksal entschied sich an der Bahnrampe von Auschwitz-Birkenau. Gleich dort bestimmten SS-Ärzte, wer zunächst als Sklavenarbeiter weiterleben durfte und wer sofort vergast wurde. Nach oft tagelanger Fahrt ohne Essen und ausreichend Wasser wurden die verängstigten Menschen wie Tiere aus den Waggons getrieben und gezerrt. Zum Schluss wurden die Leichen herausgeworfen: Menschen, die auf der Höllenfahrt nach Auschwitz umgekommen waren. Für die Lebenden begann nun das Inferno. Auf der Rampe mussten sie sich aufstellen und dann an SS-Ärzten vorbeigehen, die sie mit einer Handbewegung nach rechts oder links dirigierten: nach rechts die »Objekte« für pseudomedizinische Versuche sowie die Arbeitsfähigen, die noch nützlich für die Sklavendienste in der Rüstungsindustrie, beim Kanalbau, in der Kiesgrube waren; nach links die Schwachen und Alten, die Kinder, die Mütter mit Säuglingen. Familien wurden auseinandergerissen. Für Abschiede ließ die SS keine Zeit. »Renzo verabschiedete sich einen Augenblick zu lange von Francesca, seiner Braut; und da streckten sie ihn zu Boden mit einem einzigen Hieb mitten ins Gesicht. Es war

»Ausgebildete Desinfektoren«. Angehörige der SS-Wachmannschaft nach der Befreiung des KZ im Januar 1945 mit Behältern des Giftgases Zyklon B.

frachtet und zur Vernichtung gekarrt. Bis zuletzt versuchte die SS ihre Opfer in Sicherheit zu wiegen. Die Lkw trugen das Rettung verheißende Zeichen des Roten Kreuzes. Auch die Mörder, die das todbringende Blausäurepräparat Zyklon B durch die dafür vorgesehenen Öffnungen von oben in die Gaskammern schütteten, sollten eigentlich Leben retten: Es waren Sanitätsdienstgrade der SS, »ausgebildete Desinfektoren« nannte sie zynisch der Kommandant von Auschwitz, Rudolf Höß. Im Auskleideraum vor der Gaskammer, die bis zu 3000 Menschen fasste, mussten die Todeskandidaten ihre Kleidung ablegen. Sie würden geduscht und desinfiziert, log man ihnen vor. Jetzt musste alles ganz effektiv und reibungslos vonstatten gehen. »Nur kein Geschrei und kein Gehetze«, schrieb Höß in seinen Aufzeichnungen über seine Zeit als Todeslagerkommandant. »Wenn sich einige nicht ausziehen wollten, mussten schon Ausgezogene helfen oder die vom Sonderkommando.«

*Das Sonderkommando lebte in einer ganz extremen Situation. Vor unseren Augen sahen wir täglich, wie Tausende und Abertausende von unschuldigen Menschen in den Schornsteinen verschwanden.*

**KZ-HÄFTLING FILIP MÜLLER**

ihr täglicher Dienst«, schrieb Primo Levi, italienischer Jude und Schriftsteller, der im Februar 1944 nach Auschwitz verschleppt worden war.

Die Kolonne der Kinder, Schwachen, Alten sowie der meisten Frauen aus dem Transport musste sich direkt in Richtung Gaskammern begeben. Eine Prozession von Todgeweihten setzte sich stockend in Bewegung. Wer gar nicht mehr gehen konnte, wurde auf Lastwagen ver-

Das »Sonderkommando« bestand aus Häftlingen, die gezwungen wurden, bei der Vernichtung ihrer Leidensgenossen mitzuhelfen – ein Werk, zu dessen Verrichtung sie nur am Rande der völligen Selbstaufgabe fähig waren, erfüllt von tiefster Verzweiflung. Auch sie vermieden alles, was die Todgeweihten auf ihr unmittelbar bevorstehendes Schicksal hinweisen konnte. Sie wussten, dass es jetzt kein Entrinnen mehr

Massenvernichtung nach Plan: In den perfiderweise als Duschräume getarnten Gaskammern starben Hunderttausende.

gab, dass ihr eigenes Schicksal längst besiegelt war. Denn von Zeit zu Zeit wurden die Sonderkommandos selbst liquidiert, um Mitwisser des Massenmords zu beseitigen, und durch neue Häftlinge ersetzt. Einmal wurden 435 Juden aus Griechenland in der Gaskammer umgebracht, weil sie sich weigerten, als Handlanger des Massenmords zu dienen. Frauen versuchten, ihre Säuglinge unter den Kleiderhaufen zu verstecken, weil sie glaubten, dass die »Desinfektion« ihren Kindern schade. Andere ahnten, was ihnen bevorstand. So kam es vor, »dass Frauen während des Ausziehens plötzlich markerschütternd losschrien, sich die Haare ausrissen und sich wie wahnsinnig gebärdeten. Schnell wurden sie herausgeführt und hinter dem Haus mit dem Kleinkalibergewehr durch Genickschuss getötet«, beschrieb Höß immer wiederkehrende Szenen.

*»Und ich hatte mich doch in Auschwitz wahrlich nicht über Langeweile zu beklagen.«*

LAGERKOMMANDANT HÖSS

Nachdem alle ausgezogen waren, öffnete die SS den unterirdischen »Duschraum« und drängte die nackte Menge hinein. In der Mitte des riesigen Saales, der zur Tarnung mit Brausen und Wasserleitungen versehen war, standen im Abstand von jeweils 30 Metern durchlöcherte, säulenartige Rohre aus Eisenblech. Dort hinein wurde von oben durch Öffnungen in der Decke

Bevor die Öfen der Krematorien das letzte Lebenszeichen der Opfer tilgten, wurden den Leichen die Goldzähne herausgebrochen und die Haare angeschnitten.

das Zyklon B geworfen. Zyklon B verwandelt sich in Gas, sobald es mit Luft in Berührung kommt, und tötet innerhalb von Minuten. »Die Leichen liegen nicht im Raum verstreut, sondern türmen sich hoch übereinander. Das ist leicht zu erklären. Das von draußen eingeworfene Zyklon entwickelt seine tödlichen Gase zunächst in Bodenhöhe. Die oberen Luftschichten erfasst es erst nach und nach. Deshalb trampeln die Unglücklichen sich gegenseitig nieder, einer klettert über den anderen. Je höher sie sind, desto später erreicht sie das Gas. Welch furchtbarer Kampf um zwei Minuten Lebensverlängerung«, schrieb der ungarische Häftlingsarzt Miklós Nyiszli, der Auschwitz überlebte. Die Tür zur Gaskammer war mit einem Beobachtungsloch versehen. Durch dieses schaute sich auch Höß hin und wieder den Todeskampf seiner Opfer an: »Man kann sagen, dass ungefähr ein Drittel sofort tot war. Die anderen fingen an zu taumeln, zu schreien und nach Luft zu ringen. Das Schreien ging aber bald in ein Röcheln über, und in wenigen Minuten lagen alle da.«

Ein Aufzug brachte die Leichen nach oben, zu den Öfen der Krematorien. Bevor sie hineingeschoben wurden, bis zu drei auf einmal in eine Ofenkammer, musste das Sonderkommando ihnen alle Goldzähne herausbrechen und den Frauen die Haare abschneiden. Aus den Haaren wurden Kabelhüllen oder Filze hergestellt. Die Filzfirma Alex Zink in Roth bei Nürnberg zahlte 50 Pfennig für ein Kilo Menschenhaar. Sogar die Asche der verbrannten Leichen wurde noch verwertet – als Dünger in der Landwirtschaft.

Der Anfang vom Ende für die Juden Deutschlands: In der Nacht vom 9. November 1938 wurden zahlreiche Synagogen wie die in Bielefeld vom braunen Mob zerstört.

So wurden hunderttausende Männer, Frauen, Kinder aller Altersgruppen, aller Nationalitäten, unterschiedlichster Herkunft wahllos und gnadenlos erstickt. Eine rationale Erklärung für das Morden gibt es nicht. Der Vernichtungswille entsprang einem Wahn: »Die Juden sind die natürlichen Feinde des deutschen Volkes und müssen ausgerottet werden. ... Gelingt es uns jetzt nicht, die biologischen Grundlagen des Judentums zu zerstören, so werden einst Juden das deutsche Volk vernichten.« Primitivster Sozialdarwinismus aus dem Mund des SS-Führers Heinrich Himmler, der Hitlers pathologischen Judenhass verinnerlicht hatte und in Taten umsetzte.

Zum ersten Mal die Maske fallen gelassen hatte das Regime am 9. November 1938. In dieser Nacht wurden mehr als 1400 Synagogen zerstört, über 7500 Geschäfte verwüstet und geplündert – vor den Augen der Öffentlichkeit. Über 400 deutsche Juden wurden in diesen

Tagen erschlagen, erschossen, ertränkt oder in den Selbstmord getrieben. 30 000 jüdische Männer wurden in Konzentrationslager verschleppt. Als Vorwand diente den Nazis das Attentat auf den deutschen Diplomaten Ernst vom Rath in Paris. Aus Protest gegen die brutale Abschiebung seiner Familie aus Deutschland hatte der siebzehnjährige jüdische Emigrant Herschel Grynszpan auf den Legationssekretär der deutschen Botschaft gefeuert. Das Attentat war willkommene Propaganda für Hitlers Regime, das in München gerade sein Ritual zum 9. November zelebrierte. Wie in jedem Jahr erinnerten die »alten Kämpfer« an ihren missglückten Putsch von 1923, während die NS-Presse den unbekannten vom Rath zum neuen Märtyrer der »Bewegung«, den halbwüchsigen Juden zum Handlanger des »internationalen Judentums« stilisierte. Am 9. November um 17.30 Uhr starb vom Rath, und es schien, als hätte ein Dramaturg die Szene ausgerichtet: Die Nachricht erreichte München, kurz bevor sich die NS-Spitze zum traditionellen Kameradschaftsabend im Alten Rathaussaal versammelte. 400 »alte Kämpfer«, Gauleiter, SA-Führer, Nazis der ersten Stunde tauschten bei deftiger Mahlzeit, Bier und Zigarettenqualm Erinnerungen aus. Am »Führer«-Tisch saß Goebbels neben Hitler. Der Chefpropagandist, gerade in Ungnade, witterte seine Profilierungschance. Inmitten all des Trubels ließ er sich von seinem »Führer« Vollmacht geben, das Mordopfer als Vorwand zu benutzen. Als Hitler gegen 22 Uhr das Fest verließ, schlug die Stunde des Agitators. Goebbels steigerte sich in eine rasende Tirade – und die Paladine reagierten wie geplant. »Stürmischer Beifall«, notierte Goebbels befriedigt in sein Tagebuch. »Alles saust gleich an die Telefone. Nun wird das Volk handeln.« Doch nicht das Volk handelte, sondern die Gefolgschaft der Partei. In eingespielter Manier lief die Maschinerie der Brandstifter an. Auf Befehl ihrer Führer schlugen Parteisoldaten der SA, SS und ihre Helfer noch in der Nacht im ganzen Reich los. Synagogen, Geschäfte und Wohnungen wurden zu Trümmerfeldern, während Greifkommandos Jagd auf die jüdischen Besitzer machten.

Ein gefundenes Fressen für die NS-Propaganda: der Jude Herschel Grynszpan bei seiner Verhaftung nach dem Attentat.

Noch wollte die NS-Führung die Juden freilich nicht vernichten, sondern »nur« ausplündern und aus Deutschland vertreiben.

# Die Ausplünderung der deutschen Juden

Auf die Gewalt der Partei folgte nach dem Pogrom der staatliche Würgegriff. Wer von den Inhaftierten seiner Enteignung zustimmte und sich zur Auswanderung verpflichtete, wurde aus dem Konzentrationslager entlassen. Den Juden draußen ging es kaum anders. Der Besitz oder die Leitung eines Geschäfts wurde ihnen per Gesetz verboten. Sie durften keine Kulturveranstaltungen mehr besuchen, keine Kraftfahrzeuge mehr besitzen, mussten ihre Wohnungen verlassen und wurden zunehmend in »Judenhäusern« konzentriert. Für die Verwüstungen, die an ihrem eigenen Hab und Gut vorgenommen wurden, erlegte man den deutschen Juden eine Kontribution von einer Milliarde Reichsmark auf. Alle Versicherungsansprüche kassierte der Staat. Diese kollektive Strafsteuer trug indirekt zur Finanzierung der militärischen Ausgaben für den Zweiten Weltkrieg bei, in dessen Verlauf die »Endlösung der Judenfrage« oberstes Staatsziel wurde.

Auch für die letzten Habseligkeiten der Opfer, wie diese von ungarischen Juden, fand man noch irgendeine Verwendung.

Dennoch: Die Nazis hatten ihre Feuerprobe abgelegt. Die Ermordung unschuldiger Menschen war schon Alltag, bevor sie in Vernichtungslagern zur Methode wurde. Die Pogromnacht war der Scheitelpunkt des Weges in die Gaskammern von Birkenau. Für Imo Moskowicz, der Auschwitz überlebt hat, war die kalte Nacht vom 9. auf den 10. November 1938 letztes Menetekel: »Damals ist die Menschlichkeit zerstört worden. Verbrechen gegen Menschen wurden nun von Staats wegen gefördert. Keiner hat erkennen wollen, wohin das führen musste.«

Konkret wurde der Plan zur »Endlösung« am 20. Januar 1942 in einer Villa in Berlin-Wannsee. Dort berieten akademisch gebildete Bürokraten, wie das europaweite Vernichtungswerk logistisch zu bewerkstelligen sei. »Im Zuge der Endlösung«, hieß es in kaltem Verwaltungsdeutsch, sollten die Juden im Osten zur Sklavenarbeit gezwungen werden, »wobei zweifellos ein Großteil durch natürliche Verminderung ausfallen wird«. Wer dabei nicht zu Tode kommen würde, »wird, da es sich bei diesem Teil zweifellos um den widerstandsfähigsten Teil handelt, entsprechend behandelt werden müssen«. Das Protokoll führte SS-Obersturmbannführer Adolf Eichmann. Er sollte später das »Judenreferat« im Reichssicherheitshauptamt leiten, einer

Behörde, die zuerst die Vertreibungen aus Deutschland und später die Transporte in die Vernichtungslager organisierte.

1956, mehr als zehn Jahre danach, erinnerte sich der Schreibtischtäter in seinem argentinischen Versteck an seinen Besuch am Tatort: »Ich entsinne mich noch, als ich die schmoren sah, da zitterten mir die Kniescheiben.« Mit einem tiefen Schluck Zwetschgenschnaps aus der Feldflasche habe Eichmann den Schrecken hinuntergespült. Lagerkommandant Höß »beruhigte« sich auf andere Weise: »Ich setzte mich dann aufs Pferd und tobte so die schaurigen Bilder weg, oder ich ging oft des Nachts durch die Pferdeställe und fand dort bei meinen Lieblingen Beruhigung. Es kam oft vor, dass ich zu Hause plötzlich bei irgendwelchen Vorgängen der Vernichtung war. Ich musste dann raus. Ich konnte es nicht mehr im traulichen Kreis meiner Familie aushalten«, schrieb er 1946 in polnischer Haft. Der Massenmörder im Konzentrationslager gab sich nach dem Verbrechen als empfindsamer Mensch: »Ich war in Auschwitz seit Beginn der Massenvernichtung nicht mehr glücklich.« Auch Himmler persönlich sah sich den »Vernichtungsvorgang« an, schrieb Höß. Der Reichsführer SS »äußerte sich in keiner Weise, er sah nur ganz stumm zu«.

Restlos ausgeplündert wurden die Leichname. Das Gleiche widerfuhr aber auch den noch Lebenden, die von der SS an der Rampe nach rechts gewunken worden waren: zur Vernichtung durch Arbeit. Nach jeder Selektion durften sich die beteiligten SS-Männer auf ihre Sonderverpflegung freuen: einen Fünftelliter Schnaps, fünf Zigaretten, 100 Gramm Wurst und Brot. Eine noch größere »Belohnung« war jedoch das Bestehlen der angekommenen Häftlinge. Auch den zur Sklavenarbeit Verdammten wurde alles abgenommen: ihr gesamtes Gepäck, Geld, Uhren, Füllfederhalter, Fotos – alles. Ihre Kleidung mussten sie ebenfalls ablegen, Kleider und sonstiger Besitz kamen ins KZ-Magazin, von den Häftlingen »Kanada« genannt. »Vielleicht weil Kanada ein reiches Land ist, ein gelobtes Land«, schrieb die Auschwitz-Überlebende Fania Fénelon in ihren Erinnerungen. Von dort wurde das geraubte Gut nach Deutschland verfrachtet: fürs Winterhilfswerk oder für die Frontsoldaten. Münzen, Devisen und Gold verschwanden in den Tresoren der Reichsbank. Offiziell war es den SS-Wächtern strengstens untersagt, sich aus dem Magazin zu bedienen; aber kaum jemand hielt sich an das Verbot.

In der Aufnahmebaracke wurden den Häftlingen die Köpfe kahl geschoren. Wie Vieh waren sie nach Auschwitz gekarrt worden, wie Vieh wurden sie nun gekennzeichnet, indem man auf den linken Unterarm ihre Häftlingsnummer eintätowierte. Anstatt ihrer eigenen Kleidung mussten sie Häftlingskluft anziehen, blau-weiß gestreifte Drilliche, verdreckt, zerlumpt und verlaust. Im Winter kamen Mäntel hinzu, zwar aus dickerem gestreiftem Stoff, aber ohne Futter: kein Schutz gegen den harten polnischen Winter. Durch Schnee und Eis, durch Schlamm und Staub mussten sie sich schleppen mit nichts an den Füßen als klobigen Holzpantinen, die manchmal mit Leinenstoff überzogen waren. »Nun denke man sich einen Menschen, dem man zusammen mit seinen Lieben auch sein Heim, seine Gewohnheiten, seine Kleidung und schließlich alles, buchstäblich alles nimmt, was er besitzt: Er wird leer sein, beschränkt auf Leid und Notdurft und verlustig seiner Würde und seines Urteilsvermögens, denn wer alles verloren hat, verliert auch leicht sich selbst; so sehr, dass man leichthin und ohne jede Regung verbindenden Menschentums, bestenfalls aber aufgrund reiner Zweckmäßigkeit über sein Leben und seinen Tod wird entscheiden können. So wird man denn die zweifache Bedeutung des Wortes Vernichtungslager verstehen«, schrieb Primo Levi. Vor der Vernichtung durch Hunger, unbehandelte Krankheiten, Schläge, Hinrichtung, grenzenlose Überanstrengung bei der Arbeit wollte das KZ-System die Häftlinge psychisch zugrunde richten.

*Man hörte bald auf, über das Leben nachzudenken. Überhaupt hörte das Denken ganz auf. Wir wurden wie Tiere behandelt – und genauso verhielten wir uns auch.*

**KZ-HÄFTLING ZVI KLEIN**

Solchermaßen erniedrigt, ohne Haare, ohne Ehre, ohne Namen, zerlumpt und ausgehungert trieb man sie in die Wohnbaracken, nicht ohne ihnen vorher noch zu verkünden, dass es aus dem Lager keinen anderen Ausweg gebe als jenen durch den Schornstein des Krematoriums. In den ungeheizten steinernen Hallen oder Holzbaracken wurden die Häftlinge eingepfercht wie Tiere. So waren die fensterlosen Holzbaracken – nur kleine Oberlichter ließen etwas Helligkeit hinein – eigentlich als Ställe für jeweils 52 Pferde gedacht. Doch nun vegetierten bis zu 800 Menschen darin. Sie schliefen in dreistöckigen Verschlägen, jeweils zwei, vier oder mehr Häftlinge auf einer Pritsche; als Unterlage vermodertes Stroh, eine gleichfalls vermoderte Decke zum Schutz gegen die Kälte. Die Betten waren durch den ständigen Hungerdurchfall völlig verschmutzt. Bei »Blocksperre« durften die Gefangenen die Baracke nicht einmal verlassen, um ihre Notdurft zu verrichten. Dazu dienten sonst primitive, ungeschützte Feldlatrinen. Für die Zehntausende von Häftlingen gab es kaum Waschgelegenheiten, geschweige denn Seife. Das Wasser war brackig, stinkend, ungenießbar. Die Häftlinge mussten sich mit ihren Kleidungslumpen abtrocknen, die sie nachher wieder anzogen. Die über den Wasserhähnen angebrachte Inschrift »Nach dem Abort, vor dem Essen: Händewaschen nicht vergessen« strotzte vor Zynismus. Die katastrophalen hygienischen Verhältnisse in Auschwitz führten zum Ausbruch von Epidemien, die die SS-Ärzte »bekämpften«, indem sie die Insassen ganzer Blocks ins Gas trieben.

Vor Vergasung relativ sicher waren jedoch Zwillingskinder. Über sie hielt seine »schützende Hand« der »Todesengel« von Auschwitz: Dr. Josef Mengele. Er bewahrte sie aus kalter Berechnung vor dem Gastod, denn der in Medizin und Anthropologie promovierte »Rassenhygieniker« brauchte die Zwillinge als »Menschenmaterial« für seine pseudomedizinischen Versuche mit früher oder später tödlichem Ende. So spritzte er ihnen im Dienste seiner »Zwillingsforschung« Chemikalien in die Augen, um zu prüfen, ob sich braune Augen dauerhaft blau färben ließen. Andere, denen er Organe zum Sezieren entnehmen wollte, tötete der Doktor in der SS-Uniform mit Evipan- oder Phenolspritzen.

Mengele suchte sich die zu Versuchstieren bestimmten Menschen gleich nach Ankunft

»Todesarzt« Mengele (Mitte) mit den KZ-Kommandanten Richard Baer (links) und Rudolf Höß.

der Todeszüge an der Rampe heraus. Wie Überlebende berichten, holte der SS-Arzt sie manchmal noch im letzten Augenblick zurück, nachdem sie von anderen SS-Männern versehentlich mit ihren Müttern in die Reihe der für den Erstickungstod Bestimmten geschickt worden waren. In anderen Fällen ahnten die Mütter, dass es für sie selbst zwar kein Entkommen gab, dass ihre Zwillinge aber eine Chance hatten, weil sie etwas Besonderes darstellten in der Hölle von Auschwitz. »Mein Zwillingsbruder und ich waren mit unserer Mutter auf dem Weg zu den Gaskammern, da sagte sie plötzlich:

»Uns wurde die Kindheit geraubt.« Jüdische Kinder mit ihren Müttern auf dem Sammelplatz im KZ Auschwitz.

›Kinder, lauft zu den Deutschen. Lauft zurück dahin, wo sie die Zwillinge suchen!‹ Ich nehme an, ihr Instinkt hat ihr gesagt, dass wir sicherer waren, wenn wir uns von ihr trennten«, erinnerte sich später die Überlebende Eva Kupas. Kleine Kinder wehrten sich und schrien, wenn sie von ihren Eltern weggerissen wurden. Dann sprach Mengele Müttern lächelnd gut zu, versuchte sie zu beruhigen. Der »Todesengel« trieb mit Engelsmiene ein teuflisches Spiel der Heuchelei: »Gnädige Frau, Sie sind krank und müde von der langen Reise, geben Sie Ihr Kind dieser Dame; Sie können es später in der Krabbelstube wieder abholen«, log er eine verängstigte Mutter an.

*Uns Kindern in Auschwitz wurde unsere Kindheit geraubt. Wir fügten uns schnell in unser Schicksal, schneller, als vielleicht ein Erwachsener es kann. Aber dadurch, dass wir uns mit dieser Hölle arrangierten, waren wir keine Kinder mehr. Es wurde uns unsere Unschuld genommen und der Glaube, dass die Welt gut sei.*

KZ-INSASSIN EVA KOR

Mengele wirkte an der Rampe stets wie aus dem Ei gepellt mit seinen blankgewichsten Reitstiefeln und seinen weißen Handschuhen. Während Höß von der Nervenanspannung des Vernichtungslagers Beruhigung bei seinen Pferden im Stall suchte, hielt sich Mengele mit Klängen von Brahms und Beethoven bei Laune, hörte in seinen Mußestunden gern Schumanns »Träumerei«, deren Melodie er an der Rampe gelegentlich pfiff. Dem musikliebenden Massenmörder musste auch das Häftlingsorchester vorspielen.

»Meine Meerschweinchen« nannte der Todesdoktor hin und wieder »seine« Zwillinge. Er hatte zu den Kindern eine Beziehung wie Laborärzte zu Versuchstieren: niedliche Lebewesen zwar, die gleichwohl getötet werden müssen. Aber solange solch eine Kreatur noch lebt, sind sie und der Arzt in gewisser Weise miteinander verbunden. Ja, der Arzt streichelt sie sogar manchmal. Doch letztlich waren diese Kinder immer nur Versuchsobjekte. Mengele hatte so viel Mitgefühl für seine Zwillinge wie Forscher für Laborratten. Der »Herrenmensch« verfügte nach Gutdünken über seinen Menschenzoo. Gleich neben dem Krematorium II in Auschwitz-Birkenau ließ Mengele ein pathologisches Labor einrichten. Auf dem Seziertisch aus poliertem Marmor weidete er die Opfer seiner Menschenversuche aus. In einem Haftbefehl listete die Staatsanwaltschaft Frankfurt nach dem Krieg die Verbrechen Mengeles, der sich bis zu seinem Ende der Justiz entziehen konnte, eine Todesliste in sachlichem Juristendeutsch auf. Aus dem »Tatkomplex medizinische Versuche«: »Im Sommer 1944 Zwillinge mit Evipan- und Chloroformspritzen getötet«; »beim natürlichen Tod eines Zwillings grundsätzlich auch den zweiten Zwilling zu Vergleichszwecken getötet«; den Tod ungarischer Zwillinge durch »operative Eingriffe am Kopf« verursacht; »ein im Lager geborenes Zwillingspaar durch Injektion getötet«. Die Überlebenden litten noch jahrzehntelang unter diesen »wissenschaftlichen Experimenten«. »Man hat mir Gift gespritzt. Bis heute weiß ich nicht, was. Als Ergebnis der Experimente bin ich zu zwei Dritteln behindert. Mein Körper zittert. Ich bekomme epileptische Anfälle. Was für ein Leben!«, klagte Auschwitz-Zwilling Moshe Offer später.

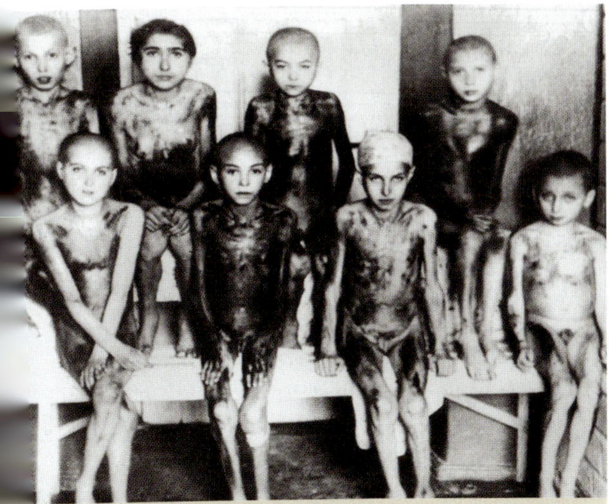

Die »Meerschweinchen« Mengeles: Von medizinischen Experimenten gezeichnete Kinder aus Auschwitz, deren Körper mit großen Brandwunden bedeckt sind.

Nicht nur Mengele, auch andere SS-Ärzte quälten Häftlinge mit barbarischen und pseudowissenschaftlichen Versuchen. So infizierte der Gynäkologe Carl Clauberg die Gebärmutter von KZ-Insassinnen mit Bakterien. Sein Kollege Horst Schumann experimentierte mit einer perversen Sterilisationsmethode: Mittels konzentrierter Röntgenbestrahlung der Hoden bei Männern und der Eierstöcke bei Frauen wurden die Versuchspersonen ihrer Fortpflanzungsfähigkeit beraubt – alles im Sinne der nationalsozialistischen Rassenideologie.

Doch auch für die »normalen« Auschwitz-Häftlinge war der Alltag grauenvoll. Um vier Uhr fing der Tag an. Morgens gab es Kaffeeersatz oder einen Aufguss, der »Tee« genannt wurde. Die 300 Gramm Brot, die am Abend vorher ausgegeben wurden, waren auch für das »Frühstück« bestimmt. Doch wegen des ständigen Hungers konnten sich nur wenige Häftlinge dazu entschließen, ihr Stückchen Brot einzuteilen und bis zum Morgen aufzuheben. Die meisten aßen die ganze Brotration auf einmal auf, um wenigstens für einen Moment das bohrende Hungergefühl loszuwerden. Nach dem »Frühstück« mussten die Häftlinge auf dem Appellplatz antreten. Auch die während der Nacht Gestorbenen wurden aus den Baracken herausgebracht. Wenn jemand fehlte, mussten die Barackeninsassen so lange stehen bleiben, bis ihre Anzahl wieder stimmte. Ein morgendlicher Zählappell dauerte oftmals drei Stunden und länger.

Dann zogen die langen Häftlingskolonnen zum Lagertor hinaus zur Arbeit, wobei sie deutsche Volks- und Marschlieder zu singen hatten. Über dem Lagertor stand in der Form eines metallenen Spruchbandes der zynische Satz »Arbeit macht frei«. Diese Worte, gleichsam das Motto für das Höllenleben von Auschwitz, hatte Lagerkommandant Höß persönlich ausgewählt. Eingefallen waren sie ihm in seiner Zeit als Block- und Rapportführer im KZ Dachau, wo er von 1934 bis 1938 im Dienst des SS-Terrors stand. Die Häftlinge dort hätten ihm erzählt, »dass das Leben hinter Gittern, hinterm Draht, auf die Dauer ohne Arbeit unerträglich, ja die schlimmste Bestrafung« sei. Höß ging das Gespür dafür völlig ab, das Zynische dieses »Sinnspruchs« über dem Eingangstor zum KZ Auschwitz nachzuempfinden.

*Auschwitz war auch ein klassisches Konzentrationslager, weil die Unternehmen Krupp und Siemens sich teilweise im Lager niedergelassen hatten, um die Sklavenarbeitskraft zu nutzen.*

KZ-HÄFTLING RUDOLF VRBA

# Das KZ-System

Bereits kurz nach der »Machtergreifung« Hitlers entstanden im Jahr 1933 erste Konzentrationslager, in die vermeintliche oder tatsächliche Gegner der Nationalsozialisten verschleppt wurden. Die Gefangenen wurden misshandelt und häufig auch ermordet. Das KZ Dachau diente im gesamten Reich als »Vorbild« für weitere »Stammlager«: Sachsenhausen, Buchenwald, Ravensbrück, Neuengamme, Flossenbürg und nach dem »Anschluss« Österreichs Mauthausen. Allen diesen Lagern waren zahlreiche Außen- und Arbeitslager angegliedert. Nach Kriegsbeginn wurden im besetzten Europa insgesamt 22 neue Lager mit 1200 Außenlagern errichtet. Bewacht von rund 40 000 SS-Angehörigen, stieg die Zahl der registrierten KZ-Insassen im August 1944 auf über 500 000, im Januar 1945 waren es mehr als 700 000. Rund 90 Prozent von ihnen waren keine Deutschen. Auschwitz, Chelmno (Kulm), Belzec, Treblinka, Sobibor und Majdanek in besetzten Polen waren als Vernichtungslager für den Völkermord an den europäischen Juden konzipiert.

Die andere Art physischer Vernichtung: Auschwitz-Häftlinge beim Bau einer Werkhalle für die Firma Krupp in der Nähe des Lagers, 1943.

34 deutsche Firmen unterhielten Fabriken in der Umgebung des Konzentrationslagers. Diese Werksanlagen, in denen die Häftlinge später auch für die Rüstungsindustrie Frondienste leisteten, mussten von ihnen selbst gebaut werden. Arbeiten – das hieß vor allem Waggons schieben, Walzen ziehen, Balken, Rohre und Säcke schleppen, Steine klopfen, Erde ausheben. Zum Transport von Kartoffeln und Kohlrüben wurden sogenannte Tragen benutzt: große, schwere, mit Griffen versehene Holzkisten, die voll beladen 150 Kilogramm wogen. Die Häftlinge schleppten die Tragen zu zweit. Diese Arbeit war selbst für einen gesunden und gut ernährten Menschen äußerst schwer, für die entkräfteten Häftlinge war sie mörderisch. Die KZ-Wachmannschaft und die Kapos – verurteilte Schwerkriminelle, die für die SS Hilfsdienste leisteten und wie diese keinerlei Skrupel hatten, einen Häftling umzubringen – machten sich einen Spaß daraus, die Sklavenarbeiter mit Schlägen und scharfen Hunden zur Eile anzutreiben. Ruhetage gab es nicht, auch sonntags wurde gearbeitet. KZ-Kommandant Höß wusste, wie sie litten: »Hätte man die Häftlinge in Auschwitz gleich in die Gaskammern gebracht, so wäre ihnen viel Qual erspart geblieben.« Die meisten seien »nach kurzer Zeit« gestorben.

*Ein kleiner Zeitabschnitt, etwa der Tag – ausgefüllt mit den stündlichen Schikanen –, schien schier endlos zu dauern; ein größerer Zeitabschnitt jedoch, etwa eine Woche – mit dem täglichen Einerlei –, schien unheimlich rasch zu vergehen.*

**KZ-HÄFTLING VIKTOR E. FRANKL**

Am schlimmsten war die Schufterei in den Strafkompanien. Schon das kleinste Vergehen, wie etwa das Entwenden einer Kartoffel, war Grund genug, einen Häftling in die Strafkompanie zu stecken. Noch mehr als die »normalen« Arbeitskommandos dienten die Strafkompanien der physischen Vernichtung, etwa beim Kanalbau. Wer die Arbeit nicht mehr schaffte, wurde mit Spaten oder Knüppeln erschlagen, wurde erdrosselt oder erschossen. Józef Kret, ein polnischer Gymnasiallehrer, der in Auschwitz einer Strafkompanie angehörte, schrieb seine Erlebnisse auf: »In einiger Entfernung entdeckte ich den Kapo Karl Langenhagen aus Hannover. Mit einer Hand auf den Wagen gestützt, stand er auf einer Stange, die quer über dem Hals des darunterliegenden Häftlings lag. Mit gleichgültiger Miene wippte er rhythmisch, ohne darauf zu achten, ob sein Opfer noch am Leben oder längst schon erstickt war.«

Das Mittagessen bekamen die Häftlinge außerhalb des Lagers an ihrer Arbeitsstätte: einen Liter Suppe mit Kartoffeln oder Kohlrüben. Die Hungerrationen reichten nicht zum Überleben. Wer es nicht schaffte, irgendwie ein paar zusätzliche Lebensmittel zu organisieren und unbemerkt zu essen, starb innerhalb weniger Wochen an Körperschwäche. Abends mussten die Häftlinge die schweren Kochkessel, ihre Arbeitsgeräte und ihre toten Kameraden, die während der Arbeit ermordet worden oder vor Schwäche gestorben waren, kilometerweit zurück ins Lager schleppen. Es war eine Prozession schlammverdreckter Elendsgestalten und Leichen, deren Ankunft von der Musik des Häftlingsorchesters begleitet wurde. Die Toten wurden auf dem Appellplatz abgelegt, denn die KZ-Führung achtete penibel darauf, dass die Zahl der Häftlinge unmittelbar nach der Rückkehr ins Lager mit der Kartei übereinstimmte.

Oft mussten die völlig entkräfteten Häftlinge nach der Arbeit noch stundenlang auf dem Appellplatz ausharren. So wurden sie dort nach der Flucht eines Häftlings im November 1940 bis tief in die Nacht festgehalten. Es schneite und war eisig kalt. Nach Beendigung des Appells wurden etwa 120 KZ-Insassen tot oder bewusstlos vom Platz fortgetragen. Auf dem Appellplatz mussten die Häftlinge auch zusehen, wie zum Tode Verurteilte gehängt wurden. So wartete der Strang auf Gefangene, die zu fliehen versucht hatten. Oft diente jedoch schon eine Nichtigkeit, beispielsweise das Fallenlassen eines Dachziegels bei der Arbeit, als Anlass für den Tod am Galgen. Der Willkür waren keine Grenzen gesetzt.

Zur Tagesordnung zählte die Prügelstrafe. Besonders berüchtigt war die »Schaukel«: Dem Häftling wurden die Hände gefesselt. Anschließend musste er in der Kniebeuge die Knie umfassen; unter die Kniekehlen, aber über die Unterarme schoben die Folterer einen Eisenstab, der auf einen Ständer gelegt wurde, sodass der Körper des Häftlings mit dem Kopf nach unten hing. Dann konnten die SS-Schergen auf das Gesäß und die Geschlechtsteile einprügeln. Es wurden so heftige Schläge ausgeteilt, dass der Körper anfing zu schaukeln und

Der italienische Schriftsteller Primo Levi war elf Monate im KZ Auschwitz inhaftiert.

sich sogar um den Eisenstab drehte. Wenn der Gefolterte zu laut schrie, bekam er eine Gasmaske aufgesetzt.

Eine andere perfide Quälmethode der SS war die »Stehzelle«. Vier Häftlinge wurden zusammen in eine einen Quadratmeter kleine Zelle gezwängt. Sitzen oder hocken war unmöglich. Dort blieben die Unglücklichen zwei, drei, vier Tage und Nächte ohne Essen und Wasser. Oder sie wurden über Nacht in diesen engen Raum eingesperrt und am Morgen wieder zur Arbeit getrieben. Der Häftling Wiesław Kielar hat die »Stehzelle« überlebt: »Wenn diese verfluchten Wände wenigstens irgendwelche Einbuchtungen oder Vorsprünge gehabt hätten. Hier war nichts, nur eine glatte gefrorene und glitschige Oberfläche, mit Reif bedeckt. Ich schlief ein. Schreckliche Kälte, die, wie mir schien, bis zum Knochenmark durchgedrungen war, weckte mich auf. Ich fühlte mich vollkommen steif. Lediglich im Rücken stach es so, als ob mir jemand ein scharfes Messer zwischen die Schulterblätter gejagt hätte. Der Nachbar von rechts stand wie vorher und stützte sich mit seinem ganzen Gewicht auf mich. Ich änderte die unbequeme Lage, und in diesem Moment glitt sein Körper vollkommen kraftlos zu Boden. Ich versuchte ihn hochzuziehen, aber ohne Erfolg. Zufällig berührte ich mit der Hand sein unrasiertes Gesicht. Es war eiskalt. Er war, während ich schlief, gestorben.«

Hinter jedem Häftling lauerte täglich der Tod. Auch im Krankenbau war man nicht sicher vor Quälerei und Verfolgung – im Gegenteil: Der Krankenbau war Sammelstelle für Todeskandidaten. Harmloseste Verletzungen, die in der »normalen« Welt mit einfachsten Mitteln geheilt werden konnten, bedeuteten im Krankenbau von Auschwitz den Tod, denn es gab kaum Medikamente und Verbandsmaterial. »Der Tod beginnt bei den Schuhen«, schrieb Primo Levi. »Für die meisten von uns haben sie sich als wahre Marterwerkzeuge erwiesen, weil sie schon nach wenigen Stunden Marsch schmerzende Wunden verursachen, die sich unweigerlich infizieren. Wer davon heimgesucht ist, muss so laufen, als habe er ein Gewicht am Fuß hängen: Er ist überall der Letzte, und überall bekommt er Schläge; er kann nicht davonlaufen, wenn man hinter ihm

Ein Albtraum: Blick in eine Frauenbaracke des Konzentrationslagers nach der Befreiung durch sowjetische Truppen im Januar 1945.

her ist. Seine Füße schwellen an, und je mehr sie anschwellen, desto unerträglicher wird die Reibung am Holz und am Leinen der Schuhe. So bleibt dann nichts anderes als der Krankenbau. Doch mit dem Befund ›dicke Füße‹ in den Krankenbau zu kommen ist äußerst gefährlich, denn alle, besonders aber die SS, wissen sehr wohl, dass man dieses Leiden hier nicht loswerden kann.« Kranke Häftlinge, die eigentlich längere Zeit im Krankenrevier hätten verbleiben müssen, waren in den Augen der SS unnütz, denn sie ließen sich nicht mehr als Arbeitskräfte verwenden. Auf sie wartete die Gaskammer. »Das Revier ist das Silo für die Selektion, jeden Tag holen SS-Leute welche raus. Der Tod heilt alles«, schrieb die Auschwitz-Überlebende Fania Fénelon.

*Aus der heutigen Perspektive kann man sagen, dass wir in Auschwitz von Anfang an alle zum Tode verurteilt waren. Aber das Urteil wurde nicht vollstreckt, weil man uns eine Gnadenfrist in Form von Experimenten oder Sklavenarbeit gelassen hat.*

**KZ-HÄFTLING**
**MENASHE LORENZI**

Stumme Zeugnisse eines Jarhundertverbrechens: Die letzten Hinterlassenschaften der Häftlingen im Museum des Konzentrationslagers Auschwitz.

Selektionen fanden jedoch nicht nur im Krankenbau statt. Auch in jedem anderen Block konnten plötzlich SS-Offiziere auftauchen und für das Gas Bestimmte heraussuchen. Zu den »bevorzugten« Opfern gehörten beispielsweise »Muselmänner«: Menschen, die nur noch Haut und Knochen waren, oder einfach alle, die dem Kapo oder dem Blockwart nicht passten.

In den Krankenbau aufgenommene Häftlinge mussten Kleidung und Wäsche abgeben. Die Kranken lagen nackt, meist zu zweit, auf einem Strohsack, nur mit schmutzigen und verlausten Decken zugedeckt. Es herrschte ein unbeschreiblicher Gestank. Das Stöhnen Sterbender und im Fieber Fantasierender vermischte sich mit Rufen nach Trinkwasser und Hilfe, die nie geleistet wurde.

Jeden Tag ging in allen Blocks um 21 Uhr das Licht aus. Die Häftlinge, dicht gedrängt auf ihren stickigen und schmutzigen Pritschen, fielen in einen unruhigen Schlummer. »Man hört das Atmen und das Schnarchen der Schläfer, manche wimmern und reden«, schrieb Primo Levi. »Viele schmatzen und bewegen ihre Kiefer. Sie träumen, dass sie essen. Ein erbarmungsloser Traum. Man sieht nicht nur die Speisen, man spürt sie mit Händen, ganz genau und konkret; man nimmt ihren reichen, eindringlichen Geruch wahr; jemand nähert sie uns bis an die Lippen, und dann bewirkt irgendein Umstand, der stets verschieden ist, dass der Akt nicht zu Ende gebracht wird. Daraufhin löst sich der Traum auf, zerfällt in seine Bestandteile; doch gleich fügt er sich wieder zusammen und beginnt von Neuem in ähnlicher, abgewandelter Form: das alles ohne Unterlass, bei jedem von uns, in jeder Nacht und für die ganze Dauer des Schlafs.«

*Wer verzweifelte, war in der Lagerwelt von Auschwitz verloren. Selbstmitleid und Tränen waren wie ein Todesurteil. Deshalb weinte ich nie. Bis zum heutigen Tag kann ich nicht weinen.*

KZ-HÄFTLING KÁLMÁN BARON

Ein Tag in Auschwitz – er begann als Albtraum, und er endete auch so. Seit 1942 waren dort etwa eine Million Juden durch Giftgas ermordet worden. Über 200 000 andere, nichtjüdische Häftlinge starben durch Seuchen, Kälte, Hunger und Misshandlungen. Die Bilanz verlieh dem größten Konzentrationslager der Nazis eine grauenvolle Einzigartigkeit: Auschwitz ist das Synonym für alles, was der Mensch dem Menschen antun kann.

# 1944

## Das Attentat

Die beiden Offiziere waren nervös. Ihnen blieb nur wenig Zeit, die Bombe zu aktivieren. Mit einer Zange zerbrach der Oberst die Säureampullen der beiden chemisch-mechanischen Zünder. Nun würde es noch maximal zehn bis fünfzehn Minuten dauern, bis die Säure den Draht durchfraß, der den Schlagbolzen hielt – dann würde die Bombe hochgehen. Auch den zweiten Sprengsatz, ebenfalls aus hochexplosivem »plastischem« Material, könnte er nun scharfmachen. Aber dessen Zünder waren auf eine halbe Stunde eingestellt. Würde die Besprechung lange genug dauern, um diese Höllenmaschine zum Einsatz zu bringen?

Während der Oberst und sein Adjutant, ein Oberleutnant, überlegten, was mit dem zweiten Sprengsatz zu tun sei, stieß jemand die Tür auf. Plötzlich stand ein Oberfeldwebel in dem Nebenraum der Lagebaracke des »Führer«-Hauptquartiers »Wolfsschanze«. Die erste Bombe verschwand blitzartig in einer Aktentasche, die andere, noch nicht aktivierte, nahm der Oberleutnant an sich. »Telefon für Oberst Stauffenberg«, meldete der Oberfeldwebel, der von den Sprengsätzen offenbar nichts bemerkt hatte. Immerhin – die Bombe war scharf. Nun blieben dem Oberst noch wenige Minuten, sie im Lageraum des »Führer«-Hauptquartiers zu platzieren. Das schien noch das geringste Problem, denn der Attentäter hatte eine Einladung zur »Mittagslage« im Lageraum, an der wie immer auch Adolf Hitler teilnahm. Als Stabschef des Ersatzheeres war Oberst Claus Schenk Graf von Stauffenberg an diesem Donnerstag, dem 20. Juli 1944, aus Berlin in die »Wolfsschanze« bei Rastenburg in Ostpreußen gekommen, um vor Hitler über das Thema »Sperrdivisionen zur Verteidigung Ostpreußens« zu referieren.

Stauffenberg hatte nicht nur seinen Vortrag gut vorbereitet. Er war entschlossen, an diesem Tag Adolf Hitler zu töten. Ein Offizier der Wehrmacht, der plante, sein Staatsoberhaupt umzubringen – das waren nach gängigen Begriffen Mord und Hochverrat. Aber der Patriot Stauffenberg konnte beide Vorwürfe mit seinem Gewissen vereinbaren. Er sah sein heiß geliebtes Vaterland und das gesamte deutsche Volk in höchster Gefahr. »Es ist wohl einmalig in der Geschichte eines Volkes, dass sein Führer immer Anordnungen erteilt, die sein Volk ständig dem Untergang näher bringen«, lautete sein Urteil nach fünf Jahren Krieg. »Es ist Zeit, dass etwas getan wird. Aber wer den Mut auch hat, etwas zu tun, muss es in der Gewissheit tun, dass er als Verräter in die deutsche Geschichte eingehen wird. Wenn er es jedoch nicht tut, wird er vor seinem eigenen Gewissen als Verräter dastehen«, hatte er wenige Tage vor dem 20. Juli erklärt. Der Tod des Diktators sollte als »Initialzündung« einen lange vorbereiteten Staatsstreich auslösen. Mord und Staatsstreich aus Gewissensgründen: Stauffenberg wollte den Krieg beenden, den totalen militärischen Untergang des Reiches verhindern, dem Sterben an den Fronten und dem Morden in den Konzentrationslagern ein Ende bereiten. Das war der praktische Zweck der Tat. Aber der Anschlag sollte auch ein Symbol sein. Er sollte der Welt beweisen, dass nicht alle Deutschen Mitläufer oder gar Mittäter waren, dass es nicht nur Vollstrecker von Hitlers verbrecherischen Befehlen gab.

Als die Besprechung gegen 12.30 Uhr im Lageraum begann, bat Oberst Stauffenberg einen Offizier, seine Aktentasche möglichst nahe beim »Führer« abzustellen. Das war kein ungewöhnlicher Wunsch, denn der schwer kriegsverletzte Stauffenberg – er hatte bei einem Tieffliegerangriff 1943 die rechte Hand, das linke Auge und zwei Finger der linken Hand verloren – wollte seine Unterlagen griffbereit haben, wenn er mit seinem Vortrag an der Reihe war. Als er sah, dass die Aktentasche wie gewünscht platziert worden war, verließ Stauffenberg den Raum – er müsse telefonieren, entschuldigte er sich. Von diesem Augenblick an war der Attentäter auf der Flucht.

Wenige Minuten später zerriss eine Explosion die Stille. Die Druckwelle der Detonation fegte alle in der Baracke Anwesenden von den Beinen. Dort, wo gerade noch eine Lagebesprechung stattgefunden hatte, herrschte jetzt ein wüstes Durcheinander. Der Innenraum des Gebäudes war ein rauchender Trümmerhaufen, ein Chaos aus zersplittertem Holz, Glasscherben und zerstörter Wandverkleidung. Auf dem Boden lagen verletzte Männer in zerfetzten Uniformen.

Einer aber überwand die Benommenheit nach dem Donnerschlag erstaunlich schnell. »Wo ist der Führer?«, rief der unverletzte Generalfeldmarschall Keitel, um dann erleichtert festzustellen: »Mein Führer! Sie leben! Sie leben!« Tatsächlich: Der Mann dem der Anschlag galt, hatte kaum etwas abbekommen: Ein paar Kratzer, einige Haare waren versengt, seine Hose zerrissen. Die Bombe, die unter dem Kartentisch explodiert war, hatte ihre zerstörerische Wirkung nur einseitig entfalten können. Die Tasche mit dem Sprengsatz hatte an einem massiven hölzernen Tischbock

Am Posten des Sperrkreises I in der »Wolfsschanze« wurde nur oberflächlich kontrolliert. Stauffenberg hatte deshalb keine Probleme, den Sprengstoff ins »Führer«-Hauptquartier zu schmuggeln.

gelehnt, die Männer, die direkt neben diesem Tischbock standen, wurden schwer verletzt. Aber Hitler und all jene, die der Tischbock von der Bombe abschirmte, wurden verschont. Von 24 Anwesenden erlitten nur sieben ernsthafte Verletzungen, zwei starben später an ihren Wunden. Hätten die Attentäter beide Bomben in der Aktentasche verstaut, so wäre auch die nicht aktivierte Bombe hochgegangen. Eine solche Ladung wäre wohl für alle Anwesenden tödlich gewesen – aber wussten das die Täter? Der Zufall und die Nervosität, vielleicht auch das Unwissen der Bombenleger retteten Hitler das Leben.

Draußen vor der Baracke hatte kurz vor der Detonation Oberst Stauffenberg einem Soldaten der Fahrbereitschaft klare Anweisungen gegeben: Er und sein Adjutant müssten schleunigst zum Flugplatz, denn dort warte ein Flugzeug, das pünktlich nach Berlin zurückfliegen müsse. Noch während Stauffenberg in den Wagen stieg, explodierte die Bombe, er sah die Wirkung aus einiger Entfernung. Trotzdem ließen er und Oberleutnant von Haeften den Fahrer starten. Sie passierten die erste Wache ohne Probleme. Doch als sie eine der Außenwachen erreichten, hieß es bereits: »Alarm, keiner darf den Sperrkreis verlassen.« Noch

## Der »Walküre«-Plan

Das Vorhaben der Verschwörer um Stauffenberg (links, hier mit Albrecht Ritter Mertz von Quirnheim) war genial verwegen: In den Tresoren sämtlicher Einheiten des Ersatzheeres lagen Befehle unter dem Decknamen »Walküre«, die für die Kommandeure genaue Anweisungen für den Fall enthielten, dass Fremdarbeiter oder Kriegsgefangene im Reich »innere Unruhen« auslösten. Bei Auslösung des »Walküre«-Befehls sollten die Wehrkreiskommandos sofortige Maßnahmen treffen, um wichtige Objekte, wie Brücken, Kraftwerke oder Kommunikationseinrichtungen, zu sichern. Die Konspirateure hatten – ganz offiziell in ihrer Funktion als Stabsoffiziere des Ersatzheeres – den Notstandsplan im Laufe der Zeit so verändert, dass er wie maßgeschneidert für einen Staatsstreich war. Eine komplizierte Tarnung war nicht mehr notwendig.

wusste niemand, was sich ereignet hatte. Probealarme gab es häufiger, auch Explosionen waren nicht ungewöhnlich, denn Tiere traten von Zeit zu Zeit auf Minen, die um das »Führer«-Hauptquartier verlegt waren. Schließlich ließ sich der diensthabende Unteroffizier von einem Anruf Stauffenbergs bei einem vorgesetzten Offizier beeindrucken. »Schlagbaum öffnen«, bedeutete er dem Posten.

General Friedrich Olbricht ließ die »Walküre«-Pläne des Ersatzheeres zum Instrument des Staatsstreichs umarbeiten.

*Stauffenberg wirkte kein bisschen nervös. Ganz ruhigen Schritt kam lief er an mir vorbei. Ich hätte nie darauf getippt, dass er der Attentäter war.*

KURT SALTERBERG,
DAMALS ANGEHÖRIGER DES WACHPERSONALS
IN DER »WOLFSSCHANZE«

Vom »Kurierflugplatz« Wilhelmsdorf, etwa sechs Kilometer vom »Führer«-Hauptquartier entfernt, flogen Stauffenberg und sein Adjutant gegen 13.15 Uhr in einer zweimotorigen Heinkel 111 nach Berlin. Dort, im sogenannten Bendlerblock, einem grauen, fünfgeschossigen Gebäudekomplex im Diplomatenviertel am Tiergarten, warteten ihre Mitwisser. Im Bendlerblock waren das Hauptquartier des Befehlshabers des Ersatzheeres und das Allgemeine Heeresamt untergebracht. Wie Stauffenberg hatten einige Mitverschwörer wichtige Positionen in diesen Dienststellen inne, darunter das Kommando über das Ersatz- und das Heimatheer, also fast alle Streitkräfte, die nicht an den Fronten im Einsatz standen. Die Verschwörer wollten diese Truppen nach dem Attentat zum Instrument des Staatsstreichs machen.

Einer der Hauptverantwortlichen für diese Putschstrategie war General Friedrich Olbricht, der Chef des Allgemeinen Heeresamtes. Olbricht hatte für die Weimarer Republik Sympathien empfunden und passte nicht in das Schema des nationalkonservativen Berufsoffiziers. Er fühlte sich schon seit 1934, als sein Kamerad Kurt von Schleicher nach der inszenierten Röhm-Affäre ermordet worden war, von den gewalttätigen Methoden der Nazis abgestoßen. Trotzdem hatte er als Soldat weiter seine Pflicht erfüllt, war sogar im Polenfeldzug hoch dekoriert worden. Doch seit 1942 plante er als Leiter des Allgemeinen Heeresamtes, das für die Personal- und Materialbewirtschaftung der Wehrmacht zuständig war, den Umsturz. Er wollte handeln, und die Bilanz, die er 1944 zog, bestätigte ihm, dass ein Putsch gerechtfertigt war: »Der Führer bekommt politisch keinen Frieden, der Feind steht vor den Toren, militärisch ist die Situation nicht mehr zu meistern.«

Sein Stabschef, der 39 Jahre alte Oberst Albrecht Ritter Mertz von Quirnheim, war in Olbrichts Putschpläne eingeweiht. Wie viele junge Offiziere war auch Mertz anfangs der NS-Bewegung gegenüber äußerst positiv eingestellt gewesen. Doch auf den Überfall auf die Sowjetunion und die Gräuel an der Ostfront hatte er mit Entsetzen reagiert. Seine Meinung über den »Führer« war inzwischen eindeutig: »Hitler ist ein Verbrecher oder Wahnsinniger, wahrscheinlich aber beides. Er muss beseitigt werden, um den aussichtslosen Krieg zu beenden.« Mertz war seit gemeinsamen Jahren an der Berliner Kriegsakademie ein enger Freund jenes Mannes, der an diesem 20. Juli im »Führer«-Hauptquartier die Bombe deponiert hatte: Oberst Claus Schenk Graf von Stauffenberg.

## Die Galionsfigur des Aufstands

Der sechsunddreißigjährige Claus Graf Schenk von Stauffenberg entstammte einer alten schwäbischen Adelsfamilie. Wie andere Offiziere seiner Generation hatte er die »Machtergreifung« 1933 aus ganz pragmatischen Gründen begrüßt. Er dachte national und hoffte, dass Deutschland unter Hitler zu alter Stärke zurückfinden würde. Gleichzeitig bewunderte er als Soldat und Angehöriger einer konservativen Elite, dass Hitlers totalitärer Staat die Massen für nationale und »wehrfreudige« Ideen mobilisierte. Zu Beginn des Krieges hatte er sich in Polen und Frankreich von den Erfolgen der Wehrmacht noch begeistern lassen. Doch ab 1942 bekam er beim Allgemeinen Heeresamt Einsicht in die erschreckenden Verlustzahlen der deutschen Armeen an der Ostfront. Er ahnte, dass der Krieg nicht mehr zu gewinnen war, die Katastrophe von Stalingrad erschütterte ihn schwer. Aber noch stärker wog seine Empörung über die brutale Besatzungspolitik in Russland und die systematische Ausrottung der Juden. Als er von General Olbricht für den Putsch angeworben wurde, sah er sich als Generalstabsoffizier in der Pflicht: »Wir sind die Führung des Heeres und auch des Volkes und werden diese Führung in die Hand nehmen.«

Eingeweiht in die Umsturzpläne war seit Kurzem auch der Exgeneraloberst Erich Hoepner, der im Januar 1942 aus der Wehrmacht ausgestoßen worden war, weil er seine Soldaten, die im Dezember 1941 vor Moskau aufgerieben wurden, zurückgezogen hatte – gegen Hitlers Befehl. Am 20. Juli fand er sich in der Bendlerstraße ein, um den Staatsstreich aktiv zu unterstützen.

Olbricht, Mertz von Quirnheim, Stauffenberg und Hoepner – sie alle wählten einen für Soldaten schweren Weg: Widerstand gegen die eigene Führung, was im Krieg letztlich die Parteinahme für den militärischen Gegner bedeutete.

Zum Kreis der Verschwörer gehörte auch Erich Hoepner (rechts), der sich Hitlers Befehlen schon 1941 widersetzt hatte.

Gleichzeitig wussten sie, dass die Alliierten auch einer neuen deutschen Regierung, die den Krieg beenden wollte, nicht wohlgesonnen waren. Wie ein Menetekel stand die Forderung nach bedingungsloser Kapitulation im Raum. Diesen Loyalitätskonflikt nahmen die Verschwörer in Kauf. Sie wollten durch die Beendigung des Krieges weitere Opfer an Menschenleben verhindern, wussten, dass dieser Schritt überfällig war, und konnten nicht einmal ahnen, dass in den neuneinhalb Monaten vom Juli 1944 bis zum Mai 1945 mehr Menschen umkommen sollten als in den fünf Kriegsjahren zuvor.

*Wir wissen, was die deutschen Kriegsopfer angeht, dass nach dem 20. Juli mehr als die Hälfte der Opfer zu beklagen sind. Das heißt, bis zum 20. Juli sind weniger Menschen gestorben als nach dem 20. Juli.*

RALPH GIORDANO

Die Männer, die am 20. Juli handelten, mussten auch einen sehr persönlichen Loyalitätskonflikt bewältigen. Sie hatten als Soldaten der Wehrmacht einen Eid auf Hitler geleistet. Wer gegen den Diktator putschte, brach mit der Tradition des Treueids und des Gehorsams. Damit machten sich die Verschwörer zu absoluten Außenseitern in der Wehrmacht. Aber das zählte für sie nicht mehr, sie wollten den Verbrechen des NS-Regimes Einhalt gebieten. Nicht mehr der »Führer« hatte das Kommando, sondern eine höhere Instanz. Ihr Gewissen befahl ihnen, menschlichen Anstand als einzigen Maßstab ihres Handelns zu setzen. Im Namen ihres Gewissens und der Menschlichkeit mussten sie wie Verbrecher konspirieren. Das Attentat am 20. Juli war der Höhe- und

Schlusspunkt dieser Konspiration – und der Auftakt für den Staatsstreich.

Doch als sich Stauffenberg an diesem Tag von der »Wolfsschanze« auf den Weg nach Berlin machte, hatten die Verschwörer in der Bendlerstraße noch keine Nachricht aus dem »Führer«-Hauptquartier in Ostpreußen. Folglich zögerten sie, den »Walküre«-Befehl an die Einheiten des Ersatzheeres auszugeben. Dabei hatte ihr Mitverschwörer in der »Wolfsschanze«, der General der Nachrichtentruppe Erich Fellgiebel, versucht, ihnen sofort nach dem Attentat zu berichten, was er als Augenzeuge gesehen hatte. »Es ist etwas Furchtbares geschehen. Der Führer lebt!«, teilte er telefonisch General Fritz Thiele, einem eingeweihten Verbindungsmann im Bendlerblock, mit. Doch Thiele, der Nachrichtenleiter im Bendlerblock, gab die Meldung nicht an Olbricht und Hoepner weiter – er ging zwei Stunden lang spazieren. Hitler lebte – sollte er jetzt noch mitmachen? Er zauderte und wurde so der erste »Umfaller« des Tages; etliche andere wichtige Mitwisser sollten folgen.

Hitler mit hochdekorierten Luftwaffenoffizieren im »Berghof« auf dem Obersalzberg. Hier sollte bereits am 6. und am 11. Juli 1944 das Attentat stattfinden.

Stundenlang warteten die Verschwörer auf die Bestätigung, dass das Attentat erfolgt war – auf die Nachricht, dass Hitler nicht mehr lebte. Stundenlang warteten sie mit der Auslösung des »Walküre«-Befehls ab. In diesen Stunden bahnte sich eine weitere Katastrophe für die Konspirateure an. Es gelang General Fellgiebel in der »Wolfsschanze« nicht, das »Führer«-Hauptquartier nach dem Attentat nachrichtentechnisch von der Außenwelt zu isolieren. Zwar verhängte man eine Nachrichtensperre, um zu verhindern, dass durch eine Meldung vom Attentat Unruhen im Reich ausgelöst würden. Aber schon bald wurde die Nachrichtensperre gelockert, und das »Führer«-Hauptquartier meldete sich auf Anfragen mit seiner Version des Geschehens. »Der Führer lebt«, lautete die Botschaft, die umgehend verbreitet wurde. Was immer die Verschwörer aus ihrer Zentrale im Bendlerblock verlauten ließen, musste nun auf Misstrauen stoßen.

Stauffenberg saß derweil ohne Funkkontakt im Flugzeug. Er wusste, dass er während der zwei Stunden Flugzeit keinen Einfluss auf das Geschehen in Berlin hatte. Aber der Anfang war gemacht: Die Bombe war explodiert. Damit war man weiter gekommen als jemals zuvor. Attentatsversuche auf Hitler hatte es in den vergangenen Jahren genug gegeben. Insgesamt waren es 40 gewesen, 16 davon nach Ausbruch des Krieges.

Viele der Attentats- und Umsturzpläne waren in den Reihen der Wehrmacht entstanden. Und das, obwohl das Militär seit dem von ihm selbst vorgeschlagenen Eid auf die Person Adolf Hitlers ein willfähriges Instrument der Hitler'schen Expansionspolitik geworden war. Die Wehrmacht hatte seit 1933 die Wiederaufrüstung und die schrittweise Revision des Versailler Vertrags begrüßt: Deutschland sollte wieder Großmacht werden – das war die Vorstellung, von der sich die militärische Elite auch in den Weimarer Jahren nie verabschiedet hatte.

Doch 1938 regte sich bei einzelnen Generälen Widerspruch: Wegen Hitlers Drohung, die Tschechoslowakei anzugreifen, sah man sich mit der akuten Gefahr eines Krieges mit Frankreich und Großbritannien konfrontiert. Generaloberst Ludwig Beck, der Generalstabschef des Heeres, warnte Hitler vor einer Eskalation und trat im August 1938 aus Protest zurück.

Generaloberst Ludwig Beck (links) und General Erwin von Witzleben planten bereits 1938 den Staatsstreich.

*Dieser Mann muss weg. Er ist der einzige General, der mir wirklich gefährlich werden kann.*

HITLER, 1938 ÜBER GENERALOBERST BECK

Auch sein Nachfolger, Generaloberst Franz Halder, und einige andere Offiziere, darunter die Generäle Erwin von Witzleben und Erich Hoepner, befürchteten, dass Deutschland für eine kriegerische Auseinandersetzung zu diesem Zeitpunkt noch nicht gerüstet war. Sie wollten das Risiko kalkulierbar halten, grundsätzlich hatten sie freilich nichts gegen eine bewaffnete Auseinandersetzung mit der Tschechoslowakei. Doch bei einem Angriffsbefehl im Herbst 1938 hätten sie geputscht – alles war vorbereitet, auch Geheimdienstleute der Abwehr um Oberst Hans Oster hätten sich am Umsturz beteiligt. Aber Hitlers Einigung mit Großbritannien und Frankreich über das Sudetenland im Münchener Abkommen verhinderte im Herbst 1938 nicht nur den Krieg, sondern auch den Putsch. Hitler stand auf dem Höhepunkt seiner Popularität, die Militärs wussten, dass sie auf die Unterstützung des Volkes für den Umsturz nicht mehr hoffen konnten.

»Hitler ist verrückt geworden und muss beseitigt werden«. Henning von Tresckow war der treibende Kopf des Widerstands gegen den Diktator.

Auch nach Ausbruch des Krieges, insbesondere nach dem Überfall auf die Sowjetunion, planten Soldaten den Staatsstreich. Bei der Heeresgruppe Mitte an der Ostfront zog der aktivste Widerständler, Oberst Henning von Tresckow, die Fäden. Tresckow hatte die »Machtergreifung« 1933 durchaus begrüßt. Auf Distanz zum NS-Regime ging auch er erst ab dem Jahr 1938: Die Intrige, mit der Hitler Generaloberst Werner Freiherr von Fritsch, der sich den Mut zum Widerspruch bewahrt hatte, aus dessen Position als Oberbefehlshaber des Heeres entfernte, gab ihm ebenso zu denken wie die Pogrome im November 1938. Erschüttert hatten Tresckow auch die Gräuel und die verbrecherischen Befehle, die den Krieg gegen die Sowjetunion zum Vernichtungsfeldzug machten. Genaue Informationen über die aussichtslose militärische Lage Deutschlands brachten ihn 1942 zu der Folgerung: »Der Krieg ist verloren. Hitler ist verrückt geworden und muss beseitigt werden.« Tresckow versuchte seitdem, prominente Heerführer für die Konspiration zu gewinnen.

Es war ein mehr als schwieriges Unterfangen. Ablehnend verhielt sich etwa Generalfeldmarschall Erich von Manstein, der sich gegenüber Hitler durch seinen Eid gebunden fühlte. Manstein kritisierte zwar einzelne militärische Entscheidungen des »Führers«, aber einen grundsätzlichen Konflikt mit Hitler wagte er nicht. Falls sein Gewissen ihm überhaupt zu schaffen gemacht hatte, ließ er sich dies nicht anmerken, sondern flüchtete sich in die Rolle des reinen Militärexperten, der seine einzige Aufgabe darin sah, die Fronten zu halten. Ein Putsch – das war in seinen Augen Landesverrat, der Weg, der ins Chaos führte. Wie Manstein dachten viele Generäle, auch wenn sie kritischen Abstand zum Nationalsozialismus wahrten. Andere maßgebliche Militärs hielten diese Distanz ohnehin nicht, hinzu kamen charakterliche Schwächen, kurzsichtiger Opportunismus oder Karrierestreben, aber auch Angst vor dem Regime – etliche Faktoren versperrten den Weg in den Widerstand. Doch das Versagen deutscher Generäle beruhte im Wesentlichen auf einem Umstand: Die Tradition des Gehorsams und ihre Karriere waren ihnen wichtiger als die Verpflichtung, in einer schwierigen Situation nach ihrem Wissen, Gewissen und ihrer persönlichen Verantwortung zu handeln. Ihre Art von blindem, unbedingtem Gehorsam degradierte sie zu bloßen Befehlsempfängern. Stauffenberg urteilte deswegen eindeutig über die höchsten deutschen Militärs: »Die Kerle haben die Hosen voll oder Stroh im Kopf; sie wollen nicht.« Seine Konsequenz war ebenso unmissverständlich: »Nachdem die Generäle bisher nichts erreicht haben, müssen sich nun die Obersten einschalten.«

*Findet sich denn da drüben im Führerhauptquartier kein Offizier, der das Schwein mit der Pistole erledigt?*

STAUFFENBERG, 1942

Das sah Oberst von Tresckow ähnlich – er schmiedete immer neue Attentatspläne. So

Generalfeldmarschall Erich von Manstein, hier mit Hitler im Jahr 1943 am Kartentisch, lehnte die Verschwörung gegen den Kriegsherrn ab.

sollte Hitler im März 1943 bei einem Frontbesuch erschossen werden – mit Wissen des Generalfeldmarschalls von Kluge. Doch dieser ließ das Vorhaben im letzten Moment platzen. Auf dem Rückflug von diesem Frontbesuch befand sich eine Bombe in Hitlers Flugzeug, die Maschine und ihre Insassen wären ganz unverdächtig in der Luft zerrissen worden – aber der Zündmechanismus versagte. Es folgten weitere Versuche: Junge Offiziere waren bereit, sich zu opfern und sich mit Hitler in die Luft zu sprengen. Doch es war wie verhext. Immer neue Zufälle vereitelten mehrere Anschläge, die eigentlich »todsicher« waren. Tresckow aber gab nicht auf. Seit dem Herbst 1943 stand er mit General Olbricht in Verbindung und feilte an den Plänen für den »Walküre«-Putsch.

Im Sommer 1944 drängte Tresckow, mittlerweile General, zur Tat. An der Ostfront stand die Heeresgruppe Mitte vor der Zerschlagung, es musste etwas geschehen. Dann bot sich die lang ersehnte Chance: Stauffenberg trat am 1. Juli 1944 seine Stellung als Stabschef des Ersatzheeres an. In dieser Funk-

Vergebliche Versuche: Auch während eines Frontbesuchs Hitlers im Hauptquartier von Generalfeldmarschall Günther von Kluge (rechts) war ein Attentat geplant.

tion hatte er dienstlich Zugang zum »Führer«. Schon am 6. und am 11. Juli wurde er dessen Domizil »Berghof« auf dem Obersalzberg bei Berchtesgaden befohlen. Er trug die Bombe bei sich, zündete sie aber nicht, weil Himmler, der unbedingt mitgetötet werden sollte, an den Besprechungen nicht teilnahm. Am 15. Juli betrat Stauffenberg erstmalig die »Wolfsschanze«, wegen Himmlers Abwesenheit zögerte er jedoch erneut das Attentat hinaus. In Berlin aber hatten die Mitverschwörer voreilig die »Walküre«-Befehle ausgegeben. Als sie erfuhren, dass das Attentat gar nicht erfolgt war, gelang es ihnen, die Aktion als Alarmübung zu rechtfertigen.

*Im Grunde hatte das Attentat zu diesem Zeitpunkt politisch keinen Wert mehr, es hatte nur noch moralischen Wert. Die Welt musste sehen, dass sich nicht alle Deutschen das haben gefallen lassen.*

EMMI BONHOEFFER,
WITWE EINES VERSCHWÖRERS

Als Stauffenberg am Nachmittag des 20. Juli in Berlin landete, war noch nichts in Gang gesetzt worden. Noch vom Flugplatz – gegen 15.40 Uhr – rief sein Adjutant von Haeften bei Olbricht in der Bendlerstraße an. Er meldete den Tod Hitlers. Endlich hatten die Verschwörer ihr Signal. General Olbricht löste nach stundenlanger Verzögerung den Alarmplan »Walküre« aus. Das ging nicht, ohne einen wichtigen Mann zu informieren: Generaloberst Friedrich Fromm, der Befehlshaber des Ersatzheeres, musste der Auslösung dieses Befehls zustimmen. Olbricht berichtete Fromm von dem Attentat. Aber Fromm blieben Zweifel am Tode Hitlers. Er war wohl von dem Komplott in Kenntnis gesetzt worden, hatte es aber immer vermieden, sich eindeutig auf die Seite der Verschwörer zu stellen. Nun musste er sich entscheiden. Da die Nachrichtensperre des »Führer«-Hauptquartiers um diese Zeit, gegen 16 Uhr, teilweise aufgehoben war, gelang es ihm, mit Keitel in der »Wolfsschanze« zu telefonieren. Keitel bestätigte ihm, dass Hitler lebe und unverletzt sei. Daraufhin weigerte sich Fromm, dem Befehl zuzustimmen, was Olbricht veranlasste, ihn kurz entschlossen unter Arrest zu stellen.

Ab 16.30 Uhr setzten die Verschwörer alles auf eine Karte. Zusätzlich zum »Walküre«-Befehl wurden Fernschreiben an sämtliche Wehrkreise geschickt: »Der Führer Adolf Hitler ist tot. ... In dieser Stunde höchster Gefahr hat die Reichsregierung zur Aufrechterhaltung von Recht und Ordnung den militärischen Ausnahmezustand verhängt und mir zugleich mit dem Oberbefehl über die Wehrmacht die vollziehende Gewalt übertragen.« Unterzeichnet war das Schreiben mit dem Namen des Generalfeldmarschalls Erwin von Witzleben, der zugesagt hatte, nach einem gelungenen Staatsstreich als Oberbefehlshaber der Wehrmacht zu fungieren.

Als um 16.30 Uhr diese ersten Fernschreiben hinausgingen, trafen endlich Stauffenberg und von Haeften in der Bendlerstraße ein. Stauffenbergs Bericht machte Mut: »Ich habe alles von außen gesehen. Da ist eine Explosion in der Baracke erfolgt. Diese Detonation war so, als ob eine 15-Zentimeter-Granate hineingeschlagen hätte. Da kann kaum noch jemand am Leben sein.«

Inzwischen hatten die Verschwörer in der Bendlerstraße weitere Verstärkung erhalten. Jüngere Offiziere, die eingeweiht waren, wollten sich nützlich machen. Und auch einige Zivilisten, die nach dem Umsturz für die Übernahme politischer Führungsaufgaben vorgesehen waren, gesellten sich zu den Militärs. So erschien der evangelische Theologe Eugen Gerstenmaier, ausgerüstet mit einer Bibel und einem Revolver – auch er war zu allem entschlossen. Gerstenmaier war Mitglied des Kreisauer Kreises, einer Gruppierung von Widerständlern, deren politisches Spektrum vom Katholiken bis zum Sozialisten reichte. Die Militäropposition hatte seit Monaten engeren Kontakt zu diesem Kreis und wollte dessen führende Mitglieder nach dem Umsturz in die neue Regierung einbinden. Die Verschwörung wurde also nicht nur von einer kleinen Gruppe konservativer Offiziere getragen. Vielmehr war das Militär die Speerspitze einer überschaubaren, aber vielschichtigen Widerstandsbewegung, die so unterschiedliche Charaktere wie den nationalkonservativen Carl Goerdeler und den Sozialdemokraten Julius Leber umfasste. Zwar ließen sich deren politische Vorstellungen kaum auf einen Nenner bringen, was sie jedoch einte, war das Urteil, dass Hitler ein »großer

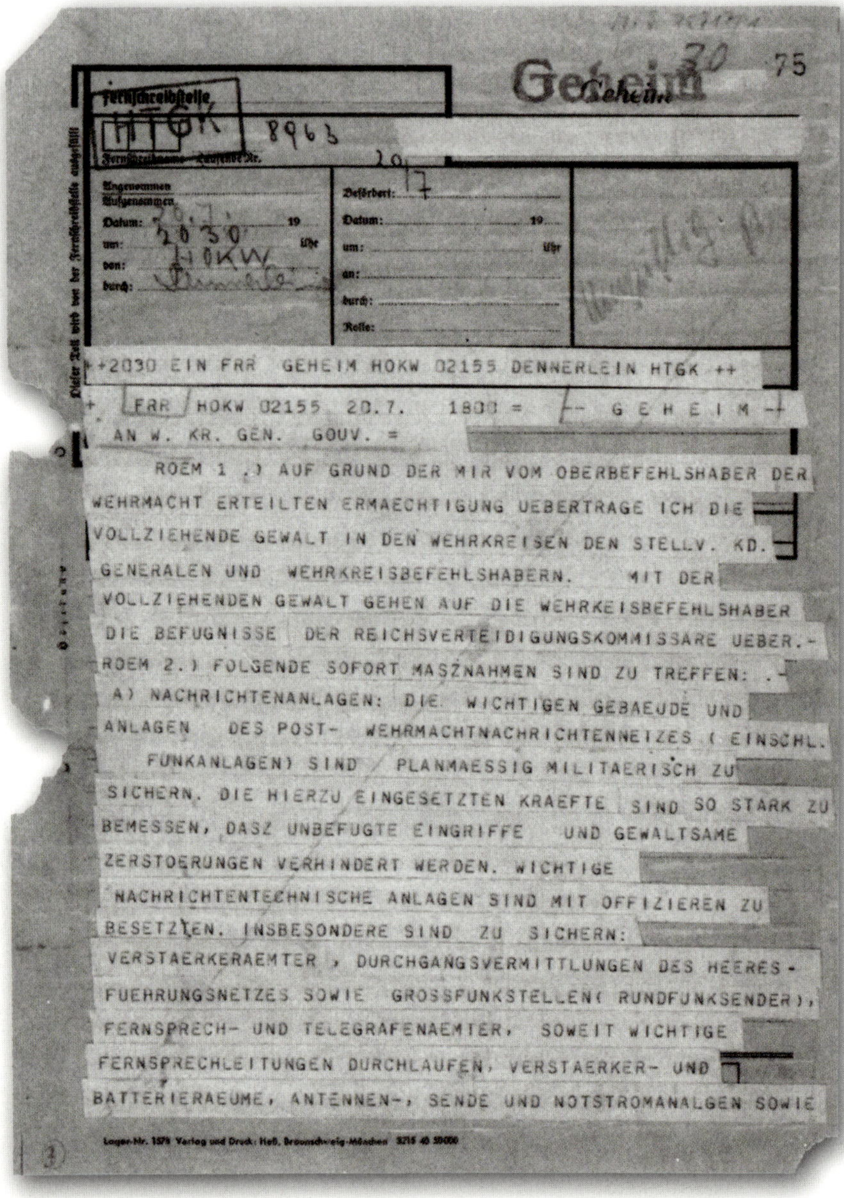

Geheim 75

Fernschreibstelle HTGK 8963

Angenommen / Aufgenommen
Datum: 20.7. 19
um: 2030 Uhr
von: HOKW

Befördert:
Datum: 19
um: Uhr
an:
durch:
Rolle:

+2030 EIN FRR GEHEIM HOKW 02155 DENNERLEIN HTGK ++
+ FRR HOKW 02155 20.7. 1800 = -- G E H E I M --
AN W. KR. GEN. GOUV. =
ROEM 1 .) AUF GRUND DER MIR VOM OBERBEFEHLSHABER DER
WEHRMACHT ERTEILTEN ERMAECHTIGUNG UEBERTRAGE ICH DIE
VOLLZIEHENDE GEWALT IN DEN WEHRKREISEN DEN STELLV. KD.
GENERALEN UND WEHRKREISBEFEHLSHABERN. MIT DER
VOLLZIEHENDEN GEWALT GEHEN AUF DIE WEHRKEISBEFEHLSHABER
DIE BEFUGNISSE DER REICHSVERTEIDIGUNGSKOMMISSARE UEBER.-
ROEM 2.) FOLGENDE SOFORT MASZNAHMEN SIND ZU TREFFEN: .-
A) NACHRICHTENANLAGEN: DIE WICHTIGEN GEBAEUDE UND
ANLAGEN DES POST- WEHRMACHTNACHRICHTENNETZES ( EINSCHL.
FUNKANLAGEN) SIND PLANMAESSIG MILITAERISCH ZU
SICHERN. DIE HIERZU EINGESETZTEN KRAEFTE SIND SO STARK ZU
BEMESSEN, DASZ UNBEFUGTE EINGRIFFE UND GEWALTSAME
ZERSTOERUNGEN VERHINDERT WERDEN. WICHTIGE
NACHRICHTENTECHNISCHE ANLAGEN SIND MIT OFFIZIEREN ZU
BESETZEN. INSBESONDERE SIND ZU SICHERN:
VERSTAERKERAEMTER , DURCHGANGSVERMITTLUNGEN DES HEERES-
FUEHRUNGSNETZES SOWIE GROSSFUNKSTELLEN( RUNDFUNKSENDER),
FERNSPRECH- UND TELEGRAFENAEMTER, SOWEIT WICHTIGE
FERNSPRECHLEITUNGEN DURCHLAUFEN, VERSTAERKER- UND
BATTERIERAEUME, ANTENNEN-, SENDE UND NOTSTROMANALGEN SOWIE

»Der Führer ist tot!«. Eines der Fernschreiben, die bei Inkrafttreten des »Walküre«-Plans von den Verschwörern verschickt wurden.

Vollstrecker des Bösen« sei und beseitigt werden müsse. Aber diese Einsicht machte sie zu einsamen Streitern in einem Volk von Mitläufern, das wie unter Hypnose weiter an seinen »Führer« glaubte.

Eine Integrationsfigur des deutschen Widerstands fand sich gegen 17 Uhr im Bendlerblock ein: der frühere Generaloberst Ludwig Beck, der schon 1938 den Krieg hatte verhindern wollen. Beck sollte nach dem Umsturz als »Reichsverweser«, also als Staatsoberhaupt, Deutschland repräsentieren. Doch am 20. Juli war er vorerst als psychologischer Berater gefragt. Als er erfuhr, dass Unsicherheit über Hitlers Tod bestand, appellierte er an den Kampfgeist seiner Gefährten: »Für mich ist dieser Mann tot. Davon lasse ich mein weiteres Handeln bestimmen.«

*Es ist die Pflicht von Männern, die ihr Vaterland wirklich lieben, jetzt für dieses Ziel die letzte Kraft einzusetzen. Wenn uns das nicht gelingt, nun, dann haben wir wenigstens unsere Schuldigkeit getan.*

LUDWIG BECK AM 20. JULI

Der Kopf des zivilen Widerstands: Der ehemalige Oberbürgermeister von Leipzig, Carl Friedrich Goerdeler, sollte nach dem Staatsstreich Reichskanzler werden (Foto aus dem Jahr 1935).

Zentrale des Staatsstreichs: Im Bendlerblock, dem Sitz des Allgemeinen Heeresamts, liefen die Fäden der Verschwörung zusammen.

Gehandelt wurde tatsächlich an diesem sommerlichen Donnerstagnachmittag. Auf den Straßen der von Bombenangriffen schwer gezeichneten Reichshauptstadt tat sich Ungewöhnliches. Durch den Tiergarten rollten auf der Ost-West-Achse Kettenfahrzeuge der Panzertruppenschule Krampnitz. Am Großen Stern an der Siegessäule bezogen sie Warteposition – Truppen des Ersatzheeres, die ihre »Walküre«-Befehle ausführten. Drei Kompanien des Wachbataillons »Großdeutschland« besetzten bis 18.30 Uhr das Regierungsviertel. Starke Kräfte sicherten insbesondere den Komplex nördlich der Anhalter Straße ab, in dem der Sicherheitsdienst der SS untergebracht war. Diese und andere regimetreue Organisationen, wie die Gestapo und die SS, sollten im Rahmen des Staatsstreichs ausgeschaltet werden – auch das sahen die frisierten »Walküre«-Pläne vor.

Des Weiteren mussten sich die Verschwörer der Radiosender bemächtigen, um das Informationsmonopol an sich zu reißen. Folglich besetzten Soldaten der Infanterieschule Döberitz das Funkhaus in der Masurenstraße. Wie im »Walküre«-Notstandsbefehl angeordnet, verlangte der Kommandeur der Einheit die Einstellung aller Sendungen. Doch der Offizier war kein Fachmann für Rundfunktechnik und somit nicht in der Lage zu überprüfen, ob seinen Weisungen Folge geleistet wurde. Sie wurden nicht ausgeführt, und die Verschwörer verloren in diesen Stunden den Kampf um die Ätherwellen und die Möglichkeit, auf die Bevölkerung entscheidenden Einfluss auszuüben.

Nicht nur in Berlin wurden nach den »Walküre«-Plänen Truppen in Marsch gesetzt, auch die Kommandeure in Paris, Wien und Prag meldeten telefonisch in die Bendlerstraße: »Die Befehle werden ausgeführt.« Besonders in Paris lief es gut. Am späten Abend wurden dort über 1200 Angehörige des SD, der SS und der Gestapo von Wehrmachtstruppen festgenommen. Der dortige Befehlshaber, General Carl-Heinrich von Stülpnagel, und andere Offiziere waren über die Konspiration informiert und unterstützten den Staatsstreich gezielt.

Die eingeweihten Verschwörer aber kämpften am frühen Abend des 20. Juli in den Büroräumen des Bendlerblocks einen verzweifelten Kampf. Seit 18 Uhr telefonierte Stauffenberg mit Kommandostellen des Ersatzheeres in ganz Deutschland. In den meisten Wehrkreisen liefen die »Walküre«-Aktionen nur schleppend an. Und so versuchte Stauffenberg, die Halbherzigen anzuspornen, die Lethargischen aus ihrer Tatenlosigkeit zu reißen und die Unwissenden durch Desinformation für sich zu gewinnen. Aber seine unermüdliche Überzeugungsarbeit wurde jäh zunichte gemacht: Um 18.28 Uhr verbreitete der Deutschlanddienst des Deutschen Rundfunks eine Sondermeldung: »Auf den Führer wurde heute ein Sprengstoffanschlag verübt. Der Führer selbst hat außer leichten Verbrennungen und Prellungen keine Verletzungen erlitten. Er hat unverzüglich darauf seine Arbeit wieder aufgenommen und – wie vorgesehen – den Duce zu einer längeren Aussprache empfangen.« Der Rundfunk wiederholte diese Meldung um 18.38 und um 18.42 Uhr – die Sender wurden also nirgendwo tatsächlich von den Aufständischen kontrolliert.

General Carl-Heinrich von Stülpnagel (im Vordergrund links), hier während der Waffenstillstandsverhandlungen mit Frankreich 1940, trieb den Umsturz in Paris voran.

»Solange er lebt, ist nichts zu machen.« Der nur leicht lädierte »Führer« im Kreis seiner Entourage nach dem Attentat in der »Wolfsschanze«.

Um 19.30 Uhr traf Generalfeldmarschall Erwin von Witzleben im Bendlerblock ein. Die Verschwörer erwarteten, dass er nun den Oberbefehl über die Wehrmacht übernahm, doch sie wurden enttäuscht. »Schöne Schweinerei, das«, fluchte er, als er erfuhr, dass Hitler noch lebte. Um 20 Uhr verließ er den Bendlerblock, er gab dem Staatsstreich keine Chance mehr. Witzleben wusste, dass sich eine große Anzahl Offiziere immer noch an ihren Eid gebunden fühlte, solange der »Führer« lebte. Nur Hitlers Tod hätte sie von dieser Verpflichtung befreit. Viele, die ahnten, dass ein Putsch im Gange war, hätten dann vermutlich eindeutiger für die Verschwörer Partei ergriffen. Ähnlich sah es wohl Generalfeldmarschall von Kluge. Der Oberbefehlshaber an der Westfront verweigerte den Aufständischen in Paris seine Mitarbeit mit der Begründung: »Tja, meine Herren, es ist eben ein missglücktes Attentat. « Seine Analyse: »Hitler ist der Abgott der Massen. Solange er lebt, ist nichts zu machen.«

Besiegelt wurde die Isolation der Putschisten im Bendlerblock durch das Wachbataillon »Großdeutschland« und seinen Kommandeur, Major Ernst Remer. Er hatte den »Walküre«-Befehlen schon sehr früh misstraut. Deshalb nahm er Kontakt mit Propagandaminister Joseph Goebbels auf, dem ranghöchsten in Berlin weilenden Repräsentanten des Regimes. Von einem Apparat in Goebbels' Dienstvilla im Regierungsviertel telefonierte er auf Veranlassung des Propagandaministers sogar mit Hitler. Keiner der Verschwörer hatte daran gedacht, Goebbels' Telefonverbindungen zu kappen.

Remer bekam von Hitler klare Anweisungen. Er sei nun dem »Führer« persönlich unterstellt und solle allen Widerstand brechen. Remer sammelte seine Kompanien im Garten der Goebbels-Villa, dort sprach der Propagandaminister zu den Soldaten. Dann nahm Remer Verbindung zu allen Einheiten auf, die in Berlin Position bezogen hatten, und unterstellte sich deren Kommandeure. Die Verschwörer standen in der Hauptstadt plötzlich ohne militärischen Rückhalt da. Schließlich führte Remer den nächsten Schlag gegen die Handvoll Aufständischer. Gegen 20.30 Uhr umstellte

SS-Einheiten besetzen nach dem gescheiterten Aufstandsversuch den Hof des Bendlerblocks. Der Aufstand vom 20. Juli 1944 ist endgültig niedergeschlagen.

Zwielichtige Rolle: Generaloberst Friedrich Fromm ließ die Verschwörer standrechtlich erschießen.

ein Zug seines Bataillons den Bendlerblock. Aber die Zentrale der Verschwörer wurde noch nicht gestürmt.

Dafür formierte sich nun auch innerhalb des Bendlerblocks Widerstand gegen die Putschisten. Misstrauisch gewordene, untergeordnete Stabsoffiziere, die nicht in die Umsturzpläne eingeweiht waren, bewaffneten sich und stellten gegen 22.30 Uhr General Olbricht zur Rede: »Herr General, sind Sie für oder gegen Hitler?« Olbricht antwortete ausweichend. Als Stauffenberg den Raum betrat, entlud sich die nervöse Anspannung in einem Handgemenge, bei dem auch Schüsse fielen. Von der Schießerei alarmiert, drangen gegen 23.15 Uhr Soldaten des Wachbataillons in das Gebäude ein. Die hitlertreuen Offiziere hatten schon begonnen, die Aufständischen zu entwaffnen.

Auch Generaloberst Fromm, seit dem Nachmittag unter Hausarrest, betrat nun wieder die Szene. Triumphierend setzte er sich an die Spitze der Gegenaktion und nahm mit gezogener Pistole sein Büro wieder in Besitz. Dort versammelte er die Gefangenen Olbricht, Stauffenberg, Hoepner, von Haeften, Mertz und Beck. »So, meine Herren, jetzt mache ich es so, wie Sie es heute Mittag mit mir gemacht haben«, erklärte er. Aus anwesenden Offizieren berief Fromm ein Standgericht und verurteilte die Gefangenen zum Tode. Beck bat um eine Pistole. »Ich werde aus dieser unglücklichen Situation selbst die Konsequenzen ziehen«, kündigte er an und erschoss sich. Der Exgeneral Erich Hoepner ersuchte Fromm, sich vor einem Gericht verantworten zu dürfen, da er aus der Wehrmacht ausgestoßen sei und nicht unter das Standrecht falle. Fromm willigte ein.

*»Meine Beweggründe zu dieser Handlungsweise sind getrieben von der unendlichen Sorge um unser Vaterland und das Schicksal unseres Volkes.«*

GENERAL FRIEDRICH OLBRICHT,
ABSCHIEDSBRIEF AN SEINE FAMILIE,
20. JULI ABENDS

Wenig später, gegen 0.30 Uhr, starben nacheinander Olbricht, von Haeften, Mertz und Stauffenberg im Innenhof des Bendlerblocks unter

## Die Rache des Regimes

Nach dem 20. Juli begann eine Zeit der Verfolgungen und Verhaftungen, der Verhöre, Folterungen und Prozesse. Insgesamt wurden 200 Beteiligte hingerichtet oder in den Tod getrieben, darunter 21 Generäle, 33 Oberste und Oberstleutnante. Hinzu kamen sieben Diplomaten, aktive und ehemalige hohe Verwaltungsbeamte sowie Politiker und Gewerkschafter aus der Weimarer Zeit, die die Verschwörung unterstützt oder ihr nahegestanden hatten. Insgesamt wurden 700 Menschen verhaftet, die Familien der Täter in Sippenhaft genommen.

den Salven eines Erschießungskommandos. Als Oberst Claus Schenk Graf von Stauffenberg in die Mündungen der Gewehre blickte, schrie er heraus, wofür er gekämpft hatte und wofür er nun zu sterben bereit war: »Es lebe das heilige Deutschland!«

Etwa zur gleichen Zeit wandte sich Adolf Hitler in einer Rundfunkansprache an die Bevölkerung: »Eine ganz kleine Clique ehrgeiziger, gewissenloser und zugleich verbrecherischer, dummer Offiziere hat ein Komplott geschmiedet, um mich zu beseitigen.« Hitler kündigte seine Rache an: »Mit ihnen wird jetzt so abgerechnet, wie wir das als Nationalsozialisten gewohnt sind.« Er machte seine Drohung wahr.

Es war eine Minderheit, die sich gegen Hitler erhoben hatte. Jene, die den Aufstand des Gewissens gewagt hatten, waren in ihrem Kampf meist einsam und isoliert gewesen. Jetzt starben viele von ihnen ebenso einsam, verfemt als Verräter. Die Mitglieder der Widerstandsbewegungen in den besetzten Ländern Europas wurden im Laufe des Krieges zu Helden ihrer unterjochten Völker. Dagegen wurden die deutschen Widerstandskämpfer von ihren sogenannten Volksgenossen geschmäht. Das machte sie zu einsamen Helden. Zugleich waren sie tragische Helden. Denn die meisten hatten das Regime anfangs freudig begrüßt und ihm gedient. Sie hatten vieles geduldet, manche waren in die Untaten verstrickt. Das Besinnen auf ihr Gewissen, die Einsicht, einem falschen Herrn gedient zu haben, kam spät. Aber die Entscheidung zur Umkehr und die Bereitschaft, für ihre Überzeugung in den Tod zu gehen, zeugten von Heldenmut.

Ein Aufstand des Gewissens, um der Welt zu beweisen, dass nicht alle Deutschen Hitler verfallen waren. Das Mahnmal für die Opfer des 20. Juli 1944 im Hof des Bendlerblocks.

*»Wenn einst Gott Abraham verheißen hat, er werde Sodom nicht verderben, wenn auch nur zehn Gerechte darin seien, so hoffe ich, dass Gott auch Deutschland um unseretwillen nicht vernichten wird.«*

HENNING VON TRESCKOW VOR SEINEM SELBSTMORD AM 21. JULI 1944

Heroisch war ihr Handeln auch deshalb, weil viele erkannten, dass ihr Aufstand des Gewissens kaum eine praktische Chance hatte. Trotzdem wagten sie alles, wohl wissend, dass ihre Tat ein symbolischer Akt war, der Deutschland wenigstens vor dem moralischen Untergang retten sollte. Henning von Tresckow, der am 21. Juli 1944 an der Front freiwillig den Tod suchte und fand, hatte schon vor dem Attentat erklärt, dass die Aktion vor allem ein Zeichen setzen sollte: »Das Attentat muss erfolgen, coûte que coûte. Es kommt nicht mehr auf den praktischen Zweck an, sondern darauf, dass der deutsche Widerstand vor der Welt und vor der Geschichte den entscheidenden Wurf gewagt hat. Alles andere ist daneben gleichgültig.«

# 1945

## Die Flucht

»Feuer und Rauch über dem Gelände westlich der Weichsel. Der gefrorene Boden wurde hundertmal aufgerissen, Häuser loderten wie Fackeln auf, Bunker stürzten zusammen, Straßen wurden zerrissen und Menschen zerfetzt.«

Die Erinnerungen eines Augenzeugen vermitteln einen Eindruck vom Grauen eines 107 Minuten dauernden Artilleriebeschusses durch die Rote Armee bei Baranow, rund 100 Kilometer östlich von Krakau. Mit ihm begann am 12. Januar 1945 um 4.35 Uhr die letzte große Winteroffensive des Zweiten Weltkriegs. 45 Tage später standen die sowjetischen Einheiten vor Berlin.

Unter den Truppen der Wehrmacht brach Panik aus. Soldaten flohen im Schutz von Nebel und Schneesturm aus ihren Stellungen. Sie waren der Wucht des Angriffs nicht länger gewachsen. Ein Viertel der bei Baranow in Stellung gegangenen Deutschen starb; zwei Drittel ihrer Artillerie gingen verloren. Die Rote Armee rückte konsequent vor und durchbrach innerhalb weniger Tage die dünnen deutschen Verteidigungslinien an der Grenze zu Ostpreußen.

Im Januar 1945 bewegte sich auf den Landstraßen Ostpreußens ein ununterbrochener Flüchtlingsstrom in Richtung Westen.

Dort packten die Menschen eilig etwas Kleidung, Proviant, Brot, Konserven und Eingemachtes zusammen, griffen sich rasch ein paar Erinnerungsstücke, spannten Pferde vor ihre Fuhrwerke und verließen die Heimat. In schneidender Kälte brachen sie auf zu einer der größten Völkerwanderungen der Neuzeit. Sie reihten sich ein in die immer länger werdenden Trecks nach Westen, riskierten den Weg über vereiste Landstraßen und durch Schneegestöber, um nicht von der Front überrollt zu werden. Es waren die ersten deutschen Flüchtlinge aus den Ostgebieten des maroden Reiches. Viele von ihnen rechneten damit, nach dem Krieg bald wieder zurückzukehren. Sie sollten sich irren. Für die weitaus meisten war die Flucht aus der Heimat eine Reise ohne Wiederkehr.

Im Dezember 1944 hatte Heinz Guderian, Hitlers letzter Generalstabschef, noch vergeblich vor der massiven Konzentration sowjetischer Streitkräfte gewarnt. »Die Überlegenheit der Russen betrug an Infanterie 11:1, an Panzern 7:1, an Geschützen 20:1. Bewertete man den Gegner im Ganzen, so konnte man von einer etwa fünfzehnfachen Überlegenheit der Erdtruppen, von einer mindestens zwanzigfachen in der Luft sprechen, ohne sich einer Übertreibung schuldig zu machen.« Doch Hitler war ganz fixiert auf seine Wahnidee eines Angriffs im Westen, der sogenannten Ardennenoffensive. Er lehnte es rundweg ab, die Ostfront zu verstärken. Guderians Aufklärung, beschied er ihn brüsk, sei »dem größten Bluff seit Dschingis Khan« aufgesessen. Dass Hitler die Lage wieder einmal völlig falsch beurteilt hatte, bewies der rasche Vormarsch der Roten Armee: Am 18. Januar kämpften Stalins Truppen schon in Budapest. Krakau und Lodz fielen am folgenden Tag. Im Süden überschritten sowjetische Soldaten die Grenze zu Schlesien.

*»Eine rechtzeitige und organisierte Räumung fand fast nirgends statt. Vielmehr stellte der Aufbruch der ostpreußischen Bevölkerung meist eine regellose, im letzten Moment ausgelöste und oft völlig wirre Flucht dar.«*

AUS DEM BERICHT DER WISSENSCHAFTLICHEN KOMMISSION DER BUNDESREGIERUNG ZUR GESCHICHTE DER VERTREIBUNG

Auf den Landstraßen vor der Front herrschte Chaos: Die Kolonnen der Fuhrwerke rissen kaum ab. Zwischen ihnen: Soldaten und Panzer auf dem Rückzug. Die Bahnstationen waren überfüllt mit frierenden Frauen, Kindern und Greisen, die auf einen Zug in Richtung Westen warteten. Die NS-Führer hatten sich buchstäblich bis zum letzten Moment geweigert, die seit Ende 1944 fertig ausgearbeiteten Evakuierungspläne umzusetzen. »Kein echter Deutscher darf auch nur daran denken, dass Ostpreußen in russische Hände fällt«, verordnete

Der ostpreußische NSDAP-Gauleiter Erich Koch (2. von rechts) hatte eine Evakuierung Ostpreußens strikt verboten.

## Nemmersdorf

Der Ort war im Oktober 1944 einige Tage in den Händen der Sowjets. Als die Deutschen ihn nach einem Tag zurückeroberten, entdeckten sie überall in den Häusern Tote: Eine alte Frau fanden sie auf ihrem Sofa – eine Decke lag noch über ihren Knien. Die Rotarmisten hatten sie mit einem Kopfschuss getötet. Ein junges Mädchen saß aufrecht gegen eine Wand gelehnt, ihr Kopf war gespalten worden. In der Nähe einer Brücke lag neben der Leiche einer älteren Frau eine junge Mutter mit ihrem toten Baby, der Schnuller des Kindes im Staub der Straße. Beim Anblick der ermordeten Zivilisten reagierten viele deutsche Soldaten mit Wut und Entsetzen. Insgesamt 26 Menschen – Frauen, Kinder, Greise – waren auf bestialische Weise ermordet worden.

Erich Koch, der Gauleiter von Ostpreußen. Vorbereitungen zur Flucht nannte er »Defätismus«. Wer vorsorglich seine Sachen zusammenpackte, musste mit einem kurzen Verfahren vor einem Sondergericht rechnen.

Aber auch Strafandrohungen hielten die Menschen jetzt nicht mehr zurück. Allein im Januar 1945 waren nach Schätzungen der Wehrmacht schon dreieinhalb Millionen Deutsche auf der Flucht. Sie hatten Angst vor der Rache der Roten Armee, fürchteten weitere Gräueltaten wie in Nemmersdorf.

Propagandaminister Goebbels hatte begriffen, dass aus dem Überfall auf Nemmers-

Vorbei an zerstörten Flüchtlingstrecks und toten deutschen Soldaten stoßen sowjetische Panzer in Ostpreußen vor, Januar 1945.

dorf Kapital zu schlagen war. »Rache für Nemmersdorf!« lautete sein Schlachtruf – damit hoffte er den »fanatischen Widerstand« der Bevölkerung zu wecken. Hatte die nationalsozialistische Berichterstattung bis zu diesem Zeitpunkt detaillierte Schilderungen des Leidens und Sterbens tunlichst vermieden, so wurde plötzlich nicht mehr an Einzelheiten gespart. Presse und Wochenschau berichteten ausführlich von Mord, Brandschatzung und Vergewaltigung. Goebbels' »Presseaufklärung« war jedoch weit entfernt von einer wahrheitsgemäßen Darstellung, sondern gekennzeichnet von Verzerrung und schamloser Inszenierung. Für die in- und ausländischen Pressevertreter, die schon wenige Tage nach der Rückeroberung des Ortes nach Nemmersdorf kamen, wurden die Leichen »öffentlichkeitswirksam« präsentiert: Die Frauen mit entblößtem Unterleib, daneben tote Kinder und Greise. Tatsächlich hatte es in Nemmersdorf keine Vergewaltigungen gegeben. Auch reißerische Berichte, denen zufolge Frauen in gekreuzigter Stellung an Scheunentore genagelt worden seien, waren frei erfunden.

Der Name des kleinen ostpreußischen Grenzdorfs wurde zum Fanal. Das Schreckensbild, das die deutsche Propaganda gezeichnet hatte, sollte in den kommenden Monaten noch hunderttausendfach übertroffen werden. Das Massaker in Nemmersdorf blieb kein Einzelfall – es war nur Auftakt einer Reihe brutaler Exzesse sowjetischer Soldateska gegen die deutsche Zivilbevölkerung.

Die Soldaten der Roten Armee zogen marodierend durch die eroberten Landstriche. Sie setzten Häuser, Scheunen und Ställe sinnlos in Brand. Plünderungen und Vergewaltigungen standen auf der Tagesordnung. Nach den Erfahrungen, die diese Männer mit »den Deutschen« gemacht hatten, schienen die eigenen Übergriffe aus ihrer Sicht entschuldbar: »Vor unseren Panzern hat ein Soldat eine deutsche Frau und ihren Säugling erschossen, weil sie sich weigerte, ihm zu Willen zu sein. Es ist fürchterlich. Aber die Deutschen haben bei uns massenhaft noch viel Schlimmeres verbrochen«, schrieb ein sowjetischer Offizier in sein Tagebuch.

*»Ein jeder unserer Krieger hat außer den allgemeinen Forderungen des Staates noch eine persönliche Rechnung mit den Deutschen zu begleichen.«*

AUS EINER SOWJETISCHEN INSTRUKTION FÜR DEN POLITUNTERRICHT VOM AUGUST 1944

Die sowjetische Propaganda tat das Ihre, um das Verlangen nach Rache zu entfachen. »Nicht nur Divisionen und Armeen marschieren auf Berlin. Die Leiden all der Unschuldigen aus den Massengräbern, Gräben und Schluchten marschieren auf Berlin. Die Kohlfelder von Majdanek und die Bäume von Witebsk, an denen die Deutschen ihre unglücklichen Opfer aufhängten, die Stiefel und Schuhe der in Majdanek erschossenen und vergasten Männer, Frauen und Kinder – sie alle marschieren nach Berlin.« Dieser Text stammt von dem bekanntesten Agitator auf sowjetischer Seite, dem Dichter Ilja Ehrenburg, dessen Artikel nicht nur in den renommiertesten Blättern erschienen, sondern auch von Armeezeitungen übernommen wurden. Aggressive Propaganda stimmte auf die große Winteroffensive ein. Die Soldaten überschritten erstmals die Grenze, verteidigten nicht länger die Heimat.

Er heizte die Rachegelüste der Rotarmisten noch an: Der sowjetische Dichter Ilja Ehrenburg.

»Hier beginnt es, das verfluchte Deutschland«, stand auf Hunderten von Tafeln, die von Vorauskommandos an der deutschen Grenze in den Boden gerammt worden waren. Nun sollten die Sowjetsoldaten erobern. Dafür, glaubte die Armeeführung, müsse die »Kampfmoral« gestärkt werden: »Die Kommandeure und Politarbeiter begriffen sehr wohl, dass man keinen Feind besiegen kann, wenn man ihn nicht aus tiefster Seele hasst«, heißt es dazu in der offiziösen »Geschichte des Großen Vaterländischen Krieges«.

Für die einheimische Bevölkerung verhieß das nichts Gutes. Wer seine Heimat nicht verlassen wollte oder sich zu spät zur Flucht entschloss, bekam das zuerst zu spüren. Die Berichte ähneln sich: »Als wir gerade den Tisch deckten, kamen drei Russen. Sie lachten, verlangten eine Flasche Schnaps. Dann zerrten sie meinen Vater in das Nachbarzimmer. Kurz darauf fiel ein Schuss. Dann kamen die Soldaten zurück, fielen grölend über meine Mutter, meine Tante, die Schwester her.«

Grundsätzlich blieben auch in diesem Stadium des Krieges Plünderungen und Vergewaltigungen verboten. Aber Vergünstigungen wie die Erlaubnis, Pakete in die Heimat zu schicken, deuteten viele, darunter auch der damalige Kommissar Lew Kopelew, als offenen Freibrief. »Das war direkte, unzweideutige Ermunterung, zu rauben und zu plündern. Was hätte der Soldat sonst nach Hause schicken sollen? Alte Fußlappen? Reste seiner Ration?«

Hinter den sowjetischen Soldaten lagen Tausende zerstörter Städte und Dörfer, Millionen Tote und Verwundete, trauernde Witwen und verlassene Kinder. Die deutsche Armee hatte auf ihrem Rückzug »verbrannte Erde« hinterlassen. Nun aber rückten die Sowjets in Gebiete vor, die bis dahin vom Krieg verschont geblieben waren: »Wo wir auch Rast machen, überall in den Kellern findet man herrliche Weine, Eingemachtes, Gebäck. Auf den Höfen treiben sich Schweine, Kühe, Hühner usw. herum«, schrieb ein Rotarmist nach Hause. In einem weiteren Brief in die russische Heimat steht: »Wir sind alle satt, Fleisch ist da und Speck, man kann es kaum mehr sehen. Allerhand Beute machen wir, alles schöne Sachen, und ich glaube, man kann auch etwas schicken …«

Jene, die diese »schönen Sachen« zurückgelassen hatten, drängten sich indes in den Städten und Häfen Ostpreußens. Schulen, Turnhallen oder Gaststätten dienten als Notunterkünfte. An Dönitz' Kriegsmarine erging die Weisung, alle verfügbaren Schiffe einzusetzen, um die Menschen zu evakuieren. 22 000 Flüchtlinge verließen am 25. Januar mit dem ersten Schiffskonvoi Pillau. Allein in den nächsten drei Wochen folgten ihnen weitere 180 000.

Drei Tage später bestand keine andere Möglichkeit mehr, aus Ostpreußen zu entkommen: Die Rote Armee war bei Elbing zur Küste des Frischen Haffs vorgestoßen und riegelte die Straßen- und Zugverbindungen zum Reich ab. Was das für die Menschen in Ostpreußen bedeutete, beschrieb Erich Mende, damals Offizier an der Ostfront: »Das Leid der Bevölkerung war unvorstellbar. Denn dadurch, dass der Gauleiter Erich Koch jede Evakuierung, auch der Randgebiete Ostpreußens, untersagt hatte, war alles voll mit Flüchtlingen, Frauen und Kindern. Etwa zwei Millionen Menschen waren eingeschlossen, als die Rote Armee Elbing erreichte. Und gleichzeitig war auch die 4. deutsche Armee mit etwa 500 000 Soldaten eingeschlossen. Es gab am Ende nur noch den Weg über die See, die Evakuierung aus Pillau, über Gotenhafen, Danzig …«

Wer sich dorthin retten wollte, musste über das vereiste Frische Haff. Während der stundenlangen Fahrt bei klirrender Kälte starben vor allem Kinder und alte Menschen. Am Ufer und an den Wegen lagen verstreut unzählige

Bloß weg: Flüchtlinge und Soldaten bei der Einschiffung in Ostpreußen.

Über die Ostsee: Ab Ende Januar 1945 blieb den Flüchtlingen aus Ostpreußen als einzige Möglichkeit, ihr nacktes Leben zu retten, der Weg per Schiff.

Bündel und Hausratsgegenstände, die von den Flüchtlingen zurückgelassen worden waren, um ihre Karren zu entlasten. Äste, die Fischer oder Angehörige der Wehrmacht in das Eis gesteckt hatten, wiesen den Weg über die zugefrorene Meeresbucht. Bei klarer Sicht beschossen sowjetische Tiefflieger die Trecks. Die Überquerung des Haffs gehört für die Ostpreußin Stephanie Lingk wie für viele andere zu den schrecklichsten Erinnerungen ihres Lebens: »Es war eine grauenvolle Fahrt, ich hatte meine beiden kleinen Kinder fest im Arm, weil ich mir sagte, wenn wir getroffen werden, dann hoffentlich alle. ... Man hat fast gar nicht mehr die Leichen anderer Leute gesehen, weil der eigene Kummer und die eigene Sorge blind dafür gemacht hat.«

*Die Fahrt über das Haff war eine Todesfahrt. ... Überall waren Flüchtlingswagen eingebrochen. ... Dazu kamen noch die Bombenangriffe.*

FERDINAND GROSS, FLÜCHTLING

Ende Januar war die Rote Armee bis zur Oder vorgedrungen. Im knapp 100 Kilometer entfernten Berlin hörte man ihre Geschütze. In Oberschlesien hatte sie das letzte intakte Industriegebiet des Deutschen Reiches erobert. Nach dem Verlust dieser Waffenschmiede ließ Rüstungsminister Albert Speer seinem »Führer« eine Denkschrift zukommen, die mit dem Satz begann: »Der Krieg ist verloren.« Sie verschwand ungelesen in Bormanns Panzerschrank.

Die Sowjets entschieden, die Offensive in Richtung Berlin zu unterbrechen, um sie erst Mitte April fortzusetzen. Zunächst aber waren die langen Nachschubwege zu organisieren. Der Frontverlauf sollte begradigt werden. Sorgen bereitete der militärischen Führung die Disziplin ihrer Truppen. Betrunkene Soldaten hatten sogar auf die eigenen Leute geschossen. »Panzer waren derartig mit Beutestücken vollgestopft, dass die Besatzungen nicht mehr hineinkamen.« Marschall Iwan Konjew griff durch. Er ließ einige seiner Kommandanten in Strafbataillone versetzen.

Die Rote Armee kämpfte sich nun an die Ostsee vor. Anfang März stand sie bei Kolberg, kurz darauf vor Stettin. In den eingekesselten Teilen Pommerns hatten die Menschen nur ein Ziel: die Küste. Trecks und Einheiten geschlagener Soldaten flohen zusammen. Einige dieser zusammengewürfelten Kolonnen wurden von den überlegenen sowjetischen Einheiten angegriffen und überrollt. Ein Flüchtling erinnerte sich: »Gegen 14.00 Uhr überraschender Flankenangriff eines starken russischen Panzerverbandes. ... Große Verwirrung. Die ersten Einschläge der russischen Panzerkanonen zerreißen direkt vor mir Flüchtlingswagen mit Frauen und Kindern. Hohe Ausfälle an Fahrzeugen. Unweit von uns beginnt ein Hochwald, dem alles zuzustreben versucht. Beim Versuch, die Fahrzeuge auseinanderzuziehen, blieb alles hoffnungslos im Schnee stecken. ... Die Panzer zogen hinter uns auf unsere Straße und fuhren, alles zermalmend, zunächst Richtung Lauenburg.«

Die Ziele der Überlebenden waren die Häfen Danzig, Gdingen und Pillau. Dort hofften Tausende auf die Überfahrt nach Westen. Die Männer der Marine taten, was sie konnten: »Der Kai war schwarz vor Menschen. Ich beabsichtigte mitzunehmen, was irgend möglich war«, beschwor ein Kapitän noch einmal ein Bild des Schreckens. »Wir hatten sogar unsere großen Ladenetze über die Bordwand gehängt, an denen Menschen wie Katzen heraufkletterten. Noch beim Ablegen kletterten die Flüchtlinge in dichten Trauben in den Netzen an Bord, es war furchtbar.«

*Die Menschen stürmten und drängten, sodass es von vornherein aussichtslos erschien, eine Schiffskarte zu bekommen. Es war einfach sinnlos ...*

CHARLOTTE DÖLLING
ÜBER DIE SITUATION IN GOTENHAFEN
IM MÄRZ 1945

Bis Anfang April brachte die Marine zwei Millionen Menschen nach Westen. Doch nicht alle Schiffe gelangten an ihr Ziel. Patrouillierende Torpedoboote, ausgelegte Minen und Bomberangriffe gefährdeten die Transporte. Ihnen fielen mehr als 33 000 Menschen zum Opfer: davon über 7000 beim Untergang der »Goya«, knapp 6400 KZ-Häftlinge starben auf der »Cap Arcona«; die »General von Steuben« riss 3500 Menschen mit in den Tod.

»Ich halte die ostpreußische Tragödie für die schlimmste Tragödie des deutschen Volkes im Zweiten Weltkrieg. Meine Landsleute in Schlesien konnten noch über Land weg; ... die

Die »Wilhelm Gustlof«, einst der Stolz der KdF-Flotte, war zunächst zum Truppentransporter und dann zur Beförderung von Flüchtlingen umfunktioniert worden. Am 30. Januar 1945 wurde sie mit 14 000 Menschen an Bord von russischen U-Booten versenkt.

aus dem Sudetenland auch noch, aber hier stand nur mehr der Weg über die Ostsee zur Verfügung, und da hat es die Schiffskatastrophen gegeben, die Untergänge großer Passagierdampfer. Das Leid der ostpreußischen Bevölkerung ist einfach nicht wiederzugeben«, erinnerte sich Erich Mende.

Am 30. Januar torpedierte ein sowjetisches U-Boot das ehemalige KdF-Schiff »Wilhelm Gustloff«. Wohl mehr als 9000 Menschen ertranken in der eisig kalten Ostsee. Nur etwa 1200 der Schiffbrüchigen konnten an Bord der Begleitboote geholt werden.

Gegen 21.15 Uhr hatten drei Torpedotreffer das Schiff erschüttert. Binnen kürzester Frist neigte sich das Schiff um fast 30 Grad. Auf der »Gustloff« brach jetzt die Hölle los. In panischer Furcht versuchten die Passagiere, einen Weg zum Oberdeck zu finden. Bereits nach wenigen Minuten waren die engen Schiffsflure hoffnungslos verstopft. Der Überlebende Hans-Günther Bertram schilderte das Chaos: »Überall waren offene Koffer, Taschen flogen herum, Kinder waren da, Kinder wurden platt getreten. Ich sah ein Baby in einem Korbkinderwagen, es blutete und regte sich nicht mehr. Die Leute sind einfach darübergestiegen.« Im trügerischen Glauben, hier an Deck zu gelangen, strömten Hunderte von Passagieren in das verglaste untere Promenadendeck. Hans-Günther Bertram stand jenseits der Glasfront des Promenadendecks. »Das Schiff ging immer tiefer und tiefer. Ich konnte die Leute hinter den Glasscheiben hängen sehen. Sie schnappten nach Luft, und das Wasser stieg immer höher.« Die Menschen waren gefangen wie in einem gläsernen Sarg.

Doch auch wer das Oberdeck erreichte, war noch lange nicht in Sicherheit. Nur ein Bruchteil der Passagiere schaffte es, einen Platz in den Rettungsbooten zu ergattern, der Rest musste in die eiskalte Ostsee springen – was bei Wassertemperaturen nahe am Gefrierpunkt den sicheren Tod bedeutete. Das Wasser um die sinkende »Gustloff« hallte wider von den Schreien der ertrinkenden und erfrierenden Menschen. Für die hilflosesten unter den Opfern gab es kaum Rettung. In den Wellen trieben zahllose Kinder, weinend, stumm vor Schrecken – oder schon tot. »Ich habe meinem Kind niemals das Lied ›Alle meine Entchen‹ vorsingen können«, berichtete die Überlebende Ursula Resas. »Die Köpfchen der Kinder waren ja schwerer als die Füßchen. Diejenigen, die Schwimmwesten umhatten, die lagen mit den Köpfchen im Wasser und die Füße ragten in die Höh'.«

Hinter den sowjetischen Linien wurden im März die ersten vollendeten Tatsachen für die Zeit nach dem Krieg geschaffen: Im Vorgriff auf die Westverschiebung Polens, die auf der Potsdamer Konferenz im Juli 1945 beschlossen werden sollte, kamen Masuren, Pommern, Nieder- und Oberschlesien unter polnische Verwaltung. Danzig folgte wenig später.

Die Deutschen, die noch in diesen Gebieten lebten, mussten ab Ende Juni ihre Heimat verlassen. Zum Teil wurden sie vor ihrer Vertreibung in Lagern zusammengepfercht. Oft waren die Internierten dort wehrlos der Willkür des Personals ausgesetzt. Im oberschlesischen Lamsdorf mussten sich Ende Juli 900 Menschen zwei kleine Barackenräume teilen. »In der glühenden Julihitze wurde uns der Aufenthalt hier in kurzer Zeit zur Hölle. Kinder wimmerten, Säuglinge schrien, Mütter baten verzweifelt um Wasser, es half nichts. … Polnische Miliz … trieb uns auf den Appellplatz hinaus, und dort nahm sie uns sämtliche Sachen ab. Verpflegung erhielten wir erst am vierten Tag, etwa einen halben Liter Suppe …«

Andere Deutsche schickte man ohne Vorwarnung auf den Weg. Innerhalb von zehn Minuten hatten sie ihre Sachen zu packen. Danach waren sie wochenlang auf der Landstraße. »Es war ein Elendszug. … Wir zogen … Kinderwagen, Leiterwagen, Schiebkarren, Sportwagen, man sah die unmöglichsten Gefährte. Von morgens bis abends um sieben durfte man auf der Landstraße bleiben, dann schlief man entweder im Walde, in schmutzigen Scheunen und leeren Wohnungen«, schildert eine Frau aus Sorau die Strapazen. Für sie endete der Weg in Cottbus, in der sowjetisch besetzten Zone.

Cottbus war wie die anderen »Grenzstädte« Stettin, Frankfurt an der Oder und Görlitz im Sommer 1945 zum Bersten überfüllt. Neben den Einheimischen kämpften auch diejenigen ums Überleben, die hofften, in den nächsten Wochen und Monaten in ihre Heimat im Osten zurückkehren zu können. Viele Wohnungen waren zerstört, Lebensmittel kaum aufzutreiben. An Hygiene war unter diesen Umständen nicht zu denken. Typhus und andere Krankheiten grassierten. Läuse und Flöhe waren Dauergäste. »So zog man auf die Dörfer, bettelte um ein paar Kartoffeln, Gurken, Mohrrüben. Cottbus war eine Stadt des Grauens, eine Stadt des Sterbens. Ich musste mit ansehen, wie drei sehr gute Bekannte von mir vor meinen Augen verhungerten«, erinnert sich eine Flüchtlingsfrau.

In der Tschechoslowakei erging es den Deutschen nicht besser: Als sich die Tschechen am 5. Mai in Prag gegen die deutsche Besatzung erhoben, unterschieden sie nicht zwischen Militär, Beamten und friedlichen Bürgern. Wen die Aufständischen als Deutschen erkannten, der wurde mitgenommen, unter Stockhieben auf Lastwagen getrieben und in Schulen, Kinos oder Kasernen interniert. In den folgenden Tagen brachte man die Deutschen als Zwangsarbeiter aufs Land oder in eines der Lager. Dort hatten sie auf ihre Ausweisung zu warten. Ob es sich bei den Aufgegriffenen um NS-Funktionäre handelte, um Flüchtlinge aus Schlesien oder um Menschen, die schon seit Generationen in Prag lebten, war einerlei.

Die Wut auf die Deutschen mündete in gezielte Diskriminierung: Eine weiße oder gelbe Armbinde mit dem Buchstaben N für »Němec«, Deutscher, wurde zur Pflicht. Die Armbinde kennzeichnete, wer öffentliche Verkehrsmittel nicht benutzen durfte oder die Sperrstunde einzuhalten hatte. Was wenige Jahre zuvor mit dem gelben Stern den Juden widerfahren war, das fiel nun auf die Deutschen zurück.

Welchen Hass viele Tschechen gegen die ehemaligen Besatzer hegten, zeigte sich in Aussig. Als dort am 31. Juli 1945 ein Munitionslager explodierte, vermutete man einen deutschen Sabotageakt. Eine halbe Stunde später griff eine aufgebrachte Menge Deutsche an, die über eine Brücke von der Arbeit heimkehren wollten. »Das Militär, das aufgefordert worden war, jedes Massaker zu verhindern, folgte dieser Aufforderung nicht und mordete mit. Eine Mutter, die ihr Kind im Wagen über die Brücke fuhr, wurde mit Latten erschlagen, mit dem Kind über das Geländer geworfen, unter Begleitfeuer aus Maschinenpistolen«, berichtete ein Augenzeuge. Unzählige Menschen verloren in Aussig ihr Leben.

Die Vertreibung, seit 1943 eines der Hauptziele der tschechischen Exilregierung, ging mit solch großer Härte vonstatten, dass die Überlebenden sie als »Todesmärsche« bezeichneten. In Brünn wie andernorts ließ man den Deutschen Ende Mai nur wenig Zeit zusammenzupacken, bevor sie nach Westen getrieben wurden. »Wir durften uns nicht setzen, durften uns nicht ausruhen, kein Schluck Wasser, es war eine fürchterliche Hitze, und da hat eine Mutter nach ihrem Kind geschrien, da haben

Kinder nach der Mutter geschrien. … Es war furchtbar. Vor Pohrlitz war ein großes Gewitter, und da waren wir durchnässt bis auf die Haut. Da haben wir in einer leeren Zementfabrik auf dem Zementfußboden gelagert. Dann sind schon die ersten Menschen an der Ruhr erkrankt.«

*Als sie uns bis Nikolsburg getrieben hatten, mussten wir auf einer Wiese im Freien übernachten. Dann sind Russen gekommen und haben sich Frauen geholt. … Am nächsten Morgen hat man uns … über die Grenze nach Österreich abgeschoben.*

MARIA STANKA
ÜBER EINEN DER »TODESMÄRSCHE«

Unversöhnlicher Hass: Sudetendeutsche müssen im Mai 1945 ihre angestammte Heimat verlassen.

Zu den Strapazen des tagelangen Fußmarschs gesellten sich der allgegenwärtige Nahrungsmangel und die wüsten Beschimpfungen und Schläge durch aufgebrachte Tschechen am Wegrand. Wer nicht mehr weiterkonnte, wurde liegen gelassen oder erschossen. Unterwegs wurden die Flüchtlinge wiederholt überfallen, die Frauen mehrfach vergewaltigt. Bei ihrer Ankunft im Westen besaßen die Vertriebenen oft nur mehr das, was sie am Leibe trugen.

In der zweiten Julihälfte trafen sich die Führer der drei Siegermächte Sowjetunion, USA und Großbritannien in Potsdam. Das geschlagene Deutschland wurde zerstückelt.

In Artikel 13 des Potsdamer Abkommens heißt es: »Die drei Regierungen … erkennen an, dass die Überführung der deutschen Bevölkerung oder Bestandteile derselben, die in Polen, der Tschechoslowakei und Ungarn zurückgeblieben sind, nach Deutschland durchgeführt werden muss. Sie stimmen darin überein, dass jede derartige Überführung, die stattfinden wird, in ordnungsgemäßer und humaner Weise erfolgen soll.«

*Die nach unserem Ermessen befriedigendste und dauerhafteste Methode ist die Vertreibung. Sie wird die Vermischung der Bevölkerungen abschaffen, die zu endlosen Schwierigkeiten führen. Mich beunruhigen diese großen Umsiedlungen nicht …*

WINSTON CHURCHILL
AM 15. DEZEMBER 1944
VOR DEM BRITISCHEN UNTERHAUS

# Das Potsdamer Abkommen

Deutschland verlor durch die Beschlüsse von Potsdam im Osten ein Viertel seiner Fläche: Der nördliche Teil Ostpreußens mit der Stadt Königsberg wurde der Sowjetunion unterstellt, das restliche Ostpreußen und die Provinzen östlich von Oder und Görlitzer Neiße (Westpreußen, Pommern, Ostbrandenburg und Schlesien) kamen unter polnische Verwaltung. Die Zuteilung dieses Territoriums sollte Polen für den Verlust seiner Ostgebiete entschädigen, die sich die Sowjetunion schon 1939 einverleibt hatte.

Damit wurden die Vertreibungen legalisiert. Im Falle der Sudetendeutschen waren die Alliierten an Zusagen der Kriegszeit gebunden. Es sollten lediglich jene Deutschen ausgewiesen werden, die sich dem neuen tschechoslowakischen Staat gegenüber illoyal verhielten. Nun aber stimmte man der Aussiedlung aller Deutschen zu: insgesamt dreieinhalb Millionen Menschen.

Die Zahl der Deutschen, die ihre Heimat im Osten verlassen sollten, war zunächst umstritten. Churchill warnte davor, sie massenweise nach Westen zu schicken. Denn dort fehle es bereits an Lebensmitteln. Doch Stalin

Ankunft in der Fremde: Flüchtlinge aus Pommern auf dem Rostocker Bahnhof nach einer quälend langen Fahrt im Güterwaggon, April 1945.

ließ diesen Einwand nicht gelten. Die meisten Deutschen hätten bereits das Land verlassen. Dass seine Behauptung nicht der Wahrheit entsprach, vielmehr Tausende seit dem Ende der Kämpfe verzweifelt versuchten, in ihre Heimat zurückzukehren, stellte sich erst später heraus.

Von den ersten Berichten über den elenden Zustand der Ankommenden alarmiert, forderten die Westalliierten, die Transfers bis Januar 1946 zu unterbrechen. In der Zwischenzeit wollten sie die Aufnahme der Flüchtlinge vorbereiten. Genaue Direktiven sollten die im Potsdamer Abkommen geforderte geordnete und humane Behandlung der Vertriebenen sicherstellen. Den Sudetendeutschen war nun erlaubt, wenigstens bis zu 50 Kilo Gepäck und 1000 Reichsmark mitzunehmen. Familien sollten nicht auseinandergerissen werden. Die Versorgung mit Lebensmitteln für drei Tage wurde ebenfalls garantiert.

Aber auch diese neuen Normen konnten Misshandlungen oder Plünderungen nicht völlig beenden. Die Flüchtlinge kamen aber nun in Güterwaggons. »Irgendwo auf freier Strecke verlangsamt sich die Geschwindigkeit mehr und mehr, bis zu Schritttempo herab. … Ein Schuss kracht, sehr nahe und sehr laut, … heiseres Gebrüll, die Tür wird aufgerissen, vielstimmig der Aufschrei der Angst, Blendlater-

»Mensch zweiter Klasse«. Die Vertriebenen waren im Westen alles andere als willkommen.

Betteln als Lebensunterhalt: Kinder in einem Flüchtlingslager.

nen. Eine Horde stürmt, brandet herein. ... Die Koffer und Kisten, die Kartons, die geschnürten Bündel bekommen Flügel. Sie fliegen hinaus und davon. Die Horde ihnen nach, Finsternis, Stille. ... Der Zug ruckt an und rumpelt dahin, als sei nichts geschehen.«

Bei der Ankunft in den Zielbahnhöfen boten die Ausgewiesenen einen bedauernswerten Anblick. »Die Mehrzahl ist durch die monatelangen Strapazen körperlich verfallen und seelisch zerrüttet. Die meisten Flüchtlinge besitzen weiter nichts als das, was sie am Leib tragen«, berichtete ein Augenzeuge. Die Neuankömmlinge wurden, wie die Flüchtlingsfrau Hildegard Tauchert berichtet, keineswegs mit offenen Armen aufgenommen. »In Westdeutschland waren die Städte zerstört. Es herrschte Wohnungsnot. Es gab keine Arbeit. Und jetzt kamen aus dem Osten noch Millionen Menschen dazu!« Sie waren Konkurrenten um die bereits knappen Nahrungsmittel, Wohnungen und Arbeitsplätze. Die Einquartierungen der Flüchtlinge konnten die zuständigen Kommunalbeamten oft nur mit Polizeiunterstützung durchsetzen.

*Als Flüchtling fühlte man sich – trotz der Hilfe und Mühe der Einheimischen – als rechtloser Mensch, als Mensch zweiter Klasse.*

ANNETRUD VON GALLWITZ

»Wie man glauben kann, dass das gegenwärtige Deutschland diese hungernde Bevölkerung in einer Größenordnung von bis zu 14 Millionen aufnehmen kann, übersteigt meine Fantasie.« Orme Sargent, Unterstaatssekretär im bri-

Notunterkünfte in der Nachkriegszeit: Sogenannte Nissenhütten wie hier am Berliner Funkturm dienten vielen Flüchtlingen als Behausung.

tischen Außenministerium, war nicht der Einzige, der Ende 1945 so dachte. Dass die Integration trotzdem weitgehend gelang, dass die Vertriebenen angesichts ihrer Not nicht in die Arme radikaler Gruppen getrieben wurden – das bezeichnet das eigentliche Wunder der Nachkriegszeit.

Millionen von Vertriebenen schufen sich in den fünfziger Jahren eine neue Existenz. Vor allem im Westen bot sich mit dem wirtschaftlichen Aufschwung, der Millionen neuer Arbeitsplätze schuf, die Chance eines Neuanfangs. 14 Millionen Menschen aus dem Osten haben sowohl die DDR als auch die Bundesrepublik nach dem Krieg mit aufgebaut. Das Deutschland von heute ist auch ihr Werk.

*»Die meisten Länder wären unter der Last der Aufgabe, die sich infolge des Flüchtlingszustroms stellte, sicherlich zusammengebrochen.«*

AUS EINEM ARTIKEL DES DAILY TELEGRAPH IM DEZEMBER 1952

Der Umgang mit den Erfahrungen von Flucht und Vertreibung bereitet allerdings bis heute Probleme: Schon die Besatzungsmächte verboten aus der Sorge heraus, die Not könne die Flüchtlinge radikalisieren, anfangs deren Verbände. Um diesen Vorwurf zu entkräften, erklärten die Vertriebenenorganisationen der Bundesrepublik 1950 in Stuttgart ausdrücklich, auf Vergeltungsmaßnahmen jeglicher Art zu verzichten.

Die Flüchtlinge hatten eine Rache erlebt, der jedes Maß abhanden gekommen war. Stellvertretend büßten sie für Kriegsverbrechen und den Mord an den Juden. Zwei Millionen Menschen, die mit ihnen aufgebrochen waren, kamen nie im Westen an. Sie starben an Hunger, Kälte, Krankheit, Bomben, den Folgen von Misshandlungen oder Mord. Dabei waren die Menschen, die im Osten des Deutschen Reiches lebten, nicht mehr oder weniger schuldig als alle anderen Deutschen.

*Aufrechnung hilft nicht weiter; Gedanken an Rache machen alles noch schlimmer. Irgendeiner muss die Seelengröße aufbringen und sagen: »Es ist genug.«*

SEBASTIAN HAFFNER

Erich Mende, der selbst aus Schlesien stammte, zog im letzten Interview vor seinem Tod folgenden Schluss: »Man kann gewisse Dinge nicht bildhaft schildern, weil sie zu grausam sind. … Aber man sollte sie nicht vergessen, man sollte die Opfer und die Leistungen der Frauen nicht vergessen. … Wir haben Schreckliches anderen zugefügt im Krieg, aber wir haben auch … gebüßt: Meist haben Unschuldige gebüßt für das, was andere anderen zugefügt hatten. Daher lasst uns nicht aufrechnen, aber lasst uns überwinden. … Denn Krieg ist das größte Verbrechen der Menschen an den Menschen.«

# 1945

## Die Kapitulation

Er war gekommen, um mit seiner Unterschrift die Waffen in Europa zum Schweigen zu bringen. Obwohl er mit der Unterzeichnung der Kapitulationsurkunde die totale Niederlage der deutschen Wehrmacht besiegelte, wirkte sein Auftritt wie der eines Siegers. Generalfeldmarschall Wilhelm Keitel, der Chef des Oberkommandos der Wehrmacht, demonstrierte Haltung – die Brust ordengeschmückt, im Auge das Monokel, in der rechten Hand den Marschallstab. Als er am späten Abend des 8. Mai 1945 das Kasino der Ponierschule in Berlin-Karlshorst betrat, begrüßte er die Wartenden: Die Hand, die den Marschallstab hielt, schnellte in Schulterhöhe kurz vor, um dann flink wieder zurückgezogen zu werden. Doch der Gruß des Marschalls mit dem Insignium verwehter Macht beeindruckte hier niemanden mehr. Die Geste des Mannes, der in den Augen der Sieger längst als Kriegsverbrecher galt, wirkte seltsam unangemessen. Der sowjetische Marschall Georgi Schukow, der US-Luftwaffengeneral Carl Spaatz, der britische Luftmarschall Arthur W. Tedder und der französische Gene-

»Ein wagnerianisches Spektakel.« Generalfeldmarschall Wilhelm Keitel unterzeichnet die bedingungslose Kapitulation der deutschen Wehrmacht.

ral Jean Lattre de Tassigny blieben auf ihren Plätzen sitzen und ignorierten Keitels selbstbewussten Gruß.

Der Saal, eher bescheiden mit den vier Fahnen der Siegermächte geschmückt, war voller uniformierter Zuschauer. Offiziere und Kriegsberichterstatter wollten miterleben, wie das Ende des Krieges in Europa offiziell besiegelt wurde. Keitel und seine Begleiter, General Stumpff als Vertreter der Luftwaffe und Generaladmiral von Friedeburg, der die Marine repräsentierte, nahmen an dem kleinen Tisch, der für sie bereitstand, Platz. Die drei Adjutanten der Generäle postierten sich steif hinter ihren Stühlen.

Und dann übernahm der Sieger der Schlacht um Berlin, Marschall Schukow, die Regie. Ohne die Deutschen anzuschauen, ließ er seinen Dolmetscher die Wehrmachtsdelegation fragen, ob sie sich mit dem Wortlaut der Urkunde, die sie unterzeichnen sollten, vertraut gemacht hätten. Keitel fixierte aufmerksam den sowjetischen Marschall, dem er sich nun unterwerfen musste, und bejahte. Daraufhin erfolgte die entscheidende Frage: »Sind die Vertreter des Oberkommandos der Wehrmacht einverstanden, die Urkunde über eine totale und bedingungslose Kapitulation zu unterzeichnen?« – »Jawohl«, antwortete Keitel. Er kannte den Text bereits: »Der Unterzeichnete, handelnd im Namen des deutschen Oberkommandos, erklärt hiermit die bedingungslose Kapitulation aller Streitkräfte zu Lande, zu Wasser und in der Luft, welche sich in diesem Augenblick unter deutscher Kontrolle befinden, gegenüber dem Obersten Befehlshaber der Alliierten Expeditionsstreitkräfte und gleichzeitig gegenüber dem Oberkommando der Sowjettruppen«, lautete der erste Absatz des Dokuments. Dies war ein zentraler Punkt der Vereinbarung: Ab dem 8. Mai um 23.01 Uhr Mitteleuropäischer Zeit, das hieß ab Mitternacht deutscher Sommerzeit, sollten in Europa die Waffen ruhen.

Nach deutscher Sommerzeit war es schon 0.16 Uhr am 9. Mai, als die Füllfederhalter über das Papier der Dokumente kratzten – die Vertreter der Siegermächte unterschrieben zuerst. Der sowjetische Kriegsberichterstatter Konstantin Simonow beobachtete die deutsche Delegation in diesem entscheidenden Moment: »Während sie unterschreiben, verändert sich Keitels Gesicht schrecklich. In Erwartung der Sekunde, da er an der Reihe ist, zur Feder zu greifen, sitzt er steif und starr da; der große Offizier, der in strammer Haltung, die Hände an der Hosennaht, hinter seinem Sessel steht, weint, ohne dass sich in seinem Gesicht ein Muskel regt. Keitel sitzt gerade da, dann streckt er die Hände aus und ballt sie auf dem Tisch zu Fäusten. Den Kopf legt er immer weiter zurück, als wolle er die Tränen, die hinter den Lidern hervorzubrechen drohen, nach hinten drängen.«

*Zweimal sagte Keitel »jawohl«. Nur zwei Worte, nichts weiter! ... Mit diesen Worten hatte Keitel vor der ganzen Welt nichts weniger als den vollständigen Zusammenbruch der Wehrmacht und der deutschen Gesellschaftsordnung kundgetan.*

ANATOLIJ MEDNIKOW,
SOWJETISCHER RUNDFUNKKORRESPONDENT
IN KARLSHORST

Als Keitel an der Reihe war, bemühte sich niemand, ihm die Urkunde vorzulegen. Barsch befahl Schukow: »Sie sollen zum Unterschreiben herkommen.« Keitel musste sich erheben

# Die Bilanz des Krieges

Der Zweite Weltkrieg hatte Europa in Schutt und Asche gelegt und 40 Millionen Europäer das Leben gekostet (im Bild Opfer eines Bombenangriffs auf Hamburg im Juli 1943). Das Deutsche Reich war besiegt, besetzt, zerstört und unter den vier Siegermächten aufgeteilt. Deutsche hatten diesen Krieg begonnen und in dessen Windschatten einen unvorstellbaren Völkermord begangen, dem sechs Millionen Juden zum Opfer gefallen waren. Am 8. Mai 1945 vollstreckten die Sieger das Urteil gegen die Verantwortlichen: Mit der bedingungslosen Kapitulation sollte das »Dritte Reich« liquidiert werden.

und an der schmalen Seite des Tisches, an dem die Vertreter der Siegermächte saßen, Platz nehmen. Dann unterschrieb auch er – in fünffacher Ausfertigung. Ihm folgten nacheinander Stumpff und von Friedeburg. Nachdem alle drei wieder zu ihren Plätzen zurückgekehrt waren, beendete eine kurze Anweisung Schukows die Zeremonie: »Die deutsche Delegation kann den Saal verlassen.«

Doch der große Moment, der den Schlusspunkt unter die mörderischste Phase der europäischen Geschichte setzte, war eine Inszenierung, ein Spektakel, das seinen Wert vor allem aus seiner hohen Symbolkraft bezog: In Berlin streckte die Wehrmacht vor der Roten Armee, die nach unvorstellbaren Opfern schließlich auch die Reichshauptstadt erobert hatte, die Waffen. Die Zeremonie in Karlshorst sollte der

Die Kapitulationsunterzeichnung in Karlshorst: Links am Tisch sitzend Marschall Georgi Schukow, dahinter der US-Luftwaffengeneral Carl A. Spaatz und der französische General Jean Lattre de Tassigny.

Welt vor Augen führen, dass es in erster Linie die Sowjetunion war, die das Nazi-Reich niedergerungen hatte.

*Das war ein historischer Akt. Aber es war auch ein wagnerianisches Spektakel.*

RENÉ BONDOUX, FRANZÖSISCHER BEGLEITOFFIZIER BEI DER KAPITULATION

Aber wirklich kapituliert hatte die Wehrmacht schon einen Tag zuvor. Und es war nicht die Führung der Roten Armee, die diese Kapitulation entgegennahm, sondern der Oberbefehlshaber der Alliierten Expeditionsstreitkräfte in Europa, General Dwight D. Eisenhower. In seinem Hauptquartier, einem Schulgebäude im französischen Reims, war am frühen Morgen des 7. Mai von Generaloberst Alfred Jodl das entscheidende Dokument unterzeichnet worden, das dann bei der Zeremonie in Berlin lediglich »ratifiziert« wurde. Die Kapitulation vor Eisenhower hatte Stalin erzürnt: »Die Deutschen haben heute in Reims die bedingungslose Kapitulation unterzeichnet. Da aber die Hauptlast des Krieges das Sowjetvolk und nicht die Alliierten getragen haben, müssen die Deutschen vor dem Obersten Kommando aller Länder der Anti-Hitler-Koalition und nicht bloß vor dem Oberkommando der Verbündeten kapitulieren«, war seine Reaktion auf den Waffenstillstand von Reims. Ihm ging es um die Weltordnung nach dem Krieg – und darin sollte die Sowjetunion eine herausragende Rolle spielen. Deshalb fand in Berlin für die Weltöffentlichkeit die Zeremonie noch einmal statt. Die Russen kamen zu ihrem Recht, jetzt hatte alles seine wohlkalkulierte Ordnung.

Da störte es wenig, dass Eisenhower nicht anwesend war – er persönlich hätte den Sowjets wohl die Ehre erwiesen, aber politische Berater taten die Zeremonie als Propagandaveranstaltung ab und legten ihm nahe, seinen Stellvertreter zu schicken. Also flog der britische Luftmarschall Tedder am 8. Mai nach Berlin-Tempelhof. Auch ein Amerikaner sollte in Berlin anwesend sein – die Wahl fiel auf den Oberbefehlshaber der US-Luftstreitkräfte in Europa, General Spaatz.

Eisenhowers Berater hatten richtig gelegen – die Sowjets machten aus der Zeremonie in Karlshorst ein Politikum. Als Abgesandter Stalins war Andrej Wyschinskij aus Moskau eingetroffen. Der Mann, der in der Hauptstadt der UdSSR vor dem Krieg berüchtigte Schauprozesse inszeniert hatte, stritt nun in Berlin dem Amerikaner Spaatz das Recht ab, seine Unterschrift unter die Kapitulationsurkunde zu setzen. Unterzeichnen sollten der Brite Tedder als Eisenhowers Stellvertreter und der Franzose Lattre de Tassigny – auch die »Grande Nation« sollte einen öffentlichkeitswirksamen Auftritt bekommen. Das war für den Amerikaner Spaatz nicht akzeptabel, und so verhandelte man bis zum späten Abend des 8. Mai. Schließlich einigte man sich auf einen Kompromiss: Schukow und Tedder sollten unterzeichnen, während Spaatz und Lattre de Tassigny als Zeugen ihre Unterschriften leisteten, ihre Namen mussten allerdings deutlich sichtbar unter denen der Hauptunterzeichnenden stehen.

Mit derartigen Winkelzügen hinter den Kulissen vermittelte die Inszenierung von Berlin-Karlshorst einen Vorgeschmack auf das, was sich in den folgenden Jahren zum »Kalten Krieg« ausweiten sollte.

Stalins demonstrative Inszenierung der deutschen Kapitulation war der letzte Akt in einem Drama, das sich schon seit einer Woche hingezogen hatte.

Am 30. April um 15.30 Uhr hatte sich Adolf Hitler im Bunker unter der Neuen Reichskanzlei in Berlin gemeinsam mit Eva Braun das Leben genommen, während vor dem Gebäudekomplex bereits sowjetische Granaten einschlugen. »Ich selbst und meine Gattin wählen, um der Schande der Absetzung oder der Kapitulation zu entgehen, den Tod.« Mit dieser kurzen Erklärung entzog sich der Mann, der durch seine Politik des aggressiven Nationalismus, des mörderischen Rassenwahns und der totalitären Terrorherrschaft Millionen Menschen in den Tod getrieben hatte, seiner Verantwortung. Immerhin machte Hitlers Ableben den Zerfall und Untergang seines »Dritten Reiches« zu einer Frage von Tagen. »Ein Marionettenspieler lässt plötzlich die Fäden los. Auf einmal war da keiner mehr, der befiehlt, was getan wird, der das Leben der anderen mitreißt. Jetzt muss jeder für sich allein entscheiden«, beschrieb Traudl Junge, Hitlers Sekretärin, die neue Situation, vor der sich viele nun von einem Tag auf den nächsten gestellt sahen.

Eigene Entscheidungen musste jetzt auch Großadmiral Karl Dönitz treffen. Er trat am

# Der Bombenkrieg

In Warschau, Rotterdam, Coventry, London und Belgrad hatte Hitler gezeigt, dass er nicht davor zurückschreckte, seine Luftwaffe gegen Städte und ihre Bewohner rücksichtslos einzusetzen. Seit 1941 warfen die Briten die Brandfackel in das Land des Aggressors zurück. Sie hatten dem Bombenkrieg eine zentrale Rolle eingeräumt: In nächtlichen Einsätzen attackierten sie mit Flächenbombardements bewusst die Wohngebiete von Städten. Man wollte den Willen, die Moral der deutschen Arbeiterschaft, die die deutsche Rüstungsmaschinerie am Leben erhielt, schwächen und ihre Wohnungen zerstören. Bis Anfang 1945 hatte die Royal Air Force, zu der sich ab 1943 auch die US-Luftwaffe gesellte, 45 der wichtigsten 60 deutschen Städte großenteils zerstört. Der Angriff auf Dresden am 13. Februar 1945 wurde zum Jahrhundertsymbol sinnloser Zerstörung. Mindestens 25 000 Menschen starben, ein Areal von fünf mal sieben Kilometern stand in Flammen – »Elbflorenz« brannte. Der Zwinger, die Semperoper, die Hofkirche, das Schloss, zahlreiche Palais, barocke Bürgerhäuser wurden zerstört. Andere Bauten wie die berühmte Frauenkirche stürzten nach dem Brand in sich zusammen. Der Angriff wurde zum Musterbeispiel einer Strategie, die das Augenmaß für die Verhältnismäßigkeit der Mittel längst verloren hatte. Im »totalen Krieg« – von Deutschland ausgerufen und von den Alliierten aufgegriffen – war jedes Mittel recht, Erfolge zu erzielen. Das galt auch für die Alliierten, die vorgaben, für die Moral zu kämpfen – jene Alliierten freilich, deren Sieg Europa viel verdankt.

1. Mai 1945 Hitlers Nachfolge als Reichspräsident und Oberbefehlshaber der Wehrmacht an. Über Funk wurde ihm Hitlers letzter Befehl übermittelt: »An Stelle des bisherigen Reichsmarschalls Göring setzt der Führer Sie, Herr Großadmiral, als seinen Nachfolger ein. Ab sofort sollen Sie sämtliche Maßnahmen verfügen, die sich aus der gegenwärtigen Lage ergeben.« In seinem Hauptquartier in Flensburg-Mürwick beriet sich Dönitz mit dem Rüstungsminister Albert Speer. »Beide Herren waren der Meinung, dass das Wort ›sämtliche Maßnahmen verfügen‹ bedeuten sollte, den Krieg zu beenden«, berichtete später Dönitz' persönlicher Adjutant, Korvettenkapitän Walter Lüdde-Neurath.

Die letzte Reichsregierung: Wirtschaftsminister Albert Speer, Großadmiral Karl Dönitz und OKW-Chef Alfred Jodl nach ihrer Gefangennahme in Flensburg.

Hitlers Konkursverwalter Dönitz leitete ab dem 2. Mai eine Serie von Kapitulationssondierungen ein. Er wollte die Waffen strecken, aber nur vor den Westalliierten. An der Ostfront sollte so lange, wie es ging, weitergekämpft werden, um möglichst vielen Wehrmachtssoldaten und Zivilisten zur Flucht vor der Roten Armee zu verhelfen. »Meine erste Aufgabe ist es, deutsche Menschen vor der Vernichtung durch den vordrängenden bolschewistischen Feind zu retten. Nur zu diesem Zweck geht der militärische Kampf weiter«, erklärte Dönitz in einer ersten Verlautbarung. Im Westen strebte Dönitz eine Kapitulation auf Raten an, das »Verfahren der zentral gesteuerten, schrittweisen Gesamtkapitulation«, wie er es nannte.

*Mein Regierungsprogramm war einfach. Es galt, so viele Menschenleben zu retten wie möglich.*

DÖNITZ

Weit musste Dönitz' Abgesandter, Generaladmiral Hans-Georg von Friedeburg, am 3. Mai nicht mehr fahren, um einen Gesprächspartner zu treffen. In der Lüneburger Heide, 50 Kilometer südlich von Hamburg, hatte der britische Feldmarschall Bernard L. Montgomery sein Hauptquartier eingerichtet. Hier wie an allen anderen Fronten waren die Alliierten dabei, Deutschland komplett zu besetzen und die verbleibenden Wehrmachtstruppen in immer kleiner werdenden Enklaven zusammenzudrängen. In Mecklenburg beispielsweise war die Armeegruppe Weichsel, etwa 350 000 Mann stark, in Rückzugsgefechte gegen die Rote Armee verwickelt. Am 2. Mai wurden die Deutschen hier in die Zange genommen. Montgomerys 21. Armeegruppe tauchte in ihrem Rücken auf, die Briten besetzten Lübeck, ihre Spitzen stießen bei Wismar auf die Vorhuten der Roten Armee. Die Armeegruppe Weichsel war nun auf einem 20 bis 30 Kilometer breiten Streifen zusammengepfercht.

Der britische Feldmarschall Bernard L. Montgomery (rechts am Tisch) nimmt die Teilkapitulation der deutschen Streitkräfte in Norddeutschland, den Niederlanden und in Dänemark entgegen.

Auch unter dem Eindruck dieser Entwicklung bot Admiral von Friedeburg Montgomery die Kapitulation aller Verbände in Norddeutschland an. Insbesondere wollte er erreichen, dass die deutschen Truppen, die zwischen den Russen und den Briten standen, sich der britischen Armee ergeben durften. Neben der durch Propaganda, aber auch durch bittere Erfahrung geschürten panischen Angst vor den Sowjets wurde dieser Wunsch von der Illusion genährt, dass sich die Westalliierten bald mit den Deutschen zusammentun würden, um gegen die Russen zu kämpfen – einc vollkommene Fehleinschätzung der Stimmung bei Amerikanern, Briten und Franzosen nach sechs Jahren Krieg gegen Deutschland.

Montgomery ging auf Friedeburgs Kapitulationsangebot nicht ein. Zwischen den Alliierten war vereinbart worden, keine Teilkapitulationen entgegenzunehmen. Alle Verbände, die gegen die Rote Armee kämpften, sollten sich dieser auch ergeben. Trotzdem wagte Montgomery einen Alleingang. Hinter dem kühlen Äußeren des britischen Feldmarschalls regte sich ein gewisses Verständnis für die verzweifelte Lage der Deutschen. Er sagte von Friedeburg zwar, dass er die Übergabe geschlossener Verbände ablehne, dass seine

Das Treffen der Sieger: Am 25. April 1945 feiern amerikanische und sowjetische Soldaten in Torgau an der Elbe das nahende Ende des Krieges.

Truppen wohl aber die massenhafte »individuelle Kapitulation« der Deutschen hinnehmen würden. Montgomery forderte als Voraussetzung dafür die bedingungslose Kapitulation aller deutschen Verbände in Nordwestdeutschland, Schleswig-Holstein, den Niederlanden und in Dänemark.

Friedeburg brauchte die Einwilligung von Dönitz, um auf diese Forderung einzugehen. Am nächsten Tag, dem 4. Mai, unterzeichnete er gegen 18.30 Uhr in einem Zelt in der Lüneburger Heide die erste Teilkapitulation der Wehrmacht in Deutschland. Wirksam wurde der Waffenstillstand mit den Briten am 5. Mai um acht Uhr morgens. An der Front zwischen Berlin und Rostock gelang es durch dieses Abkommen, 350 000 deutsche Soldaten vor der Vernichtung oder der Gefangennahme durch die Russen zu retten – sie verschwanden hinter den britischen Linien im westlichen Mecklenburg.

Im weiter südlich gelegenen amerikanischen Frontabschnitt gab es ähnliche Vorgänge, auch die US-Linien übten eine magnetische Anziehungskraft auf von Osten kommende deutsche Soldaten und Flüchtlinge aus. Die US-Truppen standen an der Elbe, in Sachsen bildete ein anderer Fluss, die Mulde, die Front. An dieser Demarkationslinie hatten die Amerikaner – wie mit den Sowjets vereinbart – ihren Vormarsch nach Osten beendet.

Dönitz' Strategie der schrittweisen Kapitulation im Westen schien aufzugehen. In dieser ersten Maiwoche gelang es, etwa 1,8 Millionen Menschen, darunter die Hälfte der 2,2 Millionen Ostfrontsoldaten, hinter die westalliierten Linien zu bringen. Obwohl die Westalliierten schroff auf einer bedingungslosen Gesamtkapitulation beharrten, gewannen die Deutschen Zeit, weil der Emissär Friedeburg die Prozedur geschickt verzögert hatte. Währenddessen kämpften deutsche Truppen weiter gegen die Sowjets und deckten die Flucht ihrer Kameraden und deutscher Zivilisten nach Westen.

Am 5. Mai schickte Dönitz von Friedeburg nach Reims, dem Hauptquartier General Eisenhowers. Doch der Oberbefehlshaber der Alliierten Expeditionsstreitkräfte in Europa war demonstrativ darauf bedacht, sämtliche Absprachen mit den sowjetischen Verbündeten einzuhalten. Er wollte keine teilweise, sondern die sofortige und gleichzeitige Kapitulation der Wehrmacht an allen Fronten. Zudem verlangte er, dass die Verbände an der Ostfront sich den Sowjets zu ergeben hätten. Wieder machte Friedeburg angesichts dieser Forderung einen Rückzieher – er fühle sich nicht bevollmächtigt, eine derartige Vereinbarung zu unterzeichnen, erklärte er.

Dann, am 6. Mai, entsandte Dönitz den vormaligen »persönlichen Stabschef« Adolf

Der vorletzte Akt: Generaloberst Jodl unterzeichnet in Reims die Kapitulationsurkunde.

Hitlers, Generaloberst Alfred Jodl, zu Eisenhower nach Reims. Hitlers Handlanger trat dort mit Forderungen auf. Er verlangte von den Alliierten vier Tage Aufschub zwischen der Unterzeichnung und dem Inkrafttreten des Waffenstillstands. Zwischen diesen beiden Terminen sollten die deutschen Truppen weiterhin volles Bewegungsrecht besitzen, um bis zum 10. Mai möglichst vielen Soldaten des Ostheeres die Chance zu bieten, sich nach Westen durchzuschlagen.

Am frühen Abend des 6. Mai wies Eisenhowers Verhandlungsführer, sein Stabschef General Bedell Smith, die deutsche Forderung strikt zurück. Als die Delegation der Wehrmachtsführung um eine neue Gesprächsrunde bat, war Eisenhowers Geduld erschöpft. »Ich musste ihnen schließlich mitteilen, dass ich alle Verhandlungen abbrechen, die Westfront dichtmachen und jede weitere Bewegung deutscher Soldaten und Zivilisten nach Westen gewaltsam verhindern werde, wenn sie meine Bedingungen nicht annähmen«, beschrieb Eisenhower später sein Ultimatum. Mit der Drohung, den Bombenkrieg wieder aufzunehmen, unterstrich er seine Forderung. Jodl resignierte und ließ kurz vor 22 Uhr einen Funkspruch an Dönitz in Flensburg absetzen: »Ich sehe keinen anderen Ausweg als Chaos oder Unterzeichnung.«

Am frühen Morgen des 7. Mai, um 2.41 Uhr deutscher Sommerzeit, unterzeichnete er in Reims das entscheidende Dokument zur Beendigung des Krieges in Europa: Ab 0.01 Uhr am 9. Mai sollten die Kampfhandlungen eingestellt werden. Aus Rücksicht auf die verbündeten Sowjets legte Eisenhower Wert darauf, dass ein Vertreter der Roten Armee, General Iwan Susloparow, bei der Unterzeichnung zugegen war. Neben hochrangigen britischen Militärs und dem US-Luftwaffengeneral Spaatz wurde in letzter Minute auch ein Repräsentant der Franzosen, Generalleutnant François Sévez, hinzugezogen. General Eisenhower selbst nahm an diesem bedeutsamen Ereignis nicht teil.

*Das Ende in der Form hat man ja kommen sehen, nachdem man die Hoffnung aufgegeben hat, dass ernsthaft mit den Westmächten verhandelt wurde. Insoweit war das eine schwere Niederlage.*

GÜNTHER REICHHELM,
GENERALSTABSOFFIZIER

Was in Reims stattgefunden hatte, war genau das, was die Anti-Hitler-Koalition als Kriegsziel definiert hatte: die gleichzeitige und bedingungslose Kapitulation der Deutschen. Aber in den Augen der Regierung Dönitz besiegelte Jodls Unterschrift lediglich die militärische Unterwerfung der Wehrmacht. Dönitz betrachtete sich weiterhin als legales Staatsoberhaupt. Ganz anders sahen das die Siegermächte – die »Regierung« in Flensburg spielte für sie keine Rolle mehr. Deutschland war besetzt, und kraft ihres Rechtes als Sieger setzten die Alliierten nun voraus, dass auch die »bedingungslose staatlich-politische Kapitulation« des Reiches erfolgt sei. Sie wollten völlige Handlungsfreiheit bei der Zerschlagung des NS-Regimes und planten, dessen Repräsentanten für Völkermord und Kriegsverbrechen zur Rechenschaft ziehen. Außerdem gedachten sie, Deutschland politisch umzugestalten und die nationalsozialistische Ideologie auszumerzen.

Dieser Prozess der politischen Neuordnung hatte in weiten Teilen des Reiches schon vor der Unterzeichnung der Kapitulationsurkunde begonnen. Jede Besatzungsmacht folgte dabei ihren ganz eigenen Vorstellungen: So war etwa in Berlin am 29. April, noch vor der Kapitulation der Stadt am 2. Mai, die »Gruppe Ulbricht« eingetroffen. Diese Vereinigung deutscher Kommunisten kam aus Moskau und sollte in Zusammenarbeit mit »Volkskomitees«, die man vor Ort ins Leben gerufen hatte, in den eroberten Stadtteilen den Neuaufbau der Verwaltung und des zivilen Lebens steuern. Die »Gruppe Ulbricht« hatte den Auftrag, neben Sozialdemokraten und Kommunisten vor allem auch unbelastete Vertreter des Bürgertums und loyale Fachleute für öffentliche Ämter zu gewinnen. Ganz im Sinne Moskaus gab der Kommunist Ulbricht jedoch intern die Parole aus: »Es muss demokratisch aussehen, aber wir müssen alles in der Hand haben.«

*Die Zivilbevölkerung war ängstlich, eingeschüchtert und verwirrt. Ich habe in diesen Tagen aber auch viel Freundlichkeit und Hoffnung erlebt.*

WOLFGANG LEONHARD,
ANGEHÖRIGER DER »GRUPPE ULBRICHT«

Konrad Adenauer (Mitte) wurde von den Amerikanern bereits im Mai 1945 wieder als Kölner Oberbürgermeister eingesetzt.

Auch in den Regionen, die von Amerikanern und Briten besetzt worden waren, war von Demokratie noch nicht die Rede. Aber gerade im Westen Deutschland hatte schon lange vor dem 8. Mai eine neue Ära begonnen. In vielen Städten gab es bereits seit Wochen und Monaten US-Stadtkommandanten, die zusammen mit speziell geschulten Militärregierungs-Abteilungen herrschten. Politische Aktivitäten waren den Deutschen zunächst verboten, aber es wurden unbelastete Fachleute für eine Notverwaltung rekrutiert. Schon bald klagten örtliche »Antifa-Komitees«, dass ihre oft eher links gesinnten Mitglieder von den Amerikanern kaum eingebunden wurden. Zur Leitung der Verwaltung ernannten die Amerikaner in jeder Stadt ein kommissarisches Stadtoberhaupt – oft auf Empfehlung örtlicher kirchlicher Würdenträger. Aber die US-Armee hatte auch Namenslisten vertrauenswürdiger Ansprechpartner mitgebracht: So war in Köln beispielsweise schon seit dem 19. März Konrad Adenauer beratend für die Amerikaner aktiv, am 4. Mai übernahm er offiziell wieder das Amt des Oberbürgermeisters.

In weiten Teilen Deutschlands änderte sich mit dem Stichtag 8. Mai nur wenig im täglichen Leben der Menschen. Meist war die Besetzung der eigenen Stadt der einschneidende Augenblick für die Deutschen gewesen. Am 8. Mai hatte man sich schon auf neue Realitäten eingestellt. Trotzdem wurde an diesem Tag das Ereignis der offiziellen Kapitulation von vielen wahrgenommen: Für die meisten war es ein Moment der Erleichterung, aber gleichzeitig fühlten sie sich als Zeugen und Opfer eines bitteren Zusammenbruchs. Erleichtert war man, weil das Schießen und Bomben aufhörte, weil das Sterben und Töten an den Fronten endete. Die Sorge um die Soldaten, die Ehemänner, Söhne und Väter wandelte sich in Hoffnung auf eine Heimkehr, auch wenn sie oft enttäuscht werden sollte.

*Die Bäume waren so grün und der Himmel so blau wie niemals wieder, als der Krieg zu Ende ging.*

HELMA SANDERS-BRAHMS,
REGISSEURIN

Die Befreier kamen für sie zu spät: Amerikanische Soldaten stehen erschüttert vor den Leichen von KZ-Häftlingen, die sie in Dachau entdeckt haben.

Zusammengebrochen aber waren mit der Kapitulation die letzten Illusionen und Hoffnungen auf eine Kriegswende, an die sich viele geklammert hatten. Die Stunde der bitteren Wahrheit war gekommen – bitter allein deshalb, weil sich die Einsicht durchsetzte, dass so viele Opfer sinnlos gewesen waren.

Ein eindeutiges Gefühl von Befreiung konnten zu diesem Zeitpunkt wohl nur jene verspüren, die von den Nationalsozialisten verfolgt worden waren und unter ihnen gelitten hatten. Das waren neben den wenigen deutschen Oppositionellen vor allem die Menschen, die von den Alliierten in den Wochen zuvor aus Gefangenen- und Konzentrationslagern befreit worden waren. Hierzu zählten zum Beispiel Überlebende des KZ Dachau, das die Amerikaner erst am 29. April erreicht hatten. Wer so ein Lager überlebt hatte, empfand am 8. Mai vielleicht Genugtuung – wenn er überhaupt die Kraft dazu hatte. Denn in diesen ersten Wochen nach der Befreiung war das Elend immer noch unbeschreiblich. Das KZ Dachau, in dem sich noch über 31 000 ehemalige Häftlinge befanden, war unter Quarantäne gestellt: In dem Lager gab es 800 Fälle von Typhus, und es grassierte die Ruhr. In den ersten Tagen nach der Befreiung starben täglich noch mehr als 100 der vollkommen geschwächten Insassen. Die Amerikaner hatten Zehntausende von Armee-

Das Elend, das sie vorfanden, war unbeschreiblich: Auch das Konzentrationslager Buchenwald bei Weimar wurde Ende April durch US-Truppen befreit.

rationen herangeschafft, hinzu kamen tonnenweise Lebensmittel aus deutschen Beständen. Die Tagesration wurde schrittweise um 500 bis 600 Kalorien heraufgesetzt. Mobile Hospitäler der US-Armee mit einigen hundert Betten waren aufgestellt worden, es wurden umfassende Impfaktionen durchgeführt, die Amerikaner desinfizierten alles mit DDT-Pulver. Ein internationales Häftlingskomitee sorgte für Disziplin und Ordnung unter den Exgefangenen – etwa 10 000 Polen, 4500 Russen, ebenso viele Franzosen, 3000 Slowenen, 2000 Italiener, 1600 Tschechen, 1400 Deutsche und Österreicher sowie Belgier, Ungarn, Holländer, Dänen, Griechen und Albaner wurden in Dachau befreit. Deutschland war bis zuletzt das Land gewesen, das für viele Europäer Gefangenschaft, Versklavung, Misshandlung und Tod bedeutet hatte. Elf Millionen Kriegsgefangene und Zwangsarbeiter zählte man nach der Kapitulation im Deutschen Reich. Für sie war der 8. Mai tatsächlich ein Jubeltag, gleichbedeutend mit dem Glücksgefühl von Erlösung und Befreiung.

*Erstmals seit langer Zeit fehlte es mir an beinahe nichts: Ich wurde aufs Beste gefüttert, getränkt, umsorgt und hatte nichts mehr zu fürchten.*

**BERNT ENGELMANN, SCHRIFTSTELLER, 1945 AUS DEM KZ DACHAU BEFREIT**

Für Millionen deutsche Soldaten indes konnte am 8. Mai von Befreiung nicht die Rede sein. Tragisch war der Stichtag für die Heeresgruppe Mitte in Böhmen, welche die US-Front an der Linie Budweis–Pilsen–Karlsbad erreichen wollte. Die Dritte US-Armee »versiegelte« ihre Front mit dem Inkrafttreten der Waffenruhe um 0.01 Uhr am 9. Mai. Die Kapitulationsbestimmungen verboten weitere deutsche Truppenbewegungen nach diesem Zeitpunkt. Eine Million Mann gingen in sowjetische Gefangenschaft.

Was erwartete die Wehrmachtssoldaten, die es geschafft hatten, sich zu den Westalliierten durchzuschlagen? Wer bei Kriegsende in Norddeutschland in britische Gewalt geriet, erlebte eine relativ erträgliche Art der Gefangenschaft. Die Briten sammelten 1,4 bis 1,9 Millionen deutsche Gefangene in vier Internierungsgebieten an der deutschen Nordseeküste. Den Soldaten, die bei Kriegsende in amerikanische Gefangenschaft gingen, standen noch schwere Wochen und Monate bevor. Sie wurden in Zügen und auf Lastwagen in riesige, primitive Lager am Westufer des Rheins gebracht.

Der damals einundzwanzigjährige Soldat Hellmuth Buddenberg erlebte die Verkündung der Kapitulation im Lager Remagen: »Plötzlich, mitten hinein in die Morgengeräusche des Lagers, fielen Schüsse – vereinzelt zuerst, dann lange Feuerstöße. Warum schossen die da draußen? Hatten einige von uns ausbrechen wollen? GIs auf einem Jeep kurvten mit flatterndem Sternenbanner durch das Lager – und ein Megaphon sagte, was zu sagen war. ›The German Army has surrendered!‹ Der Krieg war vorbei. Waren wir glücklich? Dafür ging es uns zu schlecht. Aber wir waren erleichtert. Doch nach außen hin wurde wenig Reaktion sichtbar. Es gab keinen Aufschrei. Der Jeep drehte seine Runde, fuhr zurück, wir krochen in unsere Erdlöcher, und so dämmerte der erste Friedensmorgen über uns herauf. Das war's; dann hatte uns der triste Lageralltag wieder.«

# Rheinwiesenlager

In 17 »Kriegsgefangenen-Übergangslagern«, von den Deutschen »Rheinwiesenlager« genannt, lebten im Frühjahr und Frühsommer 1945 eine Million deutsche Gefangene wochenlang auf großen, mit Stacheldraht umzäunten Feldern und Wiesen. Nur selbst gegrabene Erdlöcher boten Schutz vor den Witterungsbedingungen. Die Gefangenen wurden zudem vollkommen unzureichend verpflegt. Man nimmt an, dass in diesen Lagern zwischen 8000 und 40 000 Gefangene starben. Dass die Alliierten die Gefangenen aber bewusst verhungern ließen und dieser Strategie eine Million deutscher Soldaten zum Opfer gefallen sind, ist freilich eine Legende.

Hans-Jochen Vogel, der später als Politiker Karriere machen sollte, war als neunzehnjähriger Unteroffizier Gefangener eines US-Lagers im italienischen Pisa. Er schildert einen anderen Aspekt der Gefühlslage: »Eins ist mir in Erinnerung geblieben: die allgemeine Überzeugung, dass wir den Rest unseres Lebens in ärmlichen Verhältnissen zubringen würden.«

Noch dominierte Hoffnungslosigkeit angesichts eines ungewissen Schicksals. Doch der Schnitt, der am 8. Mai vollzogen wurde, konnte auch von Gefangenen als Chance begriffen werden: Wer wollte, konnte sich selbst befreien – und zwar von der Verblendung und den Irrtümern der Vergangenheit.

*Wir haben geheult wie die Kinder. Befreiung. Unbeschreibliche Befreiung. Jedenfalls keine Kapitulation.*

HEINRICH ALBERTZ, IM KRIEG OBERGEFREITER, SPÄTER PFARRER, 1963–66 REGIERENDER BÜRGERMEISTER IN BERLIN

»Lasst uns das Siegesbanner über Berlin hissen!« Ein sowjetisches Propagandaplakat aus dem Frühjahr 1945.

Befreiung oder Niederlage, das musste jeder für sich selbst entscheiden – eine kollektive Befindlichkeit gab es kaum. Gemeinsam aber war allen Deutschen, dass sie in ihrem zerstörten Land täglich einen Kampf um die nackte Existenz führten – etwa in Berlin: Die Stadt, in der am 8. Mai die deutsche Delegation zur Unterzeichnung der bedingungslosen Kapitulation eintraf, war ein Trümmerfeld.

Nach dem Chaos tagelanger Straßenkämpfe bildete die einstige Metropole eine grausige Kulisse für den letzten Akt des Zweiten Weltkriegs. Trümmer, Tote, zerschossenes, zerfetztes und verbranntes Militärgerät zeugten von den Kämpfen. Doch diese Kulisse war eine Großstadt, in der noch zwei Millionen Menschen lebten. Und diese Menschen lebten im Elend. Die Schriftstellerin Ingeborg Drewitz erlebte jene Tage als Zweiundzwanzigjährige in Berlin: »Der 8. Mai war ein Tag wie jeder andere in diesem Mai, unvorstellbar blauer Himmel über den trümmerübersäten Straßen, den abgeblühten Kastanien. Die Straßenbahnen noch umgekippt, die Barrikaden bis auf schmale Durchgänge noch nicht weggeräumt, um die Pferdekadaver herum immer fünf, sechs Menschen, die sich das Fleisch mit Taschen-

Das Leben geht weiter. Im Frühjahr 1945 versuchten die Menschen das Beste aus ihrer Situation zu machen: Berlinerinnen beim Umzug ihrer paar verbliebenen Habseligkeiten auf dem Leiterwagen.

messern heraussäbelten, an den Löschteichen immer welche, die das schmutzige Löschwasser schöpften.«

Ein sowjetischer Offizier meldete an seine Vorgesetzten: »In Berlin irren viele Frauen und Kinder durch die Straßen. Ihr Aussehen spricht von Hunger und Entbehrungen. Sie sammeln sich wie Fliegen um unsere Feldküchen und bitten um Brot.« Viele Russen halfen und linderten die Not. Andere verbreiteten Schrecken: Sie wollten Beute machen und ihre Macht ausleben. Das erschütterndste Kapitel dieser Tage waren die massenhaften Exzesse gegen Frauen und Mädchen. Die Journalistin Margret Boveri führte damals ein Tagebuch. Offenbar schon an die Schrecken gewöhnt, schreibt sie: »Die üblichen Vergewaltigungen – eine Nachbarin, die sich weigerte, wurde erschossen. In einem Geschäft gegenüber hatten die Russen 8000 Liter Wein gefunden, was natürlich zu einer entsprechenden Sauferei mit den bekannten Folgen Anlass gab.« An anderer Stelle heißt es: »Frau Giese und ihre vier reizenden Töchter und eine Frau v. Sydow und deren Tochter waren erhängt im Keller. Dazwischen lag ein schnarchender Russe. Die Frauen waren aber nicht durch das Erhängen getötet worden, sondern vorher vergewaltigt und übel zugerichtet worden.« Jetzt nahmen viele Russen trotz der Androhung scharfer Strafen durch ihre Führung Rache für das, was die Deutschen in ihrer Heimat begangen hatten – und sie rächten sich an Wehrlosen.

Zerstörung, Elend, Hunger und Willkür beherrschten die Atmosphäre in der Stadt, in der am 8. Mai für die Weltöffentlichkeit der Krieg in Europa beendet wurde. Die Zeremonie in Berlin-Karlshorst war eine Inszenierung, bei der im Hintergrund Stalin die Regie geführt hatte. Am 9. Mai brauchte niemand mehr Regie zu führen – die Soldaten der Roten Armee inszenierten die Siegesfeier selbst. Berlin wurde zu ihrer Bühne, lieferte die Requisiten und die Zutaten für die Feier: »Im Park wurden Tische aufgestellt, mit einem Eimer wurde Wein aus der Kellerei einer Weinfabrik geholt«, erinnert sich der damals zwanzigjährige russische Panzersoldat Leonard Buchow. Auch der norwegische Korrespondent Theo Findahl erlebte diesen Tag in Berlin: »Den ganzen Tag über singen die Russen patriotische Lieder vom großen Russland, der Gesang wird immer stärker, je mehr sich der Tag seinem Ende zuneigt. Die Soldaten erhalten Extrazuteilungen von Branntwein. Die Deutschen kriechen in Kellern und auf Böden zusammen, um ihre Frauen zu beschützen. Gegen halb neun Uhr am Abend feuern die Russen große Böllerschüsse ab. Die Flakartillerie dröhnt, Kriegsflugzeuge brausen durch die Luft, noch einmal wird des Krieges wohlbekannte und fürchterliche Melodie aufgespielt, diesmal als ein brausender Siegesmarsch für die Rote Armee.«

# 1948

## Das neue Geld

Drei Jahre, einen Monat und zwölf Tage nach Kriegsende herrscht Alarmstimmung in den westlichen Besatzungszonen Deutschlands. In der Nacht vom 19. zum 20. Juni 1948, Punkt 0.00 Uhr, ertönen in hunderten Kasernen Trillerpfeifen. Das Schlusskapitel einer geheimnisvollen Operation namens »Bird Dog« (»Spürhund«) nimmt seinen Lauf. Tausende GIs hasten aus ihren Unterkünften, nehmen Pistolen, Karabiner, Maschinenpistolen und Maschinengewehre in Empfang – Szenen wie bei einer kriegsmäßigen Mobilmachung. Briten und Franzosen sind nicht mit von der Partie, obwohl die Operation auch auf ihrem Gebiet stattfindet. Sie haben dem US-Kommando die Genehmigung erteilt, sich frei zu bewegen, und das will etwas heißen.

Tag X: Die Kisten mit der neuen Währung werden unter strengster Bewachung an einer der Ausgabestellen entladen.

»Operation Bird Dog«. US-Soldaten verladen in Frankfurt Kisten mit dem neuen Geld.

Berge von Holzkisten stehen in den Kellern der Landesbanken zur Abholung bereit. Die Kisten sind handlich, die Soldaten bilden Reihen wie bei einem Feuerwehreinsatz, reichen die Fracht bis zu den Armeetransportern durch, wo sie in Windeseile verladen werden: Klappe zu, und los geht die Fahrt mitsamt den Wächtern auf der Ladeplattform. Hunderte Konvois sind am frühen Morgen des 20. Juni auf den Straßen Westdeutschlands unterwegs – eigentlich nichts Besonderes für ein besetztes Land. Doch diesmal transportieren alle Fahrzeuge die gleiche Fracht, alle Besatzungen haben denselben Auftrag und hüten dasselbe Geheimnis. Im Morgengrauen erreichen sie die Zielorte – Verteilerstellen für Lebensmittelmarken, die nun einem anderen Zweck dienen sollen: der Ausgabe des neuen Geldes, der Deutschen Mark. Es ist Sonntag, der 20. Juni 1948. Es ist der Tag X – der Tag der Währungsreform.

Vor Ort stehen Bankangestellte und Mitarbeiter deutscher Behörden und kommunaler Einrichtungen bereit, um die wertvolle Fracht unter dem Schutz von US-Soldaten und deutscher Polizei in Empfang zu nehmen. Die Notenbündel in den Kisten müssen noch gezählt werden, dafür bedarf es buchhalterisch zuverlässiger amtlicher Kräfte.

*Obwohl diese riesige Aktion unter größter militärischer Geheimhaltung ausgetragen wurde, ist es immer noch ein Wunder, dass es keine Pannen und Sicherheitslecks gab.*

GEORGE C. DAWLEY, US-COLONEL

Dass eine Reform der Währung bevorstand, ahnten die meisten Zeitgenossen. Der genaue Zeitpunkt und die konkreten Bestimmungen hingegen zählten zu den am besten gehüteten Geheimnissen der Nachkriegsjahre. Am Freitag, dem 18. Juni, abends, nachdem alle Geldinstitute geschlossen hatten, erfuhr die deutsche Öffentlichkeit zum ersten Mal Einzelheiten. Die drei Militärgouverneure der Westzonen ließen per Rundfunk den Währungsschnitt verkünden. Tageszeitungen druckten in Extrablättern den identischen Text: »Alles Altgeld mit Ausnahme von Kleingeld tritt am Montag außer Kraft. ... Die neue Währung, allein gültig vom 20. Juni an, heißt die Deutsche Mark. Zunächst erhält jeder Einwohner der drei Westzonen einen Kopfbetrag von 60 Deutsche Mark im Umtausch gegen 60 Mark Altgeld. 40 davon werden sofort, die übrigen 20 einen Monat [tatsächlich aber erst zwei Monate] später ausgezahlt. Der Umtausch erfolgt am Sonntag auf den Lebensmittelkartenstellen.«

Es wurden noch weitere Maßnahmen angekündigt, doch die vermochte Otto Normalverbraucher auf den ersten Blick kaum zu durchschauen, Hauptsache war zunächst einmal: »Das neue Geld ist da.« Ab acht Uhr morgens konnte sich jede »natürliche Person unabhängig vom Alter« ihre 40 D-Mark Kopfgeld abholen.

Tatsächlich ging das Gedränge schon ein bis zwei Stunden früher los. Die Menschen konnten es kaum erwarten, die alte Reichsmark gegen die nagelneue D-Mark einzutauschen. Die erste Bekanntschaft mit der neuen Währung aber geriet oft unversehens zum Duschbad: Wochenschaubilder vom Tage zeigten Warteschlangen im Dauerregen. Allen düsteren Wolken zum Trotz versuchte der Wochenschausprecher dem Ereignis dennoch Würde abzugewinnen: »Es ist der Start in einen neuen Abschnitt des Daseins.« In der *Süddeutschen Zeitung* war tags darauf eher Tristes zu lesen: »Bis zu acht Stunden standen bei strömendem Regen Hunderttausende in Schlangen, deren Länge alles bisher Dagewesene überbot. Da und dort kam es zu aufgeregten Szenen, zu Ohnmachtsanfällen und Schlägereien. Es wurde viel und kräftig geschimpft.« Kein Wunder, nur 70 Prozent der Deutschen kamen gleich am ersten Tag zum Zuge. Die Schalter schlossen um 20 Uhr, zahlreiche Menschen mussten bis zum Morgen danach warten.

Kein Ereignis in der Nachkriegszeit hat sich tiefer in das kollektive Gedächtnis der Deutschen eingeprägt. Die Währungsreform war für die meisten ein Urerlebnis, eine Zäsur wie der Zusammenbruch drei Jahre zuvor – nur unter völlig gewandelten Vorzeichen. Und sprichwörtlich über Nacht geschah das sogenannte

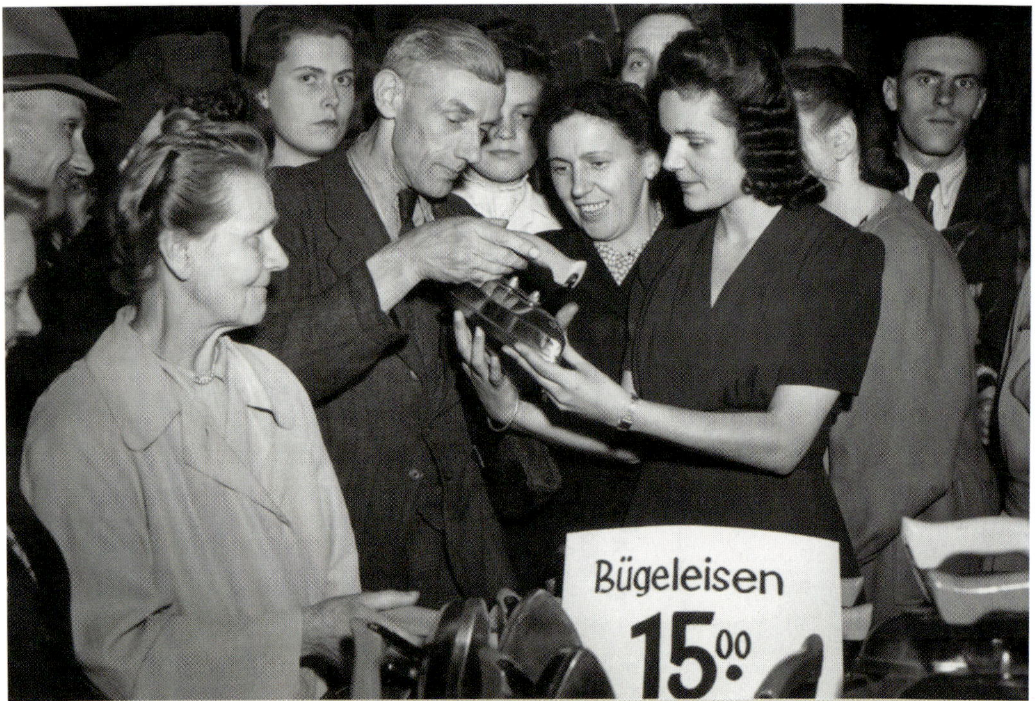


Staunen über das D-Mark-Wunder: Gleichsam über Nacht füllten sich die Regale der Geschäfte mit lange entbehrten Waren.

»D-Mark-Wunder«. Waren die Auslagen der Schaufenster bis zu jenem Sonntag noch gähnend leer, so prangten die Regale am Montagmorgen in strotzender Fülle. Unglaubliches gab es da plötzlich zu kaufen: Butter, Fleisch, aber auch Kochtöpfe und Fahrradschläuche – Dinge, von denen man bis dahin nur träumen konnte und dachte, dass es sie nirgendwo mehr gab. Die Warenschwemme brach unverhofft aus und erschien vielen wie »Manna« nach schweren Zeiten der Entbehrung: »Wir kamen uns vor wie im Schlaraffenland.« – »Plötzlich gab es wieder alles.« – »Es war so, als hätte jemand den Zauberstab geschwungen.«

*Einen Tag nach der Währungsreform hat man sich erst gewundert und dann geärgert. Wo und wer hatte das gehortet? Wo kam das plötzlich alles her auf Knopfdruck? Es hat uns nie jemand darauf eine Antwort gegeben.*

MARIANNE HOPPE, SCHAUSPIELERIN

Zauberei war nicht im Spiel; die Gründe und Motive, die zu der Warenfülle führten, waren, wenn auch nicht immer die edelsten, so doch leicht nachvollziehbar. Die Besitzer der Geschäfte hatten gehortet, was das Zeug hielt; die Vorratslager waren bis zum Bersten gefüllt. Es war das große Warten auf Geld, das wieder etwas wert war; die Reichsmark hatte ausgedient.

Die Schaufensterfotos vom Morgen nach dem Tag X gingen um die Welt. Sie halten die Erinnerung wach: staunende Gesichter vor prall gefüllten Auslagen der Geschäfte. Die Bilder schufen den Mythos, der bis heute in den Köpfen steckt: dass mit der Währungsreform geradezu katapultartig der westdeutsche Aufschwung begann, das »Wirtschaftswunder«. Und mehr noch: Der Vater jenes »Wunders«, der spätere Bundeswirtschaftsminister Ludwig Erhard, sei gleichfalls Schöpfer der neuen Mark gewesen. Das meint auch heute noch laut Umfragen die Mehrheit der Deutschen. Aber was ist da dran? Wie erfolgreich war die Mark nach ihrem Start wirklich, und wem haben wir sie zu verdanken?

Dass es nach dem Krieg einer neuen Währung bedurfte, war zum einen das Ergebnis der Verwüstungen auf deutschem Boden. Überdies hatte Hitler seine Feldzüge mit Hilfe der Notenpresse finanziert. Die Währung war gründlich ruiniert. Für 70 Milliarden Reichsmark, die in Umlauf waren, gab es keinen entsprechenden Gegenwert.

Nach der Kapitulation mangelte es an Gütern mehr noch als zuvor. Die Alliierten sahen sich veranlasst, die Zwangsbewirtschaftung, eine Kombination aus Rationierung und Preiskontrolle, zunächst beizubehalten. Bezugsscheine und Lebensmittelkarten waren neben der Reichsmark und dem sogenannten Besatzungsgeld die offiziellen Währungen. Diese Maßnahmen regelten zwar die Verteilung, sie brachten jedoch kein Pfund Butter mehr auf die Tische in dem heruntergewirtschafteten Land. Der Mangel regierte. 1500 Kalorien waren die Tagesration von Otto Normalverbraucher im Frühjahr 1948. Obwohl der Krieg bereits drei Jahre zurücklag, fristeten die Menschen noch ein Dasein, das sich nur unwesentlich von der Situation unmittelbar nach der Niederlage unterschied. 59 Kilogramm Lebendgewicht brachte der Durchschnittsdeutsche damals auf die Waage. Gegen die Vorlage von Bezugsscheinen und Lebensmittelkarten erhielt man zum Sterben zu viel und zum Leben zu wenig. Reichsmark hingegen gab es zur Genüge. Da die Preise festgesetzt waren, versuchten die Händler ihre Waren lieber zu horten oder auf schwarzen und grauen Märkten loszuwerden.

US-Militärgouverneur Lucius D. Clay ließ bereits Mitte 1946 Pläne für eine Währungsreform ausarbeiten.

# Der schwarze Markt

Wer mit den legalen Zahlungsmitteln nicht satt wurde – und das war bei den meisten der Fall –, suchte sein Glück auf dem Schwarzmarkt oder beim Hamstern. Beides war illegal. Manches wurde geahndet, oft drückten die Behörden jedoch ein Auge zu. Auf dem Schwarzmarkt galt vor allem der Tausch Ware gegen Ware. »Für ein Pfund Butter musste man soundso viele andere Güter liefern; mit Reichsmark ging gar nichts«, erklärt der Verleger Reinhard Mohn. »Getauscht wurden Pelzmäntel, Kochtöpfe, abgelegte Schuhe und Galoschen gegen Schokolade, Kartoffeln, Milch oder Mehl«, berichtete ein erstaunter US-Korrespondent: Auch interzonale Pässe oder andere gefälschte Papiere, die zur Erlangung amtlicher Vorteile nützlich sein konnten, waren begehrt. Hauptwährung aber war die Zigarette: »Mit der konnte man wirklich alles bekommen«, bestätigt die damalige Münchener Stadträtin Hildegard Hamm-Brücher.

Die Initiative zu einer Besserung dieser Zustände konnte nur von den alliierten Militärverwaltungen ausgehen, die in Deutschland die oberste Regierungsgewalt innehatten. Erst Anfang 1946 wurden auf Anregung der Amerikaner wirklich ernsthafte und längerfristige Überlegungen für eine Bereinigung der deutschen Währungs-, Finanz- und Wirtschaftsmisere angestellt. Im Auftrag des amerikanischen Militärgouverneurs Lucius D. Clay befassten sich der Bankier Joseph M. Dodge sowie die beiden deutschstämmigen Wirtschaftswissenschaftler Gerhard Colm und Raymond W. Goldsmith mit den Geldproblemen des besetzten Deutschland und erarbeiteten den nach ihnen benannten Plan (CDG-Plan), der Ende August 1946 von General Clay als Arbeitsgrundlage für weitere Verhandlungen in den Alliierten Kontrollrat eingebracht wurde. Der CDG-Plan erwies sich später als entscheidende Weichenstellung für die Währungsreform von 1948.

Die Experten waren der Auffassung, dass die fortgesetzte, »schleichende Lähmung des Wirtschaftskörpers« nur durch eine sehr einschneidende Währungsreform zu beenden sei. Die Reform sollte eher zu hart als zu weich ausfallen, um den Erfolg zu garantieren. Konkret hieß das: Die absturzgefährdete Reichsmark sollte im Verhältnis von zehn zu eins auf eine neue stabile Währung umgestellt werden.

Im Alliierten Kontrollrat, dem gemeinsamen Verwaltungsorgan der vier Besatzungen, zeichnete sich jedoch schon 1946 ein grundlegender Dissens ab. Während den USA an einer möglichst raschen Umsetzung der Pläne lag und sie dabei mit der Zustimmung der Briten rechnen konnten, signalisierten die französische und die sowjetische Regierung eher Ablehnung. Ihr Ziel war nicht die schnelle wirtschaftliche Gesundung ihres Besatzungsgebiets, sondern vielmehr Befriedigung ihrer Reparationsansprüche aus der eigenen Zone.

*Unmittelbar nach dem Ende des Krieges war die deutsche Wirtschaft nichts anderes als eine leere Wüste. Die Bevölkerung lebte am Existenzminimum, und was sie produzieren durfte, wurde von den strengen Richtlinien der Reparationszahlungen eingeschränkt.*

WALT ROSTOW, AMERIKANISCHER NATIONALÖKONOM

Moskau trieb zudem konsequent die Sowjetisierung seiner Besatzungszone voran. Laut Potsdamer Kommuniqué wollten die Siegermächte die wirtschaftliche Einheit Deutschlands wahren. Doch zeichnete sich zunehmend deutlicher ab, dass dies eine Illusion war.

Die USA pochten auf eine schnelle Genesung der Westzonen. Der ehemalige amerikanische Präsident Herbert Hoover verfasste Anfang 1947 – nach einer Deutschlandreise – ein viel beachtetes Memorandum: »Die Produktivität Europas kann nur wiederhergestellt werden, wenn ein gesundes Deutschland zu dieser Produktivität beiträgt.« Hoover ging davon aus, dass jeder amerikanische Steuerzahler 600 Dollar jährlich nur dafür aufbringen müsse, um die deutsche Bevölkerung vor dem Hungertod zu bewahren. Die Versorgung mit Nahrungsmitteln hatten die Besatzungsmächte nach wie vor zu gewährleisten.

Schon Außenminister James Francis Byrnes hatte in seiner legendären Stuttgarter Rede im September 1946 angekündigt: »Wir

US-Präsident Harry S. Truman mit dem scheidenden Außenminister James Byrnes (rechts) und dessen Nachfolger George C. Marshall, 1947.

sind für eine wirtschaftliche Einheit Deutschlands; wenn eine vollständige Vereinigung nicht zustande kommen kann, so werden wir alles tun, um die größtmögliche Vereinigung zu erreichen.« Schließlich kam es am 1. Januar 1947 zum wirtschaftlichen Zusammenschluss der britischen und der amerikanischen Besatzungszone. Im aufkommenden Kalten Krieg war aus Sicht der USA eines deutlich geworden: Um den sowjetischen Einfluss zurückzudrängen, mussten die Westzonen wirtschaftlich und politisch zusammenwachsen. Washington dachte auch an die Zukunft, die mögliche Zuspitzung des Konflikts mit Moskau. Dazu brauchten die USA einen zuverlässigen Partner an der Nahtstelle zwischen West und Ost.

Trotz des Auseinanderdriftens der Mächte herrschte noch bis Ende 1946 Übereinstimmung in der Währungsfrage. Oder wurde nur der Schein gewahrt? Wer wollte schon die Verantwortung dafür übernehmen, eine gesamtdeutsche Währung verhindert zu haben? Der Teufel lag dann im Detail. Wer sollte den Notendruck kontrollieren, wo sollte er stattfinden? Darüber konnte keine Einigung erzielt werden.

Im Ost-West-Schlagabtausch wurde die nächste Runde eingeläutet. In seiner berühmten Rede an der Harvard-Universität propagierte der amerikanische Außenminister George C. Marshall im Juni 1947 ein umfassendes Hilfsprogramm für Europa. Das Angebot richtete sich auch an Länder im sowjetischen Machtbereich, doch Moskau blockte ab. Natürlich ging es den USA vor allem um die Konsolidierung Westeuropas und Deutschlands. Hierfür aber war eine baldige Neuordnung der Währung in den Westzonen unabdingbar.

*Ohne die Sowjets wäre die Währungsreform vielleicht schon im Jahr 1946 eingeführt worden. Man realisierte aber sehr schnell, dass der zeitliche und organisatorische Aufwand einer solchen Reform längere Zeit und Logistik in Anspruch nehmen würde, als ursprünglich angenommen.*

TAYLOR OSTRANDER,
DAMALIGER CHEF DER PREISBEHÖRDE

Angesichts der hinhaltenden Taktik der Sowjets vermuteten die Amerikaner, es gehe Moskau darum, die Zeit für sich spielen zu lassen, denn die Notlage kam eher der Errichtung einer Plan- als einer Marktwirtschaft entgegen. Washington setzte deshalb auf den Alleingang. Die Entscheidung, einseitig mit dem Notendruck zu beginnen, fiel im Oktober 1947: Die »American Bank Note Company« in New York und das »Bureau of Engraving and Printing« in Washington erhielten den Auftrag zur Herstellung der neuen deutschen Banknoten. Dass man die Hoffnung auf einen Kompromiss mit dem Kreml dennoch nicht völlig aufgegeben hatte, zeigt die Gestaltung der Banknoten: unverfänglich, ohne Unterschrift, ohne Nennung von Ausgabebehörde und -ort.

Die Vorbereitungen für eine separate Währungsreform blieben den Sowjets natürlich nicht verborgen. So wappneten auch sie sich für den Schritt zur eigenständigen Reform. Wegen Papiermangels ließ die Sowjetische Militäradministration in Deutschland (SMAD) jedoch keine neuen Geldscheine drucken, sondern nur Coupons. Mit diesen sollten im »Ernstfall« die alten Reichsmarkscheine überklebt werden. Die Verhandlungen im Kontrollrat liefen unterdessen weiter.

Die Klebemark: Auch in der sowjetischen Besatzungszone wird eine Währungsreform vorbereitet.

Im Januar 1948 unterbreitete General Clay seinen letzten Vorschlag für eine gemeinsame Währungsreform. Zur großen Überraschung der Amerikaner ging Marschall Wassilij Sokolowski, der Chef der SMAD, darauf ein. Nun jedoch war die US-Regierung nicht mehr an einer einvernehmlichen Lösung interessiert. Zum Schwur kam es nicht: Weil die sowjetischen Vertreter am 20. März 1948 durch ihren demonstrativen Auszug aus dem Alliierten Kontrollrat das Instrument der gemeinsamen Verantwortung für Deutschland lahmlegten, ersparten sie den Amerikanern die Peinlichkeit, erklären zu müssen, dass sie sich von der Währungsreform für ganz Deutschland verabschiedet hatten. Die Sowjets verließen den Kontrollrat nach der Londoner Konferenz der Westmächte, weil sie über deren Ergebnisse nicht informiert worden waren. Dies hatte seine Gründe: Hier fielen wesentliche Entscheidungen für die Gründung eines deutschen Weststaates.

So nahmen die USA bald auch den offenen Bruch in Kauf: »Wir hatten schließlich keine Bedenken mehr, durch die Währungsreform die deutsche Einheit zu opfern. Die Einheit war schon durch das Handeln der Sowjets im Zeitraum von 1946 bis 1947 aufs Spiel gesetzt worden«, erklärte Taylor Ostrander, der Chef der Preisbehörde, im Jahr 1948. Das Experiment, nach der Zerschlagung des NS-Reichs gemeinsam mit der Sowjetunion in Deutschland zu regieren, war gescheitert.

Die technische und logistische Durchführung der Währungsreform hatte längst begonnen. Ein junger US-Leutnant rückte in den Mittelpunkt des Geschehens: Edward A. Tenenbaum (1921–1975) – ihn kann man als den eigentlichen »Vater der D-Mark« bezeichnen. Der damals siebenundzwanzigjährige Besatzungsoffizier jüdischer Herkunft, dessen Eltern aus Polen nach Amerika emigrierten, hatte dem Abteilungsleiter für Finanzfragen in der amerikanischen Militärregierung, Jack Bennett, als brillanter Kopf imponiert. So fiel ihm das Projekt Währungsreform gewissermaßen in den Schoß. Unter normalen Umständen wäre Tenenbaum für diesen »Job« kaum in Frage gekommen. Er beherrschte zwar sechs Sprachen und hatte sein Studium an der Universität mit einer hervorragenden Untersuchung zum Thema »Nationalsozialismus und internationaler Kapitalismus« abgeschlossen, aber es mangelte ihm an jeglicher praktischer Erfahrung in Geld- und Währungsfragen. Doch er war einfach zur richtigen Zeit am richtigen Ort. Der junge US-Leutnant verlieh der neuen Währung auch den Namen. »Mein Mann«, erzählte Tenenbaums Frau Jeanette später, »schlug ›Deutsche Mark‹ vor. Das klang gut. Er fragte mich, ob mir die Bezeichnung ›Deutsche Mark‹ gefalle, und ich meinte: ›Ja, fantastisch.‹«

»Vater der D-Mark«: Der 27 Jahre junge Leutnant Edward A. Tenenbaum gab der neuen Währung ihren Namen.

*Gulden, Flori oder Taler. Im Angesicht dieses Reichtums an Namensvorschlägen für die neue deutsche Währung kann ich getrost behaupten: Ich habe den Namen »Deutsche Mark« geprägt und ausgewählt.*

EDWARD A. TENENBAUM

Wo aber blieb der Beitrag der Besiegten? Erst in der Schlussphase der Vorbereitungen erschien es den USA opportun, für den reibungslosen Ablauf der Währungsreform auch deutschen Sachverstand einzubeziehen. Allerdings ging es darum, deutsche Experten vor allem als »Formulierungshelfer« einzusetzen – für möglichst hieb- und stichfeste Durchführungsbestimmungen, Merkblätter und Verordnungen. Jede zeitraubende Diskussion über grundsätzliche Fragen sollte tunlichst vermieden werden. Die Amerikaner waren an präzisem Beamtendeutsch interessiert.

Auf dem Fliegerhorst Rothwesten bei Kassel wurden deutsche Finanzexperten im April 1948 erstmals mit den US-Plänen für eine Währungsreform in den Westzonen konfrontiert.

Am 20. April wurden Juristen, Wirtschafts- und Währungsexperten, die vom Wirtschaftsausschuss der Bizone nominiert worden waren, unter strengster Geheimhaltung zu einer Veranstaltung transportiert, die nach dem Ort des Geschehens – einem Fliegerhorst bei Kassel – als das »Konklave von Rothwesten« in die Geschichte einging:

»Wir wurden in einer grünen Minna mit mattierten Scheiben mit unbekanntem Ziel in Marsch gesetzt«, erinnert sich der Teilnehmer Professor Hans Möller. »Wir hofften natürlich, in einer schönen Luxusvilla zu landen, wo wir mit den Amerikanern und Engländern und Franzosen zusammenzuarbeiten hätten. Wir waren aber dann doch sehr überrascht, als wir in einem amerikanischen Kasernengelände ankamen. Dort waren wir vollkommen abgeschlossen von der übrigen Kaserne, durften nur unter Bewachung aus diesem gesonderten Trakt herausgehen und haben wegen der Geheimhaltung auch keine Kontakte nach außen aufnehmen dürfen.«

*In Rothwesten herrschte strengste Geheimhaltung. Es wurde also gezielt ein Gerücht gestreut, dass diese versammelten Männer an Atomwaffen arbeiten würden. Nach Hiroshima war man überzeugt, dass die Bevölkerung solchen Geheimwaffenkram schlucken würde. … Aber die Tarnung funktionierte.*

JEANETTE TENENBAUM

Den einberufenen Sachverständigen war zunächst nicht klar, dass die Pläne für den Währungsschnitt bereits fix und fertig in amerikanischen Schubladen lagen. Tenenbaum hatte ihnen eine maßgebliche Beteiligung bei der Ausgestaltung der Maßnahmen zugesichert. Als nun die deutschen Experten über den fortgeschrittenen Stand der Planungen informiert wurden, löste dies einen Eklat aus, das Konklave drohte zu platzen. Niemand zwang sie zu bleiben, doch sie blieben. Vielleicht konnten sie ja doch noch ein Wörtchen mitreden. Ihnen schwebte eine moderatere Reform vor, als die USA sie planten, mit weniger krassen Umtauschquoten und verbunden mit einem Lastenausgleich zwischen Arm und Reich. Daraus wurde nichts: Erst die Reform, dann der Ausgleich, hieß die klare Maxime der US-Experten. Der Lastenausgleich sollte erst nach Verabschiedung des gleichlautenden Gesetzes von 1952 voll zum Zuge kommen.

Der spätere Bundesbankpräsident Helmut Schlesinger sah die Amerikaner als »wohlwollende Diktatoren«: »Die amerikanischen Besatzungsbehörden wollten, dass die Reform im engeren Sinne ein Erfolg wird. Ob soziale Ungerechtigkeit dabei entsteht und wie man damit umgehen soll, sollte dann Sache der Deutschen sein.«

Als die Teilnehmer des Konklaves am 8. Juni 1948 ihre Arbeit beendeten, gaben sie eine Erklärung ab, in der sie jede Verantwortung für die bevorstehende Währungsreform ablehnten. Ausdrücklich wiesen sie darauf hin, dass sie eine andere Lösung anstrebten. Sie hatten ein »Schlusswort« formuliert, das Taylor Ostrander als eine »bürokratische Sicherheitsmaßnahme« wertet: »Mit dem Bestreiten jeder Verantwortung beabsichtigten die deutschen Experten, im Falle eines Flops ihr Hinterteil zu retten.« In der Tat ist davon auszugehen, dass das Abschlussmemorandum innenpolitisch motiviert war: Die Währungsreform, die für Sparer einer Enteignung gleichkam und Sachwertbesitzer bevorzugte, sollte dadurch klar und deutlich als das erscheinen, was sie tatsächlich war – ein »Oktroi der Westalliierten«.

Das Hortungsfieber der Händler erreichte kurz vor der Währungsreform seinen Höhepunkt. Mancherorts waren selbst Grundnahrungsmittel Mangelware.

Aller Geheimhaltung zum Trotz verdichteten sich im Frühjahr 1948 die Gerüchte, dass eine Währungsreform unmittelbar bevorstehe. Auch die Printmedien nahmen teil an den Spekulationen. Ende April meldeten *Zeit* und *Spiegel*, dass die Währungsreform an einem Sonntag im Juni stattfinden werde.

Die Produzenten, Konsumenten und Händler stellten sich darauf ein. Das Hortungsfieber stieg bedenklich an, für die alte Reichsmark gab es kaum noch etwas zu kaufen. Helmut Schlesinger berichtete, die Situation für den Normalverbraucher sei im Frühjahr 1948 sogar »schlechter gewesen als unmittelbar nach dem Krieg. Es war eine Zeit, in der man nicht einmal Kartoffeln oder Kraut auf dem Markt erstehen konnte.« Typisch war auch die Anzeige einer Schuhfabrik, mit der die Kunden auf die Zeit nach dem erwarteten Währungsschnitt vertröstet wurden: »Heute vorwiegend für den Export – bald auch wieder für Sie, Qualitätsschuhe!« Die Gaststätten wimmelten ihre uninteressante Reichsmarkkundschaft ebenfalls ab. Immer häufiger hieß es schon am Vormittag: »Mittagessen ausverkauft!« Während die SPD zu einer »Enthortungskampagne« aufrief, bekundete Ludwig Erhard, damals Direktor der Verwaltung für Wirtschaft in der Bizone, sogar Verständnis: Schließlich müsse am Tag X der Handel in der Lage sein, für »gutes Geld« gute Ware in ausreichenden Mengen anzubieten.

Das »gute Geld« made in USA befand sich inzwischen längst auf deutschem Boden. Unter strengsten Sicherheitsvorkehrungen waren von Februar bis April 23 000 Kisten mit druckfrischen DM-Noten – angeblicher Bestimmungsort: Barcelona – per Schiff nach Bremerhaven gebracht worden. Von dort aus erfolgte der Weitertransport nach Frankfurt am Main, wo die DM-Kisten im Keller der neu geschaffenen »Bank Deutscher Länder« zwischengelagert wurden. Davon wussten freilich die meisten Mitarbeiter der Bank nichts – nur sechs von ihnen waren eingeweiht. 800 Lastwagen und mehrere Eisenbahnzüge rollten in den Tagen vor der Reform über notdürftig geflickte Straßen und Schienenwege, um die neue Währung in die Filialen der Landeszentralbanken zu transportieren. Von dort aus erfolgte am 20. Juni die Verteilung in die Lebensmittelkartenstellen.

Nicht ohne Grund sprach Tenenbaum später von der »größten logistischen Operation der US-Army seit der alliierten Landung in der Normandie«. Die seit Monaten aufziehende »Reichsmarkdämmerung« erreichte in den Tagen vor der Reform ihren grotesken Höhepunkt. In ganz »Trizonesien« kannte jeder nur noch ein Ziel: die Reichsmark loswerden! Besonders Schlaue versuchten, ihre Schulden in der alten Währung zu begleichen und Steuern, Löhne und Pachtgelder gleich im Voraus zu bezahlen. Der spätere Bundestagspräsident Richard Stücklen berichtete: »Ich habe ein ganz untrügliches Zeichen gehabt. Wir hatten eine CSU-Kreisversammlung, und da mussten die Mitgliedsbeiträge bezahlt werden. Und da blätterten die meisten schon für die nächsten Jahre das Geld hin.«

*Wir haben am Tag vor der Währungsreform alles auf den Kopf geschlagen, was wir überhaupt an Reichsmark hatten. Wir haben alles ausgegeben, denn jeder wusste schon, ab morgen ist es nichts mehr wert.*

HERMANN RAPPE,
FRÜHERER IG-CHEMIE-VORSITZENDER

Der »Run auf die Sachwerte« mündete in ein bizarres Finale: Panikartig wurden auch unnütze Waren in absurden Mengen aufgekauft. Eine Hausfrau in München erwarb Dr. Oetkers »Tortin« packenweise, ausreichend für 2800 Tortenböden. Einige Damen ließen sich schnell noch Dauerwellen machen »auf Vorrat«. Ein Mann bestürmte seinen Zahnarzt mit dem dringlichen Wunsch nach einem zweiten künstlichen Gebiss, ein anderer bestand auf Vergoldung eines gesunden Zahns.

*Die Frage des Hortens und des Hamsterns unter ethischen Gesichtspunkten zu sehen ist ganz schwierig. Die Bedingungen, die damals vorhanden waren, haben auch nicht ethischen oder Effizienzgesichtspunkten entsprochen. Wir alle mussten uns helfen, so gut wir konnten.*

REINHARD MOHN, VERLEGER

Je größer der Ansturm, desto mehr mauerte der Handel. In den Läden gab es fast nichts mehr, außer den Waren, die auf Lebensmittelkarten bezogen werden konnten. Am 17. Juni hieß es in der Zeitung *Die Welt*: »Die wirtschaftliche Tätigkeit ist inzwischen überall weitgehend erlahmt.« Zu guter Letzt wurde die Reichsmark schließlich als das behandelt, was sie faktisch war – als Abfall. Fünfzigmarkscheine wurden demonstrativ als Zigarettenanzünder verwendet. Und in den Toiletten unter der Frankfurter Hauptwache hatte ein Witzbold Zwanzigmarkscheine auf den Toilettenrollenhalter gesteckt und mit einer »Gebrauchsanweisung« versehen: »Nimm Schacht-Papierchen zart und weich, als letzten Gruß vom Dritten Reich!« (Hjalmar Schacht war von 1923 bis 1930 und von 1933 bis 1939 Reichsbankpräsident gewesen.)

Bei der neuen Mark konnte man sich eines respektvolleren Umgangs gewiss sein. War sie doch mit Wirkung vom 21. Juni laut »Währungsgesetz« alleiniges Zahlungsmittel. Der Wert der am 20. Juni ausgezahlten Banknoten im Gesamtgewicht von 500 Tonnen betrug 5,7 Milliarden D-Mark. Wer das Geld sofort »auf den Kopf hauen« wollte, war in den Kneipen willkommener Gast. Dort wimmelte es plötzlich nur so von freundlichem Personal, und statt »wässrigem Dröppelbier« gab es nun auch guten Wein und hervorragenden Schnaps. Geschäftsleute, die es gar nicht mehr erwarten konnten, hatten ihre Verkaufsstände in der Nähe der Ausgabestellen aufgebaut. In den

»Ein letzter Gruß vom Dritten Reich«: Ein alter Mann bringt mit einem wertlosen RM-Schein seine Pfeife zum Qualmen.

Läden selbst durfte am Sonntag nur dekoriert, aber nicht verkauft werden. Die große Mehrheit der frisch gebackenen DM-Besitzer nahm das Geld jedoch mit nach Hause. Viele Familien beratschlagten bis tief in die Nacht, wie es am besten anzulegen sei. Schon allein der Anblick war für manche eine Attraktion: »Wir haben zu Hause allesamt unser Geld auf den Tisch gelegt, haben es angeguckt, die neuen Banknoten, ganz picobello waren die, sauber sah das alles aus«, berichtete der spätere Gewerkschaftsführer Hermann Rappe.

Die Illusion einer gesamtdeutschen Währung war endgültig dahin, und so war auch das sogenannte D-Mark-Wunder ein reines Westerlebnis. Wohl niemand in der sowjetischen Zone dürfte so verblüfft gewesen sein wie zum Beispiel Dieter Hildebrandt: »Dass es so etwas geben konnte – volle Schaufenster: Zigaretten, Schokolade, Alkohol, Schnaps, Wein, einfach alles. Wir trauten unseren Augen nicht.«

Das Schlimmste war die Qual der Wahl: »Was machste mit der Mark?« Einige Antworten: »Als wir das Geld hatten, hab ich gesagt: So, jetzt wird erst mal richtig schön gegessen. Wir hatten Hunger. Ganz einfach«, so die Schauspielerin Marianne Hoppe. »Und das Erste, was ich gemacht habe, als Student damals, ein Pfund Wurst gekauft und in einem Stück heruntergeschlungen«, so der vormalige Staatssekretär und Erhard-Assistent, Otto Schlecht. Dieter Hildebrandt setzte auf einen anderen Genuss: »Soweit ich mich erinnere, habe ich nur Zigaretten gekauft, mehr nicht.« Er rauchte sie und trug mit dazu bei, was die britische Zeitung *News Chronicle* folgendermaßen kommentierte: »In dieser Woche ist die stabilste Währung in Europa zerstört worden: Es ist die Währung der Zigarette.«

»Was machste mit der Mark?« Dieser Mann in Bayern hat sich für eine Portion Kartoffelpuffer entschieden.

Wer den Westdeutschen die D-Mark bescherte, ist jedoch kaum in Erinnerung geblieben. Ludwig Erhard, der vermeintliche Schöpfer, war nur mittelbar beteiligt. Er plädierte schon für die Reform, als nicht nur in der SPD, sondern bis weit hinein in die CDU planwirtschaftliches Gedankengut dominierte. Insofern war sein Standpunkt geradezu revolutionär. Bei der Geburt der D-Mark war er jedoch nicht mit von der Partie. Die Stunde des Mannes mit der Zigarre schlug bei der flankierenden Wirtschaftsreform zur Währungsreform – und das war entscheidend genug. Seit Frühjahr 1948 war Erhard Direktor der Verwaltung für Wirtschaft beim Wirtschaftsrat in Frankfurt am Main – eine Art Vorparlament der künftigen Bundesrepublik. Davon überzeugt, dass die Reform nur dann funktioniere, wenn auch die Preise als wichtigstes Steuerungsmittel der Marktwirtschaft freigesetzt würden, legte er dem Wirtschaftsrat einen Gesetzesentwurf vor. In der Nacht zum Freitag, dem 19. Juni, zwei Tage vor dem Tag X, stimmte die Ratsmehrheit im großen Saal der Frankfurter Börse für das sogenannte »Leitsätzegesetz«, Erhard hatte sich gegen die SPD durchgesetzt. Eine weitgehende Lockerung der Preiskontrollen stand in Aussicht. Allerdings fehlte die für solche Fälle obligate Zustimmung der Alliierten. Die Zeitnot geschickt nutzend, schuf Erhard vollendete Tatsachen. Er besaß sogar die Chuzpe, noch am »Währungssonntag« über den Rundfunk die Aufhebung der Zwangsbewirtschaftung für den darauffolgenden Tag anzukündigen. Er hatte damit nicht nur die Spielregeln zwischen Siegern und Besiegten missachtet, sondern die Westalliierten auch noch unter Druck gesetzt.

Ludwig Erhard (2. von rechts) bei Besprechungen mit Vertretern der amerikanischen Marshallplan-Behörde im Herbst 1948.

Als General Clay den Wirtschaftsdirektor zur Rede stellte und ihm die eigenmächtige Änderung der Bewirtschaftung vorhielt, soll Erhard geantwortet haben: »Ich habe sie nicht geändert, ich habe sie aufgehoben.« Trotz erkennbarer Verstimmung durfte sich der Mann mit der Zigarre auch weiterhin der Unterstützung des Militärgouverneurs erfreuen; die Maßnahmen kamen der marktwirtschaftlichen Ausrichtung der US-Regierung durchaus entgegen.

Wer glaubt, dass damit eine rasante Erfolgsstory ihren Anfang nahm, irrt. Der Währungsschnitt war zwar marktwirtschaftlich sinnvoll, doch für große Teile der Bevölkerung sozial nur schwer erträglich. Wer Reichsmarkguthaben angespart hatte, war der große Verlierer. Letztlich lief es auf ein Umstellungsverhältnis von 100:6,5 hinaus. All jene, die viel besaßen, Sachwerte, Häuser, Grundstücke, waren die Gewinner. Die Geschichte von den gleichen Startchancen ist jedenfalls ein Märchen. Die Preise stiegen erheblich, im Durchschnitt um 17 Prozent, auch bei lebensnotwendigen Gütern. »Vor der Währungsreform war Geld da, und es wurde nichts angeboten. Nun gab es Waren in Fülle und Fülle, aber das Geld reichte in den meisten Haushalten nicht aus«, so der Unternehmer Hans Imhof.

*Der 20. Juni 1948 war schon eine Stunde null. Es ist aber eine absolute Mär der Geschichte, dass mit der Währungsreform automatisch … der Wohlstand in Deutschland ausgebrochen ist.*

EDZARD REUTER

Doch gab es eine Alternative? Die spätere Bundestagspräsidentin Annemarie Renger meinte: »Die Währungsreform war notwendig, aber nicht gerecht. Es konnte nicht angehen, dass die einen nur ein paar Pfennige besaßen und die anderen durch die Warengüter überproportional wohlhabend waren. Diese Entwicklung konnte sicherlich nicht richtig sein. Auf der anderen Seite ist es schwer vorstellbar, wie die eigentliche Planung und Durchführung der Währungsreform hätte anders verlaufen sollen.«

Am 12. November 1948 riefen Gewerkschaften und SPD zum Protest »gegen die Anarchie auf den Warenmärkten und gegen das weitere Auseinanderklaffen von Löhnen und Preisen« auf. Etwa neun Millionen Arbeiter folgten der Aufforderung, legten für 24 Stunden ihre Arbeit nieder. Im Dezember ergaben Umfragen, dass sich 70 Prozent der Deutschen wieder Preiskontrollen wünschten. Erhard war wegen der »Wucherpreise« laut Allensbacher Meinungsforschern unversehens zum unpopulärsten Mann in Deutschland geworden.

Nur allmählich begann sich abzuzeichnen, dass die Volkswirtschaft von der Währungs- und Wirtschaftsreform entscheidend profitierte. Bis August 1948 hatte sich die Industrieproduktion um mehr als ein Viertel erhöht. Auch die Produktivität anderer Sektoren stieg erheblich, die Investitionen legten zu. Doch solche Tatsachen schlugen beim Verbraucher noch nicht zu Buche. Für ihn kam das »Wirtschaftswunder« erst nach ein paar Jahren Durststrecke. Bis dahin galt das Prinzip Hoffnung.

Eine Bürde aber blieb: die Teilung der Nation. Die Spaltung der Währung geriet zum Symbolakt für das Auseinanderleben der Deutschen in Ost und West. Auf dem Territorium der späteren DDR wurde im Gegenzug zur D-Mark die »Tapeten- oder Couponmark« eingeführt, da neue Geldscheine noch nicht vorlagen; erst Ende Juli gab es die »Deutsche Mark der deutschen Notenbank«, auch »Ostmark« genannt.

*Die neue Währung in der SBZ nützte nichts, es gab nichts zu kaufen. Wir mussten weiterhin tauschen.*

HANS LÜTZGENDORF,
LEBTE BIS 1954 IN DER SBZ

Von Anfang an verfügte die neue Ostwährung nur über einen Bruchteil der Kaufkraft der D-Mark, die Läden blieben leer: »Man bekam nicht viel mehr als vorher. Wir mussten weiterhin tauschen«, erinnerte sich der damalige SED-Funktionär Fritz Schenk: »Der Ostmark stand die Bevölkerung sehr skeptisch gegenüber. Sie war nichts wert. Es stellte sich sehr schnell heraus, dass sie gegenüber der D-Mark abfiel. Dies dämpfte natürlich das Bewusstsein vom Wert des eigenen Geldes ganz gewaltig und war typisch für die

Symbol der Spaltung: Wenige Tage nach der Währungsreform in den Westsektoren beginnt auch im Osten der Geldumtausch.

# Die Rosinenbomber

Stalin wertete die Einführung der D-Mark in den Westsektoren als signifikanten Verstoß gegen das Viermächteabkommen und ließ in der Nacht zum 24. Juni 1948 alle Zufahrtsstraßen nach Westberlin sperren. Die Politiker in Washington, London und Paris reagierten zunächst überrascht. Auf Initiative des US-Militärgouverneurs Lucius Clay stellten die Westmächte die Versorgung Westberlins durch eine Luftbrücke sicher. In fast 200 000 Flügen wurden rund 1,5 Millionen Tonnen lebenswichtiger Güter nach Berlin transportiert. Alle zwei bis drei Minuten landete eine Maschine auf einem der drei Westberliner Flughäfen. »Rosinenbomber« wurden die Flugzeuge im Volksmund genannt. Zu diesem Namen kamen sie wohl auch dank Gail Halverson. Der US-Pilot warf während seiner Anflüge Süßigkeiten an kleinen Fallschirmen aus Taschentüchern für die Berliner Kinder ab. Als seine Vorgesetzten durch die Presse von den heimlichen Abwürfen erfuhren, wurde bald darauf die Organisation »Little Vittles« (»kleiner Proviant«) ins Leben gerufen. Nach 322 Tagen gab Stalin seinen Versuch auf, die Menschen in den westlichen Sektoren durch Hunger und Kälte in die Knie zu zwingen und die gesamte Hauptstadt unter sowjetische Kontrolle zu bringen. Die Westalliierten dagegen verzeichneten politisch wie ideologisch einen klaren Erfolg. Die »Rosinenbomber« waren ein handfester Beweis für die wachsende Solidarität zwischen Siegern und Besiegten. Die Gründung der Bundesrepublik Deutschland wurde dadurch beschleunigt – und damit die Teilung des einstigen Deutschen Reiches.

Grundstimmung, dass man den kürzeren Zipfel erwischt hatte.«

In Berlin spitzte sich die Lage zu. Schon am 18. Juni hatte die sowjetische Regierung auf die Ankündigung der Westreform mit ersten Blockademaßnahmen reagiert. Und während die Währungsreform Berlin ursprünglich ausklammerte, versuchte die SMAD am 23. Juni ihrerseits, den Geltungsbereich der Ostmark einseitig auf die gesamte Stadt auszudehnen. Die westlichen Alliierten gaben daraufhin am 24. Juni in ihren Sektoren die sogenannte »Bären-DM« aus: D-Mark-Scheine mit einem aufgestempelten »B« als Parallelwährung zur Ostmark. Erst am 20. März 1949 endete in Westberlin die Zeit der Doppelwährung. Die D-Mark galt fortan auch in den Westsektoren.

Die beiden Währungen blieben eine wesentliche Facette der Spaltung. Erst 42 Jahre nach dem Tag X sollte die D-Mark Symbol für die Einheit der Deutschen sein.

1948 setzte die Währungsreform zumindest für einen Teil der Nation »einen Schlussstrich unter das, was gewesen war«, erinnerte sich der spätere Verkehrsminister Georg Leber: »Nicht nur das wertlose Geld, sondern auch die Trümmer, das Elend der Heimatvertriebenen, Hunger und Wohnungsnot begannen langsam zu versiegen. Das war der erste große Hoffnungsschimmer in einer Zeit, in der die Deutschen noch nicht selbst über sich bestimmen konnten. Die Währungsreform ließ die Menschen aufschauen, nach vorne sehen und gab ihnen wieder Hoffnung.«

# 1949

## Die Staatsgeburt

Es schien, als hätten sie Verständnis für das, was an diesem Tag geschah. Mit einem zustimmenden Lächeln blickten die beiden Goldengel einander an. Den geflügelten Boten aus Edelmetall war die wichtige Aufgabe zugedacht, bei der bevorstehenden Zeremonie die kristallene Tintenschale zu halten. Die Tinte wurde zur Unterzeichnung der »Geburtsurkunde« benötigt. Das Grundgesetz für die Bundesrepublik Deutschland sollte am darauffolgenden Tag in Kraft treten.

In einem Holzkästchen dicht neben den Engeln auf dem Pult der Unterzeichnung befanden sich – aneinandergereiht wie Zigarren – zwölf Füllfederhalter. Viel weniger durften es nicht sein, denn die gesamte »Elternschar« war aufgerufen, zu unterschreiben. Und das Grundgesetz hatte immerhin 66 hauptamtliche Väter und vier Mütter: die Mitglieder des Parlamentarischen Rates. Neun Monate war das Kind ausgetragen worden, von einer Frühgeburt – im wörtlichen Sinne – konnte mithin wirklich nicht die Rede sein.

Nüchtern war das Ambiente für den prominenten Anlass – immerhin die Gründung einer Republik. Der barock anmutende Tintenbehälter, den man sich aus dem Kölner Ratszimmer entliehen hatte, fiel aus dem Rahmen, wirkte in dem kargen Saal wie ein Fremdkörper. Alles erschien etwas improvisiert. Doch was tat das schon? »Provisorisch bleiben« – so lautete auch die Parole der Zeit. Die Zweite Republik wurde in einer pädagogischen Akademie geboren, in einer Stadt, die erst in diesem Moment so richtig ins Rampenlicht der Geschichte rückte. Der 23. Mai 1949, ein deutscher Schicksalstag, war von nun an untrennbar mit dem Namen »Bonn« verknüpft. Wenige Minuten nach 16 Uhr eröffnete der Präsident des Parlamentarischen Rates, Dr. Konrad Adenauer, die feierliche Sitzung. Er konnte noch nicht wissen, dass er einmal der erste Bundeskanzler des neuen Staatsgebildes sein würde.

Bei der feierlichen Versammlung anwesend waren neben den parlamentarischen Ratsmitgliedern auch die Ministerpräsidenten der elf neuen Bundesländer sowie Vertreter der westalliierten Militärregierungen. Einziger Tagesordnungspunkt: die Annahme, Ausfertigung und Verkündung des Grundgesetzes. Vor dem Pult war die schwarz-rot-goldene Flagge aufgestellt. Die Farben der deutschen Demokratie markierten den einzigen bunten Fleck in der ansonsten fast ausschließlich schwarz gekleideten Versammlung.

*Noch nie war der geistige Zusammenklang der Deutschen aus allen Schichten, Stämmen und Landschaften so tief und feierlich wie in dieser Stunde.*

KARL ARNOLD (CDU),
MINISTERPRÄSIDENT VON NORDRHEIN-WESTFALEN, 23. MAI 1949

Der Gründungsakt an diesem Tag war der dritte demokratische Aufgalopp der deutschen Geschichte. Ein Jahrhundert zuvor, im Jahr 1849, hatte die Paulskirchenversammlung getagt. Sie scheiterte, wenn auch ihre Ideen lebendig blieben. Die Weimarer Verfassung von 1919 war freiheitlich und demokratisch, blieb aber ungeliebt und wurde 1933 von Hitler hinweggefegt. Nun stand der dritte Versuch an: die Bewährungsprobe der Zweiten Republik – allerdings nur auf einem Teil des deutschen Territoriums, mit Siegermächten, die nicht nur als Geburtshelfer fungierten, sondern auch weiterhin die Kontrolle über die innere und äußere Ordnung ausübten.

Zur Eröffnung des Festakts erklang ein Orgelspiel, die »Phantasie in g-Moll« von Johann Sebastian Bach. »Heute, am 23. Mai, beginnt ein neuer Abschnitt in der Geschichte unseres Volkes«, eröffnete Konrad Adenauer seine Festansprache – die Bundesrepublik Deutschland trete nun in die Geschichte ein.

Dass sich in diesem Moment nicht nur ein deutscher Staat manifestierte, sondern zugleich auch die Teilung Deutschlands, war den Anwesenden bewusst. Wer aber trug die Verantwortung? Es war klar, wen Adenauer meinte, als er sagte: »Durch Kräfte, die stärker sind als der Wille des deutschen Volkes, ist es heute unmöglich gemacht, das ganze Deutschland zu einem Staat zusammenzufassen.«

*Einmal muss ein Anfang gemacht werden, einmal muss Schluss sein mit dem ewigen Weiterwursteln und Auseinanderfallen.*

ADENAUER, 1949

Konrad Adenauer, der Präsident des Parlamentarischen Rates, unterzeichnet das Grundgesetz der Bundesrepublik Deutschland, 23. Mai 1949.

Das galt den Entscheidungsträgern östlich des Eisernen Vorhangs. Auf keinen Fall durfte das neue Staatsgebilde als ein vollendetes erscheinen. In Adenauers Rede tauchte deshalb nicht ein einziges Mal das Wort »Verfassung« auf. Es sei schlicht ein »Grundgesetz« – »für eine Übergangszeit eine neue Ordnung«, hieß es noch zurückhaltender in der Präambel.

Nach seiner Ansprache forderte Adenauer die Abgeordneten auf, die Urkunde zu unterschreiben. Im Blitzlicht der Fotografen unterzeichnete der Dreiundsiebzigjährige als Erster.

Der alte Mann von Rhöndorf hatte gewiss nicht die allerbeste Garderobe aus dem Schrank geholt. Er trug einen einfachen schwarzen Anzug mit grauer Krawatte – dem Provisorium angemessen.

## Der erste Kanzler der Bundesrepublik

73 Jahre »jung« war Konrad Adenauer, als das Grundgesetz aus der Taufe gehoben wurde – »alt« aber an Erfahrung. Von 1917 bis 1933 und noch einmal 1945 war er Oberbürgermeister von Köln, von 1920 bis 1933 auch Präsident des Preußischen Staatsrats, bis ihn die Nationalsozialisten von allen Ämtern enthoben. Nach Kriegsende baute er die CDU mit auf. 14 Jahre lang stand er schließlich als Bundeskanzler an der Spitze eines Staates, der laut Selbstverständnis der Verfassungsväter nur ein Provisorium sein sollte. Angesichts der sowjetischen Bedrohung mahnte der erfahrene Politiker den Zusammenhalt der freien Welt an und bemühte sich um die Souveränität des jungen Staates. Der Preis für die neue Selbstständigkeit hieß: Wiederbewaffnung und Beitritt zum westlichen Militärbündnis. Die Einheit der Nation durch eine deutsche Neutralität zu erreichen, wie es in Forderungen seiner politischen Gegner oder Stalins Noten von 1952 anklang, lehnte er strikt ab. Über die Vergangenheit seines Volkes deckte er den christlichen Mantel der Nächstenliebe: »Sie können schmutziges Wasser nicht wegschütten, wenn Sie kein frisches haben.« Seine ungebrochene Popularität ist Ausdruck jener Zeitenwende, die er mitgestaltete. Nach Krieg und Diktatur verkörperte er trotz seines Alters Zukunftsoptimismus, gab Halt und Perspektive – und gewann seine Wähler für die Demokratie.

Nach ihm leisteten die Vizepräsidenten ihre Unterschrift, dann unterzeichneten die Abgeordneten in alphabetischer Reihenfolge. Dass es unter ihnen Verweigerer gab, war schon vorher bekannt, allen voran die beiden kommunistischen Mitglieder des Parlamentarischen Rates. Als der Abgeordnete Heinz Renner zur Unterzeichnung aufgerufen wurde, rief er prompt zurück: »Ich unterschreibe nicht die Spaltung Deutschlands.« Der Abgeordnete Max Reimann gab erst gar keine Begründung ab, sondern antwortete kurz und knapp: »Nein.« Für die beiden zählte das Argument, es müsse einen Weststaat geben, um wenigstens einen Teil Deutschlands demokratisch aufzubauen, nicht. Aus kommunistischer Sicht existierte die wahre Demokratie ohnedies nur im Osten. Würde man diese auch im Westen zulassen, so wäre die Einheit längst vollzogen. Eine Einheit unter kommunistischen Voraussetzungen aber kam für die Entscheidungsträger westlich des Eisernen Vorhangs nicht in Frage.

»Nein!« Die kommunistischen Ratsmitglieder Max Reimann (1. Reihe vorne) und Heinz Renner (dahinter) verweigerten dem Grundgesetz ihre Zustimmung.

Und die hatten in Bonn das Sagen, wie einer von ihnen es jetzt unter Beweis stellte: »Gemäß Artikel 145 verkünde ich im Namen und im Auftrag des Parlamentarischen Rates unter Mitwirkung der Abgeordneten Groß-Berlins das Grundgesetz.« Es war ein Etappensieg für Adenauer, denn er hatte schon früher als andere für den Weststaat plädiert. Für ihn war es kein Widerspruch, als er hinzufügte: »Wir sind der festen Überzeugung, dass wir durch unsere Arbeit einen wesentlichen Beitrag zur Wieder vereinigung des ganzen deutschen Volkes … leisten. Wir wünschen und hoffen, dass bald der Tag kommen möge, an dem das ganze deutsche Volk wiedervereint sein wird.« Die Mehrheit im Parlamentarischen Rat hatte sich der Auffassung angeschlossen, dass die Einheit Deutschlands in Freiheit nicht anders zu erreichen sei als über die Gründung eines demokratischen »Kernstaates« im Westen. Man hoffte nun, dass eine konsolidierte Bundesrepublik einen solch starken Einfluss auf die »SBZ« ausüben könne, dass diese sich früher oder später anschließen würde. »Magnettheorie« nannte man das.

*Dieses Westdeutschland wird das Kernstück eines geeinten Deutschlands, wird der eigentliche Bewahrer der europäischen Demokratie, wird der Träger des offensiven Geistes der Freiheit gegenüber der sowjetischen Besatzungszone.*

KURT SCHUMACHER,
VORSITZENDER DER SPD, 1949

Mochte diese Theorie Jahrzehnte später wie pure Selbsttäuschung erscheinen – an jenem 23. Mai rechnete niemand mit einer langen Teilung. »Sehr viele Menschen konnten sich nicht vorstellen, dass 20, 30, 40 Jahre später Deutschland noch geteilt sein würde«, erinnert sich der Zeitgenosse Egon Bahr. »Deshalb hat man schließlich Ja gesagt zum Provisorium.«

Am Schluss des Festakts anlässlich der Unterzeichnung des Grundgesetzes erklang die Orgel noch einmal. Die meisten Abgeordneten sangen, wenn auch nicht ganz textsicher, nach besten Kräften mit. Weil das frisch getaufte Staatswesen noch keine eigene Hymne hatte, musste ein anderes Lied herhalten: »Ich hab mich ergeben mit Herz und mit Hand.« Es war der SPD-Politiker Carlo Schmid, dem es mit knapper Müh und Not gelungen war, dem Organisten die Noten für das eigentlich vorgesehene »Kaiser-Quartett« wieder wegzunehmen. Der Verfassungsvater fürchtete, dass ansonsten die Alliierten, die ja alles abzusegnen hatten, nicht mehr mitspielten. Das im »Dritten Reich« missbrauchte »Deutschlandlied« war zu diesem Zeitpunkt noch verpönt.

»Ich hab mich ergeben mit Herz und Hand«? Wir wissen heute, dass nicht wenige Politiker in jenem feierlichen Augenblick an die Doppeldeutigkeit der Verse dachten. Was hatte es da nicht alles gegeben an Bedingungen und Zwängen, denen sie sich beugen mussten. War da nicht der stete Druck der Westalliierten, die Staatsgründung voranzutreiben? Dann die Entwicklung der SBZ, die Sowjetisierung im Osten und damit die Angst, dass davon auch der Westen nicht verschont bleiben könnte? Und schließlich die labile Situation in Berlin, dessen Westsektoren gerade die Blockade über sich hatten ergehen lassen müssen? Gab es überhaupt eine andere Wahl, als der Staatsgründung zuzustimmen? Zurück lagen immerhin vier Jahre gescheiterter Deutschlandpolitik.

Am 8. Mai 1945 wurde Deutschland nicht nur besetzt, sondern es geriet auch zum Objekt der Siegermächte, die über uneingeschränkte Regierungsgewalt verfügten. Sie hatten nun in allen Deutschland als Ganzes betreffenden Fragen zu entscheiden. Dann zeichnete sich ein Hoffnungsschimmer ab. Die vier Mächte annektierten oder teilten das besetzte Gebiet nicht, wie dies bei früheren Kriegen der Fall war, sondern gingen von der Einheit Deutschlands aus – wenngleich die Ostgebiete de facto abgetrennt wurden. In den vier Besatzungszonen wollten die Siegermächte in allen wesentlichen Fragen gemeinsam regieren, der Alliierte Kontrollrat hatte einstimmig Entscheidungen zu treffen und dabei für ein »einheitliches Vorgehen« Sorge zu tragen. Die »wirtschaftliche Einheit« sollte gewahrt werden.

Es gab also durchaus Ansatzpunkte, die Einheit Deutschlands zu erhalten, doch fanden sich auch Sollbruchstellen, die auf eine Teilung hindeuteten. Laut Abschlusskommuniqué der Potsdamer Konferenz von 1945 hatten sich die Mächte zwar grundsätzlich auf eine gemeinsame Demokratisierung, Denazifizierung, Demilitarisierung und Deindustrialisierung Deutschlands geeinigt. Doch die Formulierungen ließen zahlreiche Interpretationen zu und überdeckten die unterschiedlichen Auffassungen. Ganz klar verstand Truman unter Demokratie etwas anderes als Stalin, der sich bei seiner Definition freilich auf den Deutschen Friedrich Engels berufen konnte: »Demokratie ist heutzutage der Kommunismus.«

Der angeblich freiwillige Zusammenschluss von KPD und SPD zur Sozialistischen Einheitspartei Deutschlands (SED) war in Wahrheit eine Zwangsvereinigung.

Seit der Jahreswende 1945/46 wurde Deutschland mehr und mehr zum Schauplatz des ideologischen und machtpolitischen Konflikts zwischen Ost und West – mit den Hauptkontrahenten Sowjetunion und USA. Es stellte sich heraus, dass der Pakt zwischen den Westalliierten und Moskau vor allem ein Zweckbündnis zur Bekämpfung Hitler-Deutschlands war. Nach dessen Niederlage trat der Gegensatz offen zutage.

Bei der Demokratisierung der Zonen orientierte sich jede Besatzungsmacht am eigenen politischen System. Die Wirtschaftseinheit fiel dem Konflikt über die vor allem von der Sowjetunion geforderten Reparationen zum Opfer. Der Kreml beurteilte die von der US-Regierung vorgeschlagene wirtschaftliche Vereinigung der Besatzungszonen ebenso wie später den Marshallplan als gezielte Maßnahme des amerikanischen Wirtschaftsimperialismus. Die Deutschlandpolitik der UdSSR wiederum wurde von den USA als Versuch betrachtet, ganz Deutschland der sowjetischen Einflusssphäre einzuverleiben. Washington meinte schließlich vor der Wahl zu stehen, entweder auch noch die drei westlichen Besatzungszonen an die Sowjetunion zu verlieren oder zumindest einen Teil durch eine West-Staatsbildung zu sichern – unter Inkaufnahme der Teilung.

Wie sahen das die Betroffenen, die Besiegten? Ihnen verblieb zunächst nur ein geringer Handlungsspielraum, der sich nach Gutdünken der Siegermächte Schritt für Schritt vergrößerte. Diese übertrugen ihren Zöglingen am Anfang lediglich die Verantwortung für eine halbwegs funktionierende Verwaltung. Im Januar 1946 fanden im Westen die ersten Gemeindewahlen statt, bald folgten Wahlen zu den Länderparlamenten. Auf behutsamem Wege lernten die Westdeutschen wieder Demokratie.

Der KPD-Vorsitzende Wilhelm Pieck und der SPD-Politiker Otto Grotewohl besiegeln per Händedruck die Gründung der SED.

Energischer trieben die Sowjets die politische Ausrichtung ihrer Zone voran. Die »Gruppe Ulbricht«, in Moskau systematisch auf ihre Arbeit nach dem Krieg vorbereitet, war dazu ausersehen, die politischen und wirtschaftlichen Verhältnisse in der sowjetischen Besatzungszone nach dem Willen der Sowjetischen Militäradministration (SMAD) umzugestalten. Dazu gehörte vor allem eine umfassende Land- und Bodenreform, die zunächst unter dem Deckmantel der Enteignung des Besitzes ehemaliger Nazis und/oder Kriegsverbrecher begonnen hatte und bald zu einer Beschlagnahmung der gesamten Industrie in Mittel- und Ostdeutschland führte. »Es muss demokratisch aussehen, aber wir müssen alles in der Hand haben«, lautete die von Ulbricht ausgegebene Parole. Die Sowjets achteten darauf, dass an den wichtigsten Schaltstellen der neuen Verwaltung loyale deutsche Helfer saßen. Unter dem Vorwand der Entnazifizierung »säuberten« sie den öffentlichen Dienst von Nichtkommunisten.

In allen Zonen wurden politische Parteien zugelassen, hüben wie drüben, meist sogar unter den gleichen Namen. Lag hier ein Scharnier zur Erhaltung der Einheit? Im März 1946 kam es zum Schwur. Ulbricht verfocht in der SBZ verstärkt die Vereinigung von KPD und SPD. Bei der einzigen freien Abstimmung darüber, die im März 1946 in den Westsektoren Berlins stattfand, sprachen sich 82 Prozent der SPD-Mitglieder gegen die Vereinigung aus. Doch es half nichts: Am 21. und 22. April 1946 fand in Berlin der sogenannte »Vereinigungsparteitag« statt; die Ost-SPD musste sich dem Druck von KPD und SMAD beugen und wurde mit der KPD zur »Sozialistischen Einheitspartei Deutschlands« (SED) zwangsvereinigt.

Daraufhin folgte die innerdeutsche Spaltung auf Parteiebene. Kurt Schumacher lehnte einen Zusammenschluss kategorisch ab: »Eine sozialdemokratische Partei unter kommunistischer Führung«, sagte er, sei »eine kommunistische Partei«. Die West-SPD vollzog die organisatorische Trennung von ihren östlichen Genossen, bald gefolgt von CDU und Liberalen – es waren innerdeutsche Meilensteine auf dem Weg zur Teilung.

»Es muss demokratisch aussehen ...« Otto Grotewohl bei einer Rede vor dem »Volkskongress« der SED.

»Deutsche an einen Tisch«, die das Schicksal Deutschlands selbst in die Hand nahmen – das blieb weiterhin der Wunschtraum vieler Landsleute in Ost und West. Mehrmals hatten die Ministerpräsidenten der amerikanischen und der britischen Zone entsprechende Vorstöße unternommen. Im Juni 1947 kam es zur ersten gesamtdeutschen Ministerpräsidentenkonferenz. Die Vertreter der sowjetischen Zone nahmen die Einladung an. Die bayerische Regierung schlug vor, die Gelegenheit zu nutzen, um »durch diese Tagung den Weg zu ebnen für eine Zusammenarbeit aller Länder Deutschlands im Sinne wirtschaftlicher Einheit und künftiger politischer Zusammenfassung«.

Die Sowjets hatten den Ministerpräsidenten ihres Besatzungsgebiets erstmals die Teilnahme an Gesprächen mit ihren Kollegen aus dem Westen gestattet. Zugleich legten sie ihnen jedoch einen Sprengsatz mit ins Gepäck: Ulbricht sollte einen Antrag auf Erweiterung der Tagesordnung stellen, wenn diese den eigenen Standpunkten »in Bezug auf die Einheit Deutschlands« nicht entspreche. Die westlichen Ministerpräsidenten verfolgten eine strikte taktische Marschroute, Ulbrichts Forderungen wiesen in die Gegenrichtung. Die Konferenz war beendet, bevor sie offiziell begonnen hatte. Das Treffen platzte. Nach seiner Flucht in den Westen erklärte der thüringische Ministerpräsident Rudolf Paul später: »Die SED ist von vornherein darauf aus gewesen, die Konferenz ›hochgehen‹ zu lassen.«

*Tatsache ist, dass die Spaltung des deutschen Volkes nicht durch die Uneinigkeit der Deutschen, sondern der Besatzungsmächte verursacht ist.*

MARTIN NIEMÖLLER, PRÄSIDENT DER LANDESKIRCHE HESSEN-NASSAU, 1948/49

»Deutsche an einen Tisch.« Die gemeinsame Tagung der Ministerpräsidenten aus allen vier Besatzungszonen im Juni 1947 in München war von vornherein zum Scheitern verurteilt.

Für die Bemühungen um eine Wiederherstellung der deutschen Einheit war dies ein erheblicher Rückschlag. Der bayerische Ministerpräsident Hans Georg Ehard stellte bedauernd fest: »Dieser Vorfall bedeutet die Spaltung Deutschlands.« Schon nach zwei Jahren der Besatzung schienen sich die Deutschen in Ost und West auseinanderbewegt zu haben. Ministerpräsident Hinrich Kopf aus Niedersachsen glaubte zu verspüren, »dass wir anfangen, verschiedene Sprachen zu sprechen«. Etwas Positives blieb jedoch nach dem Scheitern des Versuchs: Mit der Konferenz der Ministerpräsidenten entstand ein Gremium, das sich als Gesprächspartner der Besatzungsmächte anbot – auch wenn es nur die drei westlichen Alliierten waren.

Am 23. Februar 1948 begann in London eine Konferenz, die den Startschuss für den Weststaat gab. Im Old India Office, dem Ort, von dem aus die Briten jahrzehntelang ihre indische Kolonie regiert hatten, trafen sich die

Repräsentanten von sechs Staaten, um über das Schicksal der von ihnen abhängigen deutschen Gebiete zu entscheiden. Neben den drei westlichen Siegermächten nahmen auch Vertreter der Beneluxländer an den Beratungen teil, da die Franzosen auf einer internationalen Kontrolle des Ruhrgebiets bestanden. Nicht anwesend war hingegen die vierte Siegermacht Sowjetunion.

Die USA, Großbritannien und Frankreich kamen auf der »Sechsmächtekonferenz« überein, ihre Zonen zusammenzulegen und den Westdeutschen das Angebot zu unterbreiten, einen Staat aufzubauen – unter Beachtung alliierter Vorgaben. Die Sowjets begleiteten die Gespräche aus der Ferne mit einem publizistischen Störfeuer. Die Zeit der offiziellen Schuldzuweisungen hatte begonnen. Für Stalin war die Sache klar: Der Westen hatte die gemeinsame Politik einseitig aufgehoben. Dass der Kremlchef mit der Sowjetisierung seiner Zone die Teilung schon weiter vorangetrieben hatte, sagte er nicht. Längst galt der Leitsatz »Cuius regio, eius religio« – auf Nachkriegsdeutsch: »Wessen Zone, dessen System.«

Der sowjetische Oberbefehlshaber verließ aufgrund der Londoner Konferenzbeschlüsse den Alliierten Kontrollrat, wodurch die Viermächteverwaltung Deutschlands praktisch erlosch. Es kam zu ersten Störungen des Berlinverkehrs durch die Sowjets. Die eigentliche Blockade Berlins setzte unmittelbar nach der Währungsreform (West) ein – sie zog sich hin vom 26. Juni 1948 bis zum 12. Mai 1949. Der Währungsschnitt war eine weitere wesentliche Etappe zur wirtschaftlichen Konsolidierung der Westzonen, aber auch zur deutschen Spaltung. Hatten die westdeutschen Politiker bislang nur wenig mitzureden, so sollte sich das nun ändern.

»Empfehlungen« hatten die sechs Mächte ihre Londoner Anweisungen genannt. Die Reaktion der Politiker in den Westzonen aber fiel eher frostig aus: Es handle sich um ein »unzureichendes Mittel, Deutschland in seiner politischen und wirtschaftlichen Konsolidierung zu helfen«, hieß es in einer ersten Stellungnahme des SPD-Parteivorstands. Selbst Konrad Adenauer prophezeite 1948: »Ich sehe mit Sicherheit den Zeitpunkt herankommen, an dem den Deutschen nichts anderes übrig bleibt, als durch Verweigerung von Mitarbeit wenigstens ihre Ehre vor der Nachwelt zu retten.«

Angesichts der Londoner Empfehlungen standen die Deutschen an einem Scheideweg. Die Gretchenfrage lautete: Wie viel Weststaat soll es sein, wie hältst du's mit der Einheit? Die Frage stellte sich umso dringlicher, je mehr der Zug in Richtung Staatsgründung an Tempo aufnahm. Im Visier feindlicher Propaganda aus dem Osten (»Die Alliierten sind die Heilige Allianz der imperialistischen Reaktion des 20. Jahrhunderts«) trafen die westdeutschen Ministerpräsidenten am 1. Juli 1948 im alliierten Hauptquartier in Frankfurt ein. Dort nahmen sie aus den Händen der drei Militärgouverneure offiziell die sogenannten »Frankfurter Dokumente« entgegen – die Londoner Beschlüsse in Schriftform. Ihnen zufolge hatten die Deutschen bis zum 1. September 1948 eine »Verfassunggebende Versammlung« einzuberufen, die eine »demokratische Verfassung« ausarbeiten sollte. Einem Referendum in den Ländern blieb es vorbehalten, der Verfassung zuzustimmen. Letzte Station war dann das Einverständnis der Alliierten. »Wir Deutsche sind ja in einem schweren Konflikt«, klagte Reinhold Maier, der Ministerpräsident von Württemberg-Baden. Natürlich wollten auch die Ministerpräsidenten die staatliche Konsolidierung der Westzonen. Welche Auswirkungen aber würde die Staatsgründung auf die deutsche Einheit haben?

Beide Probleme beherrschten die Diskussion auf einer Konferenz, zu der sich die Ministerpräsidenten vom 8. bis zum 10. Juli 1948 trafen. Der Tagungsort, das Koblenzer Hotel Rittersturz, verhieß nichts Gutes. Hier hatte sich in grauer Vorzeit ein von Feinden bedrängter Ritter in die Tiefe des Rheintals gestürzt, was einen Teilnehmer zur sorgenvollen Frage veranlasste: »Wer weiß, wann wir springen müssen und ob wir unten lebend ankommen?«

Nicht die Gründung eines Staates, sondern eines »Zweckverbands administrativer Qualität« schlug der SPD-Rechtsexperte Carlo Schmid als Kompromissformel vor. Das klang unverbindlicher, als es in den Frankfurter Dokumenten empfohlen worden war.

Lucius D. Clay, Marie Pierre Koenig und Sir Brian Robertson (von links nach rechts) stellten die Weichen in Richtung Weststaat.

In den alliierten Dokumenten war ebenfalls von einer »Verfassunggebenden Versammlung« die Rede. Auch das hörte sich zu offiziell an für einen Staat, der nur ein Provisorium sein sollte. Wie sich die Ministerpräsidenten um den Begriff »Verfassung« herummogelten, beschrieb später einer der Landesväter, Reinhold Maier: »Da kam irgendjemand mit dem Wort ›Grundgesetz‹ anstelle von ›Verfassung‹. Wie vom Himmel gefallen stand das Wort vor uns und bemächtigte sich unserer Köpfe und Sinne, gewiss nicht der Herzen. Das neue, jungfräuliche Wort vermochte so schon trügerisch von der Realität jener Tage wegzuführen.«

Das »jungfräuliche Wort« stammte von Max Brauer, dem Hamburger Sozialdemokraten. Keine Verfassung sollte es sein, sondern ein Grundgesetz, keine Verfassunggebende Versammlung, sondern ein Parlamentarischer Rat, der von den Landtagen gewählt wurde. Das waren die wesentlichen Antworten der Ministerpräsidenten auf die Frankfurter Dokumente. In der offiziellen Begleitnote erläuterten die Deutschen ihre Haltung: »In Anbetracht der bisherigen Unmöglichkeit einer Einigung der vier Besatzungsmächte über Deutschland müssen die Ministerpräsidenten besonderen Wert darauf legen, dass bei der bevorstehenden Regelung alles vermieden werde, was geeignet sein könnte, die Spaltung zwischen West und Ost weiter zu vertiefen.«

Diese zögerliche Haltung empörte vor allem die Amerikaner, die erwartet hatten, dass die Deutschen auf ihr Angebot begeistert eingehen würden. Clay fühlte sich brüskiert: »Ich als Vertreter einer Siegermacht will den Deutschen Vollmachten geben, und die Deutschen erklären, diese Vollmachten gar nicht in Anspruch nehmen zu wollen. Sie haben eine goldene Chance verpasst. ... Die Russen werden jetzt darauf hinweisen, dass die Deutschen den Weststaat nicht wollten und dass nur die Amerikaner ihn wünschten.«

*Es ist ganz falsch, alles auf den Kalten Krieg und auf die Ost-West-Spannung zu setzen, es gab einfach bei den westlichen Alliierten ... die Erkenntnis, wir dürfen den Fehler wie nach dem Ersten Weltkrieg nicht wieder machen. Diesmal behandeln wir die Deutschen nicht als Besiegte, sondern als demokratische Partner.*

RAINER BARZEL, CDU-POLITIKER, 1989

Wirf mich ins Wasser, aber mach mich nicht nass – so schien sich die Position der Deutschen erklären zu lassen. Die Ministerpräsidenten steckten in der Klemme, Clays Reaktion zeigte jedoch Wirkung. Ein deutscher Ausschuss sollte gebildet werden, der sich mit Verfassungsfragen beschäftigte. Der Verfassungskonvent von Herrenchiemsee war geboren. Dem elfköpfigen Gremium oblag es, alle wichtigen Fragen für eine Konstitution zu klären, die keine Verfassung sein durfte. Nicht politische Entscheidungen sollten die Teilnehmer treffen, sondern Lösungsmöglichkeiten erarbeiten. Eine originelle Aufgabenbeschreibung gab Carlo Schmid einem Reporter: »Ich bin hier, um alles kaputt zu machen.« Erich Kuby erinnerte sich später an ein Gespräch mit Schmid, in dem dieser ihm seine Intention erläuterte: »Er wollte sagen, ich bin hier, um zu verhindern, dass hier ein Staat entsteht.«

Es war schließlich nicht das Insistieren der USA, das den Meinungsumschwung herbeiführte. Das Unbehagen über einen Weststaat wurde wesentlich durch ein Argument des Berliner Oberbürgermeisters Ernst Reuter ausgeräumt, der lakonisch feststellte: »Die Spaltung Deutschlands wird nicht geschaffen, sie ist schon vorhanden.« Eindringlich wies er darauf hin, dass die durch die Blockade hart bedrängte alte Reichshauptstadt den neuen Weststaat geradezu erwarte. Nur wenn ein solcher Kern bestehe, schließe sich die Ostzone ihm fast zwangsläufig an. Nun lag die Hemmschwelle niedriger.

Für die letztliche Entscheidung sorgte aber ein anderes Gremium: der Parlamentarische Rat, der das Grundgesetz für die künftige Bundesrepublik Deutschland ausarbeiten sollte. Er trat am 1. September 1948 zu seiner Eröffnungssitzung im Lichthof des Bonner Zoologischen Museums Koenig zusammen. Zur Feier des Tages erschienen neben den Abgeordneten die Regierungschefs der Länder und Freien Städte, die Spitzen der Bizonen-Verwaltung und Vertreter der Militärregierungen.

Im Bonner Museum Koenig fand am 1. September 1948 die Eröffnungssitzung des Parlamentarischen Rates statt.

Begleiteten am Chiemsee bayerische Mückenschwärme die Versammlung, so steckten im Museum Koenig sehr viel größere und höhere Tiere den Rahmen ab: Die ausgestopften Kreaturen waren bei der Eröffnungsfeier nicht zugelassen, man stellte sie in die Ecke, mit dem Kopf zur Wand, manche wurden auch mit Stoff drapiert. Nur die Giraffe schuf Probleme: Über Blumen und Girlandenschmuck hinweg äugte sie erstaunt auf die 70 Abgeordneten herab. »Wohl kaum hat je ein Staatsakt, der eine neue Phase der Geschichte eines Volkes einleiten sollte, in so skurriler Umgebung stattgefunden«, beschrieb Carlo Schmid in seinen Erinnerungen die ungewöhnliche Kulisse.

»Die Spaltung ist schon vorhanden.« Am 1. September 1948 nahm der Parlamentarische Rat seine Arbeit auf.

*»In der Halle dieses in mächtigen Quadern hochgeführten Gebäudes standen wir unter den Länderfahnen – rings umgeben von ausgestopftem Getier aus aller Welt. Unter den Bären, Schimpansen, Gorillas und anderen Exemplaren exotischer Tierwelt kamen wir uns ein wenig verloren vor.«*

CARLO SCHMID,
»ERINNERUNGEN«, 1979

Der Parlamentarische Rat war nicht, wie von den Alliierten ursprünglich vorgesehen, vom Volk gewählt, sondern er erhielt sein Mandat von den Landtagen. Zwei Drittel der Abgeordneten kamen aus den Länderparlamenten, außerdem gehörten dem Rat zwölf Minister beziehungsweise Staatssekretäre an; zwei Drittel waren Akademiker, meist Juristen. Es gab nur vier Frauen und keinen einzigen Arbeiter.

Die ersten Ämter waren schnell verteilt. Der Rat wählte Konrad Adenauer einvernehmlich zu seinem Präsidenten. »Für die Öffentlichkeit und für die Besatzungsmächte wurde er damit zum ersten Mann des zu schaffenden Staates, noch ehe es ihn gab«, stellte Carlo Schmid später fest – nicht ohne bedauernden Unterton. Adenauer stand in permanentem Kontakt mit den Militärgouverneuren, die sich in Verfassungsfragen das letzte Wort vorbehalten hatten. Professor Carlo Schmid, SPD-Fraktionschef im Parlamentarischen Rat, beschied sich mit dem Vorsitz des Hauptausschusses. Er war nicht nur ein hervorragender Staatsrechtler, sondern auch ein Schöngeist aus tiefster Seele. Seine Formulierungskünste sollten Theodor Heuss zu einer Ode über Schmid inspirieren: »Der Carlo celebriert wie ein Gedicht / die hohen Worte seines Staatsfragments, / auf jedem Comma wuchtet sein Gewicht, / jetzt die Cäsur, dann fühlsam die Cadenz.«

# Das Grundgesetz

»Die Würde des Menschen ist unantastbar. Sie zu achten und zu schützen ist Verpflichtung aller staatlichen Gewalt.« Nach den Erfahrungen der Hitler-Diktatur wurden diese Sätze bewusst an den Anfang des Grundgesetzes gestellt. Die Grund- und Menschenrechte wurden verbindlich für den neuen Staat festgeschrieben und erhielten damit einen weitaus höheren Rang als in der Weimarer Verfassung. Alle politischen Organe sowie die Parteien wurden auf die Verfassung verpflichtet, die Richter des Bundesverfassungsgerichts zu Hütern des Grundgesetzes bestellt. An die Stelle des Reichspräsidenten trat ein entmachteter Bundespräsident. Anders als der Reichskanzler in der Weimarer Zeit sollte der Bundeskanzler nur durch ein »konstruktives« Misstrauensvotum abgelöst werden können. Statt einer »reinen« rückte mehr die »repräsentative« Demokratie in den Vordergrund – ohne plebiszitäre Elemente wie Volksbegehren oder Volksentscheid.

In den Sitzungen des Parlamentarischen Rates ging es dann eher prosaisch als poetisch zu. Während Carlo Schmid immer wieder das »Provisorische, Übergangshafte« betonte, pochte Adenauer auf eine möglichst solide Staatlichkeit, und das so schnell wie möglich. Wiederholt trieb er die Abgeordneten mit den Worten an, sie hätten nicht über die »Zehn Gebote« zu beschließen, sondern über ein Gesetz »für eine Übergangszeit«.

In den wesentlichen Fragen bestand von vornherein ein Grundkonsens. Zur parlamentarischen Republik gab es praktisch keine Alternative. Der Untergang der Weimarer Republik, die Erfahrungen der NS-Zeit standen den meisten noch lebhaft vor Augen, die Konfrontation mit den Sowjets war tägliche Erfahrung. Das Grundgesetz richtete sich gegen jede Art von Extremismus und geriet zu einer Art Gegen-Weimar. Die Verfassungsväter wollten vor allem Vorsorge treffen, dass die Demokratie nicht noch einmal an sich selbst zugrunde geht. Bonn sollte nicht Weimar werden.

Mit dem Grundgesetz konnten die Siegermächte gut leben. So hielt sich der Streit in Grenzen. Gravierende Eingriffe der Besatzer waren ohnedies kaum zu befürchten. Sie konnten sich ein Scheitern der Gesetzgebung ebenso wenig leisten wie die Deutschen. Reibungen gab es vor allem bei Fragen der Kompetenzverteilung zwischen Bund und Ländern und beim künftigen Verhältnis zwischen den Alliierten und den Deutschen (im Rahmen eines Besatzungsstatuts). Franzosen, Bayerns Christsoziale sowie einige Christdemokraten wollten den Bund möglichst schwach, die Länder möglichst stark machen. Die Briten hingegen plädierten gemeinsam mit den Sozialdemokraten für eine stärkere Zentralgewalt. Ansonsten, drohte die SPD, werde sie das Gesetzeswerk ablehnen: »Wir wollen unter keinen Umständen ... einen Bund deutscher Länder. Wir wollen immer nur einen Bundesstaat.« SPD-Chef Schumacher bläute den Abgeordneten seiner Partei ein: »Jetzt heißt es, fest zu bleiben.«

Der SPD-Chef setzte sich durch. Weder Sieger noch Besiegte wollten die Staatsgründung daran scheitern lassen. Bayern aber pochte bis zuletzt auf seine föderale Eigenständigkeit und verweigerte dem Grundgesetz, weil dieses nicht den Vorstellungen in München entsprach, seine Zustimmung.

Bedenken bezüglich der deutschen Einheit wurden durch die Präambel des Grundgesetzes ausgeräumt. Diese hatte, wie Konrad Adenauer in seinen Erinnerungen schrieb, klarzustellen, »dass es sich bei dem vorliegenden Gesetz nur um ein Provisorium handele, das Geltung nur bis zu dem Tag haben sollte, an dem Deutschland wiedervereinigt sei«. Die Präambel trug bezeichnenderweise nicht die Handschrift Adenauers, sondern die seines Rivalen Carlo Schmid.

Am 8. Mai 1949, dem vierten Jahrestag der bedingungslosen Kapitulation der deutschen Wehrmacht, verabschiedete der Parlamentarische Rat das Grundgesetz für die Bundesrepublik Deutschland. Bei 53 Jastimmen votierten zwölf Abgeordnete der CDU, des katholischen Zentrums, der rechtskonservativen »Deutschen Partei« und der KPD mit Nein. In kurzer Folge stimmten die Landtage dem Grundgesetz zu – mit einer Ausnahme: Bayern, das es mit 101 gegen 63 Stimmen ablehnte. Doch Ministerpräsident Ehard versicherte, trotz der Ablehnung fühle sich sein Land »zugehörig zu dem Ganzen«. Am 10. Mai, zwei Tage vor Beendigung der Berliner Blockade, erteilten die drei westlichen Besatzungsmächte ihr Einverständnis. Vorbehalte insbesondere zur äußeren Souveränität wurden im sogenannten »Besatzungsstatut« geregelt.

*Ich glaube, dass sich die Siegermächte im Prinzip einig waren, Deutschland nicht als Einheit wiedererstehen zu lassen.*

EGON BAHR, 1989

Fast schon paradox musste für viele Zeitgenossen anmuten, dass die Außenminister der vier Siegermächte ausgerechnet an jenem 23. Mai in Paris zusammentrafen, um über die deutsche Frage zu verhandeln – zum ersten Mal wieder nach einer Unterbrechung von anderthalb Jahren. Eine knappe Stunde nach der Verkündung des Grundgesetzes begannen Beratungen, ob die deutsche Einheit noch zu verwirklichen sei oder nicht. Das Treffen geriet zur Farce. Aber niemand wollte sich den Vorwurf zuziehen, es nicht noch mal versucht zu haben. Signale der Sowjets, sich eventuell mit einem geeinten, aber neutralen Deutschland zufriedenzugeben, stießen im Westen auf Ablehnung – man misstraute Stalin.

Moskau zog nun in seiner Besatzungszone nach. »Die Russen werden sofort mit einem Oststaat antworten«, hatte der Staats-

Kurt Schumacher (Bildmitte) spricht auf einer Wahlkundgebung der SPD auf dem Römerberg in Frankfurt/Main, August 1949.

präsident von Württemberg-Hohenzollern, Lorenz Bock, schon nach der Londoner Konferenz vorausgesagt. Zu dieser Zeit beanspruchte der von der SED inszenierte »Volkskongress für Einheit und gerechten Frieden« noch lautstark, für ganz Deutschland zu sprechen.

Je mehr die Chancen für die Einheit schwanden und je weniger die Einheitspartei auf ihren eigenen Machtanspruch verzichten wollte, desto vehementer gebärdete sich die SED als Anwalt der deutschen Sache. Doch aller Einheitsrhetorik zum Trotz trieben die Einheitssozialisten die Gründung eines Oststaates weiter voran. Fünf Tage vor der Bonner Grundgesetz-Verkündung trat in Ostberlin der vom »Deutschen Volkskongress« gewählte »Deutsche Volksrat« zusammen. Er billigte einen von der SED vorgelegten Verfassungsentwurf. Eine Woche nach der westdeutschen Staatsgründung nahm der Dritte Deutsche Volkskongress die Verfassung an. Am 7. Oktober wurde sie durch die Provisorische Volkskammer in Kraft gesetzt. Auf deutschem Boden existierten von nun an zwei verschiedene Konstitutionen: eine freiheitlich-demokratische und eine sozialistische.

Vier Jahre nach dem Untergang der Diktatur findet wieder ein Wahlkampf auf Bundesebene statt. Wahlplakate der SPD und der CDU.

*Mit jeder Stunde wird klarer, dass die Bedrohung für den Frieden, hervorgerufen durch die Spaltung Deutschlands seitens der angloamerikanischen Imperialisten …, nur durch die Bildung einer deutschen Regierung mit dem Sitz in Berlin … überwunden werden kann.*

ERICH HONECKER,
DAMALS VORSITZENDER DES ZENTRALRATS
DER FDJ, 3. OKTOBER 1949

Nach demokratischen Grundsätzen wählten dann die Bürger der Bundesrepublik am 14. August 1949 den ersten Deutschen Bundestag. Die CDU/CSU wurde mit 31 Prozent stärkste Fraktion, die SPD erreichte mit 29,2 Prozent nur den zweiten Rang. Die DDR hatte schon ein halbes Jahr früher gewählt – allerdings nach sozialistischen Wahlprinzipien auf der Grundlage einer Einheitsliste, bei der das Votum zugunsten der SED bereits feststand. Regierungsbildungen in West und Ost schlossen sich an: Konrad Adenauer wurde am 15. September mit einer Stimme Mehrheit – seiner eigenen – erster Kanzler der Bundesrepublik Deutschland, drei Tage zuvor hatte die Bundesversammlung Theodor Heuss im zweiten Wahlgang zum Bundespräsidenten gewählt. In der

Staatsgeburt Ost: Als Antwort auf die Bildung des Weststaates wurde am 7. Oktober 1949 in Ostberlin die Deutsche Demokratische Republik gegründet.

DDR wählte die Volkskammer, die sich selbst gleichfalls »provisorisch« nannte, Otto Grotewohl zum Ministerpräsidenten; Wilhelm Pieck wurde Präsident der Republik.

In der DDR gab es damals keine Demoskopen, die das Volk nach ihrer Meinung fragen konnten. Vom deutschen Staatsvolk (West) wissen wir, dass der 23. Mai im Bewusstsein der Menschen fast spurlos vorübergegangen ist. Die Meldung »Grundgesetz der Bundesrepublik Deutschland verkündet« war den großen Tageszeitungen nicht einmal einen Aufmacher wert, meist versteckte sie sich irgendwo inmitten der Textspalten.

Die Umfragen in den Westzonen redeten eine deutliche Sprache. Zwei Fünfteln der Bürger war die neue Verfassung gleichgültig. Nur ein Drittel wusste überhaupt, worum es ging. Von den Menschen in der SBZ konnte man allenfalls erfahren, dass sie sich nun völlig abgeschrieben fühlten.

Die Staatsgründung am 23. Mai war kein Gründungserlebnis, das zur Identifikation taugte – im Gegensatz zu anderen Nationen, die den Verfassungstag Jahr für Jahr mit großem Aufwand feiern: Frankreich den 14. Juli (Sturm auf die Bastille) oder die USA den Tag der Unabhängigkeit.

Konrad Adenauer nimmt nach seiner Wahl zum ersten Bundeskanzler der Bundesrepublik Deutschland Glückwünsche entgegen.

Erst nach mehr als vier Jahrzehnten wurde das deutsche »Provisorium« glücklich überwunden und die Einheit in Freiheit vollendet. Und es gibt inzwischen Tage, welche die Gemüter mehr bewegen als der 23. Mai – vor allem jene, die nicht für die Teilung, sondern für die Einheit aller Deutschen Zeugnis ablegen: der 9. November 1989 oder der 3. Oktober 1990. Doch was wären diese Tage ohne den 23. Mai 1949? Die Verfassung für das wiedervereinigte Deutschland blieb – nach den einigungsbedingten Anpassungen – das Bonner Grundgesetz. Es ist keine Verfassung, die sich die Deutschen erkämpfen mussten – und deshalb kein Zündstoff, der die Herzen entflammt. Doch es ist die beste Verfassung, die die Deutschen jemals hatten.

# 1953

## Der Aufstand

Unter den Linden herrscht angespannte Ruhe, so wie elektrisch geladene Luft vibriert, kurz bevor der Blitz einschlägt. Vor dem Brandenburger Tor haben sich sowjetische Militärfahrzeuge postiert. Ihre Besatzungen beobachten mit ausdruckslosen Gesichtern die Straße. Auf der westlichen Seite des Tores patrouillieren britische Militärpolizisten, ihre Waffen schussbereit – Kalter Krieg in Wartestellung. Auf einmal ist Lärm zu hören – Stimmen, Rufe: Eine große Menschenmenge strömt auf die frühere Berliner Prachtstraße. Sie bildet einen geschlossenen Demonstrationszug, der die ganze Straßenbreite ausfüllt. Die Demonstranten in der vorderen Reihe haben sich untergehakt. »Ulbricht, Pieck und Grotewohl, dass euch drei der Teufel hol'«, skandieren mehrere tausend Demonstranten wie aus einer Kehle, und: »Wir sind am Ende unserer Qualen, wir fordern freie Wahlen!« Vor dem Brandenburger Tor – dem Wahrzeichen Berlins in der Mitte der geteilten Stadt – kommt die Menge zum Stehen. Hoch oben auf der nackten Plattform ist statt der Quadriga nur eine acht Meter hohe Fahnenstange aufgepflanzt. Weithin sichtbar flattert eine regennasse rote Fahne träge im Wind. »Man müsste sie runterholen«, sagt einer der Demonstranten. »Das geht uns nichts an. Lasst die Russen aus dem Spiel«, antwortet ein anderer. Auf einmal geht ein Wogen durch die Menge. Zwei junge Männer erscheinen oben auf der Plattform. Vor den Augen der Sowjetsoldaten kriechen sie auf allen vieren auf die Fahne zu. Horst Ballentin, ein 22 Jahre alter Lastwagenfahrer aus Ostberlin, will den »roten Lappen« herunterholen. Er hat ein Messer in der Hand. Nur wenige Schnitte, dann ist die Fahne abgeschnitten. »Wir grüßen das freie Berlin!«, ruft er. Die Menge tobt. »Vorsicht!«, gellt es plötzlich von unten. »Am Adlon geht ein Maschinengewehr in Stellung!« Ballentin wirft die Fahne herunter. Wie ein nasser Sack fällt die Trophäe zwischen die Menschen, die sich wie Furien auf sie stürzen, sie in Stücke reißen und schließlich unter Jubel verbrennen. Unbehelligt steigen Ballentin und sein Gefährte wieder von dem Monument herunter. Begeistert klopft man ihnen auf die Schultern, reicht ihnen Blumen, feiert die beiden Helden.

Die rote Fahne, Symbol der kommunistischen Herrschaft, wird von der wütenden Menge verbrannt.

*Gegen Mittag erreichte der Aufstand seinen Höhepunkt. Die Kampfrufe hatten nur noch politischen Inhalt. Statt »Weg mit den Normen!« hörte man fast nur noch »Weg mit Ulbricht!«. Auch der Ruf nach freien Wahlen verstummte nicht mehr …*

FRITZ SCHENK,
DAMALS SED-FUNKTIONÄR

Es ist elf Uhr vormittags am 17. Juni 1953, dem Tag, an dem zum ersten und zum letzten Mal vor der Revolution 1989 die Bevölkerung der DDR spontan gegen das SED-Regime aufbegehrt und lautstark ihre Rechte einfordert. Am Brandenburger Tor ist kein einziger Schuss gefallen. »Die Freiheit hat gesiegt«, denkt Ballentin. Doch er täuscht sich.

Nur wenige Stunden später erfüllen lautes Kettenrasseln und dumpfes Motorengedröhn die Straßen von Ostberlin. Von allen Seiten fahren sowjetische Panzer in die Menge der Demonstranten, die Kanonenrohre drohend auf die Menschen gerichtet. Für einen jungen Mann ist es zu spät: Die Ketten eines Panzers haben ihn erfasst und zermalmen ihn. Als eine Panzerkolonne auf den Potsdamer Platz rollt, fliegen Steine. Schüsse peitschen durch die Luft: Sowjetsoldaten und DDR-Volkspolizisten feuern mit Maschinenpistolen und Gewehren auf die Menschen. Die Demonstranten rennen in panischer Angst auseinander, suchen verzweifelt hinter Mauerresten und Trümmerhaufen Deckung.

Manche bleiben getroffen am Boden liegen. Doch nach dem ersten Schock versammeln sich wieder junge Arbeiter auf der Straße, haken sich unter und marschieren den Panzern entgegen. Einzelne klettern auf die Panzer, schlagen mit Holzlatten auf die Kanonenrohre ein, brechen die Funkantennen ab oder versuchen, Eisenstangen in die Ketten der Tanks zu stecken. Um 13 Uhr wird der Ausnahmezustand verhängt. Am späten Abend ist der Aufstand blutig niedergeschlagen. An diesem denkwürdigen Tag siegen nicht die Arbeiter und Bauern in ihrem Staat. Es siegt die Gewalt.

*Es war schaurig anzusehen, wie die Salven hintereinander losgingen und die Menschenmassen zu Boden stürzten. Man sah gleich einige auf dem Boden sich wälzen, blutüberströmt, und alles hat nach Sanitätern gerufen.*

RIAS-REPORTER

In einem spontanen Aufschrei des Protestes entluden sich am 17. Juni 1953 in der DDR Wut und Verzweiflung der Bevölkerung. Die Lunte, die das Pulverfass zum Explodieren brachte, hatte die SED, mit Stalins Gnaden zum wichtigsten politischen Entscheidungsträger in der DDR avanciert, im Vorjahr selbst gezündet. Im Juli 1952 hatte Walter Ulbricht, Generalsekretär der SED, auf der II. Parteikonferenz der SED eine »neue Politik« angekündigt, womit er zum ersten Mal Farbe bekannte: beschleunigter Aufbau des Sozialismus nach stalinistischem Vorbild und verstärkte militärische Aufrüstung. Was bis dahin nur unter Tarnung erfolgen konnte, war auf einmal offiziell: Die DDR sollte kommunistisch, die Terrordiktatur in Moskau Leitbild werden. Wie ein Schulmeister verkündete der blasse, spitzbärtige kleine Diktator Maßnahmen, die »18 Millionen Mitteldeutsche in ›Sowjetmenschen‹ verwandeln sollten«, und schloss mit den Worten: »Lang lebe unser weiser Lehr-

# Der »Aufbau des Sozialismus«

Auf der II. Parteikonferenz der SED verkündete Walter Ulbricht, dass »in der DDR der Sozialismus planmäßig aufgebaut« werde. Der Beschluss hatte verheerende Auswirkungen. Nach sowjetischem Beispiel sollten die Reste der Privatwirtschaft weiter zurückgedrängt und dafür der »volkseigene« Sektor ausgeweitet werden. Bauern sollten »freiwillig« ihre Höfe in Landwirtschaftliche Produktionsgenossenschaften, die LPGs, einbringen. Sträubte sich ein Landwirt, so wurden ihm kurzerhand die Pflichtablieferungen an den Staat erhöht, um ihn in die Knie zu zwingen. Eine Massenflucht gen Westen setzte ein. Allein 1953 verließen 37 000 Bauern ihre Höfe. Die Folgen waren fatal: Die Lebensmittel wurden knapp. Butter, Fleisch und Zucker waren noch immer rationiert, Obst und Gemüse absolute Mangelware. Stundenlanges Schlangestehen vor den Geschäften gehörte wieder zum Alltag. Da Ulbricht getreu nach sowjetischem Vorbild die Leichtindustrie zugunsten der Schwerindustrie vernachlässigte, fehlte es bald auch an Konsumgütern.

»Weiser Lehrmeister«. DDR-Präsident Wilhelm Pieck vor einem überlebensgroßen Stalinbildnis.

meister, der Bannerträger des Friedens und Fortschritts in der ganzen Welt, der große Stalin!«

Die von vielen ersehnte deutsche Einheit rückte in immer weitere Ferne: Abschottung und Aufrüstung lautete die Devise. Zwar schrieb sich die SED-Propaganda weiterhin die Schaffung eines demokratischen, friedliebenden und vor allem einheitlichen Deutschland auf die Fahnen. Doch seit 1952 wurden die Sicherungsmaßnahmen an der Grenze verschärft, Reisen in den Westen erschwert.

Da Adenauer in der Bundesrepublik die Westintegration vorantrieb und seine Unterschrift unter den »Generalkriegsvertrag« gesetzt hatte, wie im SED-Jargon die europäische Verteidigungsgemeinschaft genannt wurde, fiel es den Ostberliner Propagandakriegern nicht schwer zu behaupten: »Die Spalter sitzen in Bonn.« Stalins neuer Linie folgend, sollte die DDR in Zukunft das politische und militärische Bollwerk gegen den »westlichen Imperialismus« sein. Die Kasernierte Volkspolizei (KVP), 70 000 Mann stark, erhielt den Auftrag, die »Aufbauleistungen in der DDR gegen Aggressoren zu verteidigen«. Gewaltige Summen – umgerechnet zwei Milliarden Ostmark bis Mitte 1953 – flossen in die Aufrüstung. Für die kriegsmüden Deutschen klang all das nicht nach Versöhnung, sondern nach dauerhafter Teilung.

Im Staatshaushalt entstand bald ein riesiges Loch, das die SED mit einem rücksichtslosen »Feldzug für strenge Sparsamkeit« zu stopfen versuchte. Soziale Vergünstigungen wie der ermäßigte Fahrpreis zum Arbeitsplatz oder die Zulage für Schwerstarbeit fielen weg, drastische Preiserhöhungen und eine Kampagne zur »freiwilligen Normerhöhung« traten an ihre Stelle: Lohnverzicht aus Einsicht, ganz im Sinne des »aufgeklärten« Realsozialismus. Viele Familien sahen sich auf einmal am Rande des Ruins.

Doch nicht genug damit, dass die Menschen den Gürtel enger schnallen mussten – auch der Klammergriff des totalitären Staates wurde immer härter. »Verschärfter Klassenkampf« lautete Ulbrichts Forderung. Wer Kritik übte, wurde diffamiert als »Kriegshetzer« und »Spion im Dienst der USA«. »Innere Feinde« und »Saboteure« waren nicht nur Bauern oder Unternehmer, die ihr Abgabesoll nicht erfüllten. Verstärkt ging das Regime nun auch dazu über, Blockparteien, Akademiker und die Kirche von »Gegnern des Sozialismus zu säubern« und in Schauprozessen zu verurteilen. Von Juli 1952 bis zum Frühjahr 1953 verdoppelte sich die Anzahl der Häftlinge in den Gefängnissen der DDR auf rund 60 000. Verzweifelt packten viele Bürger die Koffer und suchten ihr Heil im Westen. Seit Ulbricht den »Aufbau des Sozialismus« verkündet hatte, kehrten bis zum Juni 1953 rund 330 000 Menschen dem sozialistischen Experiment den Rücken.

Unter den Verbliebenen gärte die Unruhe. Immer häufiger kam es zu Tumulten vor Untersuchungsgefängnissen, zu Demonstrationen und Streiks gegen die Normerhöhungen. Die SED registrierte »negative Reaktionen«, »schlechte Stimmung« und »Verständnislosigkeit« besonders unter Arbeitern, Rentnern und Hausfrauen. Die Spannung wuchs. Im Februar 1953 verbarrikadierte sich die engere Führungsspitze der SED »aufgrund der verschärften politischen Lage« im »Regierungsstädtchen« in Pankow, erhöhte die Sicherheitsvorkehrungen und verteilte Waffen an die Funktionäre.

Doch Ulbricht hielt nicht nur halsstarrig an seinem harten Kurs fest – er verschärfte ihn sogar noch: Wenn die Arbeiter nicht freiwillig bereit waren, ihre Normen zu steigern, dann mussten sie eben dazu gezwungen werden. Kurzerhand beschloss das Zentralkomitee die Durchsetzung einer zehnprozentigen Normerhöhung, während Ulbricht zu Härte und unerbittlichem Hass gegen »Volksschädlinge« aufrief.

*Es offenbarte sich eine wesentliche Schwäche des Politbüros: der Mangel an Massenverbundenheit und fehlender Mut zur Wahrheit.*

KARL SCHIRDEWAN, MITGLIED DES ZK

Am 28. Mai 1953 wurde der Beschluss verkündet. Rechnet man die Normerhöhungen und Preissteigerungen mit ein, dann hatten manche Arbeiter so ein um 25 Prozent geringeres Einkommen. In den Betrieben wurden erste Proteste laut.

In dieser Krise wurde Ulbricht unvermittelt von Moskau zurückgepfiffen. Seit Stalins Tod im März 1953 wehte hier ein versöhnlicherer Wind.

Anfang Juni zitierten die neuen Kremlherren den SED-Chef zusammen mit Ministerpräsident Otto Grotewohl und dem »Chefideologen« der SED, Fred Oelßner, nach Moskau und übergaben ihnen den Beschluss »Über die Maßnahmen der Gesundung der politischen Lage in der DDR«. Vernichtend beurteilte die Sowjetführung darin Ulbrichts »fehlerhafte politische Linie« und forderte eine radikale Wende um 180 Grad. Ulbricht war wie vor den Kopf geschlagen und fügte sich zähneknirschend.

Insgeheim jedoch hatte man in Moskau bereits »beschlossen, Ulbricht aus der Führung zu entfernen. Sogar der Termin stand fest: Es sollte noch im Juni sein«, erinnerte sich der sowjetische Diplomat Valentin Falin, der schon 1953 für die deutschen Belange mit zuständig war. In Ulbrichts engstem Umkreis bot die sowjetische Kritik willkommenen Anlass, am Thron des Generalsekretärs zu sägen. Oelßner forderte prompt eine »Lockerung der Diktatur« und die »Aufgabe der Bevormundung«. Politbüromitglieder wie der Stasichef Wilhelm Zaisser und der Chef des SED-Zentralorgans *Neues Deutschland*, Rudolf Herrnstadt, kritisierten die Parteiführung, die durch »Befehl und Gehorsam«, »Geheimnistuerei« und den »Verlust an Eigen-

## Der »Neue Kurs«

Die neue Sowjetführung, mit der Troika Georgij Malenkow, Lawrentij Berija und Nikita Chruschtschow an der Spitze, leitete nach Stalins Tod (im Bild: Kranzniederlegung in der Ostberliner Stalinallee) eine neue Phase der Innen- und Außenpolitik ein. In der UdSSR begann die allmähliche Entstalinisierung. Den Westmächten gegenüber bemühte sich die sowjetische Führung um moderatere Töne im Kalten Krieg. Die Beendigung des Koreakriegs setzte erste Zeichen. Doch Stalins Musterschüler Ulbricht war über Nacht zur Persona non grata geworden. Sein Führungsstil nach stalinistischem Vorbild und die spürbare Unzufriedenheit der DDR-Bevölkerung passten nicht mehr zum »Neuen Kurs«.

verantwortlichkeit« geprägt sei, und warfen Ulbricht »Drang zum Kommandieren« vor. Ironisch forderte der sowjetische Hohe Kommissar Wladimir Semjonow, Ulbricht solle seinen sechzigsten Geburtstag am 30. Juni, für den eine pompöse Feier geplant war, doch bitte bescheiden ausrichten.

Noch am 11. Juni veröffentlichte Herrnstadt im *Neuen Deutschland* kommentarlos ein Kommuniqué des Politbüros, in dem der »Neue Kurs« bekannt gegeben wurde. Die Schwerindustrie sollte gegenüber der Konsumgüterindustrie wieder zurücktreten, die Maßnahmen gegen widerspenstige Bauern, private Kleinunternehmer und Kirchenmitglieder sollten eingestellt werden. Die komplette Politik der II. Parteikonferenz war praktisch für null und nichtig erklärt.

*Die Verbindung mit den Massen sollte wiedergefunden werden, unvernünftige, überstürzte Maßnahmen sollten rückgängig gemacht, größere Freiheiten ermöglicht werden. Der neue Wind nach Malenkows Regierungsantritt wehte aus Moskau.*

GUSTAV JUST, SEKTIONSLEITER IN DER KULTURABTEILUNG DES ZK

Damit wurde ein Stein ins Rollen gebracht, der sich zu einer Lawine ungeheuren Ausmaßes entwickeln sollte. Statt die aufgeheizte Atmosphäre abzukühlen, stürzte die Nachricht die Menschen in maßlose Verwirrung. Treue SED-Funktionäre witterten Verrat oder RIAS-Propaganda. Andere sahen die Zugeständnisse als Schwäche der SED an und forderten den Rücktritt der Regierung. Gerüchte gingen um, Pieck und Ulbricht seien von den Sowjets verhaftet worden. Hoffnung auf eine Wiedervereinigung wurde laut, als die SED alle Losungen, die das Wort »Sozialismus« enthielten, entfernen ließ. Am meisten erregte die Arbeiter, dass die Normerhöhungen mit keinem Wort erwähnt worden waren. Die Erklärung hierfür war einfach: Sie waren in Moskau nicht konkret besprochen worden.

Als Ulbricht am 15. Juni hörte, dass Streiks und Demonstrationen für die Senkung der Normen geplant waren, schlug er Augenzeugenberichten zufolge erregt mit der Faust auf den Tisch und schrie: »Das kommt überhaupt nicht in Frage. Wir werden keinen Rückzug antreten!« Doch das Ticken der Zeitbombe ließ sich nun nicht mehr anhalten. »Es war fünf Minuten nach zwölf Uhr, und so traf der Zorn der empörten Massen wie ein Blitz die Parteiführung«, schrieb das ehemalige Politbüromitglied Karl Schirdewan.

Das Signal zum Aufstand in der ganzen DDR gaben die Bauarbeiter Ostberlins. Ermutigt durch einen Kommentar Herrnstadts, in dem er sich gegen die »Holzhammermethoden« bei der Durchsetzung der neuen Normen wandte, schickten die Brigaden der Baustelle Friedrichshain am 15. Juni einen Protestbrief an den Ministerpräsidenten Grotewohl und forderten die Rücknahme der Normerhöhung. Herablassend beschloss man jedoch im Büro Grotewohl: »Auf keinen Fall klein beigeben!« Den letzten Funken, der das Pulverfass zum Explodieren brachte, zündete am 16. Juni das Gewerkschaftsblatt *Tribüne*, das die Erhöhung der Arbeitsnormen für »in vollem Umfang richtig« befand. Damit war das Maß voll.

Spontan stellten die Bauarbeiter am Block 40 der Stalinallee ihre Arbeit ein und zogen im Protestmarsch über die »erste sozialistische Straße Deutschlands« zum Regierungsviertel. Ihr Anliegen hatten sie in knappen Worten auf Transparente gepinselt: »Nieder mit den Normerhöhungen«. Als der Protestzug das »Haus der Ministerien« in der Leipziger Straße erreichte, war die Menge auf 10 000 Menschen angeschwollen. »Der Platz brodelte von Gesprächen, Rufen, bis sich dann allmählich Sprechchöre formierten. Ulbricht oder Grotewohl sollten kommen, forderten sie«, erinnerte sich Gustav Just, damals Angehöriger der Kulturabteilung des ZK.

Lange Zeit geschah nichts, das Gebäude blieb verschlossen. Die Staatsführung war wie gelähmt – und verpasste ihre letzte Chance, das Feuer im Ansatz zu ersticken. Die Stimmung schlug um. Industrieminister Fritz Selbmann, in die Schlacht geschickt, um die Arbeiter zu beschwichtigen, wurde niedergeschrien. »Die ruhige, friedliche und geordnete Demonstration verwandelte sich zusehends in eine emotionsgeladene, unkontrollierte Protestveranstaltung.« Was als Arbeiterprotest begonnen hatte, steigerte sich zu einem Aufschrei der Empörung gegen das ganze Regime. Selbst als Lautsprecherwagen das Einlenken der Regierung verkündeten, kühlten die erhitzten Gemüter nicht ab. Die Demonstranten waren zwar mit ihrer Forderung nach Rücknahme der Normerhöhung durchgedrungen, nun aber zielten ihre Parolen auf das politische Mark des Ulbricht-Regimes. »Freiheit!« – »Nieder mit der Regierung!« – »HO macht uns k.o.!«, skandierte die Menge.

Dennoch wäre der führungs- und ziellose Aufruhr wohl bald wieder verebbt, hätte nicht ein entscheidendes Schlagwort die Runde gemacht: »Generalstreik!«, tönte es am Nachmittag aus einem Lautsprecherwagen, dessen sich die Aufständischen bemächtigt hatten. »Macht mit! Seid nicht feige! Wir haben es satt!« Wie ein Lauffeuer verbreitete sich die Nachricht: Treffpunkt am 17. Juni, sieben Uhr, Strausberger Platz. Zur gleichen Zeit am 16. Juni herrschte

Ein friedlicher Protestmarsch als Auslöser: Bauarbeiter aus der Stalinallee auf dem Weg ins Stadtzentrum von Ostberlin, 16. Juni 1953.

im amerikanischen Radiosender RIAS (»Rundfunksender im amerikanischen Sektor«) im Westteil Berlins helle Aufregung. Revolution lag in der Luft. Der Sturz der SED-Regierung, ja sogar die erträumte Wiedervereinigung schien greifbar nahe. »Die Stimme der freien Welt« wollte ihren Teil dazu beitragen. Am Nachmittag war eine Delegation Ostberliner Bauarbeiter in die Redaktion gekommen und hatte zusammen mit Mitarbeitern des RIAS, unter ihnen Chefredakteur Egon Bahr, eine Resolution ausgearbeitet: Sie forderten die sofortige Reduzierung der Normen, Senkung der Lebenshaltungskosten, freie und geheime Wahlen und Amnestie für die Streikenden. Der Sender, so wollten es die Bauarbeiter, sollte ihr Sprachrohr sein und den Generalstreik verkünden. Am selben Tag sendete der RIAS Resolution und Streikaufruf – und löste bei den Amerikanern Panik aus. »Do nothing that could provoke the Soviets« (»Tun Sie nichts, was die Sowjets provozieren könnte«), lautete die prompte Direktive aus Washington. »Am Abend kam der amerikanische Direktor und verlangte von uns, wir sollten den Aufruf ›Nächsten Morgen, Strausberger Platz, 7 Uhr‹ nicht mehr senden, weil der amerikanische Militärgouverneur McCloy aus Bonn angerufen und gefragt habe: ›Seid ihr verrückt? Wollt ihr den Dritten Weltkrieg anfangen?‹«, berichtet Egon Bahr.

Schilder, die den Ostsektor von Berlin markieren, werden kurzerhand abgerissen.

*Die Demonstration weitete sich zusehends zu einer allgemeinen Erhebung aus. … Die »Anführer«, die »Rädelsführer« der Demonstranten waren keineswegs mehr Herr der Situation; sie führten eine Aktion, die in Stunden, ja in Minuten über ihre ursprünglichen Ziele hinausgewachsen war.*

HEINZ BRANDT,
DAMALS SED-FUNKTIONÄR

Doch die Hörer in Ostdeutschland hatten die Nachricht schon vernommen. In den Industriezentren hatte es schon seit Wochen gebrodelt. Die Nachrichten aus Berlin waren lediglich das Signal zum Aufbruch, auf das man gewartet hatte. Noch in der Nacht bildeten sich in vielen Großbetrieben der DDR Streikkomitees.

Verlogen pries Grotewohl abends auf der Parteiaktivtagung im Friedrichstadtpalast die Verbundenheit der Partei mit der Bevölkerung: »Wir sind Blut vom Blute der Arbeiterklasse und Fleisch vom Fleische unseres Volkes.« Während die SED-Führung sich noch in Sicherheit wähnte und nichts unternahm, um die sich anbahnende Katastrophe abzuwenden,

Das ganze System stand am Pranger: In der Friedrichstraße brennt in der Nähe der Sektorengrenze ein Kontrollposten der DDR-Volkspolizei.

schrillten in Moskau die Alarmglocken. Der drohende Zusammenbruch der SED-Regierung schien zu offenbaren, wie instabil der Einfluss der Sowjetunion in Mitteleuropa war. Jegliche Pläne für ein neutralisiertes Gesamtdeutschland und eine liberalere DDR wurden kurzerhand über Bord geworfen. Noch in der Nacht fiel die Entscheidung für den Einsatz der Truppen. »Es war eine Blitzreaktion auf eine Blitzsituation«, schilderte Valentin Falin die Reaktion der Sowjets, »der Aufstand als solcher kam für uns völlig überraschend.«

Schon im Morgengrauen des 17. Juni strömten die Arbeiter aus allen Teilen Berlins ins Stadtzentrum. Allein aus dem Stahl- und Walzwerk Hennigsdorf im Norden Berlins brachen 12 000 Arbeiter zum Marsch in die Innenstadt auf. Sie zogen los, wie sie gerade waren, »einige in Holzpantinen, andere mit nacktem Oberkörper, die Schutzbrillen in die Stirn geschoben, viele mit Schürhaken und anderen Werkzeugen«, erinnerte sich Willy Brandt. Vergeblich versuchten die von der SED ausgesandten Agitatoren, die Arbeiter zu beschwichtigen. Doch sie redeten gegen den Wind. »Von der Sinnlosigkeit waren wir alle überzeugt«, bestätigt Gustav Just. »Es war, als hätte man uns den Auftrag erteilt, mit einem Teelöffel den Schermützelsee auszuschöpfen.« Um sieben Uhr wurde in fast allen Betrieben gestreikt.

Im Stadtzentrum versammelten sich bei strömendem Regen immer mehr Menschen: Schüler, Studenten, Hausfrauen, Angestellte und Rentner schlossen sich den Arbeitern an. Die Erregung wuchs von Minute zu Minute. Schon längst hatten die Streikführer, soweit es welche gab, die Kontrolle über die Menge verloren. Die Erhebung hatte eine neue Dimension erreicht: Das ganze verhasste System stand am Pranger. Wütend zerstörten die Menschen die Insignien seiner Macht. Transparente mit Propagandaparolen und rote Fahnen wurden heruntergerissen, SED-Parteilokale und Zeitungskioske in Brand gesteckt, Schaufensterscheiben der staatlichen HO-Geschäfte eingeschlagen, Autos von SED-Funktionären und Regierungsmitgliedern umgekippt. Eine Masse von 50 000 Menschen zog durch das Brandenburger Tor, vornweg gingen drei junge Arbeiter mit schwarz-rot-goldenen, blumengeschmückten Fahnen. Euphorisch sangen Tausende die dritte Strophe des »Deutschlandlieds«: »Einigkeit und Recht und Freiheit ...«

Insgesamt stand der Ruf nach Einheit freilich nicht im Mittelpunkt des Tages. Vor dem »Haus der Ministerien«, das von einem fünffachen Polizeikordon abgesperrt war, kam es zu Zusammenstößen. Die Polizisten gingen mit Knüppeln auf die Demonstranten los. Einige brachen blutend zusammen, andere wurden in Handschellen abgeführt. »Die Vorderen schrien auf die Volkspolizisten ein und versuchten, sie auf ihre Seite zu ziehen. ›Schämt ihr euch nicht‹, hörte ich einen Hünen mit Bärenstimme brüllen, ›diese Strolche auch noch zu verteidigen? Das will eine Arbeiterregierung sein, die sich vor uns verschanzt? Werft die Russenuniformen weg, und macht mit uns mit!‹«, erinnerte sich der ehemalige SED-Funktionär Fritz Schenk.

Bald ging es den Demonstranten nicht mehr nur um die Rücknahme der Normerhöhungen.

Tatsächlich rissen sich vereinzelt Volkspolizisten die Uniformen vom Leib und wechselten die Seite. Den vor Angst schlotternden Vopos gelang es kaum noch, dem Ansturm standzuhalten, als sich sowjetische Panzerspähwagen näherten.

Am Nachmittag des 17. Juni brach der Volkszorn alle Dämme. Geschäfte wurden geplündert, Gebäude gingen in Flammen auf. Im blutrünstigen Rausch der Revolte wurden vereinzelt verhasste Funktionäre auf offener Straße vom Mob gelyncht. Die SED-Regierung war wie gelähmt. Fassungslos starrten die Funktionäre auf »ihr« Volk, das sich gegen seine Führung erhob. Die Prominenz hatte sich bereits am frühen Morgen im sowjetischen Hauptquartier in Karlshorst verkrochen. »Wer soll denn später den Kommunismus aufbauen, wenn wir der Konterrevolution zum Opfer fallen?«, soll Honecker gesagt haben. Die SED-Spitze hatte jegliche Kontrolle verloren.

*Der Aufstand kam für uns unerwartet. Dann sind die beiden Konkurrenten Chruschtschow und Berija ausgesprochen aggressiv geworden. Jeder wollte zeigen, dass er am besten unsere Position verteidigen kann. Deswegen hat Berija den Sicherheitsorganen den Befehl gegeben, so hart durchzugreifen wie nur möglich.*

VALENTIN FALIN, 1998

Am Potsdamer Platz fallen die ersten Schüsse. In Panik versuchen die Menschen, Richtung Westen zu entkommen.

Erste Opfer: Ein verwundeter Demonstrant wird in den Westsektor getragen.

Da sprang der »Große Bruder« in die Bresche. Panzer und Soldaten der Sowjetarmee waren schon in den frühen Morgenstunden des 17. Juni in Stellung gegangen. In der ganzen DDR war die Hälfte der 22 stationierten Divisionen alarmiert. Jetzt erhielten sie gleichsam die Lizenz zu töten. »Es mag zwölf Uhr gewesen sein, als General Wladimir Semjonow, der Hohe Kommissar der Sowjetunion in Deutschland, wieder einmal erschien und berichtete: ›Moskau hat die Verhängung des Ausnahmezustandes ab ein Uhr Mittag angeordnet. Jetzt ist der Spuk sehr schnell vorbei. Ein paar Minuten nach ein Uhr ist die ganze Sache erledigt‹«, erinnerte sich Rudolf Herrnstadt. In 167 der 217 Stadt- und Landkreise wurde der Ausnahmezustand verhängt. Moskau schickte seinen Spitzenmann, um den deutschen Satelliten wieder unter Kontrolle zu bringen: Nur wenige Stunden später landete Marschall Wassilij Sokolowski, der Generalstabschef der sowjetischen Armee, in Berlin.

Das Drama begann: Flammen, Panzer, Steine in den Straßen Ostberlins. »Dann peitschten Maschinengewehrsalven durch die Luft, Panzer kamen die Leipziger Straße herauf mit dröhnenden Motoren, rasselnden Ketten und quietschenden Rädern – doch alles wurde übertönt von den Panikschreien der vielen wehrlosen Menschen, die die stählernen Kolosse vor sich hertrieben«, schilderte Fritz Schenk die Szene. »Doch während Jugendliche und Frauen sich zur Flucht wenden, haken sich die Arbeiter unter und gehen so auf die schießenden Besatzungstruppen zu«, erinnerte sich Willy Brandt. »Hier und dort wankt die Reihe, einige Arbeiter sind von Kugeln getroffen und müssen abgeschleppt werden, aber die Masse steht wie eine Mauer.«

Wenngleich die Besatzungseinheiten wohl den Befehl erhalten hatten, unnötiges Blutvergießen zu vermeiden, und sich der Aufruhr an vielen Orten schon vor der militärischen

# Der Volksaufstand

Der 17. Juni weitete sich in der ganzen DDR zu einem Flächenbrand aus, der den Staat in seinen Grundfesten erschütterte. In über 270 Orten der DDR, vor allem in den Industriezentren, aber auch auf dem Land, gingen etwa 300 000 Menschen auf die Straße. Schon am frühen Morgen hatten die Arbeiter in Leipzig, Halle, Merseburg, im Raum Magdeburg, in Brandenburg und Görlitz Streikleitungen gebildet und brisante Forderungskataloge erstellt: Freie Wahlen, Rücktritt der Regierung und die Rücknahme der Normerhöhung verlangten alle. Manche gingen noch weiter: Sie forderten die Auflösung der DDR-Streitkräfte, Beseitigung der Zonengrenze, Freiheit für die politischen Gefangenen, die Wiedervereinigung Deutschlands. Politische und nicht nur ökonomische Forderungen standen bei den Aufständischen an erster Stelle. Wie in Ostberlin nahm die Erhebung den Charakter eines Volksaufstands an. Nicht von Berechnung – von Emotionen wurde die Revolte getragen. Wie in Berlin richtete sich die Wut der Unterdrückten gegen die Sinnbilder der willkürlichen SED-Herrschaft. Mit der Parole »Heraus mit den politischen Gefangenen!« setzte ein wahrer Sturm auf die »Bastillen« ein: In dramatischen Befreiungsaktionen wurden über 1300 Gefangene aus den DDR-Gefängnissen geholt. Dass sich unter den Häftlingen auch Kriminelle befanden, wurde später von der SED-Propaganda als Beweis für die These vom »Putschversuch faschistischer und krimineller Elemente« ausgeschlachtet.

Flächenbrand im ganzen Land: Vor dem Leipziger Alten Rathaus geht ein Informationspavillon der »Nationalen Front« in Flammen auf.

Machtdemonstration wieder gelegt hatte, forderten die gewaltsamen Zusammenstöße mindestens 55 Tote. 18 sowjetische Soldaten sollen erschossen worden sein, angeblich weil sie den Befehl zur Niederschlagung des Aufstands verweigert hatten. Die Zahl der Verletzten ging in die Hunderte. Massenverhaftungen und Todesurteile erstickten den Aufruhr mit Gewalt. Die Fäuste blieben jedoch geballt.

Noch Wochen nach dem 17. Juni flackerten hier und dort von Neuem Proteste, Tumulte und Streiks auf. So erreichten die Protestaktionen im Buna-Werk Schkopau Mitte Juli größere Ausmaße als einen Monat zuvor. Eine Wende ließ sich aber auch dadurch nicht mehr erzwingen. Der größte Arbeiteraufstand dieses Jahrhunderts auf deutschem Boden fügte sich ein in die Reihe der gescheiterten Revolten.

*Durch den 17. Juni bekamen Ulbricht und seine Leute, die bereits ins Abseits gedrängt werden sollten, wieder Oberwasser.*

GUSTAV JUST,
DAMALS SED-FUNKTIONÄR

Der eindeutige Sieger des Tages war Walter Ulbricht. »Die Neuerer im Kreml, in Fraktionskämpfe verstrickt, wagten in dieser Situation nicht, Ulbricht als Sündenbock fallen zu lassen«, meinte dazu der SED-Politiker Heinz Brandt, der später in den Westen floh. »So ergab sich ein historisches Paradoxon: Aus den Trümmern seiner Politik, die ihn nach menschlichem Ermessen hätte begraben müssen, stieg Ulbricht – ein seltsamer Phönix aus der Asche – zu gefestigter Macht empor.«

Ebenjener Ulbricht bestimmte, nachdem er rigoros seine politischen Gegner ausgeschaltet hatte, als einflussreichster Mann der DDR noch zwei Jahrzehnte lang die Geschicke des Landes und wappnete sich fortan gegen sein Volk. Binnen weniger Jahre entstand aus der KVP eine schlagkräftige Armee, die NVA. Die »Stasi« wurde als »Schild und Schwert der Partei« unter Erich Mielke zu jenem perfiden Unterdrückungsapparat aufgebaut, als der sie zu trauriger Berühmtheit gelangt ist. Einen zweiten 17. Juni sollte es in der DDR-Geschichte nie mehr geben.

Wie Phönix aus der Asche: Parteichef Ulbricht und Ministerpräsident Grotewohl am 26. Juni 1953.

Wenn die SED-Führung gekonnt hätte, wie sie es gerne wollte – sie hätte sicherlich Bertolt Brechts ironischen Vorschlag angenommen und »ein anderes Volk gewählt«. So aber machte sie sich daran, jeglichen Widerstand brutal zu unterdrücken und ein Gespinst aus Propagandalügen über die Ereignisse des 17. Juni zu legen. Um etwaige Schulddiskussionen im Keim zu ersticken, erfand Ulbricht zusammen mit dem sowjetischen Hohen Kommissar die Legende vom »Tag X«.

Der Aufstand sollte als »faschistische Provokation« dargestellt werden, als ein Plan der »Imperialisten«, an einem »Tag X« von Berlin aus die DDR »aufzurollen« und eine »faschistische Macht« zu etablieren. Die Verantwortung für die Taten und Toten hätten allein die »ausländischen Kriegstreiber« zusammen mit der »faschistischen Brut« in Westdeutschland zu tragen. Der »Tag X« blieb bis zum Fall der Mauer die einzige offizielle Begründung für den Aufstand am 17. Juni.

*Dieser Marionettenregierung ist die demokratische Maske vom Gesicht gerissen worden. Das Renommee ist hin, hin für immer. Keine noch so ausgeklügelte Formulierung oder dialektische Phrase wird es wieder herstellen.*

FRITZ SCHENK,
DAMALS SED-FUNKTIONÄR

# Befehl des Militärkommandanten des sowjetischen Sektors von Berlin

**Betrifft: Erklärung des Ausnahmezustandes im sowjetischen Sektor von Berlin**

**Berlin** (ADN). Für die Herbeiführung einer festen öffentlichen Ordnung im sowjetischen Sektor von Berlin wird befohlen:

1. Ab 13 Uhr des 17. Juni 1953 wird im sowjetischen Sektor von Berlin der Ausnahmezustand verhängt.

2. Alle Demonstrationen, Versammlungen, Kundgebungen und sonstigen Menschenansammlungen über drei Personen werden auf Straßen und Plätzen wie auch in öffentlichen Gebäuden verboten.

3. Jeglicher Verkehr von Fußgängern und der Verkehr von Kraftfahrzeugen und anderen Fahrzeugen wird von 21 Uhr bis 5 Uhr verboten.

4. Diejenigen, die gegen diesen Befehl verstoßen, werden nach den Kriegsgesetzen bestraft.

Militärkommandant des sowjetischen Sektors von Groß-Berlin
gez. Generalmajor D i b r o w a

# Die Verbrechen der westberliner Provokateure

**Berlin** (Eig. Ber.). Vom Präsidium der Volkspolizei wird mitgeteilt:

Im Verlaufe des 17. Juni 1953 versuchten bezahlte verbrecherische Elemente aus Westberlin die Bevölkerung des demokratischen Sektor zu Gewalttaten gegen demokratische Einrichtungen, Betriebe, Läden und Geschäftshäuser und gegen die Volkspolizei aufzuhetzen. Die westberliner Provokateure zogen plündernd und raubend durch einzelne Straßenzüge, wobei sie zu hinterhältigen bewaffneten Überfällen gegen Volkspolizei und fortschrittlich eingestellte Bevölkerungsteile übergingen. So wurden von den Rowdies u. a. Konsumstände in der Zentralmarkthalle am Alexanderplatz zerstört. An der Oberbaumbrücke rissen sie die Oberleitungen der Straßenbahnen herunter. Im Berolinahaus am Alexanderplatz wurde von den Banditen die Einrichtung zerschlagen. Sie drangen in die HO-Lebensmittelfiliale in der Liebknechtstraße und in andere Läden und Kioske ein und raubten die Waren. Hierbei gingen sie gegen Angestellte der Läden und Kioske mit brutaler Rücksichtslosigkeit vor. Am Ludwig-Jahn-Sportpark demolierten sie HO- und Konsumkioske. Das Columbushaus am Potsdamer Platz wurde in Brand gesetzt. Die Banditen scheuten nicht davor zurück, ihre Angriffe gegen das Krankenhaus der Volkspolizei zu richten, wo sie die Fensterscheiben der Frauenstation zertrümmerten.

Die Bevölkerung distanzierte sich von den Provokateuren und ihren verbrecherischen Handlungen und trug mit zur Festnahme einer großen Anzahl der Täter durch die Volkspolizei bei. Bei den Festgenommenen handelt es sich größtenteils um westberliner Provokateure aus faschistischen Organisationen. Die Namen einiger dieser Provokateure sind: Zessin, Alfred, geb. am 7. 12. 1932, wohnhaft Berlin-Borsigwalde, Meranstr. 61a; Nemitz, Gerhard, geb. 6. 10. 1933, Wittenau, Kolonie Fasanerie, Rebhuhnweg 2; Dübke, Günter, geb. 14. 5. 1933, Berlin N 65, Sparrerstraße 27; Scheller, Klaus, geb. 21. 11. 1934, Berlin N 65, Fehmarner Str. 15; Hoffmann Werner, geb. 28. 4. 1933, Berlin-Friedenau, Feegestr. 74; Maag, Harry, geb. 13. 7. 1936, Berlin-Borsigwalde, Fietzstr. 46; Augustin, Günter, geb. 11. 3. 1936, Berlin N 65, Lynarstr.; Roposchonka, Paul, geb. 6. 12. 1996, Berlin SO 36, Adalbertstr. 10, Staß, Joachim, geb. 27. 11. 1936, Berlin-Neukölln, Reuterstr. 36; Fischer, Otto, geb. 5. 11. 1925, Berlin N 20, Bornholmer Str. 46b; Hilmer, Rudolf, geb. 5. 11. 1915, Berlin SO 36, Taborstr. 21.

Die Provokationsgruppen waren in den Abendstunden im wesentlichen zerschlagen.

## Otto Nuschke von Stumm-Polizei verhaftet

**Parteileitung der CDU fordert sofortige Freilassung**

**Berlin** (ADN). Das Sekretariat der Parteileitung der CDU teilt mit:

Die vom Rias verbreitete Nachricht, der Vorsitzende der Christlich-Demokratischen Union und Stellvertreter des Ministerpräsidenten, Otto Nuschke, habe sich unter den Schutz der westberliner Polizei begeben, ist erlogen. Tatsächlich wurde Otto Nuschke, der sich auf dem Wege zu seiner Dienststelle befand, in der Nähe der Sektorengrenze am S-Bahnhof Warschauer Straße in der Mühlenstraße von randalierenden westberliner Banditen mit Gewalt an der Weiterfahrt gehindert, aus dem Wagen gezerrt, der Wagen zertrümmert und er selbst in den Westsektor verschleppt. Dort wurde er von der Stumm-Polizei festgenommen.

Wir verlangen die sofortige Freilassung Otto Nuschkes!

Das Sekretariat der Parteileitung der Christlich-Demokratischen Union.

## Arbeiter übernahmen Schutz ihrer Betriebe

**Berlin** (Eig. Ber.). In zahlreichen Betrieben Berlins gingen am Dienstag die Arbeiter zur aktiven Abwehr des Terrors und der Zerstörung, die von faschistischen Banditen aus Westberlin gegen die arbeitswilligen Arbeiter und ihre Arbeitsplätze versucht wurden, über. Die Arbeiter im Elektrizitätswerk Klingenberg, bei Bergmann-Borsig, in Reichsbahn-Ausbesserungswerken, im Betrieb Venetia und anderen Betrieben beschlossen, ihre Betriebe selbst zu schützen. Aus dem VEB Schultheiß-Brauerei im Stadtbezirk Prenzlauer Berg wurde eine Delegation zum Fortschritt-Betrieb entsandt, die der dortigen vorwiegend aus Frauen bestehenden Belegschaft zusagte, daß die Schultheiß-Arbeiter den Schutz des Fortschritt-Betriebes mitübernehmen würden.

*In der Chausseestraße, in der Nähe des französischen Sektors, drangen westberliner Faschisten in den demokratischen Sektor ein und steckten einen Konsumkiosk in Brand. Die Bevölkerung nahm empört gegen die Brandstifter Stellung und begrüßte die eingreifende Volkspolizei mit lauten Beifallskundgebungen und Bravorufen* Fotos: Brotke

*Die verbrecherische Zerstörungswut der faschistischen westberliner Banditen, die am Dienstag im Schutze der von ihnen aufgehetzten und irregeführten Bauarbeiter ihre Verbrechen verübten, zeigte sich besonders an der Zertrümmerung und Verbrennung von Personenkraftwagen. Unser Bild zeigt einen völlig demolierten Kraftwagen in der Rathausstraße.*

Die DDR-Medien stellten den Aufstand als faschistischen Putschversuch dar. Titelseite des SED-Organs *Neues Deutschland* vom 18. Juni 1953.

Fortan regierte politischer Terror. Rund 10 000 angebliche »Provokateure« und »Rädelsführer« wurden unmittelbar nach der Revolte von Stasi und Volkspolizei festgenommen und etwa 2000 zu meist mehrjährigen Haftstrafen verurteilt. Milde war von der Justiz seit dem 17. Juni nicht zu erwarten: Der Justizminister Max Fechner wurde wegen »staatsfeindlicher Tätigkeit« eingekerkert, weil er versichert hatte, dass das Streikrecht »verfassungsmäßig garantiert« sei und keiner für seine Tätigkeit in einer Streikleitung verurteilt werden dürfe. Als seine Nachfolgerin waltete nun Hilde Benjamin, genannt die »rote Guillotine«, ihres Amtes. Zur Abschreckung wurden ohne lange Beweisaufnahme zwei Todesurteile gefällt, eines davon gegen eine Frau, deren Identität nie geklärt wurde, die aber als »KZ-Kommandeuse Erna Dorn« von der SED zur NS-Legende hochstilisiert wurde. Viele saßen wegen Nichtigkeiten jahrelang hinter Gittern, etwa weil sie eine rote Fahne heruntergerissen hatten. Die Bauarbeiter von der Stalinallee, die das Signal zum Aufstand gegeben

Die brutale Antwort des Regimes: Hunderte Demonstranten wurden verhaftet und wegen »staatsfeindlicher Tätigkeit« zu langjährigen Haftstrafen verurteilt.

Auch in Leipzig reagierte die Staatsmacht mit Härte. Ein Verletzter wird von Demonstranten weggebracht.

hatten, wurden zu Zuchthausstrafen zwischen vier und zehn Jahren verurteilt. Wie viele DDR-Bürger aufgrund von Urteilen sowjetischer Militärtribunale hinter Zuchthausmauern verschwanden, ist bis heute nicht erfasst.

Statt Freiheit folgte der Erhebung Repression, anstelle der Einheit vertiefte sich nur die Spaltung.

Die bitterste Enttäuschung des Tages war für viele Beteiligte die Untätigkeit des Westens. Die Alliierten vermieden alles, was Öl ins Feuer gießen konnte. Als die sowjetischen Panzer durch Ostberlin rollten, krümmte kein Amerikaner, Brite oder Franzose auch nur einen Finger. Die inbrünstig proklamierte Doktrin der neuen amerikanischen Regierung unter Präsident Dwight D. Eisenhower und Außenminister John Foster Dulles, den Gegner nicht mehr »einzudämmen«, sondern »zurückzutreiben«, entpuppte sich zumindest in der DDR als Luftblase.

Die Angst vor einem Dritten Weltkrieg ließ alle in Erstarrung verharren. Dem Regierenden Bürgermeister von Westberlin, Ernst Reuter, einem Freund klarer Worte, der sich am 17. Juni in Wien aufhielt und nach Berlin zurückkehren wollte, wurde sogar ein Platz in einer US-Militärmaschine verweigert. In Berlin rief der Bundesminister für gesamtdeutsche Fragen, Jakob Kaiser, die Ostberliner zur Besonnenheit auf. Polizeikräfte schützten die Grenzen der Westsektoren und versuchten, die Teilnahme von Westberlinern an den Demonstrationen zu verhindern.

*Damals ist einem die ganze deutsche Ohnmacht wieder bewusst geworden.*

FRANZ JOSEF STRAUSS

Der Opfer des Aufstands konnte nur im Westen gedacht werden. Trauerfeier vor dem Rathaus Schöneberg, 23. Juni 1953.

Vorsichtig äußerte Bundeskanzler Adenauer Sympathie für »die große Bekundung des Freiheitswillens des deutschen Volkes in der Sowjetzone«, hoffte jedoch, dass sich keiner »durch Provokationen zu unbedachten Handlungen hinreißen« ließe.

Für andere Zeitgenossen war der 17. Juni ein bestürzender Beweis für die harte Wirklichkeit des Kalten Krieges im geteilten Europa: »Trauer, Mitleid, Empörung und Scham über die deutsche Handlungsunfähigkeit sowie die lähmende Gewissheit, dass die Amerikaner bei keinem Aufstand im anderen Teil Deutschlands wirklich eingreifen würden, kennzeichneten die Stimmungslage«, erinnerte sich Franz Josef Strauß. Tatsächlich konnte die SED-Führung davon ausgehen, dass eine westliche Intervention in Zukunft nicht mehr zu befürchten war.

Wohl kaum ein Datum in der Geschichte der beiden deutschen Staaten geriet so nachhaltig zum Gegenstand von Legenden, Mythen und Fälschungen wie der 17. Juni 1953. In der Bundesrepublik wurde er als Kampf der Deutschen für Freiheit und Demokratie verklärt und nur wenige Wochen nach dem Aufstand als »Tag der deutschen Einheit« zum Nationalfeiertag erhoben. In der DDR wurde die Erinnerung an die Ereignisse konsequent getilgt. In den Geschichtsbüchern fand der Aufstand höchstens als »faschistische Provokation« Erwähnung. Noch heute scheiden sich die Geister über die Bewertung des 17. Juni 1953: Volksaufstand oder eine Arbeitererhebung? War er ein Kampf gegen wirtschaftliche Ausbeutung oder der Ruf nach Einheit und Freiheit? »Er war von jedem etwas«, meint ein Beteiligter von damals.

Fest steht: Ohne das Eingreifen der Sowjetpanzer wäre der Aufstand erfolgreich verlaufen. 36 Jahre später, im heißen Herbst des Jahres 1989, blieben diese Panzer in den Kasernen. Nun wurde Wirklichkeit, was sich am 17. Juni 1953 noch als Utopie erwiesen hatte.

# 1954

## Das Wunder von Bern

Die beiden Spielführer Ferenc Puskás und Fritz Walter betreten an der Spitze ihrer Mannschaften das Berner Wankdorf-Stadion zum Endspiel der WM 1954.

Drei Stunden lang nieselte der Regen ununterbrochen auf das Berner Wankdorf-Stadion herab. Bundestrainer Sepp Herberger kam beinahe um sein gebratenes Hähnchen; es zog ihn schon vor dem Spiel in die Arena des WM-Finales. Eindringlich musterte er den Rasen, der sich von Stunde zu Stunde veränderte. Die genaue Inaugenscheinnahme der Spielfläche hatte taktische Gründe. Würde in dem alles entscheidenden Spiel »Fritz-Walter-Wetter« herrschen oder nicht? Herbergers bester Mann, der »alte Fritz«, Kapitän der deutschen Elf, spielte am besten auf feuchtem Grund. Den weniger kundigen Fans war der nasse Segen nicht so willkommen. Sie mussten sich auf den Rängen des Stadions ihren Weg durch einen Wald voller Regenschirme bahnen. Erst kurz vor dem Anpfiff verschloss der Himmel seine Schleusen, der Boden aber blieb dem »Fritz« gewogen.

Als die Mannschaften unter dem Jubel der 62 000 Zuschauer das Spielfeld betraten, lüftete sich ein weiteres Geheimnis. Der absolute Star der Ungarn war mit von der Partie – bis zuletzt herrschte Unsicherheit darüber, ob Ferenc Puskás seine Verletzung würde auskurieren können. Er hatte sich die Blessur im ersten Spiel gegen die Deutschen zugezogen. Es war der Preis, den die Ungarn dafür zahlen mussten, dass sie den Herberger-Schützlingen in den Gruppenspielen eine vernichtende 8:3-Niederlage zugefügt hatten. Nun war die Mannschaft der Magyaren wieder komplett. Und es schien bei aller Anerkennung für die Leistungen der Deutschen auf dem Weg zum Finale keinen Zweifel zu geben, wer Weltmeister werden würde.

Der Schweizer Präsident Rubattel und die anwesende FIFA-Prominenz begrüßten die Spieler. Für Deutschland stand das bewährte Team mit Turek, Posipal, Kohlmeyer, Eckel, Liebrich, Mai, Rahn, Morlock, Schäfer sowie Ottmar und Fritz Walter auf dem Feld, für Ungarn Grosics, Buzánszky, Lantos, Boszik, Lóránt, Zakariás, Czibor, Kocsis, Hidegkuti, Tóth und Puskás. Nach dem Anpfiff ergriffen die Ungarn sofort die Initiative, mussten aber auf die Konter der Deutschen aufpassen: ein Schuss knapp über die Querlatte und eine gefährliche Ecke. Dann schien alles so zu kommen, wie es allgemein erwartet wurde: die kalte Dusche für Herbergers Mannen. In der 6. Minute stockte den bundesdeutschen Fans zum ersten Mal der Atem: Kocsis schoss, der Ball prallte von Liebrich ab – und knallhart verwandelte Puskás zum 1:0. Kaum hatte sich die deutsche Mannschaft von dem Schock einigermaßen erholt, kam der zweite Schlag. Torhüter Turek ließ den Ball aus den Fingern gleiten, und Czibor, der schnelle Rechtsaußen, hatte keine Mühe, die Lederkugel aus nächster Nähe

Die ungarische Elf (von links): Puskás, Grosics, Lóránt, Hidegkuti, Boszik, Zakariás, Lantos, Buzánszky, Tóth, Kocsis, Czibor.

# Deutsche WM-Geschichte von 1934 bis 1954

Die WM 1954 war erst die fünfte Fußballweltmeisterschaft. 1930 in Uruguay nahm Deutschland noch nicht teil. Vier Jahre später erreichte die Mannschaft in Italien einen beachtlichen dritten Platz. Die hochgesteckten Erwartungen wurden jedoch bei der WM 1938 in Frankreich enttäuscht. Die nach dem »Anschluss« Österreichs mit Spielern aus der »Ostmark« – damals eines der Spitzenteams in Europa – verstärkte Mannschaft von »Reichstrainer« Sepp Herberger scheiterte bereits in der ersten Runde an der Schweiz. Der Ausbruch des Zweiten Weltkriegs verhinderte die Austragung der Weltmeisterschaften in den Jahren 1942 und 1946. Erst 1950 kam es wieder zum sportlichen Kräftemessen – in Brasilien. Doch da waren die Deutschen wegen ihrer Nazi-Vergangenheit noch geächtet – erst nach der WM wurde der DFB wieder in den Fußballweltverband FIFA aufgenommen. Die Qualifikation für das Turnier in der Schweiz schaffte das Team um Fritz Walter (unten vor dem Endspiel gegen Ungarn: Fritz Walter, Turek, Eckel, Rahn, Ottmar Walter, Liebrich, Posipal, Schäfer, Kohlmeyer, Mai, Morlock) dann mit Leichtigkeit – gegen Norwegen und das damals noch selbstständige Saarland.

ins Tor zu schieben: In der 8. Minute stand es bereits 2:0 für Ungarn.

Da die Fenster vieler Häuser an diesem warmen Sommertag in Deutschland weit geöffnet waren, bekamen auch die Passanten das Wichtigste mit. Zunächst das Raunen nach den Führungstreffern der Ungarn und immer wieder die Stimme des Rundfunkreporters Herbert Zimmermann, die kaum zu überhören war. Ein Zeitzeuge berichtet, wie ein Straßenbahnfahrer kurzerhand sein öffentliches Verkehrsmittel zum Stehen brachte und mitsamt seinen Fahrgästen die nächste Gaststätte aufsuchte, um wenigstens die Schlussphase des Finales am Radio mitzuverfolgen und aus der Ferne die Daumen zu drücken.

Deutschlands Erfolgsaussichten auf den Weltmeistertitel waren im Vorfeld als minimal eingestuft worden. Die Mannschaften aus Ungarn und England galten als unbesiegbar. Brasilien, vielleicht auch Uruguay und Österreich zählten noch zum Kreis der Favoriten, die Deutschen jedenfalls nicht. Bei den Qualifikationsspielen im Vorjahr hatte die Herberger-Truppe nicht gerade für Furore gesorgt.

Aber das schreckte Sepp Herberger nicht. In aller Stille ging er daran, eine Mannschaft zu formen, die es eines Tages spielerisch und kämpferisch in sich haben sollte. Fritz Walter galt als Herbergers »verlängerter Arm« auf dem Spielfeld – obwohl er am liebsten schon 1952 das Handtuch geworfen hätte. Warum? »Wir hatten 1952 ein wichtiges Spiel in Paris und verloren 3:1. Ich hab so schlecht gespielt, schlechter konnte man gar nicht mehr spielen. Und eine Zeitung schrieb sogar: ›Auf halblinks stand der Wäschereibesitzer Fritz Walter‹ – meine Frau und ich hatten uns gerade 'ne Wäscherei angeschafft. Da hab ich gesagt: ›Herr Herberger, es hat keinen Wert mehr, lassen Sie mich weg.‹ Und da hat er gesagt: ›Fritz, reden Sie kein dummes Zeug, bleiben Sie.‹ Und ich blieb.«

Fritz Walter vom 1. FC Kaiserslautern war der unumstrittene Chef auf dem Platz.

Herberger war eine echte Vaterfigur für seinen Friedrich – Stratege, Pädagoge und Seelentröster in einem. In Fritz Walter hatte er einen hochsensiblen, aber auch gelehrigen Schüler, mit dem er die Guerillataktik Mao Zedongs auf dem Spielfeld umzusetzen wusste: »Dort, wo der Ball ist, musst du stärker als der Gegner sein.« Nicht umsonst galt Herberger als »Fußballweiser von der Bergstraße«. »Der Ball ist rund, und ein Spiel dauert neunzig Minuten«, lautete sein bis heute unwiderlegter Leitsatz Nummer eins. Nicht ohne Grund verglich Kabarettist Dieter Hildebrandt Sepp Herbergers Eigenschaften mit denen Konrad Adenauers: »Auch Herberger kam mit einem ganz geringen Wortschatz aus. Er hat sich sehr volkstümlich gegeben und aus dem Nichts wieder eine Mannschaft geformt, die plötzlich wunderbar spielte.« Zwei wichtige Vaterfiguren also: Bundeskanzler und Bundestrainer.

*Jeder von uns war fit bis in die Stiefelspitze. Niemals hatten wir so hart trainiert, niemals aber auch so gern. ... Wir brannten auf diese WM und konnten nicht erwarten, bis es losging.*

SEPP HERBERGER

Im Juli 1954 war der Bundestrainer zweifellos der wichtigere Mann. »Selbst wenn wir mal verloren hatten, sagte er: ›Männer, nach dem Spiel ist vor dem Spiel.‹ Er hat schon wieder ans nächste Spiel gedacht. Das war der Chef«, erinnerte sich sein Schüler Fritz. Diese Haltung war dringend notwendig. Schon in der Vorrunde trafen die Deutschen auf den haushohen Favoriten Ungarn. Und Ungarn war eine perfekt funktionierende Balletttruppe, in mehr als 30 Spielen ungeschlagen, das »Wunderteam« Europas. Im November 1953 noch hatten die Magyaren England zum ersten Mal auf dessen eigenem Boden im Londoner Wembley-Stadion bezwungen und damit Fußballgeschichte geschrieben. 60 000 Zuschauer kamen zum Gruppenspiel ins Basler Sankt-Jakob-Stadion, davon die Hälfte Schlachtenbummler aus der Bundesrepublik. Schon zu Beginn gab es Pfiffe wegen Herbergers Mannschaftsaufstellung. Denn auf dem Spielfeld fehlten Supertorhüter Toni Turek sowie die Sturmspitzen Max Morlock, Ottmar Walter und Hans Schäfer. Nun trat das ein, was viele befürchtet hatten: Das Spiel geriet zu einem Fiasko. Die Magyaren entfachten einen wahren Pusztasturm, eine ungarische Rhapsodie mit einem bunten Reigen von Toren – 8:3, das Desaster schien perfekt. Doch was die Spieler und Zuschauer nicht wussten – die Niederlage war einkalkuliert. Notizen Herbergers belegen, dass er sechs Wochen vorher schon geplant hatte, gegen Ungarn in der Vorrunde zu verlieren, um seine Karten nicht aufzudecken und seine Stammelf zu schonen. Denn der Sieg in einem Entscheidungsspiel gegen die Türkei – einen Gegner, den man wenige Tage zuvor bereits 4:1 geschlagen hatte – würde ausreichen, um eine Runde weiterzukommen.

Die Presse sah das anders und forderte Herbergers Kopf. »In die Wüste schicken«, empfahlen zahlreiche Blätter. »Auf das braun

Der Favorit wird seinem Ruf gerecht: In der Vorrunde verliert Deutschland gegen Ungarn in Basel mit 3:8.

gebrannte Haupt des kleinen, versonnen blickenden Mannes von 57 Jahren, der still am Rand des Spielfelds hockte, schien sich in diesem Augenblick ein graues Verhängnis zu senken. Seit Monaten schien der Zeitpunkt unerbittlich näherzurücken, an dem die wiedererwachte Nation den verräterischen Bundestrainer Josef Herberger an einem sauren Apfelbaum würde aufhängen müssen«, schrieb der *Spiegel* geradezu lyrisch über die Baseler Katastrophe.

Woher sollten die Kritiker auch wissen, dass echte »Wunder« wie das von Bern zunächst auch Stunden der Erniedrigung voraussetzen? Der »Opfergang von Basel« war so eine Stunde. Doch der »Chef« ließ sich nicht beirren, und die Rechnung ging auf. Nach Siegen gegen die Türkei (7:2) und Jugoslawien (2:0) erreichte das deutsche Team das Halbfinale. Die Fußballwelt begann den Außenseiter ernst zu nehmen. Man spürte, dass hier eine eingeschworene Mannschaft Fußball spielte. Das kam nicht von ungefähr. Das Kreativduo Walter und Herberger sorgte für eine Atmosphäre, der später ein mysteriöser Name anhaften sollte: der »Geist von Spiez«. In Spiez am Thuner See hatte Herbergers Mannschaft ein ideales Quartier gefunden. Von hier aus konnte die WM-Elf binnen kurzer Zeit alle Spielorte erreichen. Das war der äußere Rahmen von »Spiez«. Und was war mit dem legendären »Geist«?

»Den ›Geist von Spiez‹ haben wir eigentlich aus Kaiserslautern mitgebracht und auf die Nationalmannschaft übertragen«, erklärte Fritz Walter später. »Wir bildeten vor dem Spiel einen Kreis mit allen Spielern und Betreuern, schauten uns in die Augen und riefen uns zu: ›Männer – einer für alle, alle für einen!‹ Für unseren Erfolg damals war das entscheidend, weil wirklich das Wort gestimmt hat: ›Elf Freunde müsst ihr sein.‹ Das stärkte unser Gemeinschaftsgefühl.«

»Elf Freunde müsst ihr sein« und »Einer für alle«: Die Parolen von damals würden im heutigen Fußballgeschäft wohl eher antiquiert anmuten. Doch seinerzeit war der »Geist von Spiez« der »zwölfte Mann« im Walter-Team. Die Erziehungsarbeit in diesem Geiste begann mit der Belegung der Zimmer im Hotel. Es gab nur Doppelzimmer für das Team. Das jeweilige »Doppel« wurde nach psychologischen Kriterien gebildet. Fritz Walter war zwar der Souverän auf dem Feld, galt aber auch als nicht sonderlich nervenstark, depressionsanfällig. Er

Zimmerbelegung nach psychologischen Kriterien: Helmut Rahn und Fritz Walter in Spiez.

wurde mit Helmut Rahn zusammengelegt. Der Rechtsaußen der Nationalelf hatte nicht nur einen Schuss, »dass man den Torwart mit dem Ball aus dem Netz schweißen musste« (Norbert Blüm), sondern »auch Nerven wie Klaviersaiten, egal, was da draufkommt, es kommt immer eine Mordsstimmung dabei heraus« (*Der Spiegel*). Fritz Walter sprach noch lange davon, wie die Stimmungskanone Rahn ihn »mitgerissen« hatte.

Das erste »kleine« Wunder geschah im Halbfinalspiel Deutschland gegen Österreich. Herbergers Truppe spielte die Ballkünstler von der Donau in Grund und Boden. Hans Schäfer schoss das 1:0, Max Morlock das 2:0. Ein Elfmeter von Fritz Walter, und es stand – nach einem Gegentor der Österreicher – 3:1. Dann eine Ecke von Fritz und der Kopfball von Bruder Ottmar: 4:1 für Deutschland. 6:1 lautete schließlich das Endergebnis.

Die Fußballnation stand kopf. In den Reporterkabinen herrschte helle Aufregung. Selbst der skeptische Sepp Herberger zeigte sich an diesem Tag voll zufrieden. Nie zuvor war eine deutsche Fußballnationalelf besser, und in der internationalen Presse hieß es: »Die Deutschen können nicht nur rennen und kämpfen, sie können sogar ein bisschen Fußball spielen.« Der italienischen *Gazzetta dello Sport* war das Ergebnis des Spiels fast unheimlich: »Das war Deutschland wieder einmal, wie es leibt und lebt. Teutonische Unberechenbarkeit, die sich auf den Fußballrasen geschlichen hat ...« Zwischen Oberstdorf und Flensburg gab es nun kein anderes Thema mehr. Die ganze Nation schien nur noch aus Fußballfans zu bestehen – wenigstens vorübergehend.

Und dann kam der heiß ersehnte und bang erwartete Endspieltag, der 4. Juli 1954. Fast 30 000 deutsche Schlachtenbummler pilgerten in das Berner Wankdorf-Stadion. Deutschlands Straßen waren wie leer gefegt. Millionen schalteten ihre Radios ein – und zum ersten Mal auch die Fernsehgeräte. Die NWDR-Reporter, beglückt von dem unverhofften Segen, verkündeten: »Jetzt hat das Fernsehen wirklich begonnen.« Auf mehr als 30 000

Seine Rundfunkreportage wurde zur Legende: Herbert Zimmermann.

Mattscheiben feierte an diesem Tag auch der TV-Fußball fröhliche Urständ. Kneipeninhaber, die über ein Gerät verfügten, machten am 4. Juli 1954 das Geschäft ihres Lebens.

Der Himmel hielt zu den Deutschen, denn es nieselte, und der Rasen war feucht, eben Fritz-Walter-Wetter! »Ich hab halt lieber bei Regen gespielt. Ich war Soldat auf Sardinien, Korsika und Elba, und dort bekamen wir alle Malaria. Deshalb mochte ich keine Hitze. Wenn es regnete, fühlte ich mich wohl. Außerdem konnte ich als guter Techniker auf nassem Rasen besser spielen.«

Obschon der Wettergott dem deutschen Team wohlgesonnen war, wäre es doch ungewöhnlich gewesen, wenn die Deutschen in ihrer Schicksalsstunde nicht auch noch eine technische Wunderwaffe ins Feld geführt hätten. Adi Dassler, der Schuster der Nationalmannschaft, hatte just für die WM einen neuen Zauberschuh entwickelt. Bis dahin mussten die Stollen in die Schuhsohle eingenagelt werden. Jetzt wurden – passend zu jeder Witterung – verschiedene Stollen einfach eingeschraubt. Solchermaßen präpariert, schickte Herberger seine siegreiche Elf aus dem Halbfinale unverändert auf das Spielfeld. Kurz vor 15 Uhr betraten die beiden Mannschaften, angeführt vom englischen Schiedsrichter Ling, den Rasen des Stadions.

*Ich wusste, dass Herberger den totalen Fußball erfunden hatte. … Wir kamen wie die Sieger auf den Platz und hatten schon verloren.*

GYULA LÓRÁNT,
UNGARISCHER MITTELLÄUFER

Der deprimierende 2:0-Rückstand schien die deutsche Elf zunächst aus dem Konzept gebracht zu haben. Die ungarischen Zuschauer hatten schon den Sieg vor Augen. Doch bereits in der 10. Minute setzte sich Rahn am rechten Flügel durch, passte den Ball zu Schäfer, der diesen hart und flach in die ungarische Abwehr drosch, Lóránt verfehlte, Morlock war da – fast im Spagat grätschte er den Ball in die Maschen: der Anschlusstreffer zum 2:1. Die Aufholjagd ging weiter. In der 18. Minute hämmerte Rahn nach einem Eckstoß von Fritz Walter das Leder volley ins Netz – 2:2. Herbert Zimmermanns Stimme überschlug sich fast vor Begeisterung: »Ja, ist es denn zu glauben? Wir haben ausgeglichen gegen Ungarn, die großartigste Technikerelf, die man kennt.«

Das war schon eine gelinde Überraschung – und dann ertönte der Halbzeitpfiff. »Jetzt hatten wir zum ersten Mal das Gefühl: Diese ungarische Mannschaft ist zu schlagen«, schilderte Fritz Walter die Stimmung innerhalb der Mannschaft später. Und auch die Deutschen in der Heimat schöpften Hoffnung. Fußballfans von damals erinnern sich an den denkwürdigen Tag. Berti Vogts, der 20 Jahre später

»Ja, ist es denn zu glauben?« Max Morlock (links) trifft zum 1:2-Anschlusstreffer. Torhüter Grosics streckt sich vergebens.

»Aus dem Hintergrund müsste Rahn schießen. Rahn schießt, Tor!« Torhüter Grosics ist geschlagen. Es steht 3:2 für Deutschland.

selbst mit dem deutschen Team Weltmeister wurde: »In unserer Gaststätte gab es den einzigen Fernseher im Ort. Es gab da auch eine Kegelbahn. Ich durfte ganz vorne in der ersten Reihe sitzen, damals schon – und da hab ich dieses Spiel gesehen. Die Stimmung war einfach unbeschreiblich.«

»Ob in Hamburg, ob in München, ob in Bonn, ob in Köln, ob in Frankfurt – Sie alle, alle, die Sie einen Lautsprecher haben, Sie werden hoffentlich dabei sein und die Daumen drücken für unsere tapferen Jungs.« Herbert Zimmermanns beschwörende Worte verhallten nicht ungehört. Sei es zu Hause am Radio oder am Fernseher, im Zug oder im Hinterzimmer eines Theaters – Millionen gerieten an diesem Tag in den Bann des Fußballs.

Nach der Halbzeitpause wurde es noch spannender. Zunächst hatten die Ungarn wieder mehr vom Spiel. Torhüter Turek bewährte sich mehrmals als Retter in der Not: »Toni, du bist ein Teufelskerl, du bist ein Fußballgott!«, rief Zimmermann ins Mikrofon. Dann kam die Wende. »Kopfball, abgewehrt – aus dem Hintergrund müsste Rahn schießen. Rahn schießt, Toooor, Tooooor, Toooor, Toooor, Tooor für Deutschland. Linksschuss von Rahn, Schäfer hat sich gegen Boszik durchgesetzt. 3:2 für Deutschland, fünf Minuten vor dem Spielende. Halten Sie mich für verrückt, halten Sie mich für übergeschnappt – ich meine, auch Fußballer sollten ein Herz haben.« Herbert Zimmermanns Herzfrequenz jedenfalls schien mehrmals bedenklich in die Nähe der Infarktgrenze zu geraten, als er mit wahren Wortkaskaden, einprägsamen Wiederholungen und kippender Stimme das Geschehen auf dem Spielfeld schilderte.

*So ist das im Fußball: drauf mit dem Fuß und dann hinein mit dem Ball, wenn die Chance da ist. Ich wusste beide Male, dass der Ball im Netz landen würde.*

HELMUT RAHN

Und als der erlösende Schlussruf über den Äther ertönte: »Auus – auuus – aus! Das Spiel ist aus! Deutschland ist Weltmeister, schlägt Ungarn mit drei zu zwo Toren im Finale in Bern«, da kannte die Begeisterung keine Grenzen mehr. Selten hat ein »O-Ton« so viel Jubel ausgelöst. Rundfunkreporter Zimmermann hatte aus

Wenige Mattscheiben für viele Fußballfans: Zum Zeitpunkt des WM-Finales gibt es in Deutschland nur 30 000 Fernsehgeräte.

»Das Spiel ist aus! Deutschland ist Weltmeister…!«. Begeisterte Zuschauer während der Fernsehübertragung des Endspiels aus Bern.

den letzten Minuten der Begegnung ein spannendes, bewegendes Drama gemacht. Keiner kommentierte das Spiel so mitreißend wie er. Seine Stimme drang bis in die abgelegensten Wohnstuben der Bundesrepublik. Das unsterbliche »Finale furioso« des rasenden Reporters nach dem Schlusspfiff des Schiedsrichters traf genau die Stimmungslage der Nation. Das Wunder war eingetreten, David hatte Goliath besiegt, die Bundesrepublik war Weltmeister und die Bevölkerung völlig aus dem Häuschen. Die Sensation war perfekt. Den Westdeutschen schlug in Bern ihre erste Sternstunde. Und es geschah, was geschieht, wenn ein Außenseiter unerwartet Gewinner einer Weltmeisterschaft wird: landauf, landab ein wahrer Freudentaumel! Und das alles wegen eines Fußballspiels?

Für die im Aufbau befindliche Bundesrepublik war der WM-Titel mehr als ein sportlicher Erfolg. Es ging um internationale Anerkennung; darauf waren die Westdeutschen damals dringend angewiesen. Sie hatten lange genug im Abseits gestanden, waren geächtet, weil sie das Nazi-Regime und seine Verbrechen zugelassen hatten. Kein Wunder, dass da manchem Zeitgenossen der Gewinn der Weltmeisterschaft wie ein Durchbruch erschien. Für viele war er Ausdruck eines neu erwachten Selbstbewusstseins: »Wir sind wieder wer!«

Am Anfang der Weltmeisterschaft hätte wohl kaum jemand auch nur einen Pfifferling auf die deutsche Mannschaft verwettet, so gering schienen ihre Chancen gegen die großen Favoriten. Deshalb mutete der Sieg vielen Zeitgenossen wie ein Märchen an. Für

Das Wunder von Bern: Das siegreiche Team präsentiert sich nach der Siegehrung zusammen dem »Chef« Sepp Herberger den Fotografen.

manche war er noch mehr: nämlich ein »Wunder« – das »Wunder von Bern«. Der größte Jubel galt denen, die dieses »Wunder« vollbracht hatten. Da war zunächst der Bundestrainer Sepp Herberger. Er war der unbestrittene Vater des Erfolgs. Dann war da die Nationalelf, die »Helden von Bern«, welche die Ungarn das Fürchten lehrten – und schließlich ihr charismatischer Spielführer Fritz Walter, der auf dem besten Wege war, neben Max Schmeling der beliebteste deutsche Sportler aller Zeiten zu werden. Sein Foto von damals verdeutlicht wie kein anderes, was dieser Sieg für Deutschlands Fußballfans bedeutete: Ein glücklicher Fritz Walter thront auf den Schultern seiner Mannschaftskameraden. »Als die Nationalhymne gespielt war, hab ich den Jungs gesagt: Alles klar, nehmt den Chef auf die Schultern. Und da haben sie Sepp Herberger hochgenommen, der Ottmar, der Rahn, die Kräftigsten der Mannschaft, und plötzlich war ich auch mit auf den Schultern. Wenn ich das Bild sehe, bekomme ich nach wie vor 'ne Gänsehaut. Es war schon sensationell. Unwahrscheinlich.«

Das Fußballfieber trieb allerorten den Pulsschlag der Nation in die Höhe. Menschen, die sich nie zuvor gesehen hatten, fielen sich in die Arme. Fenster wurden aufgerissen, die Deutschen winkten sich mit bunten Laken und Tüchern zu. Binnen weniger Minuten waren die Gasthäuser bis auf den letzten Platz gefüllt. Viele wollten diesen Augenblick der Freude mit anderen Menschen teilen.

Auch die Hauptakteure dieses Tages verwandten alle Energie, die ihnen das aufreibende Spiel noch gelassen hatte, darauf, den Rasen in einen Festplatz zu verwandeln. Fritz Walter: »Für uns alle war es der absolute Höhepunkt und die Krönung unserer Fußballlaufbahn, vor allen Dingen auch für mich. Man hatte ja vorher geschrieben: ›Fritz Walter ist zu alt. Herr Herberger soll ihn zu Hause lassen.‹ Er hat mich Gott sei Dank mitgenommen. Ich war 34 Jahre alt. Wir hatten schon zwei deutsche Meisterschaften mit dem 1. FC Kaiserslautern gewonnen – aber dass wir auch mal Weltmeister werden würden, damit hat niemand gerechnet. Ich auch nicht.«

Beim Abspielen der Nationalhymne gab es allerdings eine unangenehme Überraschung. Die deutschen Fans sangen statt der bundesamtlich erlaubten dritten Strophe des »Deutschlandlieds« jene Zeilen der ersten lautstark mit, die sie noch allzu gut im Ohr hatten: »Deutschland, Deutschland über alles«. Die Gastgeber waren düpiert. Der Schweizer Sender »Telefon-Rundspruch« schaltete sich prompt aus der Live-Übertragung aus. Neun Jahre nach dem Krieg waren den Schweizern solche Töne noch zu unheimlich.

*»Vom Wunder sprechen immer nur die andern, wir selber nicht. Wir tun unser Bestes, in der Arbeit wie im Spiel. Man sollte da nicht von Wunder reden, sondern es als Leistung anerkennen.«*

DIE WELT, 5. JULI 1954

Sportjournalisten gaben im Überschwang der Gefühle Berichte voller Pathos an ihre Redaktionen in der Heimat durch. In der *Westdeutschen Allgemeinen Zeitung* stand am Tag nach dem Sieg: »Wir können es nicht fassen, uns zittern die Knie, die Hände, uns lacht das Herz – was sind das alles für schwache Ausdrücke für dieses ungeheure Wunder. Nein, es war kein Wunder, es war der Sieg von elf deutschen

Kameraden, einer Elf, die bis zum Umfallen kämpfte und nicht das Gewehr ins Korn warf.« Mochte hier die Wortwahl auch erstaunen – es war wohl eher Freude als Chauvinismus, die den Ton beherrschte.

Diejenigen, die das »Wunder« vollbrachten, übten Zurückhaltung. In der deutschen Kabine herrschte nach der Siegerehrung Stille. Es war eine leise Freude, die sich unter den frischgebackenen Weltmeistern ausbreitete. Unter Tränen schilderte Ottmar Walter noch Jahre später den Moment, als Sepp Herberger nach dem Finale zur Mannschaft kam und sagte: »Männer, ihr habt für Deutschland etwas Einmaliges geschafft. Ich danke euch.«

*In der ungarischen Kabine ging es zu wie in einer Räuberhöhle. Vor der Rückkehr mussten alle einen Schwur ablegen, darüber zu schweigen.*

SÁNDOR KOCSIS, UNGARISCHER STÜRMER

Krisenstimmung hingegen herrschte im Lager der Magyaren. Sie hatten ihr »blaues Wunder von Bern« erlebt und konnten es immer noch nicht ganz begreifen. Doch das wirklich schlimme Nachspiel fand in ihrer Heimat statt. Der Misserfolg wurde wie eine nationale Katastrophe aufgenommen. Budapest glich einer belagerten Stadt; Straßenbahnen wurden umgestürzt, Schaufenster eingeschlagen, öffentliche Gebäude gestürmt. Es kam zu Massendemonstrationen nicht nur gegen die Führung des Fußballverbands, sondern überdies auch gegen das Regime. Paul Lendvai, später Intendant von »Radio Österreich International«, damals Dissident, erinnert sich an die emotionsgeladene Situation: »Erbitterte, erschütterte, wütende Menschen haben zum ersten Mal seit der kommunistischen Machtübernahme spontan demonstriert. Dies war der Vorbote zum ungarischen Aufstand zwei Jahre später.«

Als Ungarns Fußballer heimkehrten, wartete eine aufgebrachte Menge auf sie. »Die sind doch alle von Mercedes bestochen« – so und ähnlich versuchten die enttäuschten Fans das Unfassbare zu erklären. Doch einem tatkräftigen Ausbruch des Volkszorns hatten die Organisatoren sicherheitshalber einen Riegel vorgeschoben. Die Mannschaft verließ klammheimlich schon in einem Vorort von Budapest den Zug. Es war die Kehrseite des Berner Wunders. Hatte die ungarische Mannschaft unverdient verloren?

»Wir wissen, dass diese Mannschaft besser war, als sie gespielt hat. Sie hätte es auch verdient gehabt, Weltmeister zu werden«, sagte Fritz Walter später, »aber die Behauptung, wir hätten nur mit Glück gewonnen, geht an der Realität vorbei. Wenn man gegen eine solche Weltklassemannschaft nach sieben Minuten schon 2:0 zurückliegt, dann den Ausgleich erzielt und danach noch imstande ist, sechs Minuten vor Schluss das alles entscheidende Tor zu schießen, dann hat man nicht nur mit Glück gewonnen, sondern auch mit Können. Und darauf sind wir heute noch stolz.«

Wer hat damals eigentlich gewonnen? Nur elf Fußballspieler – oder Deutschland? »Es gab eine Sache, die der ›Chef‹ immer an uns herangetragen hat: ›Männer, denkt daran, dass ihr nicht nur den deutschen Fußball, sondern auch unser Land innerhalb und außerhalb des Spielfeldes ehrenvoll vertretet.‹ Und das ist uns gelungen«, meint Fritz Walter.

Triumphfahrt: Die deutsche Mannschaft wird auf dem Münchener Marienplatz von zehntausenden Fans begeistert empfangen.

Bei der Rückkehr der deutschen Mannschaft in die Heimat überboten sich die Städte in triumphalen Empfängen. Bundespräsident »Papa« Heuss gratulierte im Berliner Olympiastadion den »Helden« väterlich und überreichte ihnen die höchste deutsche Sportauszeichnung, das Silberne Lorbeerblatt. Ganze Berge von Geschenken türmten sich vor den Spielern und ihren Begleitern auf. Von der Zigarrenkiste bis zum Motorroller lockten nach dem Fußballwunder nun die Früchte des beginnenden nachkriegsdeutschen Wirtschaftswunders. Doch die deutschen Fußballer hatten weder für Geld noch Präsente »made in Germany« gespielt, sondern für die Ehre – anders als die hochbezahlten Kicker heute. Gleiches galt auch für Sepp Herberger, der in seinem Heimatort zum Ehrenbürger ernannt wurde.

Die Euphorie in Deutschland bezog sich nicht nur auf die Sieger und ihren fußballerischen Volltreffer. Der sportliche Triumph von Bern war nach der Währungsreform auch das erste große Gemeinschaftsereignis der Zweiten Republik.

»Das haben wir ganz stark empfunden«, bestätigte Fritz Walter, »selbst die Oma und der Opa, die sich nie für Fußball interessiert hatten und das Spiel nur am Rande mitverfolgten, haben gesagt: ›Wir sind wieder wer.‹ Und das galt für das ganze deutsche Volk.« Fußballfan Norbert Blüm drückt es noch drastischer aus: »Deutschland hat um seine Anerkennung in der Welt gekämpft. Man fühlte sich als Notgemeinschaft. Insofern war diese Fußballnationalmannschaft Fleisch von unserem Fleisch.«

Verdiente »Siegprämie«: Unter anderem erhielt jeder Spieler und der Bundestrainer einen Fernseher als Geschenk.

Ein rundes Leder und elf Ballkünstler als gesellschaftliches Wunderheilmittel? Die deutsche Nachkriegsgesellschaft empfand die Anerkennung auf dem Spielfeld als Balsam für verletztes Selbstbewusstsein. Nicht-Fußballfan Wolf Biermann, damals in Hamburg am Radiogerät, hält das noch heute für Verdrängung: »Es war für die Deutschen ein historischer Tag, denn damit war für viele Landsleute diese Lappalie Nazi-Vergangenheit vergessen, weggeschossen mit einem Tor – von Seeler? Nein, von Rahn. Ja, so hieß er. Jedenfalls, es war ein deutscher Fuß.«

Waren die Westdeutschen auch Weltmeister im Verdrängen? Solchen Vorwürfen hatte sich die junge Bundesrepublik zu stellen, zumal dem »Wunder von Bern« bald ein weiteres Mirakel auf dem Fuße folgte – das »Wirtschaftswunder«. Überall im Land wurden jetzt Produktionsrekorde zelebriert – der millionste »Käfer«, der tausendste Kühlschrank, die hundertste Lokomotive oder das zehnte vom Stapel gelassene Frachtschiff. Es waren unverfängliche Symbole eines neuen Selbstwertgefühls. Ein britischer Wissenschaftler bescheinigte in einer Studie, dass harte Arbeit nach der großen Katastrophe die wohl beste Therapie für das besiegte Volk sei. Der Chef der Schokoladenfabrik Stollwerck, Hans Imhoff, sah es weniger akademisch: »Der entscheidende Faktor war, dass Millionen Menschen froh waren, aus dem Dreck rauszukommen.«

Der Traum einer jeden bundesdeutschen Hausfrau der fünfziger Jahre: die perfekt eingerichtete Küche.

Der Aufschwung der Zweiten Republik entwickelte ein beachtliches Tempo. 1955 gab es wieder mehr als zehn Prozent Wirtschaftswachstum. Allenthalben standen die Zeichen auf Konsolidierung – politisch, gesellschaftlich und vor allem wirtschaftlich. Beobachter im In- und Ausland suchten nach Erklärungen, um das Phänomen des deutschen Wachstums auf einen Nenner zu bringen. Ein Schweizer schien die passende Bezeichnung für das scheinbar Unbegreifliche gefunden zu haben: das »deutsche Wirtschaftswunder«. Die Formel war griffig und klang schmeichelhaft – doch sie blieb umstritten.

Ein Schlüssel zum Erfolg lag unzweifelhaft im Wirtschaftssystem. Die soziale Marktwirtschaft, die Erhard wesentlich mitprägte, schien zu halten, was ihr Name versprach. Was Wirtschaftstheoretiker an ihren Schreibtischen ausgeheckt hatten, bewährte sich in der Realität: ein Ausgleich zwischen den rauen Gesetzen des freien Marktes und der Forderung nach sozialer Gerechtigkeit. Die Ziele waren hochgesteckt: Vollbeschäftigung, stabile Preise, Wachstum, gerechte Einkommensverteilung und soziale Sicherheit für jedermann.

## Ludwig Erhard

Er war der »Vater« des »Wirtschaftswunders«, Bundeswirtschaftsminister Ludwig Erhard. Doch an Wunder glaubte der gemütliche Franke, dessen stetig qualmende Zigarre an die wieder rauchenden Industrieschlote erinnerte, nicht: Das »Wirtschaftswunder« sei in erster Linie die »Konsequenz ehrlicher Anstrengung eines ganzen Volkes«, der Lohn harter Arbeit. Die »soziale Marktwirtschaft« war für ihn gepaart mit der Verantwortung des Einzelnen: »Nichts ist unsozialer als der sogenannte Wohlfahrtsstaat, der die menschliche Verantwortung erschlaffen und die individuelle Leistung absinken lässt.« Als er nach 14 Jahren als Wirtschaftsminister im Oktober 1963 das Kanzleramt von Adenauer übernahm, wurde er vom Volk euphorisch begrüßt. Doch Erhard agierte als Bundeskanzler glücklos – er war kein Parteitaktiker, in der CDU fehlte ihm die Hausmacht, zudem das nötige Quäntchen Machiavellismus. Trotz eines Sieges gegen Willy Brandt bei der Bundestagswahl 1965 war sein Abstieg unaufhaltsam. Eine erste Konjunkturabschwächung, ein leichter Anstieg der Arbeitslosigkeit – schon entstand der Eindruck, er agiere auf seinem ureigensten Gebiet, der Wirtschaftspolitik, glücklos. Erhard musste gehen. Als »Volkskanzler« mochte er versagt haben, doch als »Mr. Wirtschaftswunder« blieb er als fleischgewordenes Symbol für Aufschwung und Wohlstand im Gedächtnis der Deutschen.

»Wohlstand für alle« hieß Erhards Devise – zuerst aber traf das in erster Linie für die Unternehmen zu. Sie sollten hohe Gewinne erwirtschaften und gleich wieder neu investieren. Voraussetzungen hierzu waren sowohl niedrige Steuern als auch geringe Lohn- und Lohnnebenkosten, die das Startkapital nicht belasteten. Die Bundesrepublik mauserte sich zu einem attraktiven Industriestandort, der viele Investoren aus dem Ausland anlockte und

Der VW-Käfer wurde zum heiß begehrten Symbol des bundesdeutschen Wirtschaftswunders.

zu einem beliebten Tummelplatz für internationalen Handel wurde. Motor des Wirtschaftswachstums blieb das Automobil. Autos waren – wie die meisten technischen Produkte »made in Germany« – ein weltweit begehrter Exportschlager.

Pate stand natürlich auch der Kalte Krieg. Der Zerfall der Siegerallianz hatte die Fronten nach dem heißen Krieg verschoben, nicht nur politisch. Die Westmächte wollten eine wirtschaftlich starke Bundesrepublik als künftigen Bündnispartner an der Nahtstelle der Blöcke. Statt weiterer Demontagen wurde dem Westen Hilfe durch den Marshallplan zuteil. Mit Erreichen der Summe von 20 Milliarden D-Mark endete die Aufbauhilfe Ende 1954. Ab da stand die westdeutsche Wirtschaft auf eigenen Füßen.

Es war eine Ironie des Schicksals: Weil ein großer Teil der Industrieanlagen in Deutschland während des Zweiten Weltkriegs zerstört oder später demontiert wurde, zogen die Westdeutschen mit einem von Grund auf erneuerten Maschinenpark an der internationalen Konkurrenz vorbei. Kein Wunder, dass die Produktion in den meisten Branchen um zweistellige Steigerungsraten emporschnellte.

Über eines aber konnten die Erfolgsbilanzen nicht hinwegtäuschen. Die Kluft zwischen Arm und Reich war in der jungen Bundesrepublik größer als heutzutage. Von Massenwohlstand konnte noch lange nicht die Rede sein. Fast ein Fünftel der Bevölkerung lebte mit 250 D-Mark Monatseinkommen am Rande des Existenzminimums. Lediglich jeder zehnte Bundesbürger besaß einen Kühlschrank oder eine Waschmaschine. Das Geld war meist knapp und die Zeit, es auszugeben, sowieso. Die 40-Stunden-Woche war noch Utopie. Erst allmählich schlug sich der Aufschwung auch auf den Gehaltszetteln der Arbeiter nieder. Immerhin: Arbeit gab es zur Genüge. Noch war laut Statistik eine halbe Million Menschen arbeitslos gemeldet, doch dieser Quote stand nun eine Viertelmillion offener Stellen gegenüber, was praktisch Vollbeschäftigung bedeutete.

Die Stabilität der jungen Zweiten Republik bot der Wirtschaft Rückhalt – und umgekehrt. Mit dem Wohlstand stieg die Anerkennung des Systems, das ihn gebar. Die bekannten großen Krisen – Inflation und Massenarbeitslosigkeit – blieben aus, die soziale Marktwirtschaft etablierte sich. Neun von zehn Bürgern wählten demokratische Parteien. Zwischen Regierung und Opposition herrschte bei allem politischem Dissens eine immer größere Übereinstimmung in grundsätzlichen Fragen.

Was demgegenüber »real existierender Sozialismus« bedeutete, bekamen die Deutschen in der DDR zu spüren. Der Blick über den Eisernen Vorhang weckte bei den Bürgern »drüben« das Gefühl, dass der Aufschwung nur im Westen stattfand. Die politische Situation seit dem gescheiterten Aufstand vom 17. Juni 1953 ließ sie die Lage als doppelt unerträglich empfinden. Zigtausende hatten vom angeblich besseren sozialistischen System genug und kehrten dem Regime für immer den Rücken. Die Flüchtlingszahlen stiegen rapide. Es war ein Teufelskreis – flohen doch in erster Linie diejenigen, die für den wirtschaftlichen Aufbau der DDR dringend benötigt wurden: die Fachkräfte.

Die Schlote rauchen wieder. An den Umweltschutz dachte damals noch keiner.

Zudem bremsten im Osten jahrelang Demontagen und Reparationsleistungen an die Sowjetunion die Konjunktur – während im Westen der Marshallplan half. Dennoch – trotz der erschwerten Ausgangslage nahm die Volkswirtschaft der DDR eine Spitzenstellung unter den sozialistischen Systemen ein, standen die »Ossis« den »Wessis« in ihrem Fleiß nicht nach.

Im Westen dagegen wiegte man sich bereits in dem selbstzufriedenen Gefühl, im »besseren Deutschland« zu leben. Und es schien, als bräuchte man nur zu warten, dass die »Sowjetzone« eines Tages an sich selbst zugrunde ging. Eilig hatte man es damit nicht. Auch in Sachen Wohlstand schien der Leitspruch zu gelten: Lieber ein halbes Deutschland ganz als ein ganzes Deutschland halb – oder gar nicht. Jedenfalls hatten die Bundesbürger vor allem ihr eigenes »Wirtschaftswunder« im Blick. Sie waren erfasst von einem neuen »Wir-sind-wieder-wer«-Gefühl und glaubten, dass es immer weiter aufwärtsgehen würde, zuerst einmal im Alleingang, der immerhin in einem Teil Deutschlands Demokratie und Wohlstand garantierte.

*Es gibt die These, dass die politische Großmannssucht des Dritten Reiches … sich in den fünfziger Jahren auf die Wirtschaftsleistung umgepolt hat. Ich finde diese Interpretation gar nicht schlecht. Man wollte wieder zu den Besten und Größten gehören, und dieser schöne Spruch »Wir sind wieder wer« hatte offenbar auch eine doppelte Bedeutung. … Wir sind zwar wieder wer, aber wer wir sind, das wussten wir nicht.*

HILDEGARD HAMM-BRÜCHER, POLITIKERIN

Doch im Juli 1954 rückte die Teilung der Nation wenigstens für ein paar Tage in den Hintergrund. In der gemeinsamen Freude war Deutschland nach dem »Wunder von Bern« ein einig Fußballland. Dem SED-Regime war die offene Sympathiebekundung der Deutschen im Osten für den Fußballsieg des Westens zwar ein Dorn im Auge – mehr Solidarität mit den unterlegenen sozialistischen Brüdern, den Ungarn, wurde erwartet.

*Ein großartiger Erfolg des westdeutschen Fußballsports, ja, man kann ihn als den größten in der Geschichte des Fußballsports überhaupt bezeichnen.*

JUNGE WELT (OSTBERLIN) NACH DEM FINALE

Die ostdeutschen Zeitungen taten sich schwer, gegen die deutsch-deutschen Emotionen anzugehen. Das DDR-Blatt *Deutsches Sport-Echo* nahm zwei Wochen Anlauf und sprang schließlich über den eigenen Schatten: »Die Begeisterung der Menschen im Osten und Westen unseres Vaterlandes kannte ob dieses Sieges keine Grenzen.«

Mögen all die deutschen »Nachkriegswunder« die Nation eher gespalten haben – das »Wunder von Bern« war ein Ereignis, das die Deutschen zumindest für einen Moment wiedervereinte.

# 1961

## Die Mauer

Conrad Schumann ahnte noch nicht, dass er Geschichte machen würde. Der Neunzehnjährige war Oberwachtmeister der Volkspolizei (VP) in Berlin, der Frontstadt des Kalten Krieges. Kampfmaßnahmen kannte Schumann bis dahin nur in Form propagandistischer Wortgefechte. In dieser Nacht zum 13. August 1961 änderte sich das schlagartig. Es war stockfinster draußen, als in der VP-Kaserne plötzlich die Lichter aufflammten. »Los, aufstehen – Mensch, wir müssen an die Grenze!« Minuten später saßen Schumann und seine sechs Kameraden im Schützenpanzer, das Sturmgepäck auf dem Rücken, die sowjetische Maschinenpistole im Arm, geladen mit scharfer Munition. »Es war das erste Mal, dass ich nicht zu einem Manöver, sondern zu einem Ernstfall ausgerückt bin«, erinnerte sich Schumann. »Es war ein merkwürdiges Gefühl, vielleicht auch ein bisschen Angst. Ein Kamerad flüsterte: ›Vielleicht gibt es Krieg!‹«

Am Brandenburger Tor waren kurz vor zwei Uhr morgens die Scheinwerfer ausgegangen. Im Schutz der Dunkelheit herrschte rege Aktivität. Der Pariser Platz wimmelte von Männern mit Gewehren, schwer beladenen Jeeps

Symbol der Teilung: Am frühen Morgen des 13. August 1961 machen DDR-Volkspolizisten das Brandenburger Tor dicht.

und Lastwagen. Das rasselnde Dröhnen der Schützenpanzer erfüllte die Stille der nächtlichen Straßen. »Die Panzer haben in einigem Abstand geparkt«, beschrieb Schumann die Szenerie. »Es kamen immer mehr Lastwagen angerollt. Wir mussten Stacheldrahtrollen und Betonpfeiler abladen. Immer neue Befehle wurden ausgegeben. Es war eine irgendwie unwirkliche, gespenstische Situation.« Plötzlich schoben sich Panzerspähwagen in die fünf Säulenportale. Soldaten in voller Kampfausrüstung brachten schwere Maschinengewehre in Stellung und richteten die Mündungen auf drei Westberliner Polizisten, die mit offenen Mündern dem Treiben zusahen. Als die Soldaten begannen, Stacheldrahtrollen zu entladen, fasste sich einer der Polizisten ein Herz: »Ich bin bis an die Sektorengrenze gegangen und habe einen Oberleutnant gefragt, was das Ganze denn soll. Der guckte mich nur todernst an, nahm seinen Presslufthammer und fing an, mit ohrenbetäubendem Lärm den Asphalt aufzureißen.«

Während die Berliner noch in ihren Betten lagen, wurde eine Operation vollzogen, die Berlin »ohne Narkose« brutal in der Mitte durchschnitt. Binnen weniger Stunden materialisierte sich in Form von Stacheldraht, Betonpfeilern und spanischen Reitern der so oft beschworene »Eiserne Vorhang«. Die Mauer wurde Symbol für die Teilung der Welt in zwei Blöcke. Für die Deutschen bedeutete sie für unbestimmte Zeit die Teilung ihrer Nation. Von der DDR-Propaganda als »moderne Friedensgrenze« und »antiimperialistischer Schutzwall« zur Sicherheit der eigenen Bevölkerung schöngeredet, war sie 28 Jahre lang nichts anderes als ein kaum überwindbarer Gefängniswall für 17 Millionen Insassen.

Der Bau der Mauer auf deutschem Boden war der Gipfelpunkt des Kalten Krieges. Überraschend kam er nicht. Seit dem Volksaufstand am 17. Juni 1953 war die Kluft zwischen Bürgern und DDR-Regime immer größer geworden. 1959 erreichte die Zahl der Flüchtlinge einen neuen Rekord: 145 000 Menschen setzten sich in den Westen ab. Die meisten waren jünger als 25 Jahre – und der Strom riss nicht ab. Es war ein Aderlass für den »Arbeiter-und-Bauern-Staat«. Dass die DDR dem nicht mehr lange zusehen konnte, lag auf der Hand. Weil, wie Ulbricht forderte, »die Verschärfung des Klassenkampfes unvermeidlich ist und die Werktätigen den Widerstand der feindlichen Kräfte brechen müssen«, ging im innerdeutschen kleinen Grenzverkehr schon längere Zeit so gut wie gar nichts mehr.

Anders in Berlin. Die alte Reichshauptstadt wurde von den vier Siegermächten kontrolliert – und war der Dreh- und Angelpunkt im Kalten Krieg der beiden Militärblöcke. Hier spiegelten sich wie in einem Brennglas die Einflusszonen der USA und der Sowjetunion wider. Im Westteil gab es die D-Mark und die Bindung an die Bundesrepublik, im Ostteil die Ostmark und den Anspruch, »Hauptstadt der DDR« zu sein. Noch lief der Grenzverkehr hier reibungslos. Fast 12 000 Westberliner pendelten täglich zu ihren Arbeitsstellen im Osten, mehr als 50 000 Ostberliner waren im Westteil der Stadt beschäftigt. Kontrolliert wurde selten, mit der Folge, dass Berlin das letzte verbliebene Schlupfloch für »Republikflüchtige« war. Immer lauter tönte es Anfang 1961 aus dem Osten, Berlin sei ein »Pfahl im Fleisch der DDR« und gefährde die »Vollendung des sozialistischen Aufbaus«.

Seit Beginn der Teilung war Berlin der Zankapfel im Kalten Krieg. Der steuerte nun seinem eisigen Höhepunkt entgegen. Bei ihrem ersten Gipfeltreffen in Wien hatte Chruschtschow dem neu gewählten amerikanischen Präsidenten John F. Kennedy am 4. Juni 1961 ein Ultimatum gestellt: Er forderte eine entmilitarisierte »Freie Stadt Westberlin«, sonst werde die UdSSR noch vor Jahresende einen Separatfrieden mit der DDR unterzeichnen. Ein Friedensvertrag: Das hieß volle Souveränität für die DDR, die damit auch die volle Kontrolle über alle Zufahrtswege nach Berlin – zu Lande und in der Luft – erhalten würde. Ob dies eine Blockade des freien amerikanischen Zutritts nach Westberlin bedeute, fragte Kennedy. »Genau das!«, antwortete der Kremlchef und ließ sich zu einer bis zu diesem Zeitpunkt noch nie geäußerten Drohung hinreißen: »Ich wünsche den Frieden, aber wenn Sie einen Atomkrieg haben wollen, dann können Sie ihn haben!«

»Wenn Sie einen Atomkrieg haben wollen, dann können Sie ihn haben!« US-Präsident Kennedy ließ sich in Wien vom sowjetischen Staats- und Parteichef Chruschtschow einschüchtern.

*1961 hatte ich meine Zweifel, ob Kennedy, dem außenpolitische Erfahrungen offenkundig fehlten, genug Urteils- und Entschlusskraft zur Bewältigung internationaler Krisen besitzen würde.*

HELMUT SCHMIDT

Auf den an knallharte Politiker wie Truman und Eisenhower gewöhnten Chruschtschow hatte Kennedy fatalerweise den Eindruck eines »Sonnyboy« gemacht: »Chruschtschows Vorgehen in Berlin war kalkuliertes Risiko und Bluff zugleich. Kennedy hat es in Wien versäumt, mit Nikita zu feilschen. Das war gefährlich! Nikita hielt ihn für einen schwachen Mann. Er sah, dass er ihn sogar einschüchtern konnte. Das hatte Auswirkungen auf unseren Minderwertigkeitskomplex gegenüber Amerika: Der psychologische Effekt war enorm«, erinnerte sich Arkadij Schewtschenko, ehemals Moskaus Experte für internationale Politik.

Wahre Torschlusspanik: Anfang August 1961 war das Notaufnahmelager Berlin-Marienfelde mit DDR-Flüchtlingen hoffnungslos überbelegt.

»Niemand hat die Absicht, eine Mauer zu errichten.« Ulbrichts Lüge auf der Pressekonferenz am 15. Juni 1961.

Washingtons Antwort auf das Ultimatum ließ lange auf sich warten. Schon in Wien hatte Kennedy die »Three Essentials« genannt, die ihm am Herzen lagen: Verbleib der Westmächte in Berlin, freier Zugang nach Berlin, Freiheit und Lebensfähigkeit für die Bürger Westberlins. Chruschtschows Wiener Forderungen waren nicht neu: Bereits 1958 hatte er einseitig den Viermächtestatus der einstigen Reichshauptstadt gekündigt und gefordert, Berlin in eine »entmilitarisierte freie Stadt« umzuwandeln. Die Krise war damals ohne Konsequenzen geblieben. Doch wie sollte man nun auf Chruschtschows neue Strategie der Einschüchterung reagieren? Im Gegensatz zu Amerikas bis dahin verfolgter Doktrin des »massiven atomaren Gegenschlags« vertrat Kennedy die »flexible response«, eine abgestufte Reaktion. Die »Falken« im Weißen Haus setzten dennoch auf Härte: Berlin dürfe auf keinen Fall preisgegeben werden. Die »Tauben« aber drangen auf Konzessionen. Mitten in den Diskussionen sickerte der sogenannte »Pentagon-Plan« über die Medien nach außen und sorgte für gefährlichen Zündstoff: Auf dem Papier übten die USA schon die Evakuierung amerikanischer Bürger aus westdeutschen und französischen Städten, sorgten für die Verstärkung der US-Divisionen in Deutschland und spielten mit dem Gedanken, Atomwaffen in Stellung zu bringen. Lapidar ließ Chruschtschow daraufhin die Bemerkung fallen, sechs sowjetische Wasserstoffbomben würden völlig ausreichen, um England auszulöschen, für Frankreich würden neun genügen. Krieg lag in der Luft.

*Krieg oder Frieden, das liegt nun in Ihrer Hand. – Wenn Sie eine Division nach Berlin schicken, schicke ich zwei!*

CHRUSCHTSCHOW
ZU KENNEDY, 16. JUNI 1961

Den Bürgern der DDR wurde bei dieser Propagandaschlacht immer mulmiger. Würde jetzt der letzte Weg nach Westen auch noch versperrt? Im Sog der Torschlusspanik setzte eine wahre Flüchtlingswelle ein. Waren es 1960 schon über 199 000, so stieg die Flüchtlingszahl jetzt

Nach der Errichtung des »antifaschistischen Schutzwalls« musste sich der DDR-Staats- und Parteichef an seinen Worten messen lassen.

monatlich: Von Januar bis August 1961 kehrten 180 000 Menschen ihrer Heimat den Rücken. Das Aufnahmelager Marienfelde verzeichnete allein am 12. August 2400 Flüchtlinge.

Zu allem Überfluss begann die SED eine Hetzkampagne gegen Berufspendler. »Grenzgänger« mussten sich registrieren lassen, waren von ärztlicher Behandlung in der DDR ausgeschlossen und sollten ihre Miete fortan mit D-Mark bezahlen. Am 15. Juni fiel zum ersten Mal das Wort »Mauer« in der Öffentlichkeit. Auf die Frage einer bundesdeutschen Journalistin, ob die Bildung einer freien Stadt bedeute, dass die Staatsgrenze am Brandenburger Tor errichtet werde, formulierte Ulbricht die Lüge des Jahrhunderts: »Die Bauarbeiter unserer Hauptstadt beschäftigen sich hauptsächlich mit Wohnungsbau, und ihre Arbeitskraft wird dafür voll eingesetzt. Niemand hat die Absicht, eine Mauer zu errichten.«

Dann, ganze sechs Wochen nach dem Ultimatum Chruschtschows, traf die Antwort aus Washington ein: abgelehnt. Doch in einer Fernsehrede an die amerikanische Nation bekräftigte Kennedy seinen »Weg der Mitte« – und machte damit ungewollt den Weg frei für den Mauerbau: »Schon vor langer Zeit haben wir unser Wort gegeben, dass wir jeden Angriff auf Westberlin als einen gegen uns alle gerichteten Angriff betrachten werden. Denn Westberlin ist mehr als ein Schaufenster der Freiheit, ein Symbol, eine Insel der Freiheit inmitten der kommunistischen Flut. Es ist noch weit mehr als ein Bindeglied zur freien Welt, ein Leuchtfeuer der Hoffnung hinter dem Eisernen Vorhang und ein Schlupfloch für Flüchtlinge. Westberlin ist darüber hinaus – mehr denn je zuvor – zum großen Prüfstein für den Mut und die Willensstärke des Westens geworden.« Zwar trug Kennedy einen umfangreichen militärischen Maßnahmenkatalog vor, zeigte sich jedoch zugleich verhandlungsbereit: »Ich muss noch mal betonen, dass wir nicht nur zwischen Widerstand und Rückzug, zwischen Atomkatastrophen und Kapitulation zu wählen haben. Wir werden auf die Berlinkrise keineswegs nur militärisch oder negativ reagieren. Wir werden zu allen Zeiten zu Gesprächen bereit sein.« Weil Kennedy vor allem seine »drei Essentials« für Westberlin bekräftigte, stand für Chruschtschow fest: Westberlin durfte nicht angetastet werden. Ein Abriegeln des Ostsektors der Stadt, um die Weltkriegsbeute DDR zu retten, würde jedoch kaum den »Casus Belli« heraufbeschwören.

Die Kommunisten machten nun Nägel mit Köpfen. Auf der Moskauer Gipfelkonferenz vom 3. bis zum 5. August malte Ulbricht die Situation der DDR in den schwärzesten Farben: Westliche »Menschenhändler und Kopfgeldjäger« entvölkerten das Land. Die DDR werde ihre Lieferleistungen nicht aufrechterhalten können, falls nicht Maßnahmen gegen die Massenflucht beschlossen würden. Der »Spitzbart« schlug vor, entweder ganz Berlin mit einer Mauer abzuriegeln oder diese quer durch die Stadt zu errichten. »Man einigte sich darauf, einen Stacheldraht quer durch Berlin zu ziehen. Und nur dann, wenn dieser von den Westmächten geduldet und nicht weggeräumt würde, sollte mit dem Mauerbau begonnen werden«, so Wolfgang Seiffert, damals Rechtsberater der DDR-Führung, über die Spekulationen des Ostblocks. Ulbricht bekam grünes Licht für seine »Operation Chinesische Mauer«.

## Ulbrichts »Kronprinz«

Wohl kein anderer Politiker verkörperte den zweiten deutschen Staat so sehr wie Erich Honecker (im Bild unten 2. von links bei einem Kampfgruppenappell am 23. August 1961). Als die DDR 1949 gegründet wurde, war er Vorsitzender der Staatsjugend FDJ. Seit den fünfziger Jahren galt er als designierter Nachfolger von Staats- und Parteichef Ulbricht, den er 1971 stürzte. Die Organisation des Mauerbaus 1961 war sein »Meisterstück«. Bis zuletzt verteidigte Honecker den Ausbau der Grenze als richtig und notwendig. »Wir unternahmen keine andere Aktion als jeder andere unabhängige, souveräne Staat. Lediglich nahmen wir unsere Grenze gemäß dem damals wie heute von der Organisation der Vereinten Nationen verbrieften Völkerrecht unter Kontrolle. Damit wurde der Frieden gerettet und der Grundstein für das weitere Aufblühen der Deutschen Demokratischen Republik gelegt«, rühmte er sich in seiner zu DDR-Zeiten erschienenen Autobiografie. Und noch 1990 erklärte er in einem Interview: »Der Kalte Krieg erreichte seine Spitze. Man organisierte eine Massenflucht aus der DDR. ... Es kam selbstverständlich zu menschlichen Tragödien, aber in der Hauptsache ging es darum, den Frieden zu retten.« In Wahrheit markierte die Mauer eine moralische und politische Katastrophe – das Eingeständnis der Niederlage des sozialistischen Lagers im Kampf der Systeme.

BERLINER **MORGENPOST**

750231

Berlin, 13. Aug.

# Ost-Berlin ist abgeriegelt

## S- und U-Bahn unterbrochen
## An allen Sektorengrenzen Stacheldraht – Straßensperren
## Volksarmee rund um Berlin

**In der letzten Nacht hat Ulbricht die Sowjetzone endgültig zum KZ gemacht. Um 2 Uhr 30 riegelten Volkspolizisten und Volksarmisten, die mit automatischen Waffen ausgerüstet waren, die Grenzen zwischen Ost-und Westberlin ab.**

**Während an allen Sektorenübergängen Stacheldrahtverhaue gezogen und mit Preßlufthämmern die Straßendecken aufgerissen wurden, gab der kommunistische Rundfunk eine Erklärung der Sowjetzonenregierung bekannt.**

**Danach hat die Sowjetzone in Übereinstimmung mit den Regierungen der Warschauer Vertragsstaaten beschlossen, an den Grenzen der Zone einschließlich der Grenze zu den Westberliner Sektoren Kontrollen einzuführen wie sie an den Grenzen jedes souveränen Staates üblich ist".**

**Diese Grenze darf nach der Erklärung der Sowjetzonenregierung von Bewohnern Ost-Berlins und der Zone nur noch mit einer besonderen Bescheinigung passiert werden.**

Auf fast allen Bahnhöfen in Ost-Berlin sind starke Einheiten der Zonen-Transportpolizei postiert worden. „Volkspolizisten" und „Volksarmisten" bewachen auch die U-Bahn-Eingänge. Ebenso sind die wichtigsten Regierungs- und Verwaltungsgebäude von starken Polizeikräften besetzt worden.

Die Absperrung der Sektorengrenzen, das Aufstellen der spanischen Reiter und das Aufreißen des Straßenpflasters geschieht unter Leitung von Offizieren der sogenannten Volksarmee.

Auf der Berliner Stadtbahn beginnen und enden die S-Bahn-Züge nach und aus Richtung Osten auf Bahnsteig C des Bahnhofs Friedrichstraße. Das Hauptgebäude des Bahnhofs Friedrichstraße, das von starken Vopo-Einheiten besetzt worden ist, kann nur nach einer Kontrolle verlassen werden.

Auch die U-Bahnhöfe Potsdamer Platz, Warschauer Brücke, Walter-Ulbricht-Stadion, Nordbahnhof, Französische Straße, Oranienburger Tor sowie Jannowitzbrücke, Bernauer Straße, Rosenthaler Platz, Weinmeisterstraße und der Bahnsteig D des Bahnhofs Alexanderplatz sind geschlossen.

Auf Anweisung des Sowjetzonenministers des Innern Marohn (SED) sollen für den Verkehr zwischen Ost- und West-Berlin von sofort an folgende Bestimmungen gelten:

Für den Fußgänger- und Autoverkehr zwischen Ost- und West-Berlin bleiben folgende Übergänge geöffnet:

Kopenhagener Straße
Wollankstraße
Bornholmer Straße
Brunnenstraße-, Chausseestraße
Brandenburger Tor
Friedrichstraße
Heinrich-Heine-Straße
Oberbaumbrücke
Puschkin-Allee
Elsenstraße
Rudower Straße.

Bewohner Ost-Berlins benötigen von sofort an für den Besuch in West-Berlin eine Genehmigung ihres zuständigen Volkspolizeikreisamtes.

Der Leiter der Ostberliner Verwaltung Ebert hat in einer Bekanntmachung allen Ostberlinern, die als Grenzgänger in West-Berlin arbeiten, verboten, weiterhin ihre Beschäftigung im freien Teil der Stadt auszuüben.

Nach Auskunft der Westberliner Polizei- und Zollbehörden am Kontrollpunkt Dreilinden verläuft der Interzonenverkehr zwischen West-Berlin und der Bundesrepublik in beiden Richtungen normal und reibungslos.

Verantwortlich für den Inhalt: Rudolf Schmidt.
Druck: Druckhaus Tempelhof

In Westberlin herrschte nach dem Bau der Berliner Mauer völlige Fassungslosigkeit. Eine Extraausgabe der *Berliner Morgenpost* vom 13. August 1961.

*Wenn gewisse Leute fürchten, dass ihnen das Hintertürchen verschlossen wird, durch das sie bisher ihre Konterbande – Spionage, Sabotage und Menschenhandel – in die Deutsche Demokratische Republik einschmuggeln konnten, dann besteht diese Furcht zu Recht.*

ULBRICHT, 7. AUGUST 1961

Mit der »Aktion X« wurde ein schmächtiger Parteifunktionär betraut, den dieses Werk bis an sein Lebensende mit Stolz erfüllen sollte: Erich Honecker. Er mobilisierte zehntausende Volkspolizisten sowie Angehörige der Betriebskampfgruppen und sorgte persönlich dafür, dass die letzten fehlenden 300 Tonnen Stacheldraht aus Rumänien herbeigeschafft wurden.

Während die Politiker der Westmächte Urlaub machten und lediglich die eigens eingerichtete »Berlin Task Force« des State Department über die nächsten Schritte des Gegners spekulierte, frohlockte Chruschtschow: »Wir machen Berlin dicht! Wir werden Stacheldraht ausrollen, und die Westmächte werden dastehen wie dumme Schafe! Und während sie noch so dastehen, bauen wir eine Mauer!«

*Niemand hat den Bau der Mauer in Berlin vorausgesehen – der Berliner Senat nicht, die Bundesregierung nicht, die Regierungen der drei Schutzmächte nicht. Ich habe auch keine Bestätigung dafür finden können, dass ein westlicher Nachrichtendienst Vorbereitungen für den Mauerbau erkannt und rechtzeitig gemeldet hätte.*

WILHELM GREWE,
DAMALS DEUTSCHER BOTSCHAFTER
IN WASHINGTON

In Westberlin wurde man sich in der Nacht zum 13. August, dem »schwarzen Sonntag«, nur langsam der beginnenden Katastrophe bewusst. In immer kürzeren Abständen gingen auf den Polizeiwachen beunruhigende Meldungen ein: »Die DDR-Reichsbahn hat den S-Bahn-Verkehr eingestellt.« – »Auf der Bundesstraße 5 bei Staaken rollen Sowjetpanzer nach Berlin.« – »Am Pariser Platz sind 23 Militärtransporter mit schwer bewaffneten Volkspolizisten gesehen worden.« Um 3.27 Uhr meldete Associated Press: »Das Brandenburger Tor ist zu.« Nach anfänglicher Panik war jedoch klar: Westberlin blieb unangetastet. Zentimeter vor der Sektorengrenze kamen die Honecker-Truppen zum Stehen. Die Westberliner Polizei löste nur den internen Alarmplan aus. Moskau hatte genau kalkuliert: Für den großen Alarm, der im NATO-Hauptquartier den Bündnisfall ausgelöst hätte, fehlte der Anlass. Die Schwelle zum Krieg wurde nicht überschritten. Doch als die Berliner an diesem sonnigen Augustsonntag aufwachten, lebten sie in einer geteilten Stadt.

Bis die Menschen merkten, was geschah, war es fast schon Mittag. Entsetzt strömten die Bürger Ostberlins an die Sektorengrenze, protestierten gegen den Machtmissbrauch. Soldaten hielten mit Wasserwerfern die Menge in Schach und sicherten mit Maschinengewehren und aufgepflanzten Bajonetten die Absperrungsarbeiten. Sie waren mit scharfer Munition ausgerüstet. Ihr Auftrag lautete: die Grenze dichtmachen, bei Fluchtversuchen schießen! Erregt versuchten die Menschen, mit den Soldaten zu diskutieren – vergeblich. Hilflos mussten sie mit ansehen, wie Kampfgruppen und Volkspolizei Betonpfeiler um Betonpfeiler in die Erde rammten, Meter für

Meter dichten Stacheldraht entrollten. Verlogen kommentierte Karl-Eduard von Schnitzler, Propagandist im DDR-Fernsehen, die Aktion: »Wir haben heute von unserem Selbstbestimmungsrecht Gebrauch gemacht und eine solche Kontrolle an unseren Grenzen eingeführt, wie sie an den Grenzen eines jeden souveränen Staates üblich ist. Auf unserer Seite ist nicht nur das Recht, sondern auch die Macht, und die Macht ist bei uns in guten Händen.«

Auch im Westteil der Stadt regte sich ein Sturm der Entrüstung. Tausende versammelten sich am Brandenburger Tor und skandierten zornig: »Macht das Tor auf!« und: »Schämt euch, schämt euch!« Nur mit Mühe gelang es der Polizei, die aufgebrachte Menge zurückzuhalten. Weinend winkten sich Familien, die über Nacht auseinandergerissen worden waren, über die Grenze hinweg zu.

Verzweifelt winkt eine Mutter aus Westberlin ihrem Kind. Es hatte am Vorabend des Mauerbaus bei den Großeltern im Ostteil übernachtet.

*Für uns waren die Verhältnisse nicht angenehm. Die Westberliner haben uns beschimpft, und von der Ostberliner Seite passierte das Gleiche. In dem Bild, das ich mir vorher von der DDR gemacht hatte, ist etwas kaputtgegangen. In diesem Moment fasste ich den Entschluss zu fliehen.*

CONRAD SCHUMANN, VOLKSPOLIZIST

Seit zwei Tagen stand der neunzehnjährige VP-Oberwachtmeister Conrad Schumann Wache an der Bernauer Straße in Berlin. Seit zwei Tagen wurde er von der aufgebrachten Menge wütend beschimpft. Er schämte sich. Bis zu diesem Zeitpunkt war er stolz auf seine DDR gewesen. Nun regten sich Zweifel. Ein kleines Mädchen stand weinend am Stacheldraht. Es hatte seine Großmutter in Ostberlin besucht. Im Westen standen, verzweifelt, die Eltern. Die Kleine versuchte die Grenze zu überqueren, wurde aber von einem Offizier zurückgehalten. »Es war schlimm«, erinnerte sich Schumann in seinem letzten Gespräch vor seinem Selbstmord 1998: »Da habe ich den Entschluss gefasst: Ich verlass den Staat, ich mach das nicht mehr mit. Man darf nicht auf Menschen schießen.« Unbemerkt von seinen Kameraden tauschte er seine scharfe Munition gegen ein leeres Magazin aus. Aufgeregt stand er nahe am Stacheldraht, die Nerven zum Zerreißen gespannt. Immer wieder drückte er im Vorbeigehen, ängstlich nach seinen Kameraden Ausschau haltend, den Draht ein Stück herunter. Auf der Westseite wurde er von einem jungen Mann beobachtet. »Mensch, der will rüber«, dachte sich dieser – und handelte blitzschnell. Er

Spektakulärer Sprung in die Freiheit: Der junge Volkspolizist Conrad Schumann nutzt am 15. August die letzte Möglichkeit zur Flucht.

alarmierte die Polizei, die bald darauf mit einem VW-Bus vorfuhr und in Grenznähe parkte. Ein Beamter sagte sämtlichen Fotografen Bescheid: Wie auf ein Kommando hoben alle ihre Fotoapparate und knipsten. Für einen Moment abgelenkt, drehten die Volkspolizisten und Kampfgruppen sich um. In diesem Moment wagte Conrad Schumann den Sprung in die Freiheit: In voller Uniform und mit umgehängter Maschinenpistole übersprang er mit einem Satz den Stacheldraht. Es blitzte noch einmal: Ein Fotograf hatte den flüchtigen Moment eingefangen. Das Bild wurde zur publizistischen Ikone. Conrad Schumann hatte Geschichte gemacht: Als Symbol gegen die Teilung und für die Freiheit ging sein Bild um die Welt.

Noch oft war die Sektorengrenze in den Tagen nach dem 13. August Schauplatz erschütternder Szenen. Einige Flüchtlinge retteten sich in letzter Minute schwimmend über den Landwehrkanal oder fanden noch Schlupflöcher im Zaun, der von Stunde zu Stunde dichter wurde. Doch die meisten hatten weniger Glück: Sie blieben an den scharfen Drahtfallen hängen, wurden von Volkspolizisten zurückgeholt und verprügelt. In der Bernauer Straße spielten sich wahre Tragödien ab. Hier verlief die Grenze mitten durch die Straße. Der Gehsteig lag noch im Westen, die Häuserzeilen schon im Osten. Volkspolizisten hatten bereits begonnen, die Hausbewohner zu vertreiben; die Fenster zum Westen wurden zugemauert.

Verzweifelt versuchten einige Bewohner, durch die oberen Fenster zu entkommen – und sprangen in den Tod. Sie waren die ersten in einer langen Reihe von Todesopfern, die die Berliner Mauer forderte.

»Der Osten handelt – was tut der Westen? Der Westen tut nichts!«, beschwerte sich am 16. August in einer Schlagzeile die *Bild*-Zeitung. Während sich in Berlin dramatische Szenen abspielten, weilte Frankreichs General de Gaulle auf seinem Landsitz in Colombey-les-deux-Eglises, Großbritanniens Premier Harold MacMillan jagte Moorhühner in Schottland, und Amerikas Präsident Kennedy kreuzte mit seiner Motoryacht vor der Küste von Massachusetts. Einen Anlass, ihre Ferien abzubrechen, sahen sie nicht. Volle 36 Stunden dauerte es, bis die westlichen Stadtkommandanten bei ihrem sowjetischen Kollegen mit einem Protestschreiben vorstellig wurden, in dem sie halbherzig die »Beschränkung der Freizügigkeit« in Berlin monierten. »Wir sollten jetzt nichts überstürzen«, war die Meinung des Chefs der »Berlin Task Force«, Foy Kohler, als er von den Ereignissen erfuhr. Insgesamt 72 Stunden vergingen, ehe Washington, London und Paris dem Kreml eine eher lahme Protestnote zukommen ließen.

Die Berliner waren schockiert. Sie mussten nicht nur mit ansehen, wie das »grässlichste Bauwerk seit der Auflösung der Konzentrationslager« immer mehr Gestalt annahm, sondern sie fühlten sich auch betrogen. Über ein Jahrzehnt hatte ihnen der Westen vollmundig versichert: »Wir sind die Garanten eurer Freiheit.« Doch trotz der Viermächteverantwortung für Gesamtberlin geschah nun gar nichts. Der Grund für dieses langsame Vorgehen war einfach, wie Willy Brandt später erklärte: »Was für die Berliner ein Tag des Entsetzens war, sollte für die westlichen Regierungen objektiv zu einem Datum der Erleichterung werden: Ihre Rechte, auf Westberlin bezogen, blieben unangetastet, die befürchtete Kriegsgefahr war abgewendet.« Und die alliierten Rechte in Ostberlin? Den Stacheldraht wieder gewaltsam zu entfernen hätte nach Meinung der Amerikaner nur zu gefährlichen »Komplikationen« geführt.

Bevor an der Bernauer Straße alle Fenster zugemauert werden, versucht eine 77-jährige Ostberlinerin, sich in den Westen zu retten.

*Wir waren sauer, dass wir wirkliche Mühe brauchten, um die Alliierten auch nur dazu zu bewegen, ein paar Patrouillen, ein paar Jeeps an die Sektorengrenze zu schicken, damit die Bevölkerung sieht, sie steht nicht allein und die Westmächte sind auch noch da.*

EGON BAHR

Obwohl »keiner von uns bereit war, das Mauerprojekt für mehr als ein weiteres Gerücht anzusehen«, wie Ernest von Pawel, Chef der US-Militärmission beim sowjetischen Oberkommando in Potsdam, versicherte, hatten die Amerikaner nicht nur damit gerechnet. Sie hatten es fast schon empfohlen. Bereits am 5. August hatte der US-Senator William Fulbright für Furore gesorgt, als er sagte: »Ich verstehe nicht, warum die Ostdeutschen nicht ihre Grenze schließen, denn ich glaube, dass sie das Recht haben, sie zu schließen!« Unter vier Augen hatte Kennedy seinem Sicherheitsberater bereits Wochen zuvor gestanden: »Chruschtschow wird etwas unternehmen müssen, um den Flüchtlingsstrom zu stoppen, vielleicht eine Mauer. Und wir werden nichts tun können, um es zu verhindern. Ich bin in der Lage, die NATO zur Verteidigung Westberlins zusammenzuhalten, aber ich kann nichts tun, um Ostberlin offen zu halten.« Als die Mauer tatsächlich gebaut wurde, hielt Kennedy sie zwar nicht für eine »schöne Lösung, ...aber verdammt viel besser als Krieg«.

Die Westmächte reagierten also, wie Chruschtschow es vorhergesagt hatte: Sie standen da wie Schafe. Ungehindert konnte Honecker zu Stufe zwei seines Plans schreiten: Der sozialistiche Traum wurde eingemauert. Am 15. August hievten Baukräne die ersten Betonplatten auf die Grenzlinie. Besonders wütend waren die Berliner auf ihren Kanzler. Konrad Adenauer war gerade erst aus seinem Urlaub am Comer See zurückgekehrt, als die Nachrichten aus Berlin ihn aus dem Bett holten. Wer nun geglaubt hatte, der Kanzler würde sofort nach Berlin fliegen, um den Menschen dort den Rücken zu stärken, sah sich enttäuscht. Am Mittag veröffentlichte Bonn eine besänftigende Erklärung: »Im Verein mit unseren Alliierten werden die erforderlichen Gegenmaßnahmen getroffen. ... Es ist das Gebot der Stunde, in Festigkeit, aber auch in Ruhe der Herausforderung des Ostens zu begegnen.« Die »erforderlichen Gegenmaßnahmen« blieben aus – und der Kanzler setzte seine Wahlkampftour fort. Willy Brandt, der Regierende Bürgermeister Westberlins, war noch in der Nacht zum 13. August von einer Reise in seine Stadt zurückgekehrt. Er war entsetzt, musste jedoch dafür sorgen, dass die aufgebrachten Berliner nicht noch den Funken zündeten, der das offene Pulverfass hätte explodieren lassen. In einer Rede vor dem Schöneberger Rathaus rief er zur Ruhe auf, versprach aber den Ostberlinern: »Noch niemals konnten Menschen auf die Dauer in Sklaverei gehalten werden. Wir werden Sie nicht abschreiben! Wir werden uns niemals mit der brutalen Teilung dieser Stadt, mit der widernatürlichen Spaltung unseres Landes abfinden, und wenn die Welt voller Teufel wär'.« Die Welt war voller Teufel. Die Ostberliner mussten 28 lange Jahre warten, bis die Mauer wieder fiel.

Doch auch die Westberliner fühlten sich von aller Welt verlassen und verkauft. Eine große Vertrauenskrise bahnte sich an. Was konnte sie angesichts ihres künftigen Ghettodaseins bewegen, noch an eine Zukunft ihrer Stadt

»Wir werden uns mit der Spaltung nicht abfinden.« Willy Brandt spricht am 16. August vor dem Schöneberger Rathaus.

Viele der Zuhörer von Brandts Rede fühlten sich von den westlichen Besatzungsmächten und der Bundesregierung im Stich gelassen.

zu glauben und zu bleiben? Im Grunde nur die Hoffnung auf Freiheit. Endlich sah auch Amerikas Präsident das ein. Erst als die Mauer schon stand, beschloss Kennedy, die Westberliner moralisch aufzumuntern und den Sowjets Standfestigkeit zu demonstrieren. Am 19. August landeten Vizepräsident Lyndon B. Johnson und der Held der Luftbrücke, General Lucius D. Clay, in Berlin-Tempelhof. Der Jubel der Berliner umbrandete ihn, als Johnson versprach, »unser Leben, unser Gut und unsere heilige Ehre« für Berlin zu geben.

*Dies ist eine Zeit für Vertrauen, für Haltung und für Glauben – Qualitäten, mit welchen der Name Ihrer Stadt verbunden ist, von einem Ende der Welt zu dem anderen.*

LYNDON B. JOHNSON AM 19. AUGUST 1961 VOR DEM BERLINER SENAT

Am frühen Morgen des 20. August fuhr eine Kampfeinheit der US-Army beim Grenzübergang Helmstedt vor: Kennedy wollte die Ankündigungen der Sowjets testen. Die Welt

US-Präsenz an der Mauer: Der amerikanische Vizepräsident Lyndon B. Johnson (rechts) und der legendäre Luftbrückengeneral Lucius D. Clay (links).

hielt den Atem an. Nach bangen Stunden erreichte der Konvoi schließlich Checkpoint B: Der Weg nach Westberlin war frei. Die Westberliner waren erleichtert.

Doch als Adenauer am 22. August endlich selbst in Berlin eintraf, um den Bürgern Mut zu machen, wurde er kühl empfangen. »Zu spät!«, ließ man ihn auf Transparenten wissen, und der Berliner Volksmund prägte den Satz: »Johnson kommt schneller über den Atlantik als Adenauer über den Rhein.« Bei der Bundestagswahl am 17. September erhielt der Kanzler die Quittung: Die CDU fuhr herbe Verluste ein. Es war der Anfang vom Ende der Ära Adenauer.

Der Bau der Berliner Mauer war ein Meilenstein in der Geschichte des Kalten Krieges. Er zementierte für die nächsten 28 Jahre, zwei Monate und 26 Tage die Teilung Deutschlands. Gleichzeitig stabilisierte er die SED-Führung und brachte die faktische Anerkennung eines zweiten deutschen Staates mit sich. Nur wenige Tage nach dem »schwarzen Sonntag« verfügte die SED, dass vom 23. August an Ausländer und Angehörige der Westmächte den Grenzübergang »Checkpoint Charlie« zu benutzen hätten. »Hier ist etwas Groteskes eingetreten«, spottete noch Jahrzehnte später Egon Bahr, damals

»Zu spät«. Erst am 22. August kommt Bundeskanzler Adenauer in die nunmehr geteilte Stadt.

»Jetzt werden sie nicht mehr ›sogenannte DDR‹ sagen.« Die Gestik der Volkspolizisten hinter dem Stacheldraht am Potsdamer Platz drückt unmissverständlich aus, was man von den Zuschauern auf der westlichen Seite hält.

im Stab von Willy Brandt. »Die DDR gab es bekanntlich überhaupt nicht. Und jetzt erteilte ein Innenminister der sogenannten DDR den drei Westmächten mit ihren originären alliierten Rechten Befehle in Form einer Anordnung! Und siehe da, die drei Mächte parierten! Eine stärkere De-facto-Anerkennung der DDR hatte es nie zuvor und hat es auch später nicht mehr gegeben!«

»Jetzt werden sie nicht mehr ›sogenannte DDR‹ sagen«, hatte ein Volkspolizist gehöhnt, als er am 13. August den Stacheldraht entrollte. Er hat recht behalten. Von nun an mussten auch die Politiker in Bonn umdenken. »Wir haben festgestellt, die drei Westmächte sind nicht mehr in der Lage, die Mauer kaputt zu machen. Niemand hat uns geholfen, also mussten wir, wenn wir die Menschen zusammenbringen wollten, die Mauer durchlässig machen. Wir kamen zur Einsicht, dass – ob es mir gefiel oder nicht – Vereinbarungen im Interesse Deutschlands nur mit der Regierung der sogenannten DDR zustande kommen können. Das war der Kern dessen, was später Ostpolitik genannt wurde«, sagt Egon Bahr, der Architekt der »Ostpolitik«. Im September 1987 gipfelte

Vom 23. August an war Ausländern nur noch der Grenzübertritt am »Checkpoint Charlie« in der Friedrichstraße gestattet.

Nach einem diplomatischen Schlagabtausch stehen sich Ende Oktober 1961 am »Checkpoint Charlie« sowjetische und amerikanische Panzer gegenüber.

diese Entwicklung im Bonn-Besuch des Mauerbauers Honecker.

Auch auf internationalem Parkett brachte der Mauerbau Bewegung in die festgefahrenen Ost-West-Beziehungen. Washingtons Politik der Stärke hatte sich als unwirksam erwiesen. Zu nahe agierten die Supermächte am Rande des Atomkriegs, wie spätestens das Kräftemessen am 25. Oktober 1961 am »Checkpoint Charlie« zeigte. Zum ersten Mal standen sich hier frontal sowjetische und amerikanische Panzer gegenüber. Diesmal blieb es beim Säbelrasseln. Zur Entschärfung der Situation musste Kennedy jedoch einräumen, dass eine Wiedervereinigung Deutschlands »ein mit der Realität nicht zu vereinbarendes Verhandlungsziel« war. Insgeheim gaben auch die westlichen Strategen zu, dass die Mauer die Berlinkrise überwinden half und zur Entspannung beitrug.

*Im Kreis um Kennedy gab es eine Einschätzung der Lage, bei der der Bau der Mauer sehr wohl auch eine »beruhigende Funktion« hatte.*

KLAUS SCHÜTZ, EHEMALIGER REGIERENDER BÜRGERMEISTER VON WESTBERLIN

»Die Teilung Deutschlands ist nicht erst durch den Bau der Mauer geschaffen worden, sie hat sich dadurch nur verschärft. Aber irgendwie hat der Mauerbau auch die ständigen Spannungen entschärft. Er hat den Bevölkerungsschwund der DDR aufgehalten und somit der selbst heraufbeschworenen Krise der DDR ein Ende gesetzt«, bilanzierte George McBundy, damals Sicherheitsberater Kennedys. Für Valentin Falin, seinerzeit im sowjetischen Außenministerium, war der Mauerbau sogar zukunftsweisend: »Die Maßnahmen haben den Frieden in Europa und in der Welt sicherer gemacht und die Voraussetzungen für die weiteren Schritte geschaffen, die zwar sehr viel später gekommen sind, aber dennoch gekommen sind.«

*Wir müssen mit der Mauer leben ...*

WILLY BRANDT, FEBRUAR 1962

Die Verlierer des Mauerbaus waren die Bürger der DDR. Strategische Planspiele hatten für diese Menschen keine Bedeutung. Sie sahen nur, dass sie eingemauert waren. Hilflos waren sie fortan dem SED-Terrorregime ausgeliefert: Der letzte Fluchtweg durch den Eisernen Vorhang war versperrt. Die Mauer wurde zur eisernen Klammer, die das Staatswesen – für mehr als 28 Jahre – zusammenhielt. Die Erkenntnis, in einem Gefängnis zu leben, in dem es auf absehbare Zeit keine Entlassungen geben

## Opfer der Mauer

Die Frage, wie viele Opfer die Mauer forderte, ist bis heute umstritten, da das DDR-Regime viele Todesfälle bewusst verschleierte und diesbezügliche Akten vernichtet wurden. Mindestens 270, wahrscheinlich aber bis zu 780 Menschen fanden bei dem Versuch, die Berliner Mauer oder die innerdeutsche Grenze zu überwinden, den Tod – wie 1962 Peter Fechter (Bild). Das letzte Opfer war der zwanzigjährige Kellner Chris Gueffroy: In der Nacht zum 6. Februar 1989 trafen ihn tödliche Schüsse, als er die Grenze zwischen Treptow und Neukölln in Berlin überklettern wollte. Mehrere zehntausend DDR-Bürger wurden bei einem Fluchtversuch verhaftet. So wurden zwischen 1960 und 1988 in mehr als 71 000 Fällen Freiheitsstrafen wegen »Republikflucht« verhängt.

würde, prägte das Bewusstsein der Menschen. In den Monaten nach dem 13. August kam es zwar noch einmal zu einem Aufwallen des Volkszorns – so wurden im zweiten Halbjahr 1961 viermal so viele politische Strafurteile ausgesprochen wie im ersten –, doch dann verlief die Entwicklung der DDR tatsächlich in einem ruhigeren Fahrwasser. Die Menschen richteten sich notgedrungen ein im Mauerstaat und verliehen ihm so den Anschein von Stabilität.

Es folgte die Zeit der Mauertragödien. Auf »Republikflüchtige« wurde von nun an scharf geschossen. »Lieber zehn Tote vor der Mauer als einer hinter der Mauer«, lautete eine menschenverachtende Parole aus dem Politunterricht der DDR-Grenzsoldaten. Trotz dieser ausweglosen Situation nahmen dennoch viele das Risiko eines »Ausbruchsversuchs« auf sich. Sie versuchten, auf alle nur erdenkliche Weise zu fliehen: übers Wasser, durch die Luft gar. Sie gruben Tunnel, schlugen Löcher in die Mauer oder durchbrachen in gepanzerten Fahrzeugen die Grenze. Heute ist die Mauer in Berlin fast vollständig abgerissen. Doch die Mauer in den Köpfen hat das deutsche Volk bis jetzt noch nicht völlig überwunden.

# 1970

# Der Kniefall

Die Träger hatten, wie es das Protokoll für einen derartigen Anlass vorsah, einen Kranz niedergelegt. Ebenfalls protokollgerecht war der hohe Besuch vorgetreten, um die Schleife des Gebindes, die eigentlich schon einwandfrei geordnet war, zurechtzuzupfen. Da plötzlich kam Bewegung in die Szenerie. »Wo ist er denn?« – »Ist er hingefallen?« Die Fotografen in den hinteren Reihen nahmen die Ellbogen zu Hilfe, um sich vorzudrängeln. Willy Brandt war so plötzlich und unerwartet auf die Knie gesunken, dass man an einen Schwächeanfall des Bundeskanzlers glauben konnte. Das Klicken der Fotokameras steigerte sich zu einem hektischen Gewitter. Da kniete er auf dem regennassen Asphalt: Zehn Sekunden, zwanzig Sekunden, eine endlose halbe Minute. Sein Kopf war gesenkt, der Blick starr auf die gefalteten Hände gerichtet. Dann erhob er sich mit einem energischen Ruck, ohne die Arme zu Hilfe zu nehmen. Mit bedächtigen Schritten ging er zu seinen Begleitern zurück.

*Dass er das tun wird, hat er vorher nicht gewusst. Und jeder, der dabei war, hat das gespürt.*

WALTER SCHEEL, DAMALS AUSSENMINISTER

Es war der Morgen des 7. Dezember 1970. Im Rahmen seines Besuchs in Polen war der deutsche Bundeskanzler an den Platz inmitten trist-grauer Hochhausblöcke gekommen, an dem sich dreißig Jahre zuvor das Warschauer Ghetto befunden hatte. Eine Bronzegruppe erinnerte an die Opfer dieser Hölle. Hier hatten Hitlers Handlanger eine halbe Million Menschen zusammengepfercht, um sie in die Todeslager zu verschleppen oder an Ort und Stelle umzubringen. Neben dem KZ Auschwitz war das 1940 entstandene Warschauer Ghetto das Sinnbild für das Grauen des Holocaust, ein Durchgangsbahnhof auf dem Weg in die Vernichtung. »Es war eine ungewöhnliche Last, die ich auf meinen Weg nach Warschau mitnahm«, schrieb Willy Brandt später. »Nirgends hatte das Volk, hatten die Menschen so gelitten wie in Polen. Die maschinelle Vernichtung der polnischen Judenheit stellte eine Steigerung der Mordlust da, die niemand für möglich gehalten hatte.«

*Demokratie ist keine Frage der Zweckmäßigkeit, sondern der Sittlichkeit.*

WILLY BRANDT

Das Wissen um die Gräueltaten, die das NS-Regime im Namen des deutschen Volkes verübt hatte, empfand der Bundeskanzler als schwere Bürde. 25 Jahre nach Kriegsende gab es weder einen Friedensvertrag zwischen den einstigen Kriegsgegnern, noch unterhielten beide Staaten diplomatische Beziehungen miteinander. Doch mit der Kanzlerschaft von Willy Brandt vollzog sich ein entscheidender Wendepunkt. An diesem 7. Dezember war auch die Unterzeichnung eines Vertrags über die Normalisierung der beiderseitigen Beziehungen vorgesehen. Doch noch bevor Brandt seine Unterschrift unter das Dokument setzte, hatte er schon Geschichte geschrieben. Die Bilder von Warschau mit dem knienden Kanzler gingen um die Welt.

»Was da geschehen ist, war eine ganz spontane Sache«, urteilte später der Augenzeuge Henri Nannen, damals Chefredakteur der Illustrierten *Stern.* »Brandt hat zwei Stunden vorher nicht gewusst, dass er das tun würde. Er hat sich nicht hingekniet, es hat ihn hingekniet.« Brandt wusste, dass hier protokollarische Routine nicht ausreichte. »Ich fühlte, dass es vor diesem Mahnmal für Millionen von Opfern nicht genügen würde, nur einfach den Kopf zu neigen.« Seine Geste überraschte und ergriff die Menschen, auch auf polnischer Seite. »Der Krieg und die Schrecken der Besatzung – das war in Polen nicht vergessen. Man misstraute den Deutschen noch immer. Brandt wusste das. Und er hat nach einer großen Geste gesucht, einer Geste, die diesen Eindruck verändern sollte«, sagt Marek Edelmann, einer der wenigen Überlebenden des Warschauer Ghettos.

Mit dem Kniefall von Warschau hat Willy Brandt ein Bild geprägt, das mehr als viele Reden und Verträge zur Rehabilitierung Deutschlands in der Welt beigetragen hat. Er bat um Vergebung. »Ich fand, ich konnte letztlich nichts anderes tun, als ein Zeichen zu setzen«, erklärte Brandt Jahre später in einem Fernsehinterview. »Ich bitte – als einer, der nun nicht zu den wildesten Anhängern Hitlers gehört hat, um es mal so zu sagen –, ich bitte für mein Volk um Verzeihung, bete auch darum, dass man uns verzeihen möge.«

## Willy Brandt

Immer wieder musste sich Willy Brandt, der 1913 als Herbert Frahm in Lübeck geboren wurde, als »vaterlandsloser Geselle« beschimpfen lassen. Anfang April 1933 war er vor der nationalsozialistischen Verfolgung nach Norwegen geflohen und hatte die Zeit des »Dritten Reiches« im Exil verbracht. 1957 wurde er zum Regierenden Bürgermeister von Westberlin gewählt und kämpfte im Umfeld des Mauerbaus 1961 für die Freiheit seiner Stadt. Schon in den frühen Sechzigern wuchs die Popularität des »deutschen Kennedy« beständig. Seine Tatkraft steckte an, seine Visionen rissen mit. »In Ihrer Person haben Sie die Spannung zwischen Macht und Moral aufgelöst«, erklärte Richard von Weizsäcker an Willy Brandts 75. Geburtstag.

Brandts neue Regierungsmannschaft während ihres Antrittsbesuchs bei Bundespräsident Heinemann, wohlwollend beobachtet von Handwerkern der Villa Hammerschmidt, 22. Oktober 1969.

Brandt kniete nicht für sich selbst – er kniete für das Volk, dessen Repräsentant er war. 25 Jahre nach dem Ende des Zweiten Weltkriegs machte er damit endlich den Weg frei für eine Aussöhnung unter den Nachbarvölkern und eine Versöhnung der Deutschen mit sich selbst. »Brandts Geste war ein Wendepunkt in der Geschichte«, bestätigt Marek Edelmann. »In Deutschland hatte sich etwas verändert. Man konnte zu den Deutschen wieder Vertrauen haben. Brandts Kniefall geschah im Namen des deutschen Volkes. Das war eine große Tat.«

»Wir wollen mehr Demokratie wagen.« Willy Brandt spricht im Bundestag.

Zu diesem Zeitpunkt war der Sozialdemokrat Brandt schon ein gutes Jahr Bundeskanzler. Nach 17 Jahren CDU-Regierung und drei Jahren großer Koalition in Bonn hatte im Oktober 1969 erstmals in der Geschichte der Bundesrepublik eine Partei unter völlig friedlichen Bedingungen eine andere an der Spitze des Parlaments abgelöst. Damit hatte die immer noch junge Republik ihre Bewährungsprobe als parlamentarische Demokratie bestanden. Der Regierungswechsel von 1969 ist von Beteiligten und Beobachtern dennoch als tiefe Zäsur empfunden worden. Er galt jenen, die ihn befürworteten, als Befreiungsschlag aus einer langen Lethargie. Dem nüchternen Pragmatismus der Adenauer-Jahre stand der Wille zu mentaler und politischer Erneuerung entgegen – so erschien es wenigstens den Zeitgenossen. »Keine Experimente«, hatte der Alte aus Rhöndorf seine Regierungszeit überschrieben. »Keine Angst vor Experimenten«, lautete die Parole Willy Brandts, und sie sprach seinen meist jungen Wählern aus dem Herzen.

Aber nicht nur für die Jugend war die Regierungserklärung, die Brandt am 28. Oktober 1969 im Bundestag verlas, das Manifest eines Aufbruchs. Der Kernsatz »Wir wollen mehr Demokratie wagen« versprach Teilhabe und Mitbestimmung am Kurs der neuen Regierung. Der Reformkatalog, den Brandt vorlegte, war beachtlich: ein reformiertes Eherecht, Hochschulreform, Sparerschutz, Tierschutz. Investitionen in die Friedensforschung, Absenkung des Wahlalters auf 18 Jahre, Gleichberechtigung von Mann und Frau und einiges mehr.

Der eigentlich revolutionäre Aspekt der Antrittserklärung lag jedoch in der Außenpolitik. »20 Jahre nach Gründung der Bundesrepublik Deutschland und der DDR müssen wir ein weiteres Auseinanderleben der deutschen Nation verhindern, also versuchen, über ein geregeltes Nebeneinander zu einem Miteinander zu kommen«, erklärte Brandt. »Eine völkerrechtliche Anerkennung der DDR durch die Bundesregierung kann nicht in Betracht kommen. Auch wenn zwei Staaten in Deutschland existieren, sind sie doch füreinander nicht Ausland; ihre Beziehungen zueinander können nur von besonderer Art sein.« Dieser Satz, eigentlich nur ein Nebensatz, war die außenpolitische Fanfare. Es war das Wort »Staat« gefallen. »Dieser Satz war der Türöffner«, wertet der damalige Staatssekretär Egon Bahr rückblickend. »Durch diesen Satz erkannten die Russen: Die da drüben, die meinen das ernst.«

*Auch wenn zwei Staaten in Deutschland existieren, sind sie doch füreinander nicht Ausland, ihre Beziehungen zueinander können nur von besonderer Art sein.*

WILLY BRANDT

Brandts Amtsvorgänger Kiesinger hatte die DDR stets als »dieses Phänomen, das sich da drüben gebildet hat« bezeichnet – und so mehr oder minder elegant das Wort »Staat« umschifft. Das war symptomatisch für die Unentschlossenheit, mit der die bundesdeutsche Regierung der Verfestigung der deutschen Teilung nach dem Bau der Mauer gegenübergestanden hatte. Die Ostpolitik steckte in einer Sackgasse: Noch immer galt die angegraute Hallstein-Doktrin, nach der die Bundesrepublik keine diplomatischen Beziehungen mit Staaten unterhielt, die ihrerseits die DDR anerkannten. Würde dieser Standpunkt bestehen bleiben, drohte Bonn zunehmend auch im westlichen Lager die Isolierung, denn weltpolitisch waren die Zeichen längst auf Entspannung gestellt. Die DDR war ein eigenständiger Staat, die ehemaligen deutschen Ostgebiete Teil Polens beziehungsweise der Sowjetunion. So sah die Realität aus. Ihre Leugnung aber war die heilige Kuh der westdeutschen Politik.

»Wandel durch Annäherung.« Egon Bahr im Mai 1970 in Moskau vor Gesprächen mit Andrej Gromyko.

Für die neue, SPD-geführte Regierung lag der Schlüssel zur neuen Ostpolitik im Kreml. Ohne die Sowjetunion würde sich nichts bewegen im innerdeutschen Verhältnis wie in den Beziehungen zu den osteuropäischen Nachbarn. Die Situation war günstig: Moskau lag im Clinch mit China und suchte Ruhe und Entspannung mit dem Westen. Einem Mann gelang es, die festgefahrenen Fronten aufzuweichen – Brandts Staatssekretär Egon Bahr. Der war zäh und gewitzt, zudem genoss er das volle Vertrauen des Kanzlers. Bereits 1963 hatte er die

Formel »Wandel durch Annäherung« geprägt, die er nun in die Tat umsetzen wollte. Im Januar 1970 flog Bahr nach Moskau. In einem wahren Verhandlungsmarathon rang er mit dem sowjetischen Außenminister Andrej Gromyko um eine neue Basis im Verhältnis zwischen Bundesrepublik und UdSSR. Als er nach dreimaligem wochenlangem Aufenthalt schließlich nach Bonn zurückkehrte, hatte er die Rohfassung eines Vertrags im Gepäck, dessen Inhalt als »top secret« galt. Doch zwei Wochen später prangten Auszüge des Schriftstücks auf der Titelseite der *Bild*-Zeitung. Zwar waren die Vereinbarungen, die aufgrund einer undichten Stelle publik geworden waren, nicht komplett wiedergegeben, doch reichte es, um die Bundesbürger aufzuschrecken. Der Verzicht auf deutsche Gebietsansprüche jenseits von Oder und Neiße sowie die Anerkennung des territorialen Status quo in Europa, wie sie aus dem sogenannten Bahr-Papier interpretiert wurden, waren in den Augen der Öffentlichkeit nichts anderes als ein »Ausverkauf deutscher Interessen«. Denn das würde im Klartext bedeuten, dass Deutschland auf die nach dem Zweiten Weltkrieg verlorenen Ostgebiete endgültig verzichtete. Nur mit Mühe konnten die Wogen wieder geglättet werden.

Doch auch die westlichen Verbündeten sahen den Kurs der neuen Bundesregierung nicht ohne Besorgnis. Das Weiße Haus machte aus seiner Skepsis gegenüber dem deutschen Alleingang kein Hehl. US-Außenminister Henry Kissinger monierte fehlende Absprachen mit

Die Unterzeichnung des Moskauer Vertrags am 12. August 1970. Am Tisch Willy Brandt und der sowjetische Ministerpräsident Alexej Kossygin, flankiert von ihren Außenministern Scheel (links) und Gromyko (rechts).

»Willy, Willy!« Vor dem Hotel Erfurter Hof jubelt am 19. März 1970 eine unübersehbare Menschenmenge dem »Klassenfeind« aus dem Westen zu.

dem westlichen Partner. »Information statt Konsultation«, lautete die neue Devise der Bundesrepublik, die damit auch ein erhebliches Stück Unabhängigkeit gegenüber den USA demonstrierte. »Ich verstehe mich als Kanzler nicht eines besiegten Deutschland, sondern eines befreiten Deutschland«, hatte Willy Brandt nach seiner Wahl selbstbewusst Journalisten gegenüber geäußert.

Am 11. August 1970 brach der Kanzler seinen Urlaub in Norwegen ab und flog nach Moskau. Tags darauf fand im Katharinensaal des Kreml die feierliche Unterzeichnung des »Moskauer Vertrags« statt. Er enthielt eine gegenseitige Gewaltverzichtszusicherung und die Anerkennung der Grenzen in Europa, einschließlich der Oder-Neiße-Linie. Am Abend wandte sich Brandt in einer Fernsehansprache an seine Landsleute: »Mit diesem Vertrag geht nichts verloren, was nicht längst verspielt worden war.« Brandt war bereit, die Rechnung einzulösen, die der Zweite Weltkrieg offengelassen hatte.

Parallel zu den Verhandlungen mit den Sowjets hatten bundesdeutsche Emissäre damit begonnen, behutsame Fühler in Richtung DDR auszustrecken, denn Ziel der neuen Ostpolitik war es vor allem, zu einem innerdeutschen Einvernehmen zu kommen. Der deutsch-deutsche Dialog auf allerhöchster Ebene begann im März 1970 in Erfurt, bei einem Besuch Willy Brandts bei Willi Stoph, dem Vorsitzenden des DDR-Ministerrats. Schon als der Bundeskanzler aus dem Zug stieg, hatte sich vor dem Bahnhof eine ungeduldige Menge versammelt, abgeschirmt von sichtlich nervösen Volkspolizisten. Untereinander eingehakt versuchten sie, die vorwärtsdrängende Masse im Zaum zu halten. Vor dem Hotel Erfurter Hof durchbrach die Menge dann die Absperrung. »Willy, Willy!« Das rhythmische Rufen wurde lauter und lauter. Und damit auch keine Missverständnisse darüber aufkamen, welcher der beiden Namensvetter gemeint war, riefen die Menschen nach dem Klassenfeind aus dem Westen: »Willy Brandt ans Fenster!« Brandt rang in seinem Hotelzimmer mit sich. Er wusste: Ließ er die Emotionen zu hoch kochen, gefährdete er die Menschen auf dem Platz. Langsam ging er zum Fenster und hob die Hand gerade so weit, dass man es als zustimmenden Gruß, aber auch als beschwichtigende Geste auffassen konnte. »Ich würde anderntags wieder in Bonn sein, sie nicht«, schrieb Brandt später. »So mahnte ich durch eine Bewegung meiner Hände zur Zurückhaltung. Man hatte mich verstanden. Die Menge wurde stumm. Ich wandte mich schweren Herzens ab.«

Der Empfang Stophs beim Gegenbesuch in Kassel fiel weit weniger herzlich aus. Schon am Bahnhof wurde der SED-Politiker gnadenlos ausgebuht. Zum Eklat kam es, als rechte Randalierer die DDR-Fahne vom Mast rissen und sie zerfetzten. Brandt entschuldigte sich für die peinlichen Vorfälle, doch die Atmosphäre blieb vergiftet. Ostberlin und Bonn verordneten sich zunächst eine »Denkpause«. Nachdem die Ergebnisse der beiden Spitzentreffen eher mager ausgefallen waren, verhandelten Vertreter

## Der Grundlagenvertrag

Im »Vertrag über die Grundlagen der Beziehungen zwischen der Bundesrepublik Deutschland und der Deutschen Demokratischen Republik« war festgelegt, dass beide deutschen Staaten »normale gutnachbarliche Beziehungen zueinander auf der Grundlage der Gleichberechtigung« entwickeln wollten. Die Bundesrepublik verzichtete auf ihren Alleinvertretungsanspruch, was die Voraussetzung dafür war, dass beide Staaten die notwendigen Schritte zur Mitgliedschaft in der UNO einleiten konnten. Im Zuge der »Normalisierung der Beziehungen« sollten »praktische und humanitäre Fragen« neu geregelt werden. Unter anderem wurde die Einrichtung von botschaftsähnlichen Einrichtungen, den »Ständigen Vertretungen«, vereinbart (im Bild der erste Leiter der Vertretung in Ostberlin, Günter Gaus). In den Bereichen Wissenschaft, Wirtschaft, Technik, Kultur, Sport, Umweltschutz und anderen wurden Folgeverträge in Aussicht gestellt. Die DDR sagte in einem separaten Brief Verbesserungen beim deutsch-deutschen Reiseverkehr und der Familienzusammenführung zu. Der Grundlagenvertrag stellte keine Zementierung der deutschen Teilung dar – im Gegenteil: Er schrieb den Anspruch auf eine mögliche Wiedervereinigung fest und hielt diese Möglichkeit durch die Erleichterung des Miteinanders auch in den Köpfen der Bürger beider deutschen Staaten aufrecht.

beider deutscher Staaten auf einer weniger prominenten, aber dafür effizienteren Basis weiter.

Am 21. Dezember 1972 wurde der »Grundlagenvertrag« zwischen der Bundesrepublik und der DDR unterzeichnet – »unbeschadet der Auffassung der Bundesrepublik Deutschland und der Deutschen Demokratischen Republik zu grundsätzlichen Fragen, darunter zur nationalen Frage«, wie es in der Präambel hieß. Das bedeutete im Klartext, dass man im Westen weiterhin als Anwalt der deutschen Einheit auftreten durfte, ohne dabei mit dem Grundlagenvertrag in Konflikt zu geraten.

Die Welt ehrte Willy Brandts Bemühungen um Annäherung mit dem Friedensnobelpreis, den er im Dezember 1971 in der norwegischen Hauptstadt Oslo als vierter Deutscher entgegennehmen konnte. Er habe »die Hand zu einer Versöhnung zwischen alten Feindesländern ausgestreckt« und »einen wesentlichen Beitrag zur Stärkung der Möglichkeiten für eine friedliche Entwicklung nicht nur in Europa, sondern auch in der Welt« geleistet.

Der Moskauer Vertrag hatte den Weg für eine Einigung mit den östlichen Nachbarn geebnet, die im Kniefall von Warschau ihren symbolischen Höhepunkt fand. »Wer mich verstehen wollte, der konnte mich verstehen, und viele Deutsche … haben mich verstanden«, sagte Brandt später. Viele jedoch verstanden ihn nicht. Der Kniefall sei keine spontane Eingebung, sondern eine wohlüberlegte Inszenierung gewesen, so war nicht nur an den Stammtischen der Republik zu hören. Von ehrlicher Betroffenheit könne keine Rede sein. Dazu verwechselten viele, in der Presse oft nicht ganz unabsichtlich, das Ghettomahnmal mit dem polnischen Grabmal des Unbekannten Soldaten, was der Geste einen ganz anderen Beigeschmack gegeben hätte.

»Durfte Brandt knien?«, fragte der *Spiegel* und schob eine eilig in Auftrag gegebene Umfrage nach, derzufolge nur 41 Prozent der Befragten Brandts Kniefall für angemessen hielten, 48 Prozent aber für übertrieben. Einmal müsse doch Schluss sein mit der ewigen Büßerei, man könne doch nicht ewig in Sack und Asche herumlaufen, so die Meinung eines großen Teils der bundesdeutschen Bevölkerung. Die Vertriebenenverbände liefen Sturm gegen den »Verkauf« der deutschen Ostgebiete. »Das Bild von dem knienden Bundeskanzler hat mich außerordentlich unangenehm berührt. Ein solcher Kniefall in einem fremden Land widerspricht allen internationalen Gepflogenheiten«, tadelte Friedrich Walter, damals Vizepräsident des Bundes der Vertriebenen. Auch der konservative Fernsehjournalist Gerhard Löwenthal erklärte: »Die Geste von Brandt fand ich damals als zu unterwürfig.«

*Ich werfe ihm vor, dass er eine Politik der Leistung Deutschlands ohne Gegenleistung der Sowjets und ihrer Satelliten gemacht hat.*

GERHARD LÖWENTHAL, JOURNALIST

Die konservative Opposition im Bundestag hatte den Verlauf der Verhandlungen zu den Ostverträgen mit kritischem Blick verfolgt. »Kanzler des Ausverkaufs«, nannte CSU-Chef Franz Josef Strauß Willy Brandt. Er betreibe eine »Finnlandisierung«, manövriere die Bundesrepublik in eine Abhängigkeit von Moskaus Gnaden. »Sie, Herr Bundeskanzler, sind dabei, das Deutschlandkonzept des Westens aufzugeben und in jenes der Sowjetunion einzutreten!«, rief der CSU-Abgeordnete Karl Theodor Freiherr von und zu Guttenberg empört im Bundestag aus. »So nicht«, fasste CDU-Oppositionsführer Rainer Barzel die Meinung der Opposition zusammen. Mit dem Fortschreiten der Verhandlungen, die unter anderem im Viermächteabkommen über Berlin zu wirklichen Fortschritten führten, stellte sich diese Ablehnung mehr und mehr als Sackgasse heraus. An der Ratifizierung der Verträge führte im Grunde genommen kein Weg vorbei. Allein, zurücknehmen konnte man das »So nicht« auch nicht. »Ich war bereit zur Verständigung«, erklärte Barzel im Nachhinein. »Ich hatte auch die Fraktion so weit, aber wir waren nicht bereit, auf die deutsche Einheit und unsere Selbstbestimmungsrecht zu verzichten. Und darauf hat es sich dann zugespitzt.« Die Ostverträge passierten den Bundestag schließlich mit der Stimmenthaltung der CDU-/CSU-Opposition.

Die Abstimmung offenbarte ein Dilemma: Im September 1969 war die Koalition mit zwölf Mandaten Mehrheit gestartet. Mit dem Fortschreiten der Ostpolitik begann dieser Vorsprung hinzuschmelzen wie der letzte Schnee in der warmen Frühlingssonne, denn auch

SPD-Fraktionsgeschäftsführer Karl Wienand (rechts) und der ehemalige CDU-Abgeordnete Julius Steiner (Mitte) bei der Anhörung vor dem Untersuchungsausschuss, der die Hintergründe des gescheiterten CDU-Misstrauensvotums aufklären soll.

einige Politiker der sozialliberalen Koalition waren nicht bereit, den neuen Kurs mitzutragen, und wechselten ins Lager der Opposition über. Als am 20. April 1972 der FDP-Abgeordnete Wilhelm Helms – ein bis dato völlig unbekannter Hinterbänkler – erklärte, er werde die Liberalen verlassen, kippte die Waage: Er war jener 249. Abgeordnete, den Rainer Barzel für den Kanzlersturz brauchte. Bestärkt durch den Erfolg bei der Landtagswahl in Baden-Württemberg, beschloss die Union, ein konstruktives Misstrauensvotum gegen Willy Brandt einzubringen, das die CDU/CSU zur Regierungspartei und Rainer Barzel zum Kanzler machen sollte. Am 27. April traten die Parteien im Bundestag zur ultimativen Abstimmung an. Es sah schlecht aus für die Regierung. Im Kanzleramt bereitete man sich schon auf den Abgang vor. Brandt habe keine »allzu übertriebenen Hoffnungen auf einen positiven Ausgang« gehabt, erinnerte sich sein Referent Peter Reuschenbach. »Ich habe damals Akten gepackt, die den Nachfolgern nicht übergeben werden sollten.«

Die Opposition trat geschlossen zur Abstimmung an. Zwei erkrankte Abgeordnete wurden sogar im Rollstuhl zur Wahlurne geschoben. SPD-Fraktionschef Wehner hatte den eigenen Leuten geraten, sich nicht an der Abstimmung zu beteiligen. Die Liberalen schickten einige »sichere« Kandidaten ins Rennen, um eventuellen Abweichlern aus den Reihen der CDU/CSU bessere Tarnungsmöglichkeiten zu bieten. Um 13.22 Uhr gab Bundestagspräsident Kai-Uwe von Hassel das Wahlergebnis bekannt: Von 260 Abgeordneten, die sich zur Stimmabgabe entschlossen hatten, hatten 247 für das Misstrauensvotum votiert und zehn dagegen. Drei hatten sich enthalten. Barzel fehlten zwei Stimmen zum Sieg.

»Da war nichts Flüchtiges zufällig oder unbedacht geschehen. Von keiner Seite. Da war anderer Wille am Werk«, klagte der Unterlegene. Dieser »andere Wille« war in Heller und Pfennig messbar, diese Meinung vertrat nicht nur Barzel. Einige Abgeordnete hätten nicht nach ihrem Gewissen, sondern nach ihrem Kontostand entschieden. Ein Jahr später bekannte Julius Steiner, ein Hinterbänkler der CDU, nicht für Barzel gestimmt zu haben. SPD-Fraktionsgeschäftsführer Karl Wienand habe für seine Stimme 50 000 D-Mark springen lassen. Vor einem eiligst angesetzten parlamentarischen Untersuchungsausschuss leugnete dieser erwartungsgemäß jegliche Zahlung, sodass Aussage gegen Aussage stand. Nach mehr als 40 öffentlichen Sitzungen und der Vernehmung zahlreicher Zeugen stellte der Ausschuss im März 1974 seine Arbeit ein. Ein wirkliches

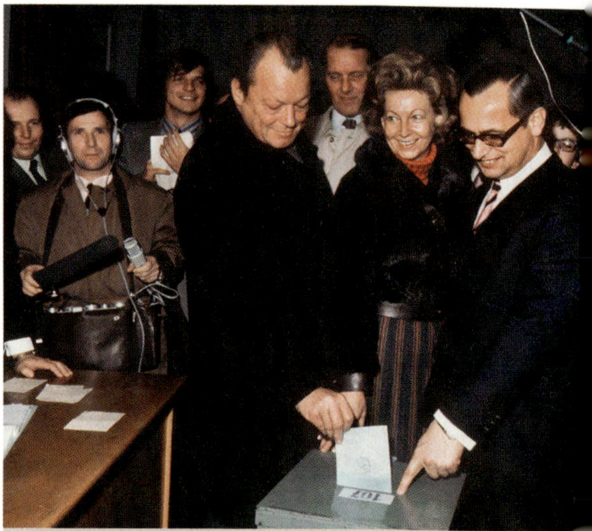

»Willy wählen!« Der Bundeskanzler bei der Stimmabgabe am 19. November 1972.

Interesse an der Aufklärung der Vorfälle hatte keine der beiden Seiten, denn verfügte eine der Fraktionen wirklich über eine weiße Weste? Auch bei den Abwerbungsversuchen von CDU und CSU dürfte nicht alles mit rechten Dingen zugegangen sein. Erst ettliche Jahre später wurde bekannt, dass das Bestechungsgeld für Steiner nicht von der SPD, sondern von der DDR-Staatssicherheit gekommen war.

Zwar hatte Barzel die Mehrheit im Bundestag nicht gewinnen können, Willy Brandt hatte sie aber dennoch verloren. Zwei Tage nach dem Misstrauensvotum kam es bei der Abstimmung über den Haushalt des Folgejahrs zu einem Patt. Nach der Sommerpause stellte der Bundeskanzler selbst die Vertrauensfrage. Die Minister der Regierungskoalition gaben weisungsgemäß ihre Stimme nicht ab, sodass – wie beabsichtigt – nur 233 Abgeordnete für Brandt stimmten. Damit war der Weg frei, den Bundestag aufzulösen und eine Neuwahl anzuberaumen.

In der Bundesrepublik fand die »Politik der kleinen Schritte«, mit der der Ost-West-Konflikt nachhaltig entschärft wurde, schließlich breite Anerkennung. Die Bundestagswahl im Herbst 1972 wurde zum Plebiszit für den neuen Weg, den der Kanzler im Umgang mit den osteuropäischen Nachbarn und dem anderen deutschen Staat beschritten hatte. Schon im Wahlkampf hatte sich die Beliebtheit des Regierungschefs zu einem nie da gewesenen Ausmaß gesteigert – während die Sympathiewerte seiner Partei beständig absackten. »Willy Brandt muss Kanzler bleiben«, stand auf Zehntausenden von Stickern, die emsige Wahlhelfer unters Volk brachten. Plakatekleben »für Willy« wurde in einer Schule als Entschuldigungsgrund akzeptiert. Und eine norddeutsche Wählerinitiative klebte an ihren Autobus: »Christus würde Willy wählen!« Am 19. November gingen 91,1 Prozent der Wähler zu den Urnen – absoluter Rekord. Mit 45,9 Prozent der Stimmen wurde die SPD erstmals in der Geschichte der Bundesrepublik stärkste Fraktion im Parlament. Die CDU/CSU rutschte auf 44,9 Prozent ab. Der Erfolg der SPD basierte vor allem auf der Mobilisierung der Jungwähler, von denen sich 60 Prozent für die Sozialdemokraten entschieden hatten. Mit den Stimmen der FDP brachte es die sozialliberale Regierungskoalition auf 271 Regierungssitze. Endlich verfügte sie über eine solide Mehrheit, mit der sich regieren ließ, ohne ständig vom Damoklesschwert des politischen Patts bedroht zu sein.

CDU-Kontrahent Rainer Barzel gratuliert Willy Brandt nach dessen Wiederwahl zum Bundeskanzler im Dezember 1972.

Die Regierungserklärung las sich dann auch wie eine weniger umfangreiche Ausgabe ihrer Vorgängerin. Nach der hochtrabenden Kür der ersten Regierungsjahre sollte jetzt die Pflicht folgen. Jetzt wäre Zeit gewesen, die angekündigten Ziele zu verwirklichen. Doch irgendwie schien die Luft raus zu sein. Die folgenden Monate verstrichen ohne die politischen Aktivitäten, die notwendigerweise angestanden hätten. Nicht unerhebliche Probleme, die vom Wahlsieg nur überdeckt worden waren, drängten nach einer Lösung. Da war der sogenannte »Radikalenerlass« – eine Bestimmung zur »Abwehr von Verfassungsfeinden im Staatsdienst«, der bereits für erheblichen Unmut gesorgt hatte. Tatsächlich beförderte der Erlass, der rein gesetzlich keine große Neuerung darstellte, eine Spitzel- und Schnüffelmentalität bei der Einstellung von Beamten, die dem Brandt-Credo »Mehr Demokratie wagen« eigentlich zuwiderlief. Auch die wirtschaftlichen Probleme des Landes hatten sich in der ersten Legislaturperiode erheblich zugespitzt. Im Sommer 1972 hatte der »Club of Rome« ein Gutachten unter dem Titel »Grenzen des Wachstums« herausgebracht, das mit dem bislang eisern gepflegten Glauben an den unbegrenzten Fortschritt aufräumte. War die Dauerkonjunktur, mit dem auch die Regierung Brandt gerechnet hatte, nur eine Illusion? In der Bevölkerung zeichnete sich ein Meinungswandel ab, der sich angesichts der Ölkrise des darauffolgenden Jahres zu einer pessimistischen Erwartungshaltung verstärken sollte.

Die Koalition selbst bröckelte auseinander, als wäre sie in der ersten Legislaturperiode nur durch die Klammer des äußeren Drucks zusammengehalten worden. Als Erster verweigerte Fraktionschef Herbert Wehner Willy Brandt den Flankenschutz und ging zur offenen Kanzlerschelte über. FDP-Chef Walter Scheel dachte öffentlich über das Verfallsdatum von Koalitionen nach und kündigte seinen Wechsel in das Bundespräsidentenamt an. Auch die Presse, bis dahin eine treue Genossin an der Seite Brandts, ließ ihr Hätschelkind fallen. Im Dezember 1973 schenkte der *Spiegel* dem Kanzler zum sechzigsten Geburtstag die Titelzeile »Kanzler in der Krise – Das Monument bröckelt«. Zu sehen war Brandts Kopf, als verfallendes Denkmal in den Wolken verschwindend. Er halte nur noch schöngeistige Reden vor erlesenem Publikum, hieß es, die Niederungen der Tagespolitik habe er längst verlassen. Aber gerade die Probleme dieser Niederungen waren es, die dringlicher denn je nach Lösungen verlangten.

In die für 1974 anstehende Tarifrunde platzte die Gewerkschaft Öffentliche Dienste, Transport und Verkehr (ÖTV) mit der Forderung nach einer fünfzehnprozentigen Lohnerhöhung, die angesichts der Ebbe in den öffentlichen Kassen utopisch war. Mit Brandts Appell an die Vernunft der Gewerkschafter ließ sich dem Problem nicht beikommen: Die ÖTV beharrte auf einem Lohnzuwachs in zweistelliger Prozenthöhe – und der Kanzler gab nach. In den Augen der Öffentlichkeit war er damit bereits angezählt. Der Knockout schien nur noch eine Frage der Zeit zu sein.

Am 24. April 1974 kehrte Brandt von einem Staatsbesuch aus Ägypten zurück. Etwas missmutig war er. In Kairo hatte er sich eine Magenverstimmung eingefangen, außerdem plagten ihn Zahnschmerzen. Was er vom diensteifrig herbeigeeilten Hans-Dietrich Genscher erfah-

Devote Kumpelhaftigkeit: Helmut Schmidt und Willy Brandt mit dem »Kanzlerspion« Günter Guillaume (Mitte) während einer SPD-Vorstandssitzung im Juni 1973.

ren sollte, schlug ihm dann allerdings richtig auf den Magen. Mit Leichenbittermiene zog ihn der Innenminister beiseite. Am Morgen sei Günter Guillaume verhaftet worden. Ausgerechnet Guillaume! Der im Intellektuellenkreis um Brandt als Langweiler verschriene Hilfsreferent hatte sich im Bundeskanzleramt unentbehrlich gemacht. Guillaume fiel selten auf, war aber immer da. Diensteifrig wuselte er zu jeder Tages- und Nachtzeit durch die Flure des Palais Schaumburg. Auch wenn es abends spät geworden war, Guillaume war oft schon da, wenn der Hausmeister die Türen aufschloss. Und wenn es sein musste, kochte er vor Brandts Arbeitsbeginn auch schon mal ein Kännchen Kaffee oder holte die Brötchen vom Bäcker. Unentbehrlich war er, aber nicht beliebt. Dem zurückhaltenden Brandt ging seine devote Kumpelhaftigkeit auf die Nerven. Und auch seine übermäßige Neugier fiel einigen auf. Referentenkollege Wilke warf ihn bisweilen einfach aus Gesprächen raus, deren Inhalt nicht für die Ohren des Referenten bestimmt war.

Zur Strecke gebracht wurde er schließlich durch Kommissar Zufall. Das Kölner Bundesamt für Verfassungsschutz kam Anfang 1973 auf die Fährte Guillaumes, der Mitte der fünfziger Jahre gemeinsam mit seiner Frau Christel aus der DDR zur Schwiegermutter nach Frankfurt am Main übergesiedelt war. Eine »ganz normale Familienzusammenführung« – erleichtert allerdings durch eine großzügige Finanzspritze des Ministeriums für Staatssicherheit, für das Guillaume fortan im Westen schnüffelte. Der Kreis hatte sich geschlossen. Es sollte noch über ein Jahr dauern, bis die Handschellen zuschnappten. Im Morgengrauen des 24. April 1974 wurde das Agentenehepaar verhaftet.

*Der war kein Meisterspion, der war ein Würstchen.*

KLAUS HARPPRECHT, BERATER BRANDTS

Zunächst einmal liefen die Geschäfte des Bundeskanzlers wie gewohnt weiter. Doch dann informierte Günther Nollau, Präsident des Verfassungsschutzes, Fraktionschef Wehner über ein brisantes Dossier des Bundeskriminalamts. In hochnotpeinlicher Akribie war hier aufgeführt, was die Vernehmung von Brandts Begleitkommandos ergeben hatte. Die Herren mit den Sonnenbrillen hatten getreulich berichtet, wer so beim Kanzler ein und aus gegangen war – schließlich hätte ja ein weiterer Agent darunter sein können. Das waren unter anderen die Besucher und vor allem die Besucherinnen im Kanzlerzug – inklusive Verweildauer. Eine klebrige Mischung aus Fotos, Namen und Verdächtigungen. Nicht auszudenken, wenn der Osten davon Wind bekommen würde.

In Bad Münstereifel kam es am 4. Mai 1974 am Rande einer DGB-Tagung zu einer Aussprache Brandts mit Herbert Wehner. Dieser konfrontierte den Kanzler mit seinem Wissen über das Dossier des BKA. Er werde in unverbrüchlicher Treue hinter Brandt stehen, egal, wie dieser sich entscheide – aber es werde »hart werden«. Das war kein »Kanzlermord«, aber zumindest Sterbehilfe. Denn Brandt gierte nach Hilfe, nach Unterstützung und Zuspruch. Und genau den verweigerte der langjährige Weggefährte. Nicht weniger, aber auch nicht mehr – wie der zutiefst verletzte Brandt später mehrfach hat durchblicken lassen.

*Ich habe mich richtig schön mit Willy Brandt gezankt und habe ihm Vorwürfe gemacht: Wegen diesem Scheißkerl muss ein deutscher Bundeskanzler nicht zurücktreten.*

HELMUT SCHMIDT, BRANDTS NACHFOLGER

Am folgenden Tag traf Helmut Schmidt in Bad Münstereifel ein und stellte erschrocken fest, dass die Würfel bereits gefallen waren. Wehner und Brandt hatten sich offenbar darauf geeinigt, dass Schmidt Brandts Stelle einnehmen solle. Dieser redete auf den Kanzler ein, schrie ihn an, wegen solch läppischer Frauengeschichten trete man ja wohl nicht zurück. Kanzler wollte er werden, sicherlich, jedoch nicht unter derart anrüchigen Bedingungen. Aber Brandts Entschluss stand fest. Zurück in Bann, verfasste er handschriftlich eine Rücktrittserklärung: »Sehr geehrter Herr Bundespräsident! Ich übernehme die politische Verantwortung

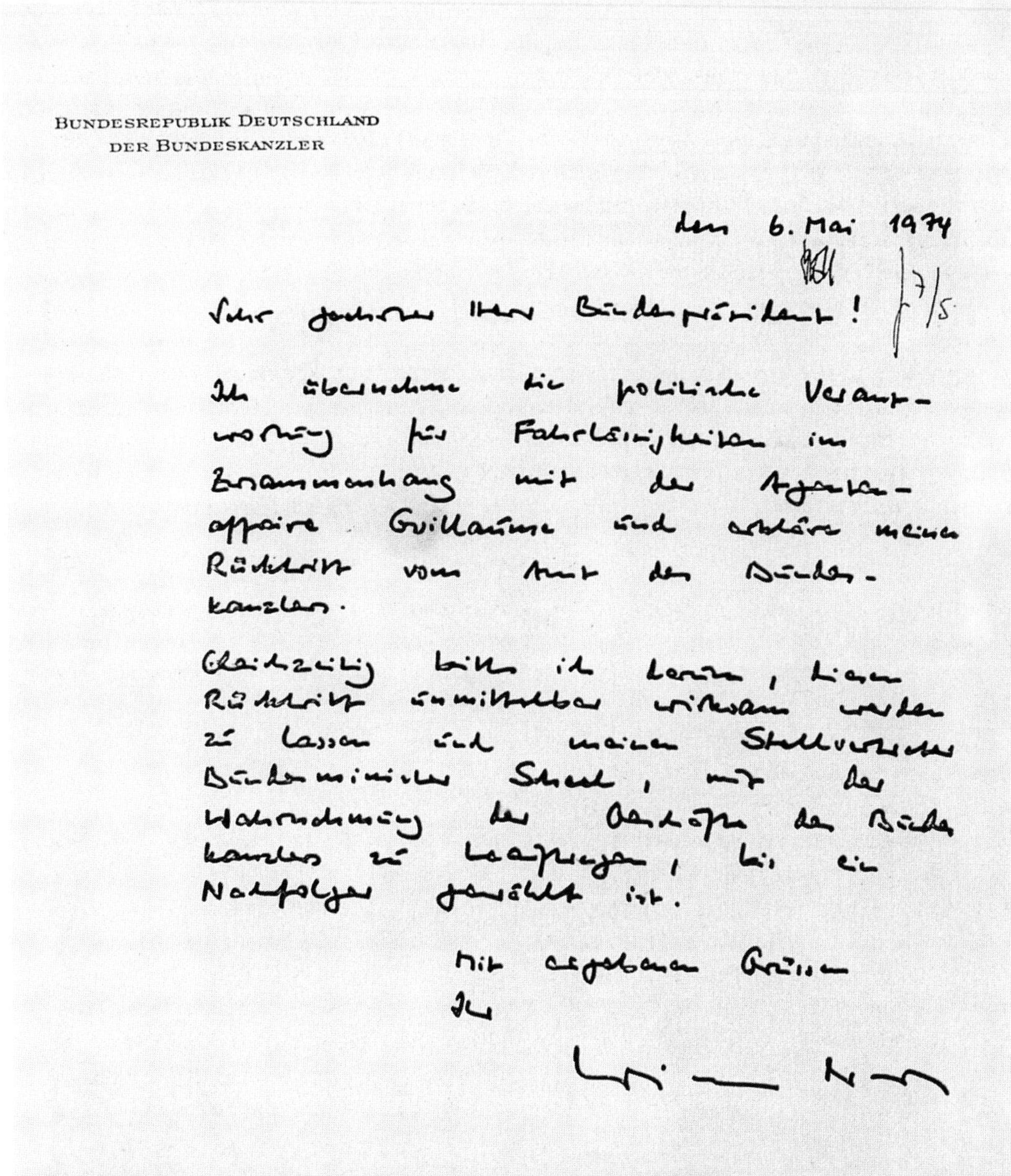

BUNDESREPUBLIK DEUTSCHLAND
DER BUNDESKANZLER

den 6. Mai 1974

Sehr geehrter Herr Bundespräsident!

Ich übernehme die politische Verantwortung für Fahrlässigkeiten im Zusammenhang mit der Agentenaffaire Guillaume und erkläre meinen Rücktritt vom Amt des Bundeskanzlers.

Gleichzeitig bitte ich darum, diesen Rücktritt unmittelbar wirksam werden zu lassen und meinen Stellvertreter Bundesminister Scheel, mit der Wahrnehmung der Geschäfte des Bundeskanzlers zu beauftragen, bis ein Nachfolger gewählt ist.

Mit ergebenen Grüßen
Ihr

Willy Brandt

»Ich übernehme die politische Verantwortung.« Die handschriftliche Rücktrittserklärung Willy Brandts vom 6. Mai 1974.

für die Fahrlässigkeiten im Zusammenhang mit der Agentenaffäre Guillaume und erkläre meinen Rücktritt vom Amt des Bundeskanzlers.«

Mit dem Rücktritt Willy Brandts vom Kanzleramt hatte eine Ära ihr banales Ende gefunden. Dass Willy Brandt ausgerechnet über ein Bein stolperte, das ihm ein Staat gestellt hatte, mit dem er »ein Volk von guten Nachbarn« hatte bilden wollen, war eine Ironie der Geschichte. Die Ursache für Brandts Demission aber im »Fall Guillaume« allein zu suchen, würde den Tatsachen nicht gerecht. Er selbst ist in den folgenden Jahren wieder und wieder nach den Gründen für seinen Schritt gefragt worden und danach, ob nicht doch alles ganz anders hätte kommen können. Er hat darauf nie präzise geantwortet, gab allerdings zu, dass er in einer anderen psychischen und physischen Verfassung wohl auch anders gehandelt hätte. Brandt war erschöpft und müde, einfach zu schwach für das, was ihm jetzt bevorgestanden hätte.

Brandt war ein gebranntes Kind. Noch präsent waren die Schmutzkampagnen, die er und seine Familie in den sechziger Jahren über sich ergehen lassen mussten. Damals hatte er sich auf sein ruhiges Gewissen verlassen kön-

Von »unverbrüchlicher Treue« war zu diesem Zeitpunkt nicht mehr viel zu spüren: Fraktionschef Herbert Wehner und Willy Brandt nach dessen Rücktritt als Bundeskanzler.

nen, aber jetzt gab es wohl tatsächlich einige Flecken auf der weißen Weste. Eine Schlammschlacht, wie sie ihm jetzt bevorstand, hätte er kaum mehr verkraften können.

*Er übersah die ökonomischen Konsequenzen nicht, und sein Wunsch, mit der Jugend in Kontakt zu bleiben, führte ihn zur Vernachlässigung von innen- und außenpolitischen Notwendigkeiten, die ich als Notwendigkeiten empfand.*

HELMUT SCHMIDT, BRANDTS NACHFOLGER

Die Gründe für Brandts Ausscheiden aus dem Kanzleramt sind aber auch im politischen Bereich zu suchen. Er war ein Mann der Visionen gewesen, der großen Entwürfe, mit denen er 1969 eine Welle der Begeisterung ausgelöst hatte. Getragen von diesen Sympathien, hatte er in der Wahl von 1972 den Zenit überschritten. Was jetzt kam, war ein Berg von hauptsächlich wirtschaftspolitischen Problemen. Für deren Lösung galt in der Öffentlichkeit ein anderer als der geeignete Mann: Helmut Schmidt, der Brandts Nachfolge im Kanzleramt antrat.

»Jetzt wächst zusammen, was zusammengehört.« Der Mauerfall am 9. November 1989 krönte das Lebenswerk Willy Brandts.

Das wenig rühmliche Ende der Kanzlerschaft Willy Brandts vermochte den Respekt, den er vor der Geschichte gefunden hat, nicht zu mindern. Angetreten war seine Regierung mit großem Mut und großen Erwartungen. Zu großen Erwartungen vielleicht, betrachtet man die innenpolitischen Reformen, die letztlich verwirklicht wurden. In Bereichen wie dem Strafrecht, dem Ehe- und Familienrecht oder dem Umweltschutzgedanken brachte die erste sozialliberale Koalition einiges an Reformen auf den Weg. Die meisten Pläne aber fußten auf der Erwartung einer Endloskonjunktur und wurden demgemäß von der Realität eingeholt. Für viele Konzepte war bereits an dem Tag, an dem sie auf dem Kabinettstisch lagen, kein Geld mehr vorhanden.

*Es bleibt aus dieser Kanzlerschaft das Gefühl, dass demokratische Politik etwas Großes sein kann.*

HORST EHMKE, SPD-POLITIKER

Das historische Verdienst der Kanzlerschaft Willy Brandts ist unweifelhaft in der Entspannungs- und Versöhnungspolitik mit dem Osten zu sehen. Für die Bundesrepublik hatte er den Spielraum der Adenauer´schen Westintegration um die sich aus der Öffnung nach Osten ergebenden Chancen erweitert. Er hatte, durch seine Politik und durch seine Person, das Tor nach Osten aufgestoßen und den Weg geebnet für eine politische und gleichzeitig wirtschaftliche Zusammenarbeit. Im europäischen Kontext löste sich damit auch der »deutsche Sonderkonflikt« mit dem Osten, der gesamteuropäische Vereinbarungen bislang verhindert hatte. Dieser Kurs würde auch für die kommende Regierung unter Helmut Schmidt und Hans-Dietrich Genscher maßgebend bleiben.

Die Bemühungen Willy Brandts um das deutsch-deutsche Verhältnis und den Frieden in Europa fanden am Ende seines Lebens ihren Höhepunkt und Abschluss. Am Vormittag des 10. November 1989 war er auf dem Weg nach Berlin. Noch im Flugzeug notierte er sich einen Satz, handschriftlich auf einem Zettel, wie es seine Art war: »Jetzt wächst zusammen, was zusammengehört.«

# 1977

## Der deutsche Herbst

Die junge Frau mit den dunklen Augen und dem schwarzen Haar schmiegte sich an die Seite ihres gut aussehenden Begleiters, hinter sich die Kathedrale von Palma de Mallorca, über dem Meer die Sonne Spaniens. Als das junge Paar in die Kamera lächelte, sahen die beiden nicht anders aus als jene Tausende von Touristen, die in der Hauptstadt der Baleareninsel romantische Tage verbringen. Doch das Foto täuschte. Souheila Andrawes, die junge Frau, die sich mit einer Hand an einer Mauer abstützte und mit der anderen ihre Handtasche festhielt, und ihr Begleiter Nabil Harb waren Experten im Nahkampf. Trainiert in den Wüstencamps der palästinensischen Terrorgruppe »Volksfront zur Befreiung Palästinas« (PFLP), wussten sie, wie man mit Handgranaten und Pistolen, mit Sprengstoff und Zündern umgeht. Die Mission, die sie von Bagdad nach Mallorca gebracht hatte, entschied über das Leben und das Schicksal von annähernd 100 Deutschen. Und sie bestimmte das Geschick einer Republik, die die schwerste Bewährungsprobe seit ihrer Gründung zu bestehen hatte – binnen weniger Wochen im September und Oktober 1977, die als »heißer Herbst« in die Geschichte Deutschlands eingehen sollten und im 18. Oktober gipfelten, dem letzten Tag des »Todesspiels« zwischen ein paar Terroristen und der bundesdeutschen Demokratie.

Der heiße Herbst begann schon im April. Die Epigonen von Andreas Baader und Ulrike Meinhof eröffneten in diesem Monat eine Terrorwelle, die sie euphemistisch »Offensive 77« nannten. In Wahrheit verbarg sich dahinter ein Inferno der Gewalt und des Terrors. Während die wichtigsten Mitglieder der linksterroristischen Baader-Meinhof-Gruppe – Andreas Baader, Gudrun Ensslin, Jan-Carl Raspe und Irmgard Möller – seit dem Sommer 1972 im neu errichteten Gefängnis Stuttgart-Stammheim

Die RAF-Terroristen Andreas Baader, Gudrun Ensslin und Jan-Carl Raspe (von links) auf Fotos, die 1977 von den Stammheimer Gefangenen selbst mit einer eingeschmuggelten Minikamera gemacht wurden.

hinter Gittern saßen, hatte sich die zweite Generation der »Rote-Armee-Fraktion« (RAF) formiert. Ihr vorrangiges Ziel war es, die Gründungsmitglieder der RAF aus der Haft zu befreien – koste es, was es wolle. Der Führungsequipe zunächst beraubt, hofften die Nachfolger Baaders und Meinhofs, durch deren Befreiung den verloren gegangenen ideologischen und politischen Halt wiederzugewinnen.

»Wir mussten die Gefangenen befreien, denn sie hatten die Politik der RAF theoretisch untermauert, sie waren am konsequentesten«, erklärte die ehemalige Terroristin Silke Maier-Witt noch in ihrem Prozess 1991. Doch die geplante Befreiung der »Stammheimer« diente auch der Aufrechterhaltung der eigenen Aktionsfähigkeit. Die »Illegalen« sahen nicht zuletzt die Notwendigkeit, im Kampf gegen den Staat die größte denkbare Anzahl von »Stadtguerillas« zu erhalten. Eine wohldosierte Abfolge von Einzelaktionen sollte Staat und Gesellschaft in Schach halten und die Befreiung Baaders, Ensslins und Raspes erzwingen. Die zweite Generation der RAF setzte auf die Eskalation von Terror und Gewalt: Die Zeitabstände zwischen den Einzelaktionen wurden immer kürzer, die Überfälle nahmen an Brutalität zu. Die ständige Steigerung der Gewalt sollte den Staat erschüttern und das System in seinen Grundfesten angreifen. Die zweite Generation – zu der Adelheid Schulz, Christian Klar, Knut Detlef Folkerts, Waltraud und Peter-Jürgen Boock sowie Siegfried Haag gehörten – plante den »Angriff auf das Herz des Staates«.

Der erste Schritt auf diesem blutigen Weg war die Ermordung des amtierenden Generalbundesanwalts Siegfried Buback. Unter dem Decknamen »Margarine« wurde das »Kommandounternehmen« von langer Hand geplant. Als Siegfried Buback am 7. April 1977 in Karlsruhe mit seinem Auto an einer Ampel zum Stehen kam, näherten sich zwei Männer auf einem Motorrad. Aus nächster Nähe feuerten sie 15 Schüsse in das Innere des Wagens. Es war das RAF-Kommando »Ulrike Meinhof«, das sich wenige Stunden später zu dem kaltblütigen Mord bekannte. Die hinterhältige Tat setzte neue Dimensionen. Mit diesem Anschlag, von vornherein als »Hinrichtung« geplant, demonstrierte die RAF, dass mit ihr noch zu rechnen war. Für den Staat zu arbeiten sei gefährlicher als gegen ihn, so die Warnung. Das eigentliche Ziel des Anschlags aber, auf den laufenden Prozess gegen die Baader-Meinhof-Gruppe Einfluss zu nehmen, scheiterte. Drei Wochen nach der Ermordung Bubacks wurde das Urteil über Baader, Ensslin und Raspe verkündet: lebenslänglich wegen vierfachen Mordes und 34-fachen Mordversuchs. Für drei Gründungsmitglieder der RAF entfiel mit dem Ende der Gerichtsverhandlung eine wichtige Plattform für die Selbstdarstellung in der Öffentlichkeit. Nun drohte die Eingliederung in den normalen Strafvollzug.

Für die »Illegalen« war dies ein Grund mehr, die »Befreiung« ihrer Vorbilder mit aller Gewalt voranzutreiben. Die Mitglieder der zweiten Generation fühlten sich den »Ziehvätern und -müttern« in Stammheim auch persönlich verpflichtet. Für Peter-Jürgen Boock war Baader sein Befreier aus der bedrückenden Realität des Jugendheims gewesen; Brigitte Mohnhaupt hatte ihre terroristische Karriere noch unter Führung Baaders, Ensslins und Meinhofs begonnen, mit denen sie bis zum 8. Februar 1977 in Stammheim inhaftiert war.

Doch auch die »Stammheimer« selbst drängten auf ihre Befreiung. Die Durchfüh-

Erster Schritt des Terrors: Generalbundesanwalt Siegfried Buback wurde am 7. April 1977 ermordet.

Auch Jürgen Ponto, Vorstandssprecher der Deutschen Bank, wurde kaltblütig erschossen.

rung der Aktionen der »Offensive 77« geschehe nicht mit dem nötigen Nachdruck, ließen sie den im Untergrund lebenden Gruppenangehörigen über Umwege aus der Haft mitteilen. Ihnen fehle es an der entschiedenen Härte, die Konfrontation mit dem Staat wirklich ernsthaft durchzusetzen. Und sie drohten, den »Illegalen«, die in ihren Augen versagt hatten, den »Ehrennamen RAF« abzuerkennen. Sie seien, so eine andere Einschüchterung seitens der »Stammheimer«, nicht weiter bereit, unter dem Gefangenenstatus zu leben, und kündigten an, ihr politisches Schicksal selbst in die Hand zu nehmen.

Der innere Zirkel der RAF wusste, was damit gemeint war: »Sie haben uns in Kassibern zu verstehen gegeben, dass sie ihre weitere Existenz unter den Haftbedingungen, unter denen sie zu existieren hatten, nicht länger aushalten wollten beziehungsweise in Kauf nehmen konnten. Das hieß für mich ganz klar, dass sie eine Selbstmordaktion planen für den Fall, dass wir es nicht schaffen, sie aus dem Gefängnis herauszuholen«, erinnert sich Exterrorist Peter-Jürgen Boock. Die Instruktionen der »Stammheimer« an ihre Epigonen zeigten Wirkung. Im Sommer 1977 eskalierte die Gewalt. Am 30. Juli erhielt der Chef der Dresdner Bank, Jürgen Ponto, in seinem Haus in Oberursel tödlichen Besuch von einem dreiköpfigen Mordkommando. Zu den Killern gehörte Susanne Albrecht, das Patenkind Pontos. Mit ihrer Hilfe hatten sich Brigitte Mohnhaupt und Christian Klar Zutritt

## Die oberste Kriminalbehörde

Im Bundeskriminalamt (BKA) in Wiesbaden ahnten die Fahnder, was die RAF im Schilde führte. Horst Herold (links, hier 1977 mit Bundesinnenminister Werner Maihofer), der Chef des BKA, kannte seine Gegner wie kaum ein anderer. Seit 1970 hatte er sich den neuen Herausforderungen durch die terroristische Linke gestellt und das Bundeskriminalamt konsequent umstrukturiert. Die bis dahin eher betuliche Behörde wurde in einen schlagkräftigen Apparat umgewandelt. Wichtigstes Instrument im Kampf gegen die Rote-Armee-Fraktion war einer der ersten Großrechner, den man mit rund 600 000 Informationen gefüttert hatte. Verwaltet wurden die Daten durch ein eigens entwickeltes Computerprogramm, das nun auch eine beobachtende Fahndung ermöglichte. Infolge der Verhaftung eines Mitglieds des RAF-Führungskaders war Herold darüber hinaus an wichtige Informationen gelangt. Aus alledem zog er den Schluss: »Höchste Sicherheitsstufe: Mit einem Anschlag ist zu rechnen!« Diese Warnung ließ Herold im Spätsommer auch Schleyer zukommen. Doch die Tat verhindern konnte er nicht.

zum Haus des Bankiers verschafft. Als dieser sich der geplanten Entführung widersetzte, fackelten die drei RAF-Terroristen nicht lange und erschossen den verhassten »Kapitalisten«. Der Mord war aus strategischer Sicht ein Rückschlag für die RAF, sollte doch die Geiselnahme der erste Schritt einer zweigleisigen Aktion sein, die die Freipressung der »Stammheimer« zum Ziel hatte. Neben Ponto war die Entführung eines weiteren Industriellen geplant. Mit zwei Geiseln – so das Kalkül der Terroristen – könne dann maximaler Druck auf die Bundesregierung ausgeübt werden. »Die Gruppe war der Auffassung, dass die Entführung einer einzelnen Person nicht ausreichen würde«, erklärte Peter-Jürgen Boock 1992 bei seiner Vernehmung. »Es sollte deshalb eine zweite Person in einem zeitlich kurzen Abstand entführt werden, insbesondere um auch Gegenmaßnahmen durch die Fahndung zu vermeiden. Die beiden Aktionen sollten Schlag auf Schlag erfolgen und sich gegenseitig ergänzen.«

*»Erheblich gefährdet; mit einem Anschlag ist zu rechnen.«*

SICHERHEITSSTUFE 1 BEIM BKA, FÜR SCHLEYER FÜNF WOCHEN VOR DESSEN ERMORDUNG ANGEORDNET

Zu den »Zielobjekten« der RAF gehörten Angehörige der damaligen Politprominenz: Bundeskanzler Helmut Schmidt, der Außenminister Hans-Dietrich Genscher, der SPD-Vorsitzende Willy Brandt sowie der Präsident des Bundesverbandes Deutscher Arbeitgeberverbände, Hanns-Martin Schleyer.

Mit der Entführung des Arbeitgeberpräsidenten Hanns-Martin Schleyer am 5. September 1977 war der Höhepunkt der blutigen Auseinandersetzung zwischen RAF und Staat erreicht. Alles, was sich bis dahin an politisch motivierter Gewalt in der Bundesrepublik ereignet hatte, wurde durch die dramatischen Ereignisse im heißen Herbst des Jahres 1977 in den Schatten gestellt. Die zweite Generation der RAF – sie hatte dem Staat und seinen Repräsentanten den Krieg erklärt.

Bundeskanzler Helmut Schmidt saß gerade mit Justizminister Hans-Jochen Vogel und Staatsminister Hans-Jürgen Wischnewski in seinem Büro, als sie kurz nach 18 Uhr eine Nachricht erreichte: »Attentat auf Hanns-Martin Schleyer.« Fünf maskierte Mitglieder des RAF-Kommandos »Siegfried Hausner« hatten Schleyers Fahrer sowie drei Polizisten erschossen und den Arbeitgeberpräsidenten entführt. Helmut Schmidt

Eskalation der Gewalt mit zunächst vier Toten: Der Tatort in Köln-Braunsfeld nach der Entführung Hanns-Martin Schleyers.

handelte entschlossen. Das Kanzleramt sollte zum Entscheidungs- und Arbeitszentrum werden, zwei Krisenstäbe die notwendigen Entscheidungen treffen. Den kleinen Krisenstab, der täglich zusammentraf, bildeten außer dem Bundeskanzler unter anderen Außenminister Hans-Dietrich Genscher, Innenminister Werner Maihofer und Justizminister Hans-Jochen Vogel sowie der Präsident des BKA, Horst Herold. Zum großen Krisenstab gehörten die Vorsitzenden der Bundestagsparteien und die Ministerpräsidenten der betroffenen Länder. Mit dabei war außerdem Helmut Kohl, ein enger Freund Schleyers.

Bundeskanzler Helmut Schmidt und Vizekanzler Hans-Dietrich Genscher während einer Sitzung des großen Krisenstabs.

Zwei Beamte betrachten den Kinderwagen, mit dem die Terroristen die Fahrzeuge Schleyers stoppten.

*»am montag, dem 5. 9. 77, hat das kommando siegfried hausner den präsidenten des arbeitgeberverbandes und des bundesverbandes der deutschen industrie, hanns-martin schleyer, gefangen genommen.«*

SCHREIBEN DER RAF, DAS BEI DEM EVANGELISCHEN DEKAN HELMUT NEUSCHÄFER IN WIESBADEN EINGING

Die Terroristen übermittelten am Tag nach der Entführung in einem Bekennerbrief ihre Bedingungen: Sie forderten die Freilassung von elf inhaftierten RAF-Mitgliedern, darunter die Insassen von Stammheim. Die Republik versetzte sich in einen Ausnahmezustand. Bonn wurde zum Heerlager. Ein englischer Journalist beschrieb die Szenerie: »Panzerwagen ratterten durch die Straßen. Stacheldrahtzäune wurden rund um die Ministerien errichtet, in die man bisher praktisch unkontrolliert hatte hineingehen können. Vor vielen Gebäuden wurden Wachen mit Maschinenpistolen postiert, die Häuser von Politikern mit Scheinwerfern angestrahlt.«

Kein Ereignis der gesamten Nachkriegszeit hatte das Selbstwertgefühl und Selbstverständnis der Republik so sehr erschüttert wie die Eruption der Gewalt im Herbst 1977. Die Terroristen erzeugten ein Klima der Angst, in dem die Regierung unter starken Druck geriet. »Recht und Ordnung« mussten mit allen Mitteln verteidigt werden, und die Bundesregierung demonstrierte ihren Willen hierzu. Im Bonner Krisenstab sagte Bundeskanzler Helmut Schmidt: »Wir werden mit aller Härte und Entschlossenheit diese Mörder verfolgen. Mit allen Mitteln, auch wenn wir dabei bis hart an die Grenze des Rechtsstaates gehen.« Zwei Jahre zuvor war man bei der Entführung des CDU-Politikers Peter Lorenz noch auf die Forderungen der Terroristen eingegangen. »Es war der größte Fehler, den ich mir vorwerfe«, sagte Helmut Schmidt Jahre später in einem Interview. Doch diesmal war er nicht gewillt nachzugeben. Der damalige Pressesprecher Klaus Bölling erinnert sich an die schicksalhaften Gespräche im Krisenstab: »Man darf sich das zwanzig Jahre später nicht so vorstellen, dass da Vertreter des harten, gnadenlosen, erbarmungslosen Staates zusammengesessen haben, die gesagt haben: ›Sehr traurig, wenn das Leben von Hanns-Martin Schleyer durch die Terroristen ausgelöscht wird, aber wir bleiben hart.‹ Nein, es war – das kann ich heute mit gutem Gewissen sagen –, es war ein langes und auch qualvolles Ringen.« Im großen Krisenstab einigte man sich auf folgende Handlungsziele: die Geisel Hanns-Martin Schleyer lebend zu befreien, die Entführer vor Gericht zu stellen und die Handlungsfähigkeit des Staates im In- und Ausland nicht zu gefährden. Man versuchte zunächst, Zeit zu gewinnen, um die Terroristen aufzuspüren und Schleyers Leben zu retten.

*Die Nachricht vom Mordanschlag auf Hanns-Martin Schleyer und die ihn begleitenden Beamten und Mitarbeiter hat mich tief betroffen. ... Uns alle erfüllt nicht bloß tiefe Betroffenheit angesichts der Toten, uns erfüllt auch tiefer Zorn über die Brutalität, mit der die Terroristen in ihrem verbrecherischen Wahn vorgehen.*

BUNDESKANZLER SCHMIDT IM ARD-FERNSEHEN AM TAG DER ENTFÜHRUNG SCHLEYERS

Ein Wettlauf mit der Zeit begann. »Ich habe, wenn ich mir das wahrscheinlich auch nicht gleich eingestanden habe, doch aus den ersten Gesprächen, vor allem aus den ersten Gesprächen mit dem Bundeskanzler, den Eindruck mitgenommen, dass eine Entscheidung gefallen sei.« Der erste Eindruck des Sohnes Hanns-Eberhard Schleyer trog nicht. Vonseiten der Regierung, der auch die christlich-demokratische Opposition ihre Unterstützung zugesagt hatte, war eine Freilassung der Inhaftierten zu keinem Zeitpunkt ernsthaft erwogen worden. Während die Familie Schleyer Neuigkeiten zunächst aus den Medien erfuhr, griff man in Bonn indes zu harten Bandagen: In- und ausländische Zeitungen, Rundfunkstationen und Presseagenturen wurden ersucht, weder über die Fahndungsmaßnahmen der Polizei noch über ihnen zugehende Botschaften der Entführer zu berichten. Es war ein bis dahin einmaliger Vorgang in der Geschichte der Bundesrepublik: Der große Krisenstab, de facto eine große Koalition auf Zeit, regierte ohne Kontrolle durch die Medien. Die RAF-Häftlinge in Stammheim wurden unter Berufung auf den »rechtfertigenden Notstand« von der Außenwelt – auch von ihren Anwälten – abge-

## Eine folgenschwere Panne

Nach der Entführung von Hanns-Martin Schleyer schwärmten im Großraum Köln hunderte Polizeibeamte aus, um mögliche Verstecke zu finden, die in das RAF-Raster passten – eine anonyme Wohnanlage, in unmittelbarer Nähe zur Autobahn gelegen und mit einer Tiefgarage und Lift ausgestattet. Zwei Beamte hatten am 7. September auch eine Wohnung im Haus »Zum Renngraben 8« in Erftstadt-Liblar ins Visier genommen – es war das Versteck der Entführer und ihrer Geisel. Doch ihr Hinweis wurde in der Kölner Ermittlungszentrale zunächst als nicht relevant eingestuft und ging dann verloren. Ein tragischer Fehler, der die Befreiung Schleyers vereitelte.

schnitten. Zunächst geschah dies ohne legale Grundlage. Erst der Bundestag verabschiedete in aller Eile das »Kontaktsperregesetz«, das der Bundesgerichtshof schließlich im Oktober bestätigte.

Die Lebensumstände Hanns-Martin Schleyers im sogenannten »Volksgefängnis« waren unterdessen mehr als bedrückend. Nachdem ihn die Terroristen in der Kölner Vincenz-Statz-Straße aus seinem Auto gezerrt hatten, musste der Arbeitgeberpräsident mehrere Stunden im Kofferraum des Entführerwagens ausharren, ehe man ihn in eine eigens angemietete Wohnung in Erftstadt-Liblar brachte. Sie fungierte als erstes von insgesamt drei Verstecken.

Ein Wandschrank diente als Gefängnis: 1,60 Meter breit, 2,50 Meter hoch, 70 Zentimeter tief, mit Handfesseln an den Wänden – eine Camera silens, ein Raum, in dem der Gefangene jede Orientierung und jedes Gefühl für Ort und Zeit verlieren würde. Die RAF verwirklichte jene »Isolationsfolter«, welche sie dem angeblichen »Folterstaat« Bundesrepublik immer vorgeworfen hatte. Anhand von Haaren Hanns-Martin Schleyers, die das BKA später im Wandschrank fand, kann davon ausgegangen werden, dass dieses Gefängnis auch tatsächlich genutzt wurde.

*»Das Ziel der Entführer wird sie bei Ablehnung der Forderungen und nach meiner Liquidierung nur veranlassen, das nächste Opfer zu holen.«*

AUS EINEM BRIEF HANNS-MARTIN SCHLEYERS AN SEINEN SOHN HANNS-EBERHARD VOM 9. SEPTEMBER 1977

Insgesamt blieb Schleyer sieben Wochen in den Händen seiner Entführer. Es waren zermürbende Tage des Wartens und Hoffens. Schleyers Sohn versuchte mit allen Mitteln, der Bonner

Hinhaltetaktik ein Ende zu setzen: »Ich habe in all den Gesprächen, die ich in Bonn und anderswo geführt habe, eben versucht, so schwer mir das persönlich gefallen ist, deutlich zu machen, dass mein Vater unter der Voraussetzung, dass alles getan würde, um ihn zu befreien, unter der Voraussetzung, dass er nicht sinnlos lange physisch und psychisch leiden würde, auch Entscheidungen akzeptieren würde, die gegen ihn gerichtet waren. Das schloss den Tod mit ein.« Doch eine von der Familie Schleyer beantragte einstweilige Anordnung, mit der die Bundesregierung zur Annahme der Forderungen der Entführer gezwungen werden sollte, lehnte das Bundesverfassungsgericht in den frühen Morgenstunden des 16. Oktober ab. Die Fronten schienen verhärtet, die Lage festgefahren.

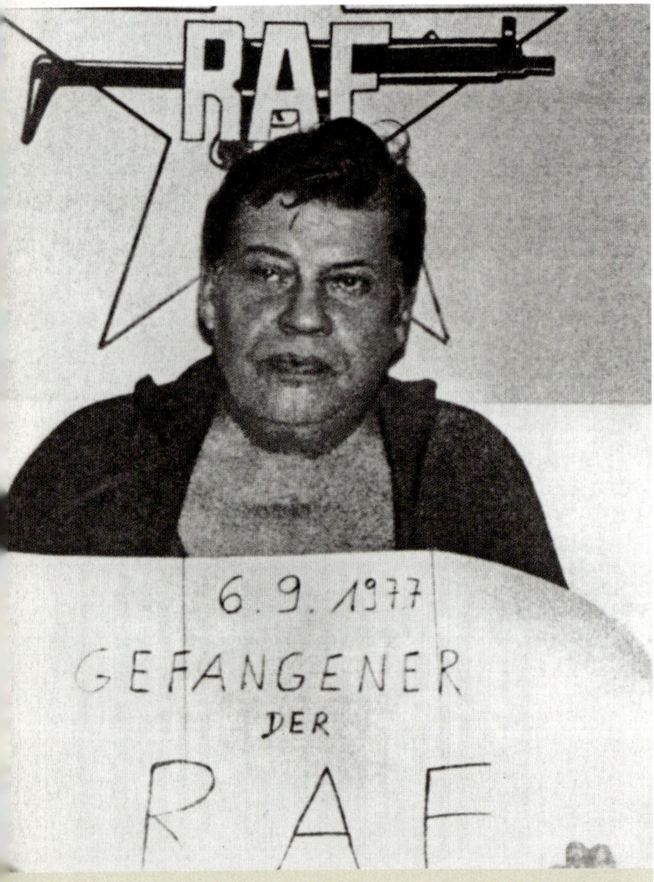


Lebenszeichen aus dem »Volksgefängnis«: Die Entführer Schleyers schicken Fotos und Videoaufnahmen ihres Opfers.

Doch die RAF hielt noch einen Trumpf im Ärmel, der die Situation nachhaltig verändern sollte. Parallel zur Schleyer-Entführung sollte eine weitere Geiselnahme den Durchbruch erzwingen. Schützenhilfe erhielt die RAF von der palästinensischen Terrororganisation PFLP. Deren Stützpunkte in Bagdad und im Jemen boten der Roten-Armee-Fraktion schon seit Anfang 1970 Unterschlupf- und »Trainingsmöglichkeiten« für den »bewaffneten Kampf«. Noch heute steht die Frage im Raum, wer den Anstoß zur Entführung der »Landshut« gab. Haddad selbst habe die Initiative ergriffen, so der Exterrorist Peter-Jürgen Boock: »Er sagte, er hätte uns zwei Sachen zu offerieren, entweder eine Geiselnahme in der deutschen Botschaft in Kuwait oder die Entführung eines Flugzeuges. Die Entscheidung war dann eben, ›gut, bei der Flugzeugentführung stimmen wir zu‹.«

Der ehemalige Sprecher der PFLP und Haddad-Vertraute Bassam Abu Sharif schilderte das Treffen freilich ganz anders: »Die Deutschen haben darauf gedrungen, irgendwas zu unternehmen, die Initiative ging nicht von unserer Seite aus, es ging ja um die Befreiung deutscher Gefangener, warum hätten wir auf sie zugehen sollen. Haddad war nicht gerade begeistert, aber sie haben uns gedrängt.«

»Ich fühlte mich geehrt«, sagte Souheila Andrawes Jahre später in einem Interview, »als ich für dieses Kommando ausgewählt wurde.« Die palästinensische Studentin gehörte zu der vierköpfigen Terroristengruppe, die am Morgen des 13. Oktober in Palma de Mallorca die Lufthansa-Maschine »Landshut« bestieg. Im Gepäck der Palästinenser: ein Kilo Sprengstoff, fünf Handgranaten und zwei Pistolen.

»Am Anfang habe ich das gar nicht richtig begriffen«, erinnerte sich der damalige Passagier Rhett Waida zwei Jahrzehnte später. »Es ging alles viel zu schnell.« Die »Landshut« hatte seit einer Stunde den Flughafen verlassen, die Stewardess gerade einen Imbiss serviert, da wurde es plötzlich laut in der Touristenklasse: Englische Stimmen mit arabischem Akzent brüllten Kommandos, ein Mann und

»Das Flugzeug der deutschen Gesellschaft ist unter Kontrolle.« Die entführte Lufthansa-Maschine während des Zwischenstopps in Rom. Die sich daran anschließende viertägige Odyssee der »Landshut« sollte zu einer der größten Belastungsproben westdeutscher Politiker werden.

eine Frau stürmten in die erste Klasse. Eine Stewardess, die den Vorhang öffnete, erhielt einen Schlag, der sie zur Seite schleuderte. Die beiden rannten an ihr vorbei ins Cockpit, zogen den Kopiloten Jürgen Vietor von seinem Sitz und trieben ihn mit den wenigen Passagieren der ersten Klasse ins Heck. Dort wartete bereits das zweite Entführerpärchen auf sie.

*Wir haben alle gedacht, jetzt ist es gelaufen ..., wir haben gemeint, jetzt kann Helmut Schmidt nicht mit irgendeiner polizeilichen oder militärischen Lösung kommen. Da ist erst mal Schleyer, jetzt die Urlauber. Jetzt läuft der Austausch.*

RAF-TERRORIST PETER-JÜRGEN BOOCK

Nun sollte eine 106-stündige Odyssee beginnen – ein Drama, das die ganze Welt in Atem hielt –, ein Albtraum, den keiner der Passagiere je wieder vergessen würde. Um 14.38 Uhr meldete die Flugsicherung Aix-en-Provence eine Routenabweichung der Lufthansa-Maschine »Landshut«. Die Bundesregierung erhielt kurz darauf erste Informationen über den Vorfall. Eine Stunde später landete die Boeing auf dem römischen Flughafen Fiumicino. Nun war auch den Krisenstäben in Bonn klar, dass es sich um eine Flugzeugentführung handelte. Der Chef der Entführer, der sich »Captain Mahmud« nannte und in Wahrheit Zohair Youssif Akache hieß, wurde bereits von Interpol gesucht. Er hatte in London Flugzeugtechnik studiert und 1975 sein Diplom erhalten. 1977 war er als Mitglied der PFLP unter falschem Namen wieder nach London eingereist mit dem Auftrag, den ehemaligen Ministerpräsidenten des Nordjemen zu ermorden.

Während auf dem römischen Flughafen gepanzerte Fahrzeuge die Maschine abriegelten, meldete sich Akache beim Tower: »Hier spricht Captain Mahmud. Das Flugzeug der deutschen Gesellschaft ist unter Kontrolle. Wir kämpfen gegen die imperialistischen Organisationen der Welt.« Die Palästinenser ließen keinen Zweifel daran, dass die Forderungen der Schleyer-Entführer und die des »Kommandos Martyr Halimeh« auf das Gleiche hinausliefen: die Befreiung der elf RAF-Terroristen. Zusätzlich, so Captain Mahmud, verlange man die Freilassung zweier in der Türkei inhaftierter Kampfgenossen sowie ein Lösegeld von 15 Millionen Dollar.

Der Kopf der Entführer: Zohair Youssif Akache alias »Captain Mahmud«.

Damit sahen sich die Bonner Krisenstäbe einer weiteren ungeheuren Belastungsprobe ausgesetzt, denn die Flugzeugentführung stellte die bis dato praktizierte Vorgehensweise der Bundesregierung in Frage. Es folgte die schwerste Entscheidung eines Bundeskanzlers: Nach zähen Verhandlungen einigte sich der kleine Krisenstab darauf, die harte Linie beizubehalten – obwohl man wusste, was dies für Schleyer bedeuten konnte: »In dieser unausweichlichen Gewissheit hatten wir unsere Entscheidungen zu treffen«, sagte Helmut Schmidt vor der Öffentlichkeit nach den schrecklichen Ereignissen dieses Oktobers. »Unausweichlich befanden wir uns damit im Bereich von Schuld und Versäumnis.«

*»…beschließt das Kabinett, dass alles Mögliche unternommen werden soll, um – ohne eine Freilassung der Gefangenen – die Geiseln zu retten, einschließlich der Ausschöpfung aller Verhandlungsmöglichkeiten, sowie einer polizeilichen Befreiungsaktion.«*

KABINETTSBESCHLUSS ZUR »LANDSHUT«-ENTFÜHRUNG

Während der Krisenstab noch tagte, startete die entführte Boeing 737 in Richtung Larnaka auf Zypern. Doch auch auf dem Frankfurter Flughafen hob eine Lufthansa-Maschine ab, mit Beamten des Innenministeriums und des BKA an Bord. Bei einer Zwischenlandung in Köln-Bonn stiegen weitere Passagiere zu: 30 Männer, seit fünf Jahren trainiert und ausgerüstet für den Ernstfall – Angehörige der Grenzschutz-Spezialeinheit GSG 9. Sie würden in den nächsten Tagen der »Landshut« folgen, bis sich das Schicksal der Reisenden und das ihre schließlich auf dem Flughafen der somalischen Hauptstadt Mogadischu entscheiden sollte.

An Bord der »Landshut« spielten sich mittlerweile dramatische Szenen ab. Für die Geiseln wurde die Boeing 737 in jenen fünf Tagen die Hölle auf Erden. Beim Aufenthalt in Dubai, dem nächsten Stopp der »Landshut«, ging der Treibstoff zur Neige, somit fiel die Klimaanlage aus. Im Flugzeug herrschte bisweilen eine Temperatur von 50 Grad Celsius. Die Toiletten durften nicht benutzt werden, Frauen bekamen ihre Periode, in der Maschine herrschte ein bestialischer Gestank von Ammoniak, Fäkalien, Blut und Erbrochenem. »Verstopfte Toiletten, nichts zu essen, kaum was zu trinken, die Temperatur in der Maschine war entsetzlich, der Gestank grausam«, so die Erinnerung zahlreicher Geiseln. Hinzu kam die ungeheure Brutalität der Entführer. Mit Schlägen und Tritten hielten die Terroristen ihre Opfer in Schach, Scheinexekutionen waren an der Tagesordnung: »Mahmud suchte drei Leute aus, zwei Passagiere – darunter war ich – und die Stewardess Gabi Dillmann. Wir mussten nach vorne, mussten uns hintereinander vor dem Mahmud auf den Boden knien und bekamen Nummern. 01, das war ich, die Nummer 1 mein Nachbar, Nummer 2 war Gabi Dillmann« – so beschreibt die damalige Schülerin Diana Müll die schlimmsten Stunden ihres Lebens. Ein perfides Spiel begann, bei dem Mahmud vorgab, die Nummern 01 und 1 zu verwechseln. Mehrmals rief er die Unglücklichen in die erste Klasse zur Exekution. Diana Müll erinnert sich: »Ich habe alles in Trance erlebt und war einfach schon so fertig, dass ein Schuss in den Kopf für mich wahrscheinlich die einfachste Lösung war, hier rauszukommen. Ich hatte mit allem abgeschlossen.«

*Ich habe ernsthaft daran gedacht, dem einen Terroristen ins Gesicht zu spucken, nur damit der mich erschießt.*

DIANA MÜLL

In Bonn fiel am 15. Oktober die Entscheidung, die Geiseln gewaltsam zu befreien. Die Entführer hatten zuvor ihr erstes Ultimatum gestellt. Bis Sonntag, neun Uhr, müssten die Forderungen erfüllt werden, sonst würden Schleyer und die Geiseln sterben. Hans-Jürgen Wischnewski, der als Unterhändler der Maschine nachgereist war, bot sich selbst als Austausch für die Geiseln an. Doch Mahmud ließ sich auf keinen Handel ein. Nach 60 Stunden bangen Wartens verlangten die Terroristen plötzlich den sofortigen Abflug. Im Falle einer Weigerung drohte Mahmud, alle fünf Minuten einen Passagier zu erschießen. Vom Tower aus mussten Wischnewski und Ulrich Wegener, der Einsatzleiter und Gründer der GSG 9, tatenlos mit ansehen, wie die »Landshut« vom Flughafen Dubai abhob.

Doch kein Staat wollte die Unglücksmaschine aufnehmen. »Es hieß nach dem Start, wir landen jetzt in Beirut. Und dann sagte die Flugsicherung Beirut, Airport closed, not allowed to land«, so erinnerte sich der damalige Kopilot Jürgen Vietor an die Situation. »Dann befahl Mahmud, nach Damaskus zu fliegen. Airport closed! Dann flogen wir nach Bagdad und versuchten, mit dem Tower Kontakt aufzunehmen. Auch da hieß es, Airport closed, not allowed to land. Dann sind wir Richtung Kuwait geflogen – das Gleiche. You are not allowed to land. Jetzt ging uns der Treibstoff langsam zur Neige. Es war Nacht, das heißt, wir hatten keine Chance zur Notlandung im Küstenbereich.«

Nach vier Stunden Irrflug sahen sich die Piloten gezwungen, die Maschine in Aden auf einen Sandstreifen neben der Piste zu setzen, da die Landebahn mit Panzern und Lastwagen blockiert war. Dort verließ Kapitän Jürgen Schumann das Flugzeug, um eine Außeninspektion der »Landshut« vorzunehmen. Weil er hierfür länger brauchte als vorgesehen, war Mahmud außer sich. Er befahl Schumann, sich in den Gang zu knien, und erschoss ihn kaltblütig. »Es war eine totale Leere in einem. Von diesem Zeitpunkt an war der Tod mit uns an Bord«, schilderte Rhett Waida diesen tragischen Wendepunkt. »Der nächste Flugabschnitt war natürlich einer, der mich noch heute sehr belastet«, sagt Jürgen Vietor. »Das war der Flug von Aden mit dem toten Kapitän Schumann an Bord – durch die Nacht, über das Horn von Afrika nach Mogadischu. Immer in dem Bewusstsein, du bist jetzt ganz alleine auf dich gestellt, du bist mit einem Flugzeug unterwegs, das eine Notlandung gemacht hat, von dem man nicht weiß, ob es noch flugtauglich ist.«

Am Morgen des 17. Oktober landete die Maschine in der somalischen Hauptstadt. Wenig später warfen die Geiselnehmer den ermordeten Flugkapitän auf die Piste. Und wieder setzten die Palästinenser die Regierung in Bonn mit einem Ultimatum unter Druck. Während die Terroristen die Passagiere bereits fesselten und mit Alkohol traktierten, verhandelte Wischnewski mit dem Staatspräsidenten Siad Barre, dessen Einwilligung die Deutschen für eine gewaltsame Aktion auf somalischem Boden benötigten: Hans-Jürgen Wischnewski, wegen seiner guten Kontakte zu arabischen Ländern auch spöttisch-respektvoll »Ali Ben Wisch« genannt, rang um das Leben der Gei-

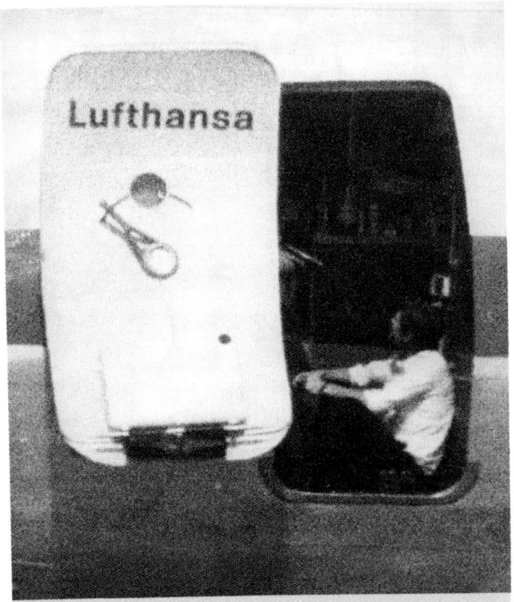


Flugkapitän Jürgen Schumann wird von den Entführern an der geöffneten Kabinentür mit einer Waffe bedroht.

Kampf um das Leben der Geiseln: Kanzleramtschef Hans-Jürgen Wischnewski trifft am 16. Oktober 1977 in Dubai ein.

seln: »Ich habe gesagt: Präsident, es geht um zwei Dinge. Erstens, wir müssen 90 Menschenleben retten. Und er fragte: Was ist das zweite? Ich sagte: Wir müssen das so machen, dass Ihre Souveränität gewahrt wird.« Siad Barre willigte ein.

Nun ging es um Zeitgewinn, musste man doch unbemerkt an die Maschine gelangen. Doch das Ultimatum war fast abgelaufen, und die Geiseln in der Maschine rechneten mit ihrem Ende. »Die haben ja die Bombe zusammengebaut, das konnte ich ja sehen, das war genau zwei Reihen vor mir. Da dachte ich, wenn die jetzt explodiert, dann ist man wenigstens sofort tot« – so erlebte Rhett Waida die vermeintlich letzten Stunden vor der Sprengung der Maschine.

*Wir haben gerade die Nachricht bekommen, dass die Häftlinge in den deutschen Gefängnissen, die Sie freigelassen haben möchten, hier nach Mogadischu geflogen werden sollen.*

MICHAEL LIBAL, CHARGÉ D'AFFAIRES DER DEUTSCHEN BOTSCHAFT, AN DIE ENTFÜHRER

Kurz bevor das Flugzeug explodieren sollte, griff »Ali Ben Wisch« zu einer Kriegslist: einer Lüge. Er ließ den Terroristen mitteilen, sie hätten es geschafft. Die elf RAF-Häftlinge seien frei und auf dem Weg nach Somalia – allerdings würden sie erst in der Nacht eintreffen. In der Maschine schöpften die Passagiere Hoffnung, aber auch die Terroristen. Die Geiselnehmer waren dem gewieften Unterhändler auf den Leim gegangen. Die Aktion »Feuerzauber« konnte anlaufen. Doch im Verlauf der Vorbereitungen musste Ulrich Wegener nicht nur seine Männer rund um die Maschine unbemerkt in Stellung bringen, sondern sich auch den Rücken freihalten: In der Nähe des Flughafens befand sich ein Stützpunkt der PLO. Einem somalischen Bataillon wurde die Aufgabe zugeteilt, den Flughafen abzuschirmen. Zu Ablenkungszwecken bat Wegener die Somalis, Maschinen starten und landen zu lassen. Als Wegener seine GSG-9-Männer zum letzten Appell aufrief, brauchte er sich um deren Motivation keine Sorgen zu machen: »Die waren heiß. Sie wollten jetzt beweisen, dass das auch klappt, was wir geübt hatten. Wir hatten ja an x Maschinen die Aktion trainiert, und jeder kannte seine Rolle und seinen Auftrag.«

Die Ankunft der befreiten Geiseln in Frankfurt. Stewardess Gabi Dillmann und Kopilot Jürgen Vietor verlassen das Flugzeug als Erste.

*Die Leute machten auf mich den Eindruck, als wenn sie den Ernst der Lage im vollen Umfang erkannt haben, aber auch die notwendige innere Einstellung haben, denn sie haben ja auch ihr Leben eingesetzt in dieser Situation. Da war keine Angststimmung, sondern da war Zuversicht.*

HANS-JÜRGEN WISCHNEWSKI ÜBER DIE GSG 9

Um 23.50 Uhr entzündeten somalische Soldaten in der Nähe der »Landshut« ein Holzfeuer. Die Terroristen fielen auf den Trick herein. Sie gingen zum Cockpit – also genau dorthin, wo Wegener sie haben wollte. Die Elitetruppe – die Gesichter geschwärzt und in schussfester Nylonkluft – näherte sich im toten Winkel der Maschine. Um 0.05 Uhr, als feststand, dass die Aktion unbemerkt geblieben war, stürmten auf das Kommando »Go!« je vier Männer über Leitern auf beide Tragflächen. Sekunden nachdem die Männer auf den Tragflächen angelangt waren, stießen sie die Notausstiege nach innen. Mit den Rufen »Köpfe runter!« und »Wo sind die Schweine?« stürmten sie das Flugzeug. Gleichzeitig warfen Spezialisten vom britischen SAS ihre Blendgranaten, die mit ihrem grellen Licht und Detonationen für Verwirrung im Cockpit

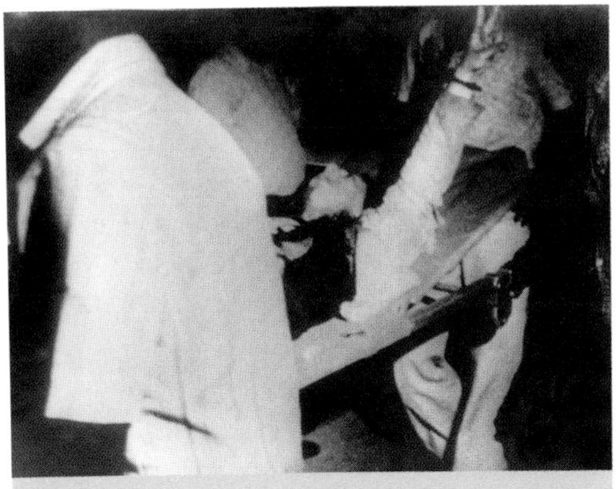

Die schwer verletzte Terroristin Souheila Andrawes zeigt beim Abtransport das Victory-Zeichen.

Bundeskanzler Schmidt dankt im Namen der Bundesregierung dem Kommandeur der GSG 9, Ulrich Wegener.

sorgten. Zwei Terroristen starben im Kugelhagel, ein dritter verblutete im Flughafengebäude. Nur Souheila Andrawes überlebte schwer verletzt und wurde von der somalischen Polizei verhaftet. Die Geiseln erlebten gleichsam ihre Wiedergeburt. Nach vier Tagen Todesangst konnten sie ihre Befreiung kaum begreifen, ihr Glück kaum glauben. Rhett Waida fasst die Emotionen des ersten Augenblicks in Freiheit zusammen: »Man kommt nach draußen, sitzt in einer kleinen Mulde, es geht ein lauwarmer Wind, Himmel und Sterne! Jeder umarmt sich, weint. Man ist wie in einer Traumwelt, kann gar nicht begreifen, was da passiert ist!«

*Ich bin aus dem Zimmer gegangen, damit die Leute nicht sehen sollten, dass mir die Tränen kamen.*

HELMUT SCHMIDT

Am 18. Oktober, eine halbe Stunde nach Mitternacht, kam die erlösende Meldung: »0.38 Uhr. Hier ist der Deutschlandfunk mit einer wichtigen Nachricht. Die von Terroristen in einer Lufthansa-Boeing entführten 86 Geiseln sind alle glücklich befreit worden.« Die Meldung wird zum tödlichen Signal für die Häftlinge Baader, Ensslin und Raspe. Die Bundesregierung hatte es gewagt, das Leben der Passagiere und der Besatzung aufs Spiel zu setzen. Nun war absehbar, dass Bonn auch im Falle Schleyer unnachgiebig bleiben würde. Alle Illusionen über eine Freipressung zerplatzten wie Seifenblasen. In den frühen Morgenstunden des 18. Oktober wurden Baader, Ensslin und Raspe tot in ihren Zellen aufgefunden – Selbstmord! Nur Irmgard Möller überlebte schwer verletzt ihren Suizidversuch.

Für die RAF gab es nun Gewissheit: Die Schleyer-Entführung hatte ihre Wirkung verfehlt. Im »Volksgefängnis« stimmten die tonangebenden Mitglieder der RAF über das Schicksal des Mannes ab, der seit sieben Wochen in ihren Händen war. »Den mussten wir erschießen, sonst wären wir unglaubwürdig gewor-

## Das Drama von Stammheim

Nach den Selbstmorden der RAF-Anführer fragte sich die deutsche Öffentlichkeit: Wie konnten Häftlinge in einem Hochsicherheitsgefängnis an Waffen gelangen? Im Zuge der Ermittlungen stellte sich heraus, dass mit Hilfe von RAF-Anwälten Handfeuerwaffen in die Zellen von Stammheim geschmuggelt worden waren: »Wir haben den Mittelteil einer Akte zu einem Block verklebt, von dem das äußere Drittel noch beweglich, aber das innere Drittel wie ein fester Block verklebt war«, berichtete das ehemalige RAF-Mitglied Peter-Jürgen Boock. »Aus diesem Block wurde ein Hohlraum ausgenommen und in diesen Hohlraum die Gegenstände verbracht. Dann wurde die ganze Akte wieder zusammengefügt und so übergeben.« Die Stammheimer Vollzugsbeamten, so viel wusste man, würden die Akten trotz strenger Kontrollvorschriften nicht öffnen. Das sicherste Gefängnis Deutschlands – es war nur eine Illusion.

Staatsbegräbnis für Schleyer: Bundespräsident Walter Scheel und Bundeskanzler Helmut Schmidt mit der Witwe des ermordeten Arbeitgeberpräsidenten.

den«, rechtfertigte sich Angelika Speitel noch zwei Jahrzehnte später in einem Interview. Das Leben der Geisel – es erschien den Terroristen nun belanglos. Das Schicksal Schleyers war besiegelt. Am 19. Oktober wurde die Leiche des Arbeitgeberpräsidenten bei Mühlhausen im Kofferraum eines grünen Audi gefunden. Mitglieder der RAF hatten ihn tags zuvor mit drei Kopfschüssen getötet. Die Wochen von Schleyers Entführung bis zu seiner Ermordung waren die schwersten in der Geschichte der Bundesrepublik.

Es galt, eine Bewährungsprobe zu bestehen. In den Stunden der Gefahr sah sich nicht nur der Staat einer enormen Belastung ausgesetzt, sondern auch die junge Demokratie. Beide haben die Prüfung bestanden – auf Kosten eines Menschenlebens.

# 1989

## Der Mauerfall

Es war die Nacht der Nächte von Berlin. Zehntausende aus Ost und West feierten ausgelassen die Öffnung der Mauer. Fremde Menschen lagen einander in den Armen, lachten und jubelten. Auf den Straßen knallten Sektkorken, am Nachthimmel explodierten Leuchtraketen und Böller. Auf der Mauer vor dem Brandenburger Tor, dem Symbol der deutschen Teilung und des Kalten Krieges, tanzten die Menschen und sangen: »So ein Tag, so wunderschön wie heute ...« Zum ersten Mal in der jüngeren deutschen Geschichte hatte das Volk über die Herrschenden gesiegt und ihnen seinen Willen aufgezwungen – ohne Gewalt. 28 Jahre nachdem die Mauer gebaut worden war, um ein Volk zu trennen, vereinigte sich dieses Volk auf ebendieser Mauer zu einer friedlichen Feier.

*Diese Nacht war nicht zum Schlafen da.*

WALTER MOMPER, DAMALS REGIERENDER BÜRGERMEISTER VON WESTBERLIN

Aufbruchstimmung lag über jener Nacht, Berlin war frei, und die Ära des Kalten Krieges, die Konfrontation der Supermächte USA und UdSSR, die Deutschlands Zweistaatlichkeit besiegelt hatte, ging unwiderruflich zu Ende. Es war die Stunde null zwischen Nachkriegszeit und neuer Weltordnung. Mit der Öffnung der Mauer am Abend des 9. November 1989 kapitulierte die DDR-Führung vor dem übermächtigen Druck der friedlichen Revolution.

Begonnen hatte es in Ungarn: Im Februar 1989 beschloss die Sozialistische Arbeiterpartei der Ungarischen Volksrepublik, ihr Machtmonopol aufzugeben und zum Mehrparteiensystem überzugehen. Mit demokratischen Reformen und einer immer deutlicher proklamierten Annäherung an den Westen änderte sich de facto auch das System der Grenzsicherung zu Österreich. Im März flog der frisch bestellte ungarische Ministerpräsident Miklós Németh nach Moskau und erläuterte Michail Gorbatschow die Beschlüsse seiner Partei. Was ihm der Generalsekretär der KPdSU antwortete, betraf nicht ausschließlich Ungarn, es war entscheidend für die weitere Entwicklung der Ereignisse im Herbst 1989.

Der Kremlchef befürwortete nicht nur die Einführung des Mehrparteiensystems, sondern er machte seinen Gast auch ausdrücklich auf das Ende der Breschnew-Doktrin aufmerksam. Die Breschnew-Doktrin, 1968 ins Leben gerufen, hatte ganz Osteuropa unter der Fuchtel der Sowjetarmee gehalten. Kein Land, so die Leitlinie, durfte den sowjetischen Einflussbereich verlassen. Jetzt wurde diese Magna Charta des Kalten Krieges für tot erklärt. Jedes Land, so Gorbatschow, sollte nun auf seine Weise glücklich werden.

Am 2. Mai 1989 – Fernsehstationen übertrugen das Ereignis weltweit – durchtrennten ungarische Grenzsoldaten den Eisernen Vorhang. Die Demontage des Stacheldrahtzauns zu Österreich war mehr als nur ein symbolischer Akt. Zunächst wurden jene DDR-Bürger, die über Ungarn in den Westen zu fliehen versuchten, dank eines Abkommens zwischen beiden Staaten noch daran gehindert. Doch dann spitzte sich die Lage im Sommer dramatisch zu: Immer mehr Menschen aus der DDR, deren Fluchtversuch an der Grenze gescheitert war, strömten in die Botschaft der Bundesrepublik, um ihre Ausreise zu erwirken. Am Abend des 10. September gab Ungarns Außenminister

Das erste Loch im Eisernen Vorhang: Die Durchtrennung des Stacheldrahtzauns an der Grenze zwischen Ungarn und Österreich ab dem 2. Mai 1989 ermöglichte tausenden DDR-Bürgern die Ausreise in die Bundesrepublik.

Gyula Horn die zeitweilige Außerkraftsetzung des Reiseabkommens mit der DDR bekannt und ließ noch in derselben Nacht die Grenze öffnen. Zehntausende euphorisierte Deutsche aus der DDR reisten in den folgenden Tagen und Wochen über Österreich in die Bundesrepublik aus. Moskau reagierte nicht.

Die innenpolitische Lage in der DDR spitzte sich derweil immer mehr zu. Oppositionelle Gruppen, Künstler und Musiker meldeten sich zu Wort und verlangten demokratische Reformen: »Wir brauchen pluralistische Medienpolitik, demokratische Parteienvielfalt und Reisefreiheit für alle Bürger!« Als die Situation vor allem in der deutschen Botschaft in Prag dramatisch eskalierte, in der über 10 000 DDR-Bürger kampierten, ließ die SED-Führung rund 14 000 »Republikflüchtige« aus den Botschaften in Prag und Warschau in verriegelten Zügen der Reichsbahn ausreisen und entzog ihnen nachträglich die Staatsbürgerschaft. Erich Honecker selbst schleuderte ihnen im *Neuen Deutschland* einen hasserfüllten Kommentar nach und ließ anschließend die Grenze zur ČSSR für einige Zeit schließen. Was der Generalsekretär der SED und die anderen Mitglieder der Führung aber noch nicht wahrhaben wollten, hatte unausweichlich seinen

»Keine Träne nachweinen«: Botschaftsflüchtlinge aus Prag kommen nach der Genehmigung ihrer Ausreise in Bayern an.

Anfang genommen: Die Fluchtwelle und die Massenausreise waren der Ausgangspunkt für den sich entfaltenden Protest, der bald das ganze Land erfassen und es aus seinen Angeln heben sollte.

Seit dem 17. Juni 1953 waren die Menschen jahrzehntelang ruhig geblieben. Die meisten DDR-Bürger arrangierten sich gezwungenermaßen mit einem System, zu dem es seit dem Bau der Mauer keine reale Alternative mehr gab. Doch Ende der achtziger Jahre stand die DDR wirtschaftlich vor dem Bankrott. Die Versorgungslage war prekär. Die Unzufriedenheit mit dem System nahm zu. Die Betonköpfe in Ostberlin jedoch waren taub gegenüber Stimmungen in der Bevölkerung. In Leipzig erlebten jetzt die »Friedensgebete« in der Nikolaikirche einen unerwarteten Zustrom. Die evangelische Kirche fungierte damit – auch gegen den Widerstand in ihren eigenen Reihen – als Sammelbecken für »Klagende, Unzufriedene, Ausreisewillige, Empörte«.

Am 8. Mai 1989 kam es zum ersten Mal zum Aufmarsch von Polizei- und Sicherheitskräften vor der Nikolaikirche. Teilnehmer der Gebete oder friedliche Ausreisewillige wurden auf Lkw gezerrt und verhaftet. »Wir wollen raus!« war noch das Motto einer Minderheit. Am 4. September demonstrierten bereits Hunderte für mehr Freizügigkeit. »Reisefreiheit statt Massenflucht« und »Für ein offenes Land mit freien Menschen« stand auf den Plakaten, die den Demonstranten von Angehörigen des Staatssicherheitsdienstes entrissen wurden. Am 11. September wurden 70 Kirchgänger festgenommen. Doch mit jedem Verhafteten solidarisierten sich Hunderte. In den evangelischen Gottesdiensten wurden die Namen der Verhafteten verlesen. Gemeinsam betete man für sie.

Am 7. Oktober 1989 beging die offizielle DDR feierlich ihr vierzigstes Staatsjubiläum. Es sollte eine große Selbstbeweihräucherung werden, mit Fackelzügen, Großem Zapfenstreich und martialischer Militärparade. Innenpolitische Schwierigkeiten gebe es nicht. Die DDR-Opposition erwartete sich Großes von Michail Gorbatschow, dem sowjetischen Hoffnungsträger, der anlässlich des DDR-Jubiläums nach Ostberlin gereist war. Enthusiastisch wurde er

# Leipzig, Zentrum des Protests

Es gab gute Gründe, warum sich gerade die Leipziger als Erste den Mut zu Protestdemonstrationen gegen das Regime aufbrachten. Die Messestadt litt unter der desolaten Wirtschaftslage ganz besonders. Braunkohleabbau und eine starke Chemieindustrie verursachten eine überdurchschnittliche Umweltverschmutzung. Die Bürger waren unmittelbar davon betroffen: Bronchitis, Ekzeme häuften sich. Das war die eine Seite. Hinzu kam das alljährliche Spektakel der internationalen Handelsmesse, das den Unmut der Bevölkerung steigerte. Mehr und mehr zu einer propagandistischen DDR-Leistungsschau degradiert, präsentierte sich Leipzig an wenigen Tagen im Jahr den zahlreichen ausländischen Gästen mit herausgeputzten Schaufenstern. Doch es waren nur Potemkin'sche Dörfer. Der Leipziger Alltag war grau, die Stadt zerfiel. Hier wie auch andernorts in der DDR wagten es immer mehr Menschen, einen Antrag auf »ständige Ausreise aus der DDR« zu stellen. Sie brachten damit eine Lawine ins Rollen, die niemand mehr aufhalten konnte. Ihre Teilnahme an den Friedensgebeten betonte deren politischen Charakter. Ihr stiller Protest mit Kerzen und Transparenten, ihre Solidaritätsbekundungen für Verhaftete waren der Staatsmacht ein Dorn im Auge. Der Dauerkonflikt eskalierte.

dort gefeiert, wo Bürger näher an ihn herankamen. »Gorbi, Gorbi«-Rufe erklangen, oder – als beanspruche man ihn als Schutzheiligen für demokratische Veränderungen in der DDR – »Gorbi, hilf«. Der Kremlchef spielte mit, verdarb den deutschen Genossen nicht das Jubelfest. Doch wer genauer hinhörte, vernahm die Signale: Im Gespräch mit Journalisten fiel der Satz, der zum Fanal für die friedliche Revolution in der DDR werden sollte: »Wer zu spät kommt, den bestraft das Leben.« Später empfahl Gorbatschow dem siebenundsiebzigjährigen Honecker im kleinen Kreis, die Initiative für Veränderungen zu übernehmen, doch der SED-Chef wollte von Belehrungen nichts hören. Die alte Losung »Von der Sowjetunion lernen heißt siegen lernen« galt nicht mehr.

*Auch im fünften Jahrzehnt wird der sozialistische Staat der Arbeiter und Bauern auf deutschem Boden durch sein Handeln zum Wohle des Volkes, durch seinen Beitrag zu Frieden, Sicherheit und internationaler Zusammenarbeit ständig neu beweisen, dass seine Gründung im Oktober 1949 ein Wendepunkt war – in der Geschichte des deutschen Volkes und Europas.*

ERICH HONECKER, ANSPRACHE ZUM 40. JAHRESTAG DER DDR, 7. OKTOBER 1989

»Wer zu spät kommt…« Honecker und Gorbatschow bei der Militärparade zum 40. Jahrestag der DDR in Ostberlin, 7. Oktober 1989.

Den Gorbatschow-Besuch überschatteten die bis dahin größten Demonstrationen seit dem 17. Juni 1953, die von der Polizei mit äußerster Brutalität aufgelöst wurden. Zehntausende gingen in Ostberlin, Leipzig, Dresden, Potsdam und anderen Städten auf die Straßen, um friedlich ihren Forderungen nach Freiheit, Demokratie und Menschenrechten Ausdruck zu verleihen. Mehr als 1000 von ihnen wurden festgenommen, viele misshandelt. Der Realitätsverlust der DDR-Führung war offensichtlich. Honecker sah in den Demonstrationen vom Westen gesteuerte »Hetzkampagnen gegen die sozialistische Gesellschaftsordnung«: »Gerade jetzt« vor den Jubiläumsfeierlichkeiten, so Honecker, »glaubt man in der BRD, die DDR durch einen umfassenden Angriff aus den Angeln heben zu können.« Er und Erich Mielke, der Chef der Staatssicherheit, verständigten sich auf eine harte Linie gegen die Demonstranten.

Harte Linie: Stasi-Mitarbeiter in Zivil versuchen am Abend des 7. Oktober 1989 in Ostberlin, einen Demonstranten zu überwältigen.

So war die Lage am 9. Oktober 1989 in Leipzig. Schon am Morgen dieses Tages lag über der Stadt eine unerträgliche Spannung. Am Nachmittag des 9. Oktober füllte sich die Innenstadt zusehends. Eine damalige Demonstrantin schildert die Brisanz der Stunde: »Ich werde nie vergessen, wie wir uns zunächst mit Freunden am Hotel Deutschland getroffen und uns Mut gemacht haben. Manche haben geweint, und manche wollten auch wieder gehen. Und wir haben gesagt, wir werden das gemeinsam durchstehen. Und wie wir uns dann in Richtung Kirche bewegt haben und es kaum fassen konnten, dass es immer mehr Menschen wurden. Es war ein unaufhörlicher Strom. Und plötzlich war ein unglaubliches Gefühl der Solidarität da, uns alle können sie nicht totschießen, und uns alle können sie auch nicht einsperren und auch nicht auf Lkw schleppen und mit Hunden hetzen.«

Die gesamte Innenstadt glich einem Aufmarschgebiet: 8000 Mann – Volkspolizei, Betriebskampfgruppen, Truppen des Innenministeriums und der Nationalen Volksarmee. Der Auftrag der Sicherheitskräfte ließ Schlimmes befürchten. Das Ziel war die »Bekämpfung jeglicher feindlicher negativer Störungen, Handlungen und Provokationen in Form von Zusammenrottungen und Demonstrationen antisozialistischer Kräfte im Bereich der Innenstadt«. Einige Einheiten waren mit Schützenpanzerwagen in Leipzig eingerückt, andere mit Maschinenpistolen bewaffnet; die Magazine hatte man mit scharfer Munition gefüllt.

»Wir sind das Volk!« Am 9. Oktober 1989 demonstrieren 70 000 Menschen friedlich in Leipzig – trotz eines großen Armeeaufgebots gibt es kein Blutvergießen.

In den Stunden zuvor hatten verschiedene Aktionsgruppen einen Appell an die Leipziger veröffentlicht. Darin hieß es: »Enthaltet Euch jeder Gewalt! Durchbrecht keine Polizeiketten! Greift keine Personen oder Fahrzeuge an! Werft keine Gegenstände und enthaltet Euch gewalttätiger Parolen! Seid solidarisch und unterbindet Provokationen!« Auch während des Montagsgebets in der Nikolaikirche wurde zur Vernunft aufgerufen: »Viele Menschen wollen mit Nachdruck hier und heute unsere Gesellschaft verändern, in der wir doch auch 40 Jahre gelebt und nicht nur gelitten haben. Es ist so, als ob wir uns unter den Erfolgsdruck stellen, jetzt Sieger werden zu müssen. Wollen wir das um jeden Preis mit Blut und Tränen erreichen? Gott will uns helfen! Die Reformen, die schon vor Jahren fällig waren, werden kommen. Sie werden kommen, wenn wir den Geist der Friedfertigkeit, der Ruhe und der Toleranz in uns einkehren lassen«, predigte Pfarrer Gotthard Weidel an diesem Abend. Die Losungen für die Montagsdemonstration waren ausgegeben, nun musste sich zeigen, was dieser Tag der Entscheidung bringen würde.

Um 18 Uhr endete das Friedensgebet in den Kirchen, die Teilnehmer drängten heraus auf die Straße. Nun sollte sich die Demonstration formieren. Aber es wurde nicht geschossen. In der Einsatzzentrale siegte die Vernunft. Der Hauptverantwortliche in Leipzig, der SED-Bezirkschef Helmut Hackenberg, telefonierte in der kritischen Phase mit Egon Krenz in Berlin. Der vorsichtige Krenz wollte und konnte Hackenberg ohne Honeckers Einverständnis keinen eindeutigen Befehl zur Zurückhaltung geben, mahnte ihn jedoch zur Besonnenheit. Niemand wollte die Verantwortung für ein Losschlagen übernehmen, und jeder freute sich über das Befehlsvakuum, das zwischen Berlin und Leipzig herrschte.

*Ich glaube, dass an diesem Tag alle, die in Leipzig beteiligt waren – das betrifft sowohl die Demonstranten als auch die Sicherheitskräfte –, gespürt haben, dass das, was geplant war, nicht geschehen darf. Damit war es eigentlich eine erste Befehlsverweigerung gegenüber dem Staat …*

KURT MASUR, DIRIGENT DES GEWANDHAUSORCHESTERS

Auf den Straßen und Plätzen sahen auch die Polizisten, dass die Massen gewaltlos demonstrierten. »Redet mit uns!« und »Schließt euch an!«, riefen sie den Sicherheitskräften zu. Und der Kommandeur der Polizeikräfte in Leipzig, General Gerhard Straßenburg, erkannte ebenfalls die Disziplin der Demonstranten. Um 18.15 Uhr telefonierte er mit seinem vorgesetzten Minister in Berlin und schilderte ihm gelassen die Lage. Und so konnte er mit Einwilligung aus Berlin seinen Männern um 18.25 Uhr schließlich den erlösenden Befehl geben: »Rückziehung der Kräfte! Nur noch zur Selbstverteidigung handeln!«

Das »Wunder von Leipzig« war geschehen. Es bestand darin, dass beide Seiten gefühlsmäßig Provokationen und überzogene Reaktionen erst gar nicht aufkommen ließen. Der Demonstrationszug wurde nicht, wie befohlen, verhindert. Das wäre angesichts der Menschenmassen nur mit Blutvergießen durchzusetzen gewesen. Anders als in Peking im Frühjahr 1989 taten die deutschen Genossen diesen Schritt nicht. Sie hätten die Machtmittel gehabt, aber niemand wollte die Katastrophe verantworten.

*Unsere Streitkräfte in der DDR hatten den Befehl erhalten, in den Kasernen zu bleiben und sich in keiner Weise und zu keiner Zeit in die Geschehnisse einzumischen.*

VALENTIN FALIN, EHEMALIGER LEITER DER INTERNATIONALEN ABTEILUNG DER KPDSU

Das »Wunder von Leipzig« hatte viele Väter. Einer saß in Moskau und hatte dafür gesorgt, dass diesmal keine russischen Panzer anrollten. Ausschlaggebend für den gewaltfreien Verlauf des Abends aber war in letzter Konsequenz die elementare Kraft des Volkes, das sich außerordentlich diszipliniert und friedfertig verhielt. »Dass nicht ein Stein geworfen wurde, war ein Wunder. Der hätte alles auslösen können«, so der Chefdirigent des Leipziger Gewandhausorchesters, Kurt Masur.

Das Volk hatte auf der ganzen Linie gesiegt. Der Bürgerkrieg fand nicht statt. Das Panzerregiment, das Honecker für die folgende Montagsdemonstration am 16. Oktober nach

Leipzig beordern wollte, blieb in den Kasernen. Honeckers Macht war gebrochen. Sein Sturz stand unmittelbar bevor.

Unter dem Eindruck der Ereignisse trat am Morgen des 17. Oktober das Politbüro zusammen. Was die Verschwörer um Egon Krenz und Günter Schabowski schon Tage zuvor geplant hatten, setzten sie nun in die Tat um: Honecker wurde gestürzt, und Krenz konzentrierte die gesamte Macht in Partei und Staat auf seine Person. »Die DDR war in einer politischen Krise«, sagte Krenz Jahre später. »Honecker war der erste Mann und trug dadurch eine besondere Verantwortung. Unser Ziel war es, die DDR als souveränen Staat zu erhalten.«

Egon Krenz nach seiner Wahl zum Staatsratsvorsitzenden der DDR am 24. Oktober 1989.

*Unsere Gesellschaft war krank, wir befanden uns in einer tiefen politischen Krise. Wenn überhaupt eine Neuerung in der DDR stattfinden konnte, dann nur ohne Erich Honecker. Mit ihm ging es nicht mehr.*

EGON KRENZ

Krenz glaubte, dies schaffen zu können. Er versprach dem Volk Reformen, ein neues Reisegesetz, eine Wende nach sowjetischem Vorbild. Doch die Menschen glaubten ihm nicht, sie wollten neue Gesichter. Für sie war Krenz noch ein Kopf des alten Regimes. Der langjährige Kronprinz Honeckers galt als Angepasster, als Mann ohne eigene Meinung. Sollte das die Wende sein? Das Volk wollte mehr. Nun erfasste die Protestbewegung das ganze Land: Über eine halbe Million Menschen gingen in der letzten Oktoberwoche auf die Straßen.

Der Druck von unten zwang die Verantwortlichen zum Handeln. Krenz und seine reformbereiten Mitstreiter wollten die Macht nicht verlieren und versuchten die Wende von oben. Was den Volkszorn am meisten entfachte, war die Beschränkung der Reisefreiheit. Am 31. Oktober lag der erste Entwurf eines neuen Reisegesetzes auf dem Tisch – er war eine Enttäuschung. Der Gesamtreisezeitraum wurde auf 30 Tage festgelegt, um »volkswirtschaftlichen Notwendigkeiten (Planung der Arbeitskräfte usw.)« zu entsprechen. Zudem gab es eine Klausel, die es erlaubte, »bei Vorliegen außergewöhnlicher gesellschaftlicher Erfordernisse« die Genehmigungen einzufrieren. Aufgrund der katastrophalen Wirtschaftslage der DDR sollten die Bürger nur mit 15 D-Mark ausgestattet werden. Die Reisenden würden damit als Bittsteller in den Westen fahren.

Mit dieser Perspektive eines drohenden ökonomischen Bankrotts im Gepäck, flog Krenz am 1. November nach Moskau, um beim sowjetischen Bruder Rat und Hilfe einzuholen. Wirtschaftliche Unterstützung konnte Gorbatschow Krenz angesichts der eigenen Nöte nicht geben, um einen Rat allerdings war der Kremlchef nicht verlegen. Während Krenz in Moskau die Existenz der Mauer verteidigte, forderte Gorbatschow eine neue Reiseregelung. Man sei zwar gern bereit, über Maßnahmen zu beraten, sagte der Kremlchef, doch »die DDR spüre besser, was zu tun ist«. Nach dem Moskauer Treffen stand fest, dass das Schicksal der DDR mehr denn je von ihr selbst abhing.

Doch die Lage zwischen Suhl und Rostock wurde immer dramatischer: Am 4. November entschloss sich die ČSSR, ihre Grenzen zur Bundesrepublik zu öffnen. DDR-Bürger durften die Tschechoslowakei in Richtung Westen verlassen. Bis zu 20 000 Flüchtlinge kamen nun täglich in die Bundesrepublik, zu Fuß und im Trabi. Der Eiserne Vorhang hatte nach Ungarn sein zweites großes Loch. Nun warteten die Bürger der DDR gespannt auf die für den 6. November angekündigte Veröffentlichung des Reisegesetzentwurfs. Doch dieser war von einer echten Reform weit entfernt: Es wurde eine Maus geboren. Die Kritik war vernichtend, bis hinein in die Reihen der SED. Die Bürger fühlten sich betrogen. In der DDR erhob sich ein Sturm des Protestes: Bei der Montagabenddemonstration dieses 6. November zogen allein in Leipzig 500 000 Menschen trotz Kälte und Dauerregen durch die Straßen. Einhellig wurde das »Ende des Führungsanspruchs der SED« gefordert, Sprechchöre riefen: »Wir brauchen keine Gesetze, die Mauer muss weg« – und gar: »Die SED muss weg!«

Der Antrittsbesuch des neuen Staats- und Parteichefs bei Gorbatschow, 1. November 1989.

Als Reaktion auf die Ablehnung des Reisegesetzentwurfs trat die Regierung am 7. November zurück, blieb aber kommissarisch im Amt. In Ostberlin präsentierte Egon Krenz einen Tag später seine neue Mannschaft, in der fast die gesamte alte Riege fehlte. Dafür nahmen nun der Dresdner SED-Bezirkssekretär Hans Modrow und sein Berliner Kollege Günter Schabowski die Schlüsselstellungen ein. Vor den Türen des Tagungsgebäudes versammelten sich rund 50 000 Parteimitglieder – die Basis meldete sich zu Wort. Sie hatte genug von den stümperhaften Versuchen der Führung, Reformen anzukündigen, ohne sie zu wagen. Gefordert wurden ein Parteitag, Demokratisierung innerhalb der Partei und personelle Erneuerung. Die Einheitspartei begann sich aufzulösen. Viele hatten endgültig den Glauben an den Sozialismus verloren:

Währenddessen nahm der Druck der ČSSR auf die DDR ultimative Formen an. Der tschechoslowakische Außenminister ersuchte die DDR-Führung mit Nachdruck, die Ausreise »direkt und nicht über das Territorium der ČSSR abzuwickeln«. Andernfalls müsse man die Grenzen zur DDR schließen. Das allerdings, so war sich die SED-Spitze bewusst, würde den Kessel DDR endgültig zum Platzen bringen. Egon Krenz und Wolfgang Herger, frisch ins Politbüro gewählt und als Sekretär für Sicherheit eingesetzt, entschlossen sich, die Regierung zu drängen, dem SED-Zentralkomitee (ZK) die Reiseregelung bis zum Mittag des 9. November vorzulegen. Eile war geboten.

Der 9. November war ein kalter, aber trockener Tag. Die Sonne hatte die Nebelfeuchte der frühen Morgenstunden vertrieben. Vier Männer aus dem Ministerium des Innern (MdI) und dem der Staatssicherheit (MfS) trafen sich um neun Uhr morgens im Innenministerium mit dem Vorhaben, eine Ausreiseregelung als Beschlussentwurf für den Ministerrat zu verfassen. Mit dem Entwurf einer neuen Reiseverordnung begann eine Kette von Missverständnissen und Fehlschlüssen, die an diesem Abend die Mauer völlig unbeabsichtigt überflüssig machen sollten.

Der Auftrag der Arbeitsgruppe sah vor, das »Problem ČSSR« mit einem Vorschlag zur Regelung der »ständigen Ausreise« aus der DDR zu lösen. Dieser sollte dem Ministerrat und dem Politbüro bis Mittag vorgelegt werden und am 10. November in Kraft treten. Doch der Arbeitsgruppe wurde im Gespräch schnell klar, dass diese Anweisung unpraktikabel und gefährlich war. Denn es bedeutete, dass jeder, der das Land auf Dauer verlassen wollte, sofort fahren konnte! Reisefreiheit also für die Menschen, die vorhatten, der DDR für immer den Rücken zu kehren. Aber es verbot jenen Menschen die Ausreise, die nur zu einem kurzen Besuch zu Verwandten in die Bundesrepublik reisen wollten. Kurz entschlossen nahm die Arbeitsgruppe in den Entwurf auch die Regelung von »Privatreisen« auf, die jederzeit beantragt werden könnten. Doch an eine uneingeschränkte Reisefreiheit dachten auch sie nicht. Ausschließlich DDR-Bürgern mit Reisepass und einem Visum sollten Besuchsreisen gestattet werden. Einen Pass aber besaßen nur vier Millionen Bürger; alle anderen, so die Berechnung, hätten zunächst ein solches Dokument beantragen und mehrere Wochen bis zur Ausstellung warten müssen. Auf diese Weise wollte man einen sofortigen Aufbruch von Millionen Menschen verhindern. Damit sich die Dienststellen des Innenministeriums und der Staatssicherheit darauf einstellen konnten, sollte der Beschluss nicht vor dem 10. November um vier Uhr früh bekannt gegeben werden. Diesen Termin schriftlich im Text festzuhalten entsprach jedoch nicht den Gepflogenheiten – und so hielt man den Passus für überflüssig.

*Krenz hat die Reiseverordnung in der ohnehin stattfindenden ZK-Tagung präsentiert. Es wurde dort angenommen, und ich bin davon überzeugt, … die haben gar nicht gewusst, was sie da eigentlich bestätigt hatten.*

MANFRED GERLACH, DAMALS STELLVERTRETENDER STAATSRATSVORSITZENDER DER DDR

Den Beschlussvorschlag samt Pressemitteilung leiteten die vier dann um die Mittagszeit dem ZK zu. Es galt zunächst, die Zustimmung des Politbüros und des Ministerrats einzuholen. Während der Sitzung des Zentralkomitees gab Wolfgang Herger den Entwurf an Egon Krenz weiter. Außer Herger waren den neuen Mitgliedern des umgestalteten Politbüros die Details der Vorgeschichte der Reiseregelung nicht bekannt. In der Raucherpause um zwölf Uhr las Krenz den Mitgliedern, von denen nur rund die Hälfte anwesend war, den Inhalt des Papiers vor. Er wies darauf hin, dass es ein Vorgang sei, der noch der Zustimmung der amtierenden Regierung bedürfe und mit der sowjetischen Seite noch nicht abgestimmt war. Die Anwesenden akzeptierten im Kern den Wortlaut des Textes, ohne zu ahnen, welche Folgen dies haben würde.

Was noch fehlte, war das Plazet des Ministerrats. Dessen Mitglieder brauchten sich dazu nicht zu äußern, ihr Schweigen bedeutete Einverständnis. Sollte bis zum Ende der Einspruchsfrist, die auf 18 Uhr festgesetzt war, kein Widerspruch erfolgen, galt die Zustimmung als erteilt. An diesem Nachmittag waren 28 der 44 Minister nicht in ihren Ministerien, sondern bei der Tagung des Zentralkomitees. Folglich wussten sie also nicht, dass sie, während sie an der Sitzung teilnahmen, zeitgleich einen Ministerratsbeschluss fassten. Bis 15 Uhr dauerten im MfS und MdI die Feinarbeiten an dem Entwurf der neuen Reiseverordnung. Eine halbe Stunde später kam Innenminister Dickel zur ZK-Tagung und überreichte ihn Krenz zur Begutachtung. Doch Krenz glaubte irrtüm-

Zeitbombe in den Unterlagen: Bei der Pressekonferenz Schabowskis am 9. November 1989 ahnt noch niemand, dass hier bald Weltgeschichte geschrieben wird.

lich, schon den Beschluss des Ministerrats in Händen zu halten, und stellte den Text samt der dazugehörigen Pressemitteilung dem Zentralkomitee vor. Um dem Willen des Volkes entgegenzukommen, war der Text – ein Schnellschuss – nur als Übergangsregelung gedacht, bis das eigentliche Reisegesetz in Kraft treten sollte. In der SED-Führung herrschte in diesen Tagen angesichts der Zustände auf den Straßen ziemliche Konfusion. Das Papier, wiederum von Krenz nur verlesen, wurde von Politbüro und Zentralkomitee so behandelt, als wäre es eine lästige Nebensache, und ohne große Debatte einstimmig akzeptiert. »Sie waren unsicher, sodass sie das ohne große Diskussion hinnahmen. Es passierten so furchtbare und fantastische Dinge zu dieser Zeit, dass sie das gar nicht richtig mitbekamen. Nur so kann man sich das erklären«, sagte später das damals neue Mitglied des Politbüros, Günter Schabowski. Überdies tagte das ZK der SED im großen Sitzungssaal, wo es keine Telefone gab. Die ZK-Mitglieder waren abgeschottet wie beim päpstlichen Konklave. Kein Unbefugter konnte eindringen. Niemand durfte oder konnte ihnen sagen, dass draußen ein paar Stunden später die DDR zusammenbrach. Erst auf der Heimfahrt bekamen die ZK-Mitglieder mit, was geschah. Sie waren ihrem eigenen Sicherheitswahn zum Opfer gefallen.

Noch folgenreichere Fehler beging Egon Krenz: Zum einen wartete er nicht die vorgesehene Sperrfrist der Pressemitteilung – bis zum 10. November – ab, sondern schlug vor, die Regelung »gleich« zu veröffentlichen. Zum anderen ließ er sie nicht durch die Fixierung auf einen Zeitpunkt in Kraft treten, sondern allein schon durch ihre Bekanntgabe. Diese Präsentation sollte der selbstbewusste Schabowski übernehmen. Als Krenz den Entwurf des Textes dem Zentralkomitee vortrug, war Schabowski nicht im Tagungsraum, sondern im Gespräch mit Journalisten. Erst eine Stunde nach der Rede des Generalsekretärs kam er, um sich für die Pressekonferenz abzumelden, die für 18 Uhr angesetzt war. Der neue »Mediensekretär« erkundigte sich nach mitteilenswerten Neuigkeiten für seinen Pressetermin und erhielt von Krenz dessen Exemplar über die Reiseregelung. Was dieses Papier bedeuten sollte, war zu diesem Zeitpunkt weder Krenz – auch wenn er sich später anders äußern sollte – noch Schabowski so recht bewusst. Schabowski maß deshalb dem Papier keine besondere Bedeutung zu und steckte es zunächst unbesehen zwischen seine anderen Unterlagen. »Ich bin ins Pressezentrum gefahren und habe mir das Papier nicht mehr durchgelesen. Ich las den Text erstmals, als die Fernsehkameras schon liefen«, gab Schabowski zu. Als ehemaliger Chefredakteur des *Neuen Deutschland* hätte er es sich sonst kaum nehmen lassen, diese Nachricht wesentlich wirkungsvoller zu präsentieren. Stattdessen war er nicht im Bilde über den genauen Inhalt der Zeitbombe, die da in seinen Unterlagen tickte.

Die Pressekonferenz im internationalen Pressezentrum, die Weltgeschichte machte, wurde vom DDR-Fernsehen live übertragen. Langatmig hatte der ZK-Pressesprecher über die Tagung des ZK berichtet, als ihn ein Journalist auf das neue Reisegesetz ansprach. Eher beiläufig verkündete Schabowski, dass »ab sofort« auch Privatreisen in die Bundesrepublik erlaubt seien.

Wenig später, gegen 19 Uhr, hatte er den Saal unter Stimmengewirr verlassen. Die Konfusion

# Der schönste Fehler der deutschen Geschichte

Es ist 18.57 Uhr, als ein italienischer Journalist das Stichwort »Reisegesetzentwurf« gibt. Schabowski referiert kurz über das Problem, als ihm einfällt: »Allerdings ist heute, soviel ich weiß [blickt fragend nach links und rechts], eine Entscheidung getroffen worden. Es ist eine Empfehlung des Politbüros aufgegriffen worden, dass man aus dem Entwurf des Reisegesetzes den Passus herausnimmt und in Kraft treten lässt, der ständ... – wie man so schön sagt oder unschön sagt – die ständige Ausreise regelt, also das Verlassen der Republik.« Und weiter: »Deshalb – äh – haben wir uns dazu entschlossen, heute – äh – eine Regelung zu treffen, die es jedem Bürger der DDR möglich macht, – äh – über Grenzübergangspunkte der DDR – äh – auszureisen.« Das Verlassen der DDR für immer, statt über Ungarn und die ČSSR nun direkt in die Bundesrepublik – das ist neu. Doch die eigentliche Sensation wird beiläufig bekannt gegeben: Privatreisen. Der etwas orientierungslose Schabowski auf die Frage eines Journalisten, ab wann die Regelung in Kraft trete: »Also, Genossen, mir ist das hier also mitgeteilt worden, dass eine solche Mitteilung heute schon – äh – verbreitet worden ist. Sie müsste eigentlich in Ihrem Besitz sein.« Schabowski blättert unsicher in seinen Papieren und liest hastig vor: »Also, Privatreisen nach dem Ausland können ohne Vorliegen von Voraussetzungen – Reiseanlässe und Verwandtschaftsverhältnisse – beantragt werden. Die Genehmigungen werden kurzfristig erteilt.« Und: »Ständige Ausreisen können über alle Grenzübergänge der DDR zur BRD erfolgen.«

Darauf wieder die Frage: »Wann tritt das in Kraft?« Schabowski, in seinen Unterlagen blätternd: »Das tritt nach meiner Kenntnis ... ist das sofort, unverzüglich.« Das »sofort« ist der historische Fehler Schabowskis, der dadurch seine Uninformiertheit kaschieren will. Denn eigentlich soll die neue Verordnung erst am nächsten Tag in Kraft treten.

war groß, denn Schabowski hatte zwar einerseits bejaht, dass die neue Regelung Reisefreiheit bedeute, andererseits aber auch betont, es gehe nicht um Tourismus, sondern um die ständige Ausreise. Während sich ein großer Teil der Presseleute noch die Köpfe zerbrach, kamen wenige Minuten nach 19 Uhr die ersten Meldungen der Presseagenturen heraus. Am weitesten preschte die Presseagentur AP vor und interpretierte die Reiseregelung als Grenzöffnung: »Die DDR öffnet nach Angaben von SED-Politbüromitglied Günter Schabowski ihre Grenzen.« Die Mitteilung Schabowskis enthielt Spielraum für Interpretationen, den die Journalisten mangels präziser Information zu füllen begannen. Damit trieben sie die Geschehnisse voran.

Die Bürger der DDR erlebten an diesem feuchtkalten, diesigen Novemberabend ein ungewöhnliches Fernsehprogramm. Die »Heute«-Sendung des ZDF legte vor: Noch vorsichtig, beschränkte man sich darauf, allein die Möglichkeit der Ausreise hervorzuheben. Um 19.30 Uhr verkündete die »Aktuelle Kamera«, dass »Privatreisen nach dem Ausland ab sofort ohne besondere Anlässe beantragt werden können«. Fünf Minuten später bezog der Regierende Bürgermeister von Westberlin, Walter Momper, der sich gerade im Fernsehstudio der Berliner »Abendschau« befand, Stellung: »Das ist der Tag, auf den wir 28 Jahre lang gewartet haben. Die Grenze wird uns nicht mehr trennen.« Die Nachrichtenagentur dpa verbreitete um 19.41 Uhr: »Die sensationelle Mitteilung: Die DDR-Grenze zur Bundesrepublik und nach Westberlin ist offen!« Und die »Tagesschau« platzierte die Reiseregelung um 20 Uhr als Topmeldung an erster Stelle und blendete dazu als Schlagzeile ein: »DDR öffnet Grenze.«

Die Nachricht elektrisierte die DDR-Bürger. War die Mauer jetzt wirklich für alle offen? Die Ostberliner wollten sich von der unglaublichen Vorstellung selbst überzeugen. Der Text der Reiseregelung, den Schabowski vorgetragen hatte, war nicht der Beschluss, sondern nur der Entwurf. Wäre es der Beschluss gewesen, so hätten die Grenzübergangsstellen bereits am Nachmittag davon Kenntnis erhalten. Doch so waren die Grenztruppen nicht besser informiert als die Zuschauer an den Bildschirmen. Eine Stunde nach Ende der Pressekonferenz hatten sich noch keine 200 Menschen an den Ostberliner Grenzübergängen eingefunden. Doch nun verstärkte die »Tagesschau« die Neugier und den Zustrom enorm. Die Volkspolizisten vor der Grenze versuchten die Bürger zu überreden, wieder nach Hause zu gehen und auf den nächsten Tag zu warten. Aber die Menschen blieben, und es wurden immer mehr. Sie kamen von zu Hause oder aus der Kneipe, zu Fuß, per Straßenbahn oder mit dem Auto.

Noch war die Grenze zu. Doch gegen 21 Uhr waren es bereits Tausende, die sich am Schlagbaum des Grenzübergangs Bornholmer Straße eingefunden hatten. Westlich der Mauer warteten Journalisten auf die Stunde null. Die DDR-Grenzer waren überrascht: »Wir konnten nicht mehr überblicken, wie weit die Massen zurückstanden«, sagte später der diensthabende Chef der Passkontrolleinheit, Oberstleutnant Harald Jäger. Der Ansturm an der Bornholmer Straße war kein Zufall, denn im Gegensatz zu den anderen Übergängen in der Stadtmitte reichten hier die Mietwohnungen der Bevölkerung bis an die Grenze heran. Auch Jäger erfuhr von der Reiseregelung durch das

Fernsehen. Seine erste Reaktion: »Ich dachte: Das ist doch Quatsch. Ab sofort? Das geht doch gar nicht.« Aber nach 21 Uhr forderte die Menge lautstark die Öffnung des Schlagbaums, der Rückstau der Autos reichte mehrere Kilometer. Die wenigen diensttuenden Grenzer waren überfordert. Zwar waren sie bewaffnet, aber der Einsatz von Schusswaffen stand schon aus Gründen des Selbsterhaltungstriebs nicht zur Debatte: »Wenn die Masse ins Rennen kommt und wir schießen, dann hängen wir da vorne am Fahnenmast«, war dem Chef der Grenztruppen an der Bornholmer Straße, Manfred Sens, an diesem Abend klar. Jäger nahm wenig später Kontakt zu seinem Vorgesetzten auf und bat ihn, angesichts des Drucks der Masse den Bürgern die »Ausreise« zu genehmigen.

*Geplant war, ab 10. November, also einen Tag später, die Grenzen für den freien Reiseverkehr zu öffnen. … Es hatten sich viele Menschen an der Mauer an der Grenze versammelt. Staatssicherheitsminister Erich Mielke … und ich sind dann übereingekommen, dass wir keinem die Möglichkeit geben zu provozieren, sondern die Schlagbäume öffnen …*

EGON KRENZ

»Wir fluten jetzt.« Am Grenzübergang Bornholmer Straße wurden in der Nacht vom 9. zum 10. November 1989 die Schlagbäume zuerst geöffnet.

Generalleutnant Gerhard Neiber, der Stellvertreter Mielkes, ordnete an, nur die »Aufsässigsten« sowie »Provokateure« rauszulassen. Doch dieser Finesse war kein Erfolg beschieden. Die Menschenmenge an der Mauer wuchs beständig und forderte lautstark: »Tor auf! Tor auf!« Als schließlich gegen 22.30 Uhr der Drahtgitterzaun im Vorraum des Grenzübergangs beiseite gedrückt wurde, bangte Jäger um das Leben seiner Untergebenen. Telefonisch teilte er seinem Vorgesetzten mit: »Es ist nicht mehr zu halten, wir müssen aufmachen. Wir fluten jetzt!« Die Mitarbeiter der Passkontrolle öffneten den Schlagbaum, und Tausende jubelnder Menschen strömten unkontrolliert auf die Westberliner Seite, wo sie begeistert begrüßt wurden. »Wir haben überlegt: Machen wir es richtig? Wir wurden dann von den Ereignissen gezwungen, die Tore aufzumachen und die Leute marschieren zu lassen«, erinnert sich Jäger.

»Wahnsinn.« Ein Paar aus Ostberlin umarmt sich nach dem Überschreiten der Grenze.

In den nächsten Stunden passierten mehr als 20 000 Menschen die Grenze allein an diesem Übergang. Kurz vor 22 Uhr unterbrach das DDR-Fernsehen erstmals einen Spielfilm, um den Beschluss des Ministerrats, der keiner war, mit erläuterndem Kommentar zu verlesen. In den »Tagesthemen« verkündete Hanns-Joachim Friedrichs die Nachricht, dass die Grenzen »ab sofort für jedermann geöffnet sind. Die Tore in der Mauer stehen weit offen.« Auch der Deutsche Bundestag war überrascht. Als ein Abgeordneter der CDU die Meldung verlas, dass DDR-Bürger direkt über alle Grenzstellen ausreisen dürften, klatschten die Parlamentarier minutenlang. Dann füllte sich der Saal, und nach wenigen kurzen Reden stimmten drei Abgeordnete der CDU das »Deutschlandlied« an. Bald erhoben sich die meisten von ihren Stühlen und sangen mit. Willy Brandt verließ anschließend, weinend und von Kollegen gestützt, den Bundestag. Helmut Kohl, der sich in Warschau aufhielt, erhielt die Botschaft von einem Vertrauten. »Sind Sie sicher?«, fragte Kohl. »Das ist ja unglaublich.« Am nächsten Morgen flog er nach Berlin.

Kurz vor Mitternacht waren alle Grenzübergänge zwischen den beiden Stadthälften der alten deutschen Hauptstadt geöffnet. Die Kontrollstellen waren schwarz vor Menschen. Manche, die schon schliefen, riss es aus den Betten: »Ick war schon inne Heia«, versicherte ein Mann einem Reporter glaubhaft, denn sein Pyjama lugte unter seinem Mantel hervor. »Die Alte jeht mit'm Hund runta, kommt ruff und sacht: ›Mensch, du, die jehn alle nach'm Westen!‹ Ick nischt wie anjezogen und rüber.« Trabi um Trabi reihte sich aneinander und durchquerte – zwischen Spalieren jubelnder Menschen – die Übergänge. Die Menschen klatschten auf die Autodächer, setzten sich auf die Motorhauben und waren glücklich.

*Wer jetzt schläft, ist tot. Ich wollte immer schon mal auf die andere Seite, auf der anderen Seite vom Brandenburger Tor stehen, und ich glaube, dieser Traum wird heute wahr.*

JÜNGERER MANN AM 9. NOVEMBER 1989

Die Mauer am Brandenburger Tor, Symbol für die Teilung der Stadt, übte eine besondere Anziehungskraft aus. Menschen fluteten, mit Sektflaschen bewaffnet, von beiden Seiten auf die Grenze zu, und ihre Euphorie wuchs, je näher sie ans Brandenburger Tor kamen. Nachdem die Ostberliner das Tor passiert hatten, stürmten sie die Mauer, an der 28 Jahre ein Schießbefehl gegolten hatte. Zusammen mit den Westberlinern feierten sie ausgelassen. Hunderte von Menschen standen und tanzten im Mondlicht auf der Mauer, ließen die Sektflaschen kreisen und sangen. Sie machten das gespenstische Symbol des Kalten Krieges lächerlich und überflüssig. Ein Journalist erinnert sich: »Dies war ein unvergesslicher Moment. Wildfremde Menschen umarmen sich. Viele weinen. Wir spazieren durch die Durchgänge zwischen den Säulen, vor und zurück. Immer wieder. Es ist wie ein sinnliches Erlebnis, wie eine Erstbesteigung. Mancher streichelt den kalten Stein.«

Der Kurfürstendamm war in dieser Nacht für Ost und West der Festplatz von Berlin: Zehntausende feierten dort bis in die frühen Morgenstunden ein deutsch-deutsches Wiedersehen. »Rotkäppchen«-Sekt und »Mumm«-Sekt vermischten sich zu einem gesamtdeutschen Pappbechercocktail. Ein US-Reporter diagnostizierte angesichts der unzähligen Trabants und Wartburgs einen »stench of freedom«, die Duftmarke der Freiheit. Dann brachen die Menschen auf – in der erklärten Absicht wiederzukommen.

Sehen und staunen: Der Kurfürstendamm lockte in dieser Nacht zahlreiche Schaulustige an.

Doch ihre DDR war nicht mehr derselbe Staat, den sie wenige Stunden zuvor verlassen hat ten. Die 28-jährige Geiselnahme der DDR-Bevölkerung hatte ein unblutiges Ende genommen. Dass alles friedlich verlief, war auch der Besonnenheit der Grenztruppen zu verdanken. Sie wurden von den Ereignissen völlig überrascht. Für sie war der Sinn ihres Berufslebens zerstört. Auch die Nationale Volksarmee griff

Das Symbol der Teilung Deutschlands, das seinen Sinn verloren hat, bröckelt im wahrsten Sinn des Wortes: Ein »Mauerspecht« bei der Arbeit.

in dieser Nacht nicht ein. Zum einen lag das daran, dass keiner der führenden Militärs die Pressekonferenz verfolgt hatte und man folglich auch geraume Zeit nicht wusste, was in der Stadt vor sich ging. An irgendwelche »Gegenmaßnahmen« war überhaupt nicht zu denken. Den eingeschliffenen Zuständigkeiten entsprechend, betrachteten die Militärs die Umsetzung der Reiseverordnung als interne Angelegenheit der Staatssicherheit. Die Grenzöffnung hielt man für eine strikt politische Entscheidung. Eigenmächtiges Eingreifen wäre einem Putsch gleichgekommen.

In der DDR-Führung herrschte heillose Verwirrung. Bis sich die »Wandlitzer« einen Überblick verschafft hatten und handlungsfähig waren, war es zu spät. Am Abend des 9. November lag den Grenztruppen weder von der politischen noch von der militärischen Spitze ein Befehl zur Grenzöffnung vor. Es gibt keine Zeugen oder Unterlagen, die das Gegenteil beweisen können. Stattdessen schätzten Krenz und Mielke, wie Dokumente belegen, in dieser Nacht die Lage schlichtweg völlig falsch ein. Sie hielten die Menschen an den Übergängen für eine Massenansammlung von Ausreisewilligen, die nur ein Ziel hatten: die DDR für immer zu verlassen.

*Dass mit der Maueröffnung das Ende der Republik seinen Anfang genommen hatte, ahnten wir nicht. … Im Gegenteil, wir hatten einen Stabilisierungsprozess erwartet, der sich zunächst auch einstellte.*

GÜNTER SCHABOWSKI, EHEMALIGES MITGLIED DES SED-POLITBÜROS

In den ersten Tagen nach dem Fall der Mauer besuchten über eine Million DDR-Bürger allein den Westteil Berlins, auf den Straßen der Bundesrepublik waren mehrere Millionen DDR-Bürger unterwegs. Im Politbüro herrschte Panik. Die Bewältigung der größten Existenzkrise der DDR seit dem 17. Juni 1953 und dem Bau der Mauer 1961 hing nun vom Generalsekretär und seinen Vertrauten ab. Doch Krenz und Genossen konnten die Ereignisse nicht mehr zurückdrehen. Die Geschichte hatte sie überholt. Ein Schließen der Grenzen war mit friedlichen Mitteln nicht mehr möglich. Zwar verständigten sich Krenz und Verteidigungsminister Keßler am Mittag des 10. November darauf, die Armee in »erhöhte Gefechtsbereitschaft« zu versetzen, doch wurde auch ihnen klar, dass Gewaltanwendung nicht in Frage kam. Man wusste, dass dies einen Bürgerkrieg auslösen könnte.

Doch was war mit der Sowjetunion? Die Umwälzungen in Ungarn und Polen hatte sie hingenommen. Würde sie auch den Fall der Mauer widerspruchslos und ohne militärische Einmischung akzeptieren? Gorbatschow erhielt in dieser Nacht alles andere als euphorische Berichte aus Berlin. Sein DDR-Botschafter berichtete fälschlich, Tausende von Ostberlinern hätten sich vor der Botschaft Unter den Linden versammelt, um sie zu stürmen. Sowjetbürger seien bedroht. Obwohl beunruhigt, blieb Gorbatschow seiner Linie der Nichteinmischung trotz bestehenden Beistandspakts treu. Am Morgen des 10. November bekam der Oberbefehlshaber der sowjetischen Truppen in der DDR aus Moskau den Befehl, sich nicht zu rühren. Die Sowjetpanzer blieben in der Kaserne. »Es wäre Abenteurertum gewesen, wenn es jemandem in den Kopf gekommen wäre, den militärischen Mechanismus in Gang zu setzen. Das hätte unabsehbare Folgen gehabt«, sagte Gorbatschow. »Man musste die Politik der Situation anpassen.« Anpassen – das hieß, der Geschichte ihren Lauf zu lassen.

Die deutsch-deutsche Grenze ist Geschichte, doch die Mauer in den Köpfen ist noch immer nicht ganz überwunden.

Doch der Fall der Mauer und der Verzicht der Sowjetunion, sie mit militärischer Gewalt wieder zu errichten, entzogen der DDR die Grundvoraussetzungen ihrer Existenz. Der SED-Staat löste sich auf. Gorbatschow wurde zum Ziehvater der Veränderungen in der DDR. Er hat mit seiner Politik den Ost-West-Konflikt beseitigt und den Deutschen die Vereinigung ermöglicht.

*Am 9. November und an den ein, zwei Tagen danach hätte es gefährlich werden können. ... Die Bürger hätten Rache üben können an den Soldaten, die sie jahrelang davon abgehalten haben, über die Grenze zu gehen.*

RAINER EPPELMANN, GRÜNDUNGSMITGLIED DER PARTEI »DEMOKRATISCHER AUFBRUCH«

Angesichts der möglichen Konflikte war der Mauerfall ein überraschend friedliches Fest der Freiheit und Freude. War er auch ein Wunder? Ein bisschen schon. So entschlossen die Berliner sich in dieser Nacht das Recht des Volkes nahmen, frei zu sein, so friedfertig taten sie es. Das war nicht unbedingt vorhersehbar. Zudem kam noch ein großes Glück hinzu, ein günstiges Zusammentreffen guter Umstände und irrwitziger Zufälle. Die Geschichte meinte es am Ende des Jahrhunderts gut mit dem geplagten deutschen Volk. Die Gunst der Stunde für die Deutschen aber beruhte darauf, dass in Moskau zur richtigen Zeit die richtigen Leute regierten. Deshalb konnte sich das Volk zum ersten Mal in seiner Geschichte durchsetzen. Es war die erste deutsche Revolution, die glücklich endete.

# Zeittafel

## 1914 bis 1989

### 1914

**28.6.1914** Tödliches Attentat auf das österreichische Thronfolgerpaar ist Auslöser für den Ersten Weltkrieg
**6.7.1914** »Blankoscheck« Deutschlands an Österreich
**29.7.1914** Ausbruch des Ersten Weltkriegs mit Kriegserklärung Österreichs an Serbien
**1.8.1914** Deutschland erklärt Russland den Krieg
**3.8.1914** Kriegserklärung Deutschlands an Frankreich
**4.8.1914** Auch SPD stimmt für Bewilligung der Kriegskredite. England erklärt Deutschland den Krieg
**5.9.1914** Beginn der Marneschlacht

### 1915

**22.4.1915** Erster Giftgaseinsatz
**3.5.1915** Italien tritt der »Tripleentente« bei und verlässt damit den »Dreibund«

### 1916

**21.2.1916** Beginn der Schlacht bei Verdun
**31.5.1916** Skagerrakschlacht
**24.6.1916** Beginn der Schlacht an der Somme
**26.8.1916** Kriegserklärung Italiens an Deutschland
**28.8.1916** Hindenburg und Ludendorff übernehmen die Heeresführung
**12.12.1916** Friedensangebot der Mittelmächte
**30.12.1916** Entente weist Friedensangebot ab

## 1917

**22.1.1917** US-Präsident Wilson proklamiert den »Frieden ohne Sieg«
**1.2.1917** Deutschland erklärt den uneingeschränkten U-Boot-Krieg
**8.3.1917** Beginn der Februarrevolution in Russland
**6.4.1917** Kriegserklärung der USA an Deutschland
**11.4.1917** Spaltung der deutschen Sozialdemokraten
**16.4.1917** Lenin kehrt aus dem Exil nach Russland zurück
**14.7.1917** Georg Michaelis wird neuer Reichskanzler
**19.7.1917** Friedensresolution der Mehrheitsparteien im Deutschen Reichstag
**1.11.1917** Georg von Hertling wird neuer Reichskanzler
**7.11.1917** Beginn der Oktoberrevolution in Russland unter Lenin und Trotzki

## 1918

**8.1.1918** US-Präsident Wilson verkündet 14-Punkte-Programm zur Beendigung des Krieges
**3.3.1918** Friedensvertrag von Brest-Litowsk zwischen Deutschland und Russland
**21.3.1918** Beginn der letzten deutschen Westoffensive
**18.7.1918** Beginn der alliierten Gegenoffensive
**29.9.1918** Deutsche Heeresleitung fordert Waffenstillstandsangebot an die Entente
**3.10.1918** Max von Baden wird neuer Reichskanzler und bildet Kabinett auf parlamentarischer Grundlage
**28.10.1918** Parlamentarisierung der deutschen Reichsverfassung
**4.11.1918** Waffenstillstand mit der Entente. Matrosenaufstand ist der Auftakt zur Novemberrevolution in Deutschland
**8.11.1918** Beginn der Waffenstillstandsverhandlungen
**9.11.1918** Philipp Scheidemann ruft Republik aus. Absetzung Wilhelms II.
**10.11.1918** Flucht Wilhelms II. nach Holland
**10.11.1918** Rat der Volksbeauftragten unter Friedrich Ebert übernimmt die Regierungsgeschäfte
**11.11.1918** Annahme der Waffenstillstandsbedingungen
**12.11.1918** Frauen erhalten in Deutschland das aktive und passive Wahlrecht

## 1919

**1.1.1919** Gründung der KPD durch Rosa Luxemburg und Karl Liebknecht
**5.1.1919** Beginn des Spartakusaufstands in Berlin
**15.1.1919** Ermordung Rosa Luxemburgs und Karl Liebknechts
**18.1.1919** Beginn der Friedenskonferenz in Versailles
**6.2.1919** Eröffnung der deutschen Nationalversammlung in Weimar
**11.2.1919** Friedrich Ebert wird zum Reichspräsidenten gewählt
**7.4.1919** Ausrufung der Münchener Räterepublik

**29.4.1919** Verfassung des Völkerbundes als ersten Teil des Friedensvertrags beschlossen
**2.5.1919** Niederschlagung der Münchener Räterepublik
**7.5.1919** Der deutschen Delegation werden die Friedensbedingungen des Versailler Vertrags vorgelegt
**20.6.1919** Rücktritt des Kabinetts Scheidemann
**28.6.1919** Unterzeichnung des Friedensvertrags von Versailles
**11.8.1919** Unterzeichnung der Weimarer Verfassung durch Friedrich Ebert

## 1920

**24.2.1920** Gründung der NSDAP
**13.3.1920** Beginn des Kapp-Putsches

## 1922

**16.4.1922** Vertrag von Rapallo zwischen Deutschland und Russland
**24.6.1922** Walther Rathenau wird von Nationalsozialisten ermordet
**28.10.1922** Mussolinis »Marsch auf Rom«. Errichtung einer plebiszitären Diktatur
**30.12.1922** Gründung der Sowjetunion

## 1923

**11.1.1923** Besetzung des Ruhrgebiets durch Frankreich und Belgien wegen Nichterfüllung der Reparationszahlungen
**13.8.1923** Gustav Stresemann wird Reichskanzler
**26.9.1923** Stresemann erklärt Ende des passiven Widerstands im »Ruhrkampf«
**9.11.1923** Hitler-Ludendorff-Putsch in München
**15.11.1923** Ende der Inflation durch Einführung der Rentenmark
**30.11.1923** Wilhelm Marx wird Reichskanzler

## 1924

**21.1.1924** Tod Lenins (* 1870)
**30.8.1924** Annahme des Dawes-Plans zur Zahlung der Reparationen. Deutsche Eisenbahnen werden Aktiengesellschaft

## 1925

**28.2.1925** Tod Friedrich Eberts (* 1871)
**4.4.1925** Gründung der SS als Leibwache Adolf Hitlers
**26.4.1925** Paul von Hindenburg wird Reichspräsident
**18.7.1925** Adolf Hitler veröffentlicht »Mein Kampf«
**1.12.1925** Vertrag von Locarno. Anerkennung der deutschen Westgrenze

## 1926

**8.2.1926** Deutschland beantragt Aufnahme in den Völkerbund
**24.4.1926** Freundschafts- und Neutralitätsvertrag zwischen Deutschland und der Sowjetunion
**8.9.1926** Aufnahme Deutschlands in den Völkerbund
**10.12.1926** Gustav Stresemann erhält den Friedensnobelpreis

## 1927

**19.3.1927** Blutige Straßenschlachten zwischen Nationalsozialisten und Kommunisten in Berlin

## 1929

**11.2.1929** Lateranverträge zwischen Italien und dem Papst. Vatikan wird Stadtstaat

**1.9.1929** Young-Plan zur Herabsetzung und Begrenzung der deutschen Reparationen tritt in Kraft

**3.10.1929** Tod Gustav Stresemanns (*1878)

**24.10.1929** Beginn der Weltwirtschaftskrise in New York

## 1930

**29.3.1930** Heinrich Brüning wird Reichskanzler

**16.4.1930** Erste Notverordnung zur Sicherung von Wirtschaft und Finanzen

**1.5.1930** Einführung der Mineralölsteuer

**18.7.1930** Auflösung des Reichstags durch Paul von Hindenburg

**14.9.1930** Neuwahl: NSDAP wird zweitstärkste Partei

## 1931

**11.10.1931** Zusammenschluss der Rechtsradikalen zur »Harzburger Front«

## 1932

**15.1.1932** 6 Millionen Arbeitslose in Deutschland

**25.2.1932** Hitler erlangt die deutsche Staatsbürgerschaft

**10.4.1932** Paul von Hindenburg wird erneut zum Reichspräsidenten gewählt

**13.4.1932** Verbot der SS und SA

**24.4.1932** Wahlerfolge der Nationalsozialisten bei Landtagswahlen

**30.5.1932** Entlassung Brünings

**1.6.1932** Franz von Papen wird Reichskanzler

**4.6.1932** Reichstagsauflösung

**14.6.1932** Aufhebung des SA-Verbots

**9.7.1932** Konferenz von Lausanne: Ende der Reparationen

**20.7.1932** Staatsstreich auf Initiative von Papens. Absetzung der Regierung Braun-Severing

**31.7.1932** Reichstagswahl: NSDAP wird stärkste Fraktion

**12.9.1932** Auflösung des Reichstags

**6.11.1932** Reichstagswahl: Stimmenverluste der NSDAP

**17.11.1932** Rücktritt von Papens

**3.12.1932** Kurt von Schleicher wird Reichskanzler

## 1933

**4.1.1933** Hitler und von Papen vereinbaren Vorbereitungen für Regierungsübernahme

**30.1.1933** Adolf Hitler wird von Hindenburg zum Reichskanzler ernannt

**27.2.1933** Reichstagsbrand in Berlin

28.2.1933 Notverordnung Hindenburgs: Aufhebung der in der Weimarer Verfassung festgelegten Grundrechte
5.3.1933 Reichstagswahl: NSDAP erreicht 44 Prozent der Stimmen
13.3.1933 Joseph Goebbels wird Propagandaminister
21.3.1933 Errichtung des KZ Dachau
23.3.1933 Ermächtigungsgesetz
1.4.1933 Wirtschaftlicher und gesellschaftlicher Boykott der Juden
2.5.1933 Verbot von Gewerkschaften
10.5.1933 Bücherverbrennung
21.6.1933 Verbot der SPD. Selbstauflösung der übrigen Parteien
14.7.1933 Gesetz gegen Neubildung von Parteien
14.10.1933 Austritt Deutschlands aus dem Völkerbund und der Abrüstungskonferenz
1.12.1933 »Gesetz zur Sicherung der Einheit von Partei und Staat«

## 1934

26.1.1934 Nichtangriffs- und Freundschaftsvertrag zwischen Deutschland und Polen
30.1.1934 Errichtung des nationalsozialistischen Einheitsstaats
14.2.1934 Aufhebung des Reichsrats
20.4.1934 Heinrich Himmler wird Chef der Gestapo
14.6.1934 Treffen Hitlers mit Mussolini in Venedig
30.6.1934 »Röhm-Putsch«
20.7.1934 Erhebung der SS zur selbstständigen Organisation unter Himmler
2.8.1934 Tod Hindenburgs (*1847). Vereidigung Hitlers zum »Führer und Reichskanzler«
19.8.1934 Volksabstimmung mit 90 Prozent Jastimmen für Hitler

## 1935

11.3.1935 Existenz einer deutschen Luftwaffe unter Hermann Göring bekannt gegeben
16.3.1935 Wiedereinführung der Wehrpflicht in Deutschland
15.9.1935 Verabschiedung der »Nürnberger Rassengesetze«

## 1936

12.2.1936 Zusammenfassung aller deutschen Polizeikräfte unter Himmler
7.3.1936 Kündigung des Vertrags von Locarno durch Hitler. Wehrmacht besetzt das entmilitarisierte Rheinland
18.7.1936 Beginn des Spanischen Bürgerkriegs
25.10.1936 Vertrag zwischen Deutschland und Italien (»Achse Rom-Berlin«)
25.11.1936 Antikomintern-Pakt zwischen Deutschland und Japan

## 1937

5.11.1937 »Hoßbach-Protokoll«: Hitler erklärt Kriegspläne
6.11.1937 Italien tritt dem Antikomintern-Pakt bei

## 1938

**13.3.1938** Anschluss Österreichs an Deutschlands
**29.9.1938** Münchener Konferenz: Abtretung der Sudetengebiete an Deutschland
**9.11.1938** Pogromnacht

## 1939

**15.3.1939** Errichtung des Reichsprotektorats Böhmen und Mähren
**23.3.1939** Litauen tritt das Memelgebiet an Deutschland ab
**26.3.1939** Polen lehnt Annexion Danzigs und Schaffung eines Korridors nach Ostpreußen ab
**28.3.1939** Eroberung Madrids durch Franco: Ende des Spanischen Bürgerkriegs
**31.3.1939** Britisch-französische Garantieerklärung für Polen
**28.4.1939** Kündigung des deutsch-britischen Flottenabkommens durch Deutschland
**22.5.1939** »Stahlpakt«. Militärbündnis zwischen Deutschland und Italien
**23.8.1939** Deutsch-sowjetischer Nichtangriffspakt
**1.9.1939** Deutschland greift Polen an: Beginn des Zweiten Weltkriegs
**3.9.1939** Frankreich und Großbritannien erklären Deutschland den Krieg

## 1940

**10.5.1940** Winston Churchill wird britischer Premierminister
**10.5.1940** Beginn des deutschen Angriffs im Westen
**12.5.1940** Deutschland greift Frankreich an
**10.6.1040** Kriegserklärung Italiens an Frankreich und Großbritannien
**14.6.1940** Deutsche Truppen besetzen Paris
**14.6.1940** Errichtung des KZ Auschwitz
**22.6.1940** Waffenstillstand zwischen Deutschland und Frankreich. Norden und Westen Frankreichs werden besetzt
**10.7.1940** Philippe Pétain wird Staatschef des Vichy-Regimes im unbesetzten Süden Frankreichs
**27.9.1940** Dreimächtepakt zwischen Deutschland, Italien und Japan
**2.10.1940** Errichtung des Warschauer Ghettos

## 1941

**11.2.1941** Bildung des Deutschen Afrikakorps unter Erwin Rommel
**11.3.1941** Das Pacht- und Leihgesetz ermöglicht dem amerikanischen Präsidenten, andere Staaten mit Gütern und Material zu versorgen
**13.4.1941** Neutralitätspakt zwischen Japan und Sowjetunion
**22.6.1941** Angriff Deutschlands auf die Sowjetunion
**12.7.1941** Bündnis zwischen der Sowjetunion und Großbritannien
**14.8.1941** Verkündung der Atlantik-Charta durch Roosevelt und Churchill

**19.9.1941** Das Tragen des »Judensterns« für alle Juden ist Pflicht

**7.12.1941** Angriff der Japaner auf Pearl Harbor. Eintritt der USA in den Krieg

## 1942

**1.1.1942** 26 Staaten unterzeichnen die »Deklaration der Vereinten Nationen« gegen Hitler und seine Verbündeten

**20.1.1942** Wannsee-Konferenz in Berlin zur Organisation und Koordination des Holocausts an den Juden

**26.5.1942** Attentat auf Reinhard Heydrich

**Juni 1942** Gründung der »Weißen Rose«

**10.6.1942** Vernichtung des Dorfs Lidice und Ermordung seiner Einwohner als Vergeltung für Heydrich-Attentat

**11.11.1942** Deutschland besetzt den bisher unbesetzten Süden Vichy-Frankreichs

**19.11.1942** Beginn der Gegenoffensive der Roten Armee. Einschließung Stalingrads

## 1943

**14.1.1943** Casablanca-Konferenz der Westalliierten zur bedingungslosen Kapitulation Deutschlands und seiner Verbündeten

**31.1.1943** Niederlage in Stalingrad

**18.2.1943** Goebbels fordert in einer Rede im Berliner Sportpalast den »totalen Krieg«

**22.2.1943** Sophie Scholl (*1921) und Hans Scholl (*1918) werden hingerichtet

**27.2.1943** Beginn des Rosenstraße-Protests

**19.4.1943** Beginn des Aufstands im Warschauer Ghetto

**10.7.1943** Landung der Alliierten auf Sizilien

**25.7.1943** Absetzung Mussolinis

**8.9.1943** Bekanntgabe des Waffenstillstands zwischen Italien und den Alliierten

**28.11.1943** Beginn der Konferenz von Teheran zwischen Roosevelt, Churchill und Stalin

## 1944

**6.6.1944** Landung der Alliierten in der Normandie

**20.6.1944** Zusammenbruch der Ostfront

**20.7.1944** Attentat auf Hitler durch die »Männer des 20. Juli« um Graf von Stauffenberg

**2.9.1944** Erarbeitung des Morgenthau-Plans

**25.9.1944** Bildung des »Deutschen Volkssturms« aller Männer zwischen 16 und 60 Jahren

## 1945

**27.1.1945** Befreiung des KZ Auschwitz durch die Rote Armee

**30.1.1945** Versenkung der »Wilhelm Gustloff«

**4.2.1945** Beginn der Jalta-Konferenz. Roosevelt, Churchill und Stalin legen Neuordnung Europas fest

**13.2.1945** Bombardierung Dresdens

**12.4.1945** Tod Roosevelts (*1882). Harry S. Truman wird Präsident der USA

**30.4.1945** Hitler begeht Selbstmord

**8.5.1945** Ende des Zweiten Weltkriegs
**5.6.1945** Übernahme der Regierungsgewalt in Deutschland durch die vier Siegermächte. Aufteilung in Besatzungszonen
**11.6.1945** Neugründung der KPD in Berlin
**15.6.1945** Neugründung der SPD in Berlin
**26.6.1945** Gründung der Vereinten Nationen in San Francisco
**17.7.1945** Beginn der Konferenz von Potsdam
**26.7.1945** Rücktritt Churchills
**2.8.1945** Potsdamer Abkommen zur Entmilitarisierung und Entnazifizierung Deutschlands
**6.8.1945** Atombombenabwurf auf Hiroshima
**9.8.1945** Atombombenabwurf auf Nagasaki
**19.10.1945** Die evangelische Kirche in Deutschland bekennt sich zur Mitschuld an den Verbrechen des »Dritten Reichs«
**20.11.1945** Eröffnung der Nürnberger Prozesse
**14.12.1945** Gründung der CDU in Bad Godesberg

## 1946

**22.4.1946** Zusammenschluss in Ostberlin von SPD und KPD zur SED
**23.10.1946** Erste UN-Vollversammlung
**4.11.1946** Gründung der UNESCO
**20.11.1946** Erste freie Wahlen in Deutschland seit 1933 (Gemeindewahlen in der amerikanischen Besatzungszone)

## 1947

**1.1.1947** Gründung der Bizone: Amerikanische und britische Besatzungszonen werden einheitlicher Wirtschaftsraum
**12.3.1947** Truman-Doktrin
**3.5.1947** Beginn des IG Farben-Prozesses
**5.6.1947** Marshallplan
**29.11.1947** UN-Teilungsplan für Palästina

## 1948

**1.1.1948** Das Allgemeine Zoll- und Handelsabkommen (GATT) tritt in Kraft
**30.1.1948** Ermordung Mahatma Gandhis
**17.3.1948** Brüsseler Vertrag. Wirtschafts- und Verteidigungsbündnis der Beneluxstaaten, Frankreich und Großbritannien
**7.4.1948** Gründung der Weltgesundheitsorganisation (WHO)
**16.4.1948** Gründung der Organisation für europäische wirtschaftliche Zusammenarbeit (OEEC)
**14.5.1948** Gründung des Staates Israels. Israelisch-arabischer Krieg
**20.6.1948** Währungsreform in den Westzonen. Einführung der D-Mark
**24.6.1948** Beginn der Berlinblockade
**25.6.1948** Errichtung der Berliner Luftbrücke
**1.9.1948** Treffen des Parlamentarischen Rates zur Beratung einer neuen Verfassung
**9.9.1948** Ernst Reuter hält vor dem Reichstag die Rede »Ihr Völker der Welt! Schaut auf diese Stadt«

10.12.1948 UN-Vollversammlung beschließt die Allgemeine Erklärung der Menschenrechte
1.12.1948 In der Bizone werden die Zuschlagsbriefmarken »Notopfer Berlin« Pflicht

## 1949

4.4.1949 Gründung der NATO
8.4.1949 Durch Beitritt der französisch besetzten Zone wird die Bizone zur Trizone
12.5.1949 Ende der Berlinblockade
23.5.1949 Gründung der Bundesrepublik Deutschland
30.5.1949 Verabschiedung der Verfassung der Deutschen Demokratischen Republik
14.8.1949 Wahl zum ersten Deutschen Bundestag
12.9.1949 Theodor Heuss wird Bundespräsident
15.9.1949 Konrad Adenauer wird Bundeskanzler
7.10.1949 Gründung der Deutschen Demokratischen Republik. Wilhelm Pieck Staatspräsident, Otto Grotewohl Ministerpräsident
22.11.1949 Petersberger Abkommen

## 1950

9.2.1950 Beginn der McCarthy-Ära in den USA: antikommunistische Verschwörungstheorien und Denunziationen
3.3.1950 Saar-Abkommen zwischen Frankreich und dem Saargebiet
9.5.1950 Schumann-Plan zur Schaffung der Montanunion
6.6.1950 Mit dem Görlitzer Abkommen anerkennt die DDR die Oder-Neiße-Linie als endgültige Grenze
15.6.1950 Beitritt der Bundesrepublik zum Europarat
25.6.1950 Beginn des Koreakriegs
19.7.1950 Gründung des Zentralrats der Juden in Deutschland
19.9.1950 Adenauer-Erlass zur Entlassung von Mitgliedern als verfassungsfeindlich eingestufter Organisationen aus öffentlichem Dienst
19.9.1950 Außenministerkonferenz in New York erkennt Bundesregierung als Vertreterin des deutschen Volkes an
9.10.1950 Rücktritt Gustav Heinemanns als Innenminister aufgrund des Bestrebens Konrad Adenauers nach Wiederbewaffnung

## 1951

15.3.1951 Bundeskanzler Konrad Adenauer wird zugleich Außenminister
3.4.1951 Aufhebung von Beschränkungen der deutschen Industrie
18.4.1951 Gründung der Europäischen Gemeinschaft für Kohle und Stahl (Montanunion)
2.5.1951 Aufnahme Deutschlands als vollberechtigtes Mitglied des Europarats
3.9.1951 Winston Churchill wird erneut britischer Premierminister
28.9.1951 Bundesverfassungsgericht in Karlsruhe nimmt seine Arbeit auf

## 1952

16.5.1952 Lastenausgleichsgesetz
26.5.1952 Unterzeichnung des Deutschlandvertrags: Gleichberechtigung der Bundesrepublik
17.7.1952 Betriebsverfassungsgesetz: Ein Drittel der Aufsichtsratssitze sollen mit Arbeitnehmern besetzt werden
10.9.1952 Abkommen der Bundesrepublik mit Israel über Zahlung von 3 Milliarden DM
4.11.1952 Dwight D. Eisenhower wird amerikanischer Präsident

## 1953

5.3.1953 Tod Stalins (*1878)
17.6.1953 Volksaufstand in der DDR
27.7.1953 Ende des Koreakriegs
13.9.1953 Nikita Chruschtschow wird Erster Sekretär der KPdSU
6.9.1953 Bundestagswahl: CDU stärkste Fraktion, Adenauer als Kanzler bestätigt

## 1954

25.1.1954 Beginn der Konferenz der vier Siegermächte in Berlin
4.7.1954 »Wunder von Bern«: Deutsche Nationalmannschaft wird Fußballweltmeister
2.10.1954 Beschluss zur Wiederbewaffnung der Bundesrepublik und zu deren Aufnahme in die NATO
19.10.1954 Beginn der Pariser Konferenzen
23.10.1954 Gründung der Westeuropäischen Union
1.11.1954 Beginn des Algerienkriegs gegen französische Kolonialherrschaft

## 1955

2.1.1955 Gründung der Bundeswehr
5.4.1955 Rücktritt Churchills aus gesundheitlichen Gründen
5.5.1955 Aufhebung des Besatzungsstatuts. Inkrafttreten der Westeuropäischen Union. Proklamation der Souveränität der Bundesrepublik
9.5.1955 Aufnahme der Bundesrepublik in die NATO
14.5.1955 Gründung des Warschauer Paktes
9.9.1955 Besuch Adenauers in Moskau: Freilassung der letzten deutschen Kriegsgefangenen, Aufnahme diplomatischer Beziehungen

## 1956

24.2.1956 Chruschtschow legt die friedliche Koexistenz als außenpolitische Linie der Sowjetunion fest
1.3.1956 Gründung der NVA in der DDR
7.7.1956 Einführung der allgemeinen Wehrpflicht in der Bundesrepublik
26.7.1956 Durch Verstaatlichung des Suezkanals löst Ägypten die Suezkrise aus
17.8.1956 Verbot der KPD in der Bundesrepublik
23.10.1956 Beginn des ungarischen Volkaufstands
4.11.1956 Niederschlagung des Ungarnaufstands durch die Rote Armee

## 1957

1.1.1957 Beitritt des Saarlands zur Bundesrepublik

12.4.1957 »Göttinger Erklärung« gegen die atomare Bewaffnung der Bundeswehr

10.5.1957 § 175 des Strafgesetzbuchs bleibt in Kraft (bis 1969)

## 1958

19.3.1958 Konstituierende Sitzung des Europäischen Parlaments

1.7.1958 Gleichstellungsgesetz tritt in der Bundesrepublik in Kraft

21.12.1958 Charles de Gaulle wird französischer Präsident

## 1959

1.1.1959 Fidel Castro übernimmt die Macht in Kuba

1.7.1959 Heinrich Lübke wird Bundespräsident

## 1961

20.1.1961 John F. Kennedy wird Präsident der USA

12.4.1961 Der Russe Juri Gagarin ist der erste Mensch im Weltall

17.4.1961 Invasion in der Schweinebucht durch Exilkubaner mit Unterstützung der CIA

13.8.1961 Baubeginn der Berliner Mauer

## 1962

18.3.1962 Ende des Algerienkriegs: Algerien wird unabhängig

14.10.1962 Beginn der Kubakrise zwischen den USA und der Sowjetunion

22.10.1962 Beginn der *Spiegel*-Affäre in der Bundesrepublik

28.10.1962 Ende der Kubakrise

## 1963

22.1.1963 Unterzeichnung des Elysée-Vertrags zur deutsch-französischen Aussöhnung

26.6.1963 John F. Kennedy hält in Berlin seine »Ich bin ein Berliner«-Rede

11.7.1963 Festnahme Nelson Mandelas in Johannesburg

28.8.1963 Beim »Marsch auf Washington« hält Martin Luther King seine Rede »I have a dream«

16.10.1963 Ludwig Erhard wird Bundeskanzler

22.11.1963 Tödliches Attentat auf John F. Kennedy (*1917)

## 1964

2.7.1964 Lyndon B. Johnson unterschreibt das Bürgerrechtsgesetz zur Aufhebung der Rassentrennung in den USA

14.10.1964 Der sowjetische Partei- und Regierungschef Nikita Chruschtschow wird vom ZK der KPdSU aller Ämter enthoben; Nachfolger wird Leonid Breschnew

## 1965

**21.2.1965** Ermordung von Malcolm X in New York

**2.3.1965** USA beginnen mit der Bombardierung Nordvietnams

**25.3.1965** Verlängerung der Verjährungsfrist für Kriegsverbrechen bis 1970

**13.5.1965** Diplomatenaustausch mit Israel, woraufhin mehrere arabische Staaten ihre Beziehungen zur Bundesrepublik abbrechen

## 1966

**8.4.1966** Leonid Breschnew wird Generalsekretär der KPdSU

**18.8.1966** Beginn der Kulturrevolution in China (bis 1976)

**27.10.1966** Koalition aus CDU und FDP zerbricht an Finanzfragen. Minderheitsregierung

**30.11.1966** Bundeskanzler Ludwig Erhard tritt zurück

**1.12.1966** Große Koalition unter Kurt Georg Kiesinger als Kanzler und Willy Brandt als Außenminister. Beginn der aktiven Ostpolitik

## 1967

**14.2.1967** Konzertierte Aktion zum Überwinden der Wirtschaftskrise

**2.6.1967** Schah-Besuch in Berlin: Der Student Benno Ohnesorg wird erschossen

**5.6.1967** Beginn des Sechstagekriegs zwischen Israel und Ägypten, Syrien und Jordanien

## 1968

**5.1.1968** Alexander Dubček wird Erster Sekretär der tschechischen KP: Beginn des »Prager Frühlings« für einen »Sozialismus mit menschlichem Antlitz«

**8.3.1968** März-Unruhen in Polen

**3.4.1968** Andreas Baader und Gudrun Ensslin verüben Brandanschlag auf ein Frankfurter Kaufhaus

**4.4.1968** Ermordung von Martin Luther King (*1929)

**11.4.1968** Schüsse auf Studentenführer Rudi Dutschke: Er wird lebensgefährlich verletzt

**6.5.1968** Beginn der Mai-Unruhen in Paris

**28.5.1968** Notstandsgesetze treten in der Bundesrepublik in Kraft

**21.8.1968** Truppen des Warschauer Paktes marschieren in Prag ein: Ende des »Prager Frühlings«

**5.11.1968** Richard Nixon wird Präsident der USA

## 1969

**5.3.1969** Gustav Heinemann wird Bundespräsident

**21.7.1969** Neil Armstrong ist der erste Mensch auf dem Mond: »Ein kleiner Schritt für den Menschen, ein riesiger Sprung für die Menschheit«

**15.10.1969** 250 000 Menschen protestieren in Washington gegen den Vietnamkrieg

22.10.1969 Willy Brandt wird Bundeskanzler, Walter Scheel (FDP) Außenminister

22.11.1969 Unterschrift unter den Atomwaffensperrvertrag

## 1970

13.4.1970 Apollo 13: »Houston, wir haben ein Problem«

14.5.1970 Gründung der Rote-Armee-Fraktion (RAF)

7.12.1970 Unterzeichnung des Warschauer Vertrags zwischen Polen und der Bundesrepublik. Willy Brandts »Kniefall von Warschau«

## 1971

3.5.1971 Erich Honecker wird Erster Sekretär des ZK der SED

3.9.1971 Viermächteabkommen über Berlin

10.12.1971 Willy Brandt erhält den Friedensnobelpreis

## 1972

28.1.1972 Bund und Länder beschließen Radikalenerlass/Berufsverbot

27.4.1972 Konstruktives Misstrauensvotum gegen Willy Brandt scheitert

26.5.1972 Unterzeichnung der SALT-1-Verträge zur nuklearen Rüstungsbegrenzung zwischen USA und Sowjetunion

1.6.1972 Verhaftung Andreas Baaders. Kurz darauf werden auch Ulrike Meinhof und Gudrun Ensslin gefasst

17.6.1972 Einbruch in das Watergate-Gebäude in Washington: Auslöser der »Watergate-Afffäre«

5.9.1972 Geiselnahme israelischer Sportler während der Olympischen Sommerspiele von München

23.9.1972 Willy Brandt stellt Vertrauensfrage

19.11.1972 SPD wird bei vorgezogener Bundestagswahl stärkste Fraktion

15.12.1972 Willy Brandt wird erneut zum Bundeskanzler gewählt

21.12.1972 Unterzeichnung des Grundlagenvertrags zwischen der Bundesrepublik und der DDR

## 1973

22.8.1973 Henry Kissinger wird US-Außenminister

11.9.1973 Militärputsch unter Führung Pinochets gegen die Regierung Allende in Chile, von den USA initiiert und unterstützt

18.9.1973 Aufnahme der Bundesrepublik in die Vereinten Nationen

6.10.1973 Beginn des Jom-Kippur-Kriegs Israels gegen Ägypten und Syrien

16.10.1973 OPEC hebt Ölpreis an: Beginn der Ölkrise

## 1974

14.3.1974 Einigung zwischen DDR und Bundesrepublik über Einrichtung Ständiger Vertretungen

24.4.1974 Günter Guillaume, persönlicher Referent Willy Brandts, der DDR-Spionage überführt

**6.5.1974** Willy Brandt tritt wegen der Guillaume-Affäre zurück

**15.5.1974** Walter Scheel wird Bundespräsident

**16.5.1974** Helmut Schmidt wird Bundeskanzler

**27.7.1974** Beginn des Impeachment-Verfahrens gegen US-Präsident Nixon wegen der Watergate-Affäre

**9.8.1974** Richard Nixon tritt zurück. Nachfolger ist Gerald Ford

## 1975

**24.4.1975** Geiselnahme von Stockholm. RAF-Kommando besetzt deutsche Botschaft in Stockholm

**30.4.1975** Ende des Vietnamkriegs

**20.11.1975** Spanien: Tod Francisco Francos (*1892)

**21.12.1975** Angriff auf das OPEC-Hauptgebäude in Wien mit Geiselnahme unter Führung des Terroristen »Carlos«

## 1976

**9.5.1976** Ulrike Meinhof wird in ihrer Zelle im Gefängnis Stuttgart-Stammheim erhängt aufgefunden

**13.11.1976** Ausbürgerung Wolf Biermanns aus der DDR anlässlich eines Konzerts in Köln

## 1977

**7.4.1977** Ermordung des Generalbundesanwalts Siegfried Buback durch die RAF

**30.7.1977** Ermordung des Dresdner-Bank-Chefs Jürgen Ponto durch die RAF

**5.9.1977** RAF-Entführung des Arbeitgeberpräsidenten Hanns-Martin Schleyer

**13.10.1077** Entführung der Lufthansa-Maschine »Landshut« nach Mogadischu. Einsatz der GSG 9

**18.10.1977** Andreas Baader, Gudrun Ensslin und Jan Carl Raspe werden tot in ihren Zellen in Stuttgart-Stammheim aufgefunden

**19.10.1977** Hanns-Martin Schleyer wird tot aufgefunden

## 1978

**10.1.1978** Das Ostberliner Büro des *Spiegel* muss nach Entscheidung des DDR-Außenministeriums schließen

**26.8.1978** Der DDR-Bürger Siegmund Jähn ist der erste Deutsche im Weltall

**30.8.1978** Zwei DDR-Bürger entführen eine Tupolew 134 und zwingen sie zur Landung in Berlin-Tempelhof

## 1979

**23.5.1979** Karl Carstens wird Bundespräsident

**3.7.1979** Aufhebung der Verjährung für Mord und Völkermord durch den Deutschen Bundestag

**12.12.1979** NATO-Doppelbeschluss

**25.12.1979** Sowjetunion marschiert in Afghanistan ein

## 1980

13.1.1980 Gründung der Partei »Die Grünen«

4.6.1980 Polizei und BGS räumen das Anti-Atomkraft-Dorf »Republik Freies Wendland«

22.9.1980 Beginn des Ersten Golfkriegs zwischen Iran und Irak

5.10.1980 Bei der Bundestagswahl wird SPD-/FDP-Koalition unter Helmut Schmidt und Hans-Dietrich Genscher bestätigt

4.11.1980 Ronald Reagan wird US-Präsident

## 1981

30.1.1981 Großdemonstration gegen Atomkraftwerk in Brokdorf

10.10.1981 Friedensdemonstration in Bonn mit 300 000 Teilnehmern

13.12.1981 Verbot der Gewerkschaft Solidarność und Verhängung des Kriegsrechts in Polen

## 1982

10.6.1982 NATO-Gipfeltreffen in Bonn: Großkundgebung der Friedensbewegung

17.9.1982 Bruch der rot-gelben Koalition

1.10.1982 Helmut Kohl wird nach konstruktivem Misstrauensvotum Bundeskanzler

## 1983

6.3.1983 Die Grünen ziehen nach vorgezogener Neuwahl zum ersten Mal in den Deutschen Bundestag ein

25.4.1983 Das Magazin *Stern* veröffentlicht Hitler-Tagebücher, die sich später als Fälschung erweisen

6.6.1983 Durch eine *Spiegel*-Titelstory rückt Aids erstmals ins öffentliche Bewusstsein

22.10.1983 Insgesamt 1,3 Millionen Menschen demonstrieren bundesweit für Frieden und Abrüstung und gegen NATO-Doppelbeschluss

22.11.1983 Bundestag billigt Stationierung von Pershing-II-Raketen

## 1984

1.7.1984 Richard von Weizsäcker wird Bundespräsident

## 1985

11.3.1985 Michail Gorbatschow wird Generalsekretär der KPdSU

## 1986

15.1.1986 Gorbatschow schlägt dem Westen vor, bis zum Jahr 2000 alle Kernwaffen abzurüsten

28.1.1986 Die Raumfähre »Challenger« bricht kurz nach dem Start auseinander

25.2.1986 Gorbatschow fordert »Glasnost« und zielt damit auf Rede-, Presse- und Meinungsfreiheit ab

26.4.1986 Reaktorkatastrophe in Tschernobyl

8.6.1986 »Hamburger Kessel«: rechtswidriger Polizeieinsatz

## 1987

27.1.1987 Gorbatschow proklamiert »Perestroika«

28.5.1987 Matthias Rust landet mit einer Cessna in Moskau auf dem Roten Platz

7.9.1987 Erich Honecker besucht die Bundesrepublik

12.9.1987 Beginn der Barschel-Affäre

11.10.1987 Uwe Barschel wird tot in einem Genfer Hotelzimmer gefunden

8.12.1987 Gorbatschow und Reagan unterzeichnen INF-Verträge zum Abbau aller nuklearen Mittelstreckenwaffen

## 1988

15.5.1988 Rückzug der Sowjetunion aus Afghanistan

16.8.1988 Geiseldrama von Gladbek

20.8.1988 Ende des Ersten Golfkriegs zwischen Iran und Irak

21.12.1988 Lockerbie-Anschlag

## 1989

2.5.1989 Ungarn beginnt mit Abbau seiner Grenzanlagen zu Österreich

4.6.1989 Massaker auf dem Tiananmen-Platz in Peking

11.9.1989 Ungarn öffnet seine Grenze zu Österreich

2.10.1989 Montagsdemonstration in Leipzig mit 20 000 Teilnehmern

9.10.1989 Montagsdemonstration in Leipzig mit 70 000 Teilnehmern

16.10.1989 Montagsdemonstration in Leipzig mit 120 000 Teilnehmern

18.10.1989 Erich Honecker tritt zurück. Egon Krenz wird sein Nachfolger

23.10.1989 Montagsdemonstration in Leipzig mit 300 000 Teilnehmern

9.11.1989 Fall der Berliner Mauer

18.11.1989 Hans Modrow wird Ministerpräsident der DDR

27.11.1989 Helmut Kohl gibt deutschlandpolitisches Zehn-Punkte-Programm mit dem Ziel der Wiedervereinigung innerhalb der kommenden zehn Jahre bekannt

22.12.1989 Öffnung des Brandenburger Tores

# Literatur

## sowie Autorinnen und Autoren der Kapitel

### 1914 – Der Sündenfall

Knopp/Stenner

Berghahn, Volker R.: Der Erste Weltkrieg. München 2003.
Fischer, Fritz: Griff nach der Weltmacht. Die Kriegszielpolitik des kaiserlichen Deutschland 1914–1918. Düsseldorf 1961.
Hamilton, Richard F./Herwig, Holger H.: The Origins of World War I. Cambridge 2004.
Hildebrand, Klaus: Deutsche Außenpolitik 1871–1918. München 1989.
Hirschfeld, Gerhard/Krumeich, Gerd/Renz, Irina (Hrsg.): »Keiner fühlt sich hier mehr als Mensch …«. Erlebnis und Wirkung des Ersten Weltkriegs. Essen 1993.
Kruse, Wolfgang (Hrsg.): Eine Welt von Feinden. Der große Krieg 1914–1918. Frankfurt/Main1997.
Michalka, Wolfgang (Hrsg.): Der Erste Weltkrieg. Wirkung, Wahrnehmung, Analyse. München/Zürich 1994.
Mommsen, Wolfgang J.: Die Urkatastrophe Deutschlands. Der Erste Weltkrieg 1914–1918. Stuttgart 2002.
Münch, Matti: Verdun. Mythos und Alltag einer Schlacht. München 2006.
Neitzel, Sönke: Blut und Eisen. Zürich 2003.
Stevenson, Sönke: 1914–1918. Der Erste Weltkrieg. Düsseldorf 2006.
Ulrich, Bernd/Ziemann, Benjamin (Hrsg.): Frontalltag im Ersten Weltkrieg. Wahn und Wirklichkeit. Frankfurt/Main1994.
Verhey, Jeffrey: Der »Geist von 1914« und die Erfindung der Volksgemeinschaft. Hamburg 2000.
Werth, German: 1916. Schlachtfeld Verdun – Europas Trauma. Berlin 1994.

## 1918 – Die Revolution

Knopp/von der Heyde/Berkel

Haffner, Sebastian: Die deutsche Revolution 1918/19. Berlin 2004.
Kolb, Eberhard: Die Weimarer Republik. München 2002.
Kluge, Ulrich: Die deutsche Revolution 1918/19. Staat, Politik und Gesellschaft zwischen Weltkrieg und Kapp-Putsch. Frankfurt/Main 1985.
Kocka, Jürgen (Hrsg.): Klassengesellschaft im Krieg. Deutsche Sozialgeschichte 1914–1918. Göttingen 1973.
Mann, Golo/Burckhardt, Andreas (Hrsg.): Max Prinz von Baden, Erinnerungen und Dokumente. Stuttgart 1968.
Matthias, Erich: Zwischen Räten und Geheimräten. Die deutsche Revolutionsregierung 1918/19. Düsseldorf 1970.
Michalka, Wolfgang/Niedhart, Gottfried (Hrsg.): Deutsche Geschichte 1918–1933. Dokumente zur Innen- und Außenpolitik. Frankfurt/Main1992.
Schulz, Gerhard: Revolutionen und Friedensschlüsse 1917 bis 1920. 2 Bände. München 1980.
Stürmer, Michael: Das ruhelose Reich. Deutschland 1866 bis 1918. Berlin 1983.
Ullmann, Hans-Peter: Das deutsche Kaiserreich 1871–1918. Frankfurt/Main1995.
Wehler, Hans-Ulrich: Das deutsche Kaiserreich 1871–1918. Göttingen 1980.
Winkler, Heinrich August: Von der Revolution zur Stabilisierung. Bonn 1984.
Witt, Peter Christian: Friedrich Ebert. Parteiführer – Reichskanzler – Volksbeauftragter – Reichspräsident. Bonn 1987.

## 1929 – Die wilden Zwanziger

Knopp/Sporn

Bienert, Michael/Buchholz, Elke Linda: Die zwanziger Jahre in Berlin. Berlin 2005.
Feldman, Gerald D.: The Great Disorder. Politics, Economics, and Society in the German Inflation, 1914–1924. New York/ Oxford 1997.
Gritschneder, Otto: Bewährungsfrist für den Terroristen Adolf Hitler. Der Hitler-Putsch und die bayerische Justiz. München 1990.
Holtfrerich, Carl-Ludwig: Die deutsche Inflation 1914–1923. Ursachen und Folgen in internationaler Sicht. Berlin/ New York 1980.
James, Harold: Deutschland in der Weltwirtschaftskrise 1924–1936. Stuttgart 1988.
Kershaw, Ian: Hitler. Band 1: 1889–1936. Stuttgart/München 1998.
Maser, Werner: Der Sturm auf die Republik. Frühgeschichte der NSDAP. Berlin 1981.
Möller, Horst: Die Weimarer Republik. Eine unvollendete Demokratie. München 2004.
Mommsen, Hans: »Adolf Hitler und der 9. November 1923«. In: Willms, Johannes (Hrsg.): Der 9. November. Fünf Essays zur deutschen Geschichte. München 1995, S. 33–48.
Niedhart, Gottfried: Die Außenpolitik der Weimarer Republik. München 2006.
Peukert, Detlef J.: Die Weimarer Republik. Krisenjahre der klassischen Moderne. Frankfurt/Main1987.
Schulze, Hagen: Weimar. Deutschland 1917–1933. Berlin 1982.
Tyrell, Albrecht: Vom »Trommler« zum »Führer«. Der Wandel von Hitlers Selbstverständnis zwischen 1919 und 1924 und die Entwicklung der NSDAP. München 1975.

Winkler, Heinrich August: Weimar 1918–1933. Die Geschichte der ersten deutschen Demokratie. München 1998.

## 1933 – Die Machterschleichung

Knopp/Pischke

Bracher, Karl Dietrich: Die Auflösung der Weimarer Republik. Eine Studie zum Problem des Machtverfalls in der Demokratie. Villingen 1955.

Ders./ Funke, Manfred/Jacobsen, Hans-Adolf (Hrsg.): Deutschland 1933–1945. Neue Studien zur nationalsozialistischen Herrschaft. Düsseldorf 1992.

Broszat, Martin: Die Machtergreifung. Der Aufstieg der NSDAP und die Zerstörung der Weimarer Republik. München 1984.

Ders./Möller, Horst (Hrsg.): Das Dritte Reich. Herrschaftsstruktur und Geschichte. München 1983.

Eschenhagen, Wieland: Die »Machtergreifung«. Tagebuch einer Wende nach Presseberichten vom 1. Januar bis 6. März 1933. Darmstadt/Neuwied 1982.

Evans, Richard J.: Das Dritte Reich. Band 1: Aufstieg. München 2004

Janßen, Karl-Heinz: Der 30. Januar. Ein Report über den Tag, der die Welt veränderte. Frankfurt/Main 1983.

Kellerhoff, Sven Felix: Der Reichstagsbrand. Die Karriere eines Kriminalfalls. Berlin 2008.

Longerich, Peter: Die braunen Bataillone. Geschichte der SA. München 1989.

Michalka, Wolfgang (Hrsg.): Das Dritte Reich. Dokumente zur Innen- und Außenpolitik. Band 1: »Volksgemeinschaft« und Großmachtpolitik. O. O., o. J.

Tobias, Fritz: Der Reichstagsbrand – Legende und Wirklichkeit. Rastatt 1962.

Turner, Henry A.: Hitlers Weg zur Macht. Der Januar 1933. München 1996.

## 1939 – Der Weg in den Weltkrieg

Knopp/Gültner

Benz, Wolfgang/Graml, Hermann: Sommer 1939. Die Großmächte und der Europäische Krieg. Stuttgart 1979.

Böhler, Jochen: Auftakt zum Vernichtungskrieg. Die Wehrmacht in Polen 1939. Frankfurt/Main 2006.

Bracher, Karl Dietrich/Funke, Manfred (Hrsg.): Deutschland 1933–1945. Neue Studien zur nationalsozialistischen Herrschaft. Düsseldorf 1992.

Cattani, Alfred: Brennpunkte der Zeitgeschichte 1933–1945. Zürich 1995.

Doescher, Hans-Jürgen: Das Auswärtige Amt im Dritten Reich. Diplomatie im Schatten der »Endlösung«. Stuttgart 1990.

Duelffer, Jost: Deutsche Geschichte 1933–1945. Stuttgart 1992.

Graml, Hermann: Europas Weg in den Krieg. Hitler und die Mächte 1939. München 1990.

Klee, Ernst/Dreßen, Willi (Hrsg.): »Gott mit uns«. Der deutsche Vernichtungskrieg im Osten 1939–1945. Frankfurt/Main 1989.

Knopp, Guido: Die Wehrmacht. Eine Bilanz. München 2007.
Militärgeschichtliches Forschungsamt (Hrsg.): Das Deutsche Reich und der Zweite Weltkrieg. Band 1: Ursachen und Voraussetzungen der deutschen Kriegspolitik. Band 2: Die Errichtung der Hegemonie auf dem europäischen Kontinent. Stuttgart 1979.
Weinberg, Gerhard L.: Hitler's Foreign Policy. The Road to World War II, 1933–1939. New York 2005.

## 1943 – Das Ende in Stalingrad

Knopp/Brauburger/Berkel

Baumfalk, Gerhard: Überfall oder Präventivschlag? Der deutsche Angriff auf die Sowjetunion am 22. Juni 1941. Eine Untersuchung über Hintergründe und Ursachen. Frankfurt/Main 1997.
Beevor, Antony: Stalingrad. München 1999.
Foerster, Roland G. (Hrsg.): Unternehmen Barbarossa. Zum historischen Ort der deutsch-sowjetischen Beziehungen von 1933 bis Herbst 1941. München 1993.
Förster, Jürgen: Stalingrad. Ereignis – Wirkung – Symbol. München 1992.
Friedrich, Jörg: Das Gesetz des Krieges. Das deutsche Heer in Russland 1941 bis 1945. Der Prozess gegen das Oberkommando der Wehrmacht. München 1995.
Hamburger Institut für Sozialforschung (Hrsg.): Verbrechen der Wehrmacht. Dimensionen des Vernichtungskrieges 1941–1944. Hamburg 2002.
Hartmann, Christian/Hürter, Johannes/Jureit, Ulrike (Hrsg.): Verbrechen der Wehrmacht. Bilanz einer Debatte. München 2005.
Kehrig, Manfred: Stalingrad: Analyse und Dokumentation einer Schlacht. Stuttgart 1979.
Knopp, Guido: Der verdammte Krieg. Das »Unternehmen Barbarossa«. München 1991.
Ders.: Stalingrad. Das Drama. München 2003.
Mawdsley, Evan: Thunder in the East. The Nazi-Soviet War, 1941-1945. London 2005.
Militärgeschichtliches Forschungsamt (Hrsg.): Das Deutsche Reich und der Zweite Weltkrieg. Band 4: Der Angriff auf die Sowjetunion. Stuttgart 1987. Band 6: Der globale Krieg, die Ausweitung zum Weltkrieg und der Wechsel der Initiative 1941–1943. Stuttgart 1990.
Müller, Rolf-Dieter/Volkmann, Hans-Erich (Hrsg.): Die Wehrmacht. Mythos und Realität. München/Oldenburg 1999.
Overy, Richard J.: Russlands Krieg: 1941–1945. Reinbek 2003.
Post, Walter: Unternehmen Barbarossa. Deutsche und sowjetische Angriffspläne 1940/41. Hamburg 1995.
Streit, Christian: Keine Kameraden: Die Wehrmacht und die sowjetischen Kriegsgefangenen 1941–1945. Bonn 1997.
Ueberschär, Gerd R./Bezymenski, Lew A. (Hrsg.): Der deutsche Angriff auf die Sowjetunion 1941. Die Kontroverse um die Präventivkriegsthese. Darmstadt 1998.
Ders./Wette, Wolfram (Hrsg.): Der deutsche Überfall auf die Sowjetunion. Unternehmen Barbarossa 1941. Frankfurt/Main 1991.

Wegner, Bernd (Hrsg.): Zwei Wege nach Moskau. Vom Hitler-Stalin-Pakt zum »Unternehmen Barbarossa«. München 1991.

Wette, Wolfra/Ueberschär, Gerd (Hrsg.): Stalingrad. Mythos und Wirklichkeit einer Schlacht. Frankfurt/Main 2003.

## 1944 – Der Tatort

Knopp/Pischke

Adler, Hans G./Langbein, Hermann/Lingens-Reimer, Ella (Hrsg.): Auschwitz. Zeugnisse und Berichte. Frankfurt/Main 1984.

Aly, Götz: »Endlösung«. Völkerverschiebung und der Mord an den europäischen Juden. Frankfurt/Main 1995.

Bastian, Till: Auschwitz und die »Auschwitz-Lüge«. Massenmord und die Geschichtsfälschung. München 1994.

Broszat, Martin/Jacobson, Hans-Adolf/Krausnick, Helmut: Konzentrationslager, Kommissarbefehl, Judenverfolgung. Olten/Freiburg 1965.

Czech, Danuta: Kalendarium der Ereignisse im Konzentrationslager Auschwitz-Birkenau 1939–1945. Reinbek 1989.

Frei, Norbert u.a. (Hrsg.): Darstellungen und Quellen zur Geschichte von Auschwitz. 4 Bände. München 2000.

Gutman, Israel (Hrsg.): Enzyklopädie des Holocaust. Die Verfolgung und Ermordung der europäischen Juden. Berlin 1990.

Hahn, Hans-Jürgen: Geschichte der Juden in Auschwitz. Lili Meiers Album. Berlin 1995.

Höß, Rudolf: Kommandant in Auschwitz. Autobiografische Aufzeichnungen. München 1963.

Ders./Broad, Perry/Kremer, Johann Paul: Auschwitz in den Augen der SS. Warschau 1992.

Klee, Ernst: Auschwitz, die NS-Medizin und ihre Opfer. Frankfurt/Main 2004.

Knopp, Guido: Die SS. Eine Warnung der Geschichte. München 2002.

Ders.: Holokaust. München 2000.

Meyer, Alwin: Die Kinder von Auschwitz. Göttingen 1992.

Orth, Karin: Die Konzentrationslager der SS. Sozialstrukturelle Analysen und biografische Studien. Göttingen 2000.

Posner, Gerald L./ Ware, John: Mengele. Die Jagd auf den Todesengel. Berlin/Weimar 1993.

Pressac, Jean C.: Die Krematorien von Auschwitz. Die Technik des Massenmords. München 1994.

## 1944 – Das Attentat

Knopp/Berkel

Fest, Joachim: Staatsstreich. Der lange Weg zum 20. Juli. Berlin 1994.

Hoffmann, Peter: Widerstand, Staatsstreich, Attentat. Der Kampf der Opposition gegen Hitler. München 1969.

Ders.: Claus Schenk Graf von Stauffenberg und seine Brüder. Stuttgart 1992.

Jacobsen, Hans-Adolf (Hrsg.): Spiegelbild einer Verschwörung. Die Opposition gegen Hitler und der Staatsstreich vom 20. Juli 1944 in der SD-Berichterstattung. Geheime Dokumente aus dem ehemaligen Reichssicherheitshauptamt. Stuttgart 1983.

Knopp, Guido: Sie wollten Hitler töten. München 2004.

Ders.: Stauffenberg. Die wahre Geschichte. München 2008.

Lill, Rudolf/Oberreuter, Heinrich (Hrsg.): 20. Juli: Portraits des Widerstands. Düsseldorf/Wien 1984.

Müller, Christian: Oberst i. G. Stauffenberg. Eine Biographie. Düsseldorf 1970.

Ritter, Gerhard: Carl Goerdeler und die deutsche Widerstandsbewegung. Stuttgart 1984.

Roon, Ger van: Widerstand im Dritten Reich. Ein Überblick. München 1987.

Schmädecke, Jürgen/Steinbach, Peter (Hrsg.): Der Widerstand gegen den Nationalsozialismus: Die deutsche Gesellschaft und der Widerstand gegen Hitler. München/Zürich 1985.

Steinbach, Peter: Der 20. Juli 1944. Gesichter des Widerstands. 2004.

Ders./Tuchel, Johannes (Hrsg.): Widerstand gegen die nationalsozialistische Diktatur 1933–1945. Bonn 2004.

Ueberschär, Gerd R.: Stauffenberg. Der 20. Juli 1944. Frankfurt/Main2004.

Venohr, Wolfgang: Stauffenberg. Symbol der deutschen Einheit. Eine politische Biographie. Frankfurt a. M./Berlin 1986.

Zeller, Eberhard: Oberst Claus Graf Stauffenberg. Ein Lebensbild. Paderborn u. a. 1994.

## 1945 – Die Flucht

Knopp/Bichler

Aust, Stefan/Burgdorff Stephan (Hrsg.): Die Flucht. Über die Vertreibung der Deutschen aus dem Osten. Stuttgart 2002.

Benz, Wolfgang (Hrsg.): Die Vertreibung der Deutschen aus dem Osten. Ursachen – Ereignisse – Folgen. Frankfurt/Main1985.

Böddeker, Günter: Die Flüchtlinge. Die Vertreibung der Deutschen im Osten. München/Berlin 1980.

Dokumentation der Vertreibung der Deutschen aus Ost-Mitteleuropa, bearbeitet von einer Kommission unter Leitung von Theodor Schieder. 5 Bände, 3 Beihefte. Bonn 1953–1963 (Neudruck München 1984).

Dönhoff, Marion Gräfin: Namen, die keiner mehr kennt. Ostpreußen – Menschen und Geschichte. Düsseldorf/Köln 1962.

Duffy, Christopher: Der Sturm auf das Reich. Der Vormarsch der Roten Armee 1945. München 1994.

Franzen, Erik K.: Die Vertriebenen – Hitlers letzte Opfer. Berlin 2001.

Knopp, Guido: Der Sturm. Kriegsende im Osten. Berlin 2004.

Ders.: Die große Flucht. Das Schicksal der Vertriebenen. München 2001.

Kopelew, Lew: Aufbewahren für alle Zeit. Hamburg 1976.

Tieke, Wilhelm: Das Ende zwischen Oder und Elbe. Der Kampf um Berlin 1945. Stuttgart 1995.

Zayas, Alfred-Maurice de: Anmerkungen zur Vertreibung der Deutschen aus dem Osten. Stuttgart 1986.

Zeidler, Manfred: Kriegsende im Osten. Die Rote Armee und die Besetzung Deutschlands östlich der Oder und Neiße 1944/45. München 1996.

## 1945 – Die Kapitulation

Knopp/Berkel

Beevor, Antony: Berlin 1945. Das Ende. München 2002.
Burkert, Hans-Norbert/Matußek, Klaus/ Obschernitzki, Doris: Zerstört, besiegt, befreit. Der Kampf um Berlin bis zur Kapitulation 1945. Berlin 1985.
Fest, Joachim: Der Untergang. Hitler und das Ende des Dritten Reiches. Berlin 2002.
Filmer, Werner/Schwan Heribert: »Mensch, der Krieg ist aus«. Zeitzeugen erinnern sich. Düsseldorf/Wien 1985.
Henke, Klaus-Dietmar: Die amerikanische Besetzung Deutschlands. München 1995.
Hillmann, Jörg /Zimmermann, John (Hrsg.): Kriegsende 1945 in Deutschland. München 2002.
Knopp, Guido: Der verdammte Krieg. Das Ende 1945. München 1995.
Ders.: Die Befreiung. Kriegsende im Westen. München 2004.
Steinert, Marlies: Die 23 Tage der Regierung Dönitz. Düsseldorf/Wien 1967.
Thomas, Michael: Deutschland, England über alles. Rückkehr als Besatzungsoffizier. Berlin 1984.

## 1948 – Das neue Geld

Knopp/Brauburger

Baltensperger, Ernst: Fünfzig Jahre Deutsche Mark – Notenbank und Währung in Deutschland seit 1948. München 1998.
Bickerich, Wolfram: Die D-Mark – Eine Biographie. Berlin 1998.
Brackmann, Michael: Vom totalen Krieg zum Wirtschaftswunder. Die Vorgeschichte der westdeutschen Währungsreform 1948. Essen 1993.
Brochhagen, Thomas: Die westdeutsche Währungsreform von 1948 und die Währungsreform 1990 in der DDR. Eine vergleichende Betrachtung. Marburg 1997.
Broszat, Martin/ Henke, Klaus D./Woller, Hans (Hrsg.): Von Stalingrad zur Währungsreform. Zur Sozialgeschichte des Umbruchs in Deutschland. München 1990.
Freick, Siegfried: Die Währungsreform 1948 in Westdeutschland. Weichenstellung für ein halbes Jahrhundert. Schkeuditz 2001.
Hampe, Peter: Währungsreform und soziale Marktwirtschaft. Rückblicke und Ausblicke. München 1989.
Kahnt, Helmut/ Schöne, Michael H./Walz, Karlheinz: 50 Jahre Deutsche Mark, 1948–1998. Die Geschichte der deutschen Nachkriegswährungen in Ost und West. Regenstauf 1998.
Keiderling, Gerhard: »Rosinenbomber« über Berlin – Währungsreform, Blockade, Luftbrücke, Teilung. Berlin 1998.
Klump, Rainer (Hrsg.): 40 Jahre Deutsche Mark. Die politische und ökonomische Bedeutung der westdeutschen Währungsreform von 1948. Stuttgart/ Wiesbaden 1989.
Pelikan, Wolf J.: Berlin – Markenland wider Willen. Die Währungsreform 1948/49 in den Berliner Westsektoren und ihre Belege. Schwalmtal 1990.
Seibold-Völker, Renate: »Wir brauchen jeden Apfelschnitz« – Alltag zwischen Kriegsende und Währungsreform. Schorndorf 1995.

Weber, Jürgen (Hrsg.): Der Bauplan für die Republik. Das Jahr 1948 in der deutschen Nachkriegsgeschichte. München/ Landsberg 1996.

Weimer, Wolfram: Deutsche Wirtschaftsgeschichte. Von der Währungsreform bis zum Euro. Hamburg 1998.

Wolff, Michael W.: Die Währungsreform in Berlin 1948/49. Berlin 1991.

## 1949 – Die Staatsgeburt

Knopp/Brauburger

Benz, Wolfgang: Potsdam 1945. Besatzungsherrschaft und Neuaufbau im Vier-Zonen-Deutschland. München 1986.

Ders.: Von der Besatzungsherrschaft zur Bundesrepublik. Stationen einer Staatsgründung: 1946–1949. Frankfurt/ Main1989.

Ders.: Die Gründung der Bundesrepublik. Von der Bizone zum souveränen Staat. München 1999.

Birke, Adolf M.: Nation ohne Haus. Deutschland 1945 bis 1961. Berlin 1994.

Eschenburg, Theodor: Jahre der Besatzung: 1945–1949. Stuttgart 1983.

Feldkamp, Michael F.: Der Parlamentarische Rat 1948–1949. Die Entstehung des Grundgesetzes. Göttingen 1998.

Kleßmann, Christoph: Die doppelte Staatsgründung: Deutsche Geschichte 1945–1955. Göttingen 5. Aufl. 1991.

Loth, Wilfried: Stalins ungeliebtes Kind. Warum Moskau die DDR nicht wollte. Berlin 1994.

Morsey, Rudolf: Die Bundesrepublik Deutschland. Entstehung und Entwicklung bis 1969. München 1995.

Overesch, Manfred: Die Gründung der Bundesrepublik Deutschland. Jahre der Entscheidung 1945–1949. Texte und Dokumente. Hannover 1989.

Scherstjanoi, Elke: »Provisorium für längstens ein Jahr«. Die Gründung der DDR. Protokoll eines Kolloquiums im September 1991. Berlin 1993.

Schwarz, Hans-Peter: Die Ära Adenauer. Band 1: 1949–1957. Gründerjahre der Republik. Stuttgart/Wiesbaden 1981.

Sontheimer, Kurt: Die Adenauer-Ära – Grundlegung der Bundesrepublik. München 2003.

Staritz, Dietrich: Die Gründung der DDR. Von der sowjetischen Besatzungsherrschaft zum sozialistischen Staat. München 1995.

Thränhardt, Dietrich: Geschichte der Bundesrepublik Deutschland. Darmstadt 1997.

Weber, Jürgen (Hrsg.): Das Jahr 1949 in der deutschen Geschichte. Die doppelte Staatsgründung. Landsberg 1997.

Ders. (Hrsg.): Geschichte der Bundesrepublik. 5 Bände München 1993–1998 (Band 1: Auf dem Weg zur Republik 1945–1947, 1994; Band 2: Das Entscheidungsjahr 1948, 1995; Band 3: Die Gründung eines neuen Staates 1949, 1997; Band 4: Die Bundesrepublik wird souverän, 1950–1955, Ära Adenauer I, 1998; Band 5: Die Bundesrepublik zwischen Stabilität und Krise 1955–1963, Ära Adenauer II, 1993).

## 1953 – Der Aufstand

Knopp/Schlosshan

Baring, Arnulf: Der 17. Juni 1953. Stuttgart 1983.
Bailey, George/Kondraschow, Sergej/Murphy, David (Hrsg.): Die unsichtbare Front. Der Krieg der Geheimdienste im geteilten Berlin. Berlin 1997.
Brandt, Willy: Erinnerungen. Frankfurt/Main 1989.
Diedrich, Torsten: Waffen gegen das Volk. Der 17. Juni 1953 in der DDR. München 2003.
Hagen, Manfred: DDR Juni '53. Die erste Volkserhebung im Stalinismus. Stuttgart 1992.
Hildebrandt, Rainer: Der 17. Juni. Berlin 1983.
Hoffmann, Dierk/ Schmidt, Karl-Heinz/ Skyba, Peter (Hrsg.): Die DDR vor dem Mauerbau. Dokumente zur Geschichte des anderen deutschen Staates 1949–1961. München 1993.
Just, Gustav: Zeuge in eigener Sache. Frankfurt/Main1990.
Knabe, Hubertus: 17. Juni 1953. Ein deutscher Aufstand. München 2004
Knopp, Guido: Der Aufstand – 17. Juni 1953. Hamburg 2003.
Koop, Volker: Der 17. Juni. Legende und Wirklichkeit. Berlin 2003.
Kowalczuk, Ilko-Sascha: 17. Juni 1953. Volksaufstand in der DDR. Ursachen – Abläufe – Folgen. Bremen 2003.
Ders./Mitter, Armin/Wolle, Stefan (Hrsg.): Der Tag X. 17. Juni 1953. Die »Innere Staatsgründung« der DDR als Ergebnis der Krise 1952/54. Berlin 1995.
Krämer, Martin: Der Volksaufstand vom 17. Juni 1953 und sein politisches Echo in der Bundesrepublik Deutschland. Bochum 1996.
Loth, Wilfried: Die Teilung der Welt 1941–1955. München 1985.
Mitter, Armin/Wolle, Stefan: Untergang auf Raten. Unbekannte Kapitel der DDR-Geschichte. München 1993.
Schenk, Fritz: Im Vorzimmer der Diktatur. 12 Jahre Pankow. Köln/Berlin 1962.
Schirdewan, Karl: Aufstand gegen Ulbricht. Berlin 1994.

## 1954 – Das Wunder von Bern

Knopp/Brauburger

Andersen, Arne: Der Traum vom guten Leben. Alltags- und Konsumgeschichte vom Wirtschaftswunder bis heute. Frankfurt/Main 1997.
Frei, Alfred Georg: Finale Grande. Die Rückkehr der Fußballweltmeister 1954. Mit einem Beitrag von Harald Dunajtschik. Berlin 1994.
Grebing, Helga/Pozorski, Peter/Schulze, Rainer: Die Nachkriegsentwicklung in Westdeutschland 1945–1949. Die wirtschaftlichen Grundlagen. Stuttgart 1980.
Haus der Geschichte der Bundesrepublik Deutschland (Hrsg.): Markt oder Plan. Wirtschaftsordnungen in Deutschland 1945–1961. Begleitbuch zur Ausstellung im Haus der Geschichte der Bundesrepublik Deutschland, Bonn, 14. März bis 8. Juni 1997. Frankfurt/Main 1997.

Heinrich, Arthur: »Tooor! Toor! Tor!« 40 Jahre 3:2. Berlin 1994.

Hentschel, Volker: Ludwig Erhard, die »Soziale Marktwirtschaft und das Wirtschaftswunder«. Historisches Lehrstück oder Mythos? Bonn 1998.

Jessen, Christian, u.a. (Hrsg.): Fußballweltmeisterschaft 1954 Schweiz. Das Wunder von Bern. Kassel 2003.

Kasza, Peter: Fußball spielt Geschichte. Das Wunder von Bern 1954. Berlin 2004.

Kehl, Anton (Hrsg.): »Ich war ein Besessener...« Sepp Herberger in Bildern und Dokumenten. München/Leipzig 1997.

Leinemann, Jürgen: Sepp Herberger. Ein Leben, eine Legende. München 2004.

Lindlar, Ludger: Das missverstandene Wirtschaftswunder. Westdeutschland und die westeuropäische Nachkriegsprosperität. Tübingen 1997.

Michel, Rudi: Deutschland ist Weltmeister! – Meine Erinnerungen an das Wunder von Bern. München 2004.

Ders. (Hrsg.): Fritz Walter. Die Legende des deutschen Fußballs. Stuttgart 1995.

Mikos, Lothar/Nutt, Harry: Als der Ball noch rund war. Sepp Herberger – Ein deutsches Fußballeben. Frankfurt a. M./New York 1997.

Mierzejewski, Alfred C.: Ludwig Erhard. Der Wegbereiter der Sozialen Marktwirtschaft. Biographie. München 2005.

Mögenburg, Harm: Kalter Krieg und Wirtschaftswunder. Die fünfziger Jahre im geteilten Deutschland (1949–1961). Frankfurt/Main 1993.

Reichel, Richard (Hrsg.): Wirtschaftsordnung und Wirtschaftswunder. Bern/Stuttgart/Wien 1998.

Schildt, Axel/Sywottek, Arnold (Hrsg.): Modernisierung und Wiederaufbau. Die westdeutsche Gesellschaft der fünfziger Jahre. Bonn 1983.

Schwarz-Pich, Karl H.: Der Ball ist rund. Eine Seppl-Herberger-Biographie. Ubstadt-Weiher 1996.

Schweer, Joachim: Der Sieg von Bern. Die V. Fußball-Weltmeisterschaft 1954. Kassel 1994.


## 1961 – Die Mauer

Knopp/Schlosshan


Aanderud, Kai-Axel/Knopp, Guido (Hrsg.): Die eingemauerte Stadt. Recklinghausen 1991.

Bahr, Egon: Zu meiner Zeit. München 1996.

Flemming, Thomas/Koch, Hagen: Die Berliner Mauer. Geschichte eines politischen Bauwerks. Berlin 2001.

Holzweißig, Gunter/Rühle, Jürgen: 13. August 1961. Die Mauer von Berlin. Köln 1981.

Knopp, Guido: Goodbye DDR. München 2005.

Ders./Stefan Brauburger: »Der Sprung in die Freiheit«. In: Guido Knopp: Bilder, die Geschichte machten. München 1992.

Petschull, Jürgen: Die Mauer. August 1961. Zwölf Tage zwischen Krieg und Frieden. Hamburg 1981.

Piechowiak, Ralf: Der Traum von der Einheit. Von Potsdam bis zum Mauerbau. Recklinghausen 1990.

Wyden, Peter: Die Mauer war unser Schicksal. Deutsch von Udo Rennert. Berlin 1995.

## 1970 – Der Kniefall

Knopp/Sporn

Baring, Arnulf: Machtwechsel – Die Ära Brandt-Scheel. Stuttgart 1982.
Brandt, Willy: Begegnungen und Einsichten 1960–1975. Hamburg 1976
Brandt, Willy: Erinnerungen, Frankfurt/Main 1989.
Bracher, Karl Dietrich/Jäger, Wolfgang/Link, Werner: Geschichte der Bundesrepublik Deutschland. Band 5: Republik im Wandel 1969–1974. Die Ära Brandt. Stuttgart 1986.
Brechenmacher, Thomas/Wolffsohn, Michael: Denkmalsturz? Brandts Kniefall. München 2005.
Marshall, Barbara: Willy Brandt. Eine politische Biographie. Bonn 1993.
Merseburger, Peter: Willy Brandt, 1913–1992. Visionär und Realist. Stuttgart 2002.
Potthoff, Heinrich: Im Schatten der Mauer. Deutschlandpolitik 1961 bis 1990. Berlin 1999.
Rödder, Andreas: Die Bundesrepublik Deutschland 1969–1990. München 2004.
Schöllgen, Gregor: Willy Brandt. Die Biographie. Berlin 2001.

## 1977 – Der deutsche Herbst

Knopp/Stenner

Aust, Stefan: Der Baader-Meinhof-Komplex. München 1998.
Breloer, Heinrich: Todesspiel. Von der Schleyer-Entführung bis Mogadischu. Eine dokumentarische Erzählung. Köln 1997.
Bölling, Klaus: Bonn von außen betrachtet. Briefe an einen alten Freund. Stuttgart 1986.
Funke, Manfred (Hrsg.): Extremismus im demokratischen Rechtsstaat. Ausgewählte Texte und Materialien. Düsseldorf 1978.
Ders. (Hrsg.): Terrorismus. Untersuchungen zu Strategie und Struktur revolutionärer Gewaltpolitik. Bonn 1978.
Glaser, Hermann: Die Kulturgeschichte der Bundesrepublik Deutschland. Band 3: Zwischen Protest und Anpassung 1968 bis 1989. Frankfurt/Main 1990.
Hermann, Kai/Koch, Peter: Entscheidung in Mogadischu. Die 50 Tage nach Schleyers Entführung. Dokumente, Bilder, Zeugen. Hamburg 1977.
Kraushaar, Wolfgang (Hrsg.): Die RAF und der linke Terrorismus. 2 Bände. Hamburg 2006.
Peters, Butz: Tödlicher Irrtum. Die Geschichte der RAF. Berlin 2004.
Presse- und Informationsamt der Bundesregierung: Dokumentation zu den Ereignissen und Entscheidungen im Zusammenhang mit der Entführung von Hanns-Martin Schleyer und der Lufthansamaschine »Landshut«. Bonn 1977.
Sontheimer, Kurt: Deutschlands politische Kultur. München 1990.
Sontheimer, Michael/Kallscheuer, Otto (Hrsg.): Einschüsse. Besichtigung eines Frontverlaufs, zehn Jahre nach dem deutschen Herbst. Berlin 1987.
Stuberger, Ulf G.: Die Tage von Stammheim. München 2007.
Winkler, Willi: Die Geschichte der RAF. Berlin 2005.

Wischnewski, Hans-Jürgen: Mit Leidenschaft und Augenmaß. In Mogadischu und anderswo. Gütersloh 1989.

## 1989 – Der Mauerfall

Knopp/Berkel/Simon

Bahrmann, Hannes/Links, Christoph: Chronik der Wende. Die DDR zwischen 7. Oktober und 18. Dezember 1989. Berlin 1994.
Dietrich, Christian (Hrsg.): Freunde und Feinde. Friedensgebete in Leipzig zwischen 1981 und dem 9. Oktober 1989. Leipzig 1994.
Funken, Michael: Das Jahr der Deutschen. Die glückliche Geschichte von Mauerfall und deutscher Einheit. München 2008.
Haase-Hindenberg, Gerhard: Der Mann, der die Mauer öffnete. Warum Oberstleutnant Harald Jäger den Befehl verweigerte und damit Weltgeschichte schrieb. München 2007.
Hertle, Hans-Hermann: Chronik des Mauerfalls. Die dramatischen Ereignisse um den 9. November 1989. Berlin 1997.
Ders.: Der Fall der Mauer – Die unbeabsichtigte Selbstauflösung des SED-Staates. Opladen 1996.
Heym, Stefan/Heiduczek, Werner (Hrsg.): Die sanfte Revolution. Leipzig/Weimar 1990.
Knopp, Guido/Kuhn, Ekkehard: Die deutsche Einheit. Erlangen 1995.
Korte Karl-Rudolf, u.a.: Geschichte der deutschen Einheit. 4 Bände. Stuttgart 1998.
Kuhn, Ekkehard: Der Tag der Entscheidung. Leipzig, 9. Oktober 1989. Berlin 1992.
Mitter, Armin / Wolle, Stefan (Hrsg.): »Ich liebe euch doch alle!« Befehle und Lageberichte des MfS, Januar–November 1989. Berlin 1990.
Münch, Ingo von (Hrsg.): Dokumente zur Wiedervereinigung Deutschlands. Stuttgart 1991.
Schabowski, Günter: Der Absturz. Reinbek 1992.
Schroeder, Klaus: Der SED-Staat. Geschichte und Strukturen der DDR. München 1998.
Weber, Hermann: Die DDR 1945–1990. München 1993.
Weller, Jürgen (Hrsg.): Der SED-Staat. Neues über eine vergangene Diktatur. München 1994.
Wettig, Gerhard: Das Ende der DDR 1989/90 – Ergebnisse geschichtlichen Zufalls. Köln 1994.
Wyden, Peter: Die Mauer war unser Schicksal. Berlin 1995.

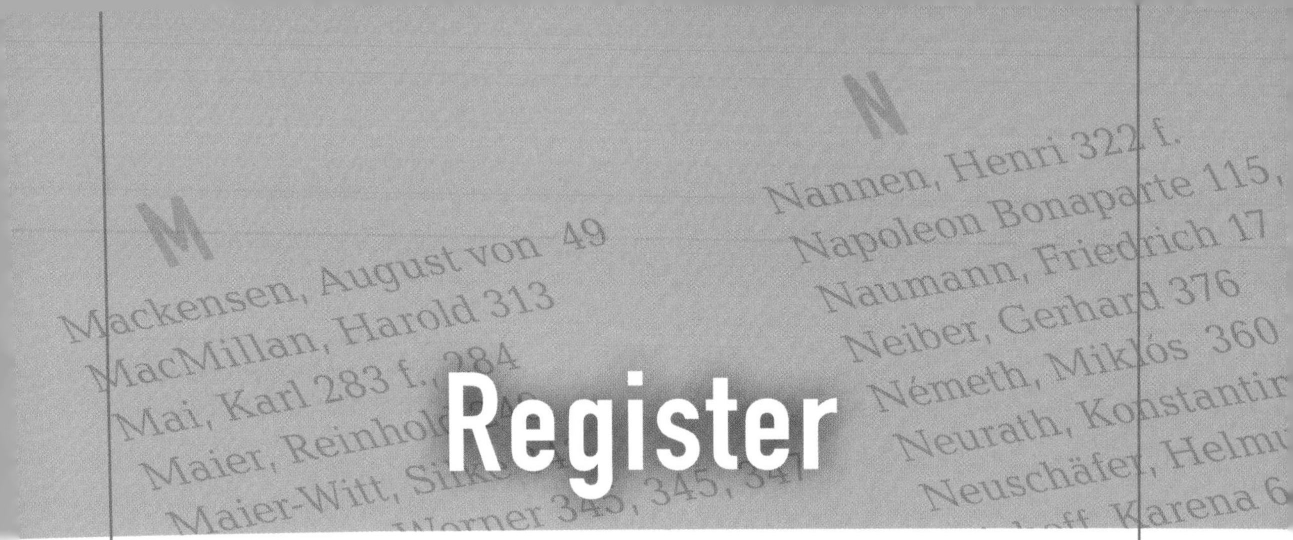

# Register

## Personen-, Orts- und Sachregister

## Personenregister

*Kursive* Seitenangaben verweisen auf Abbildungen, **halbfette** auf Textschwerpunkte

### A



### B

## C



## D

## H

## I



## J



## K



## L

## R



## S

## V



## W



## Z

# Orts- und Sachregister

*Kursive* Seitenangaben verweisen auf Abbildungen, **halbfette** auf Textschwerpunkte

## A



## B

## C



## D



## E

## F



## G



## H

## M



## N

## S

# Abbildungsnachweis

## Titelei, Impressumseite

Picture Allinace, Frankfurt: 1
AKG, Berlin: 3 links außen
BPK, Berlin: 3 Mi., 3 zweites von rechts
Corbis, Düsseldorf: 3 zweites von links
Picture Alliance, Frankfurt: rechts

## Vorwort

AKG Images, Berlin: 9 u.
Bayerische Staatsbibliothek, München: 10 (Archiv Hoffmann)
BPK, Berlin: 14 (Kunstbibliothek, SMB/ Knud Petersen)
Keystone, Hamburg: 11
Süddeutsche Zeitung Photo, München: 6 (Baltzer D. /Zenit)
Ullstein Bild, Berlin: 9 o. (LEONE), 12 o. (BPA), 13 (dpa), 8, 12 u.

## 1914 – Der Sündenfall

AKG Images, Berlin: 15
Süddeutsche Zeitung Photo, München: 19, 26, 28, 29, 30 (Scherl), 31 li. (Rue des Archives)
Ullstein Bild, Berlin: 18 (Haeckel), 23 li. (AKG Pressebild), 24, 34 (Roger Viollet), 31 r. (AISA), 32 (Heinrich) 16, 17, 21, 23 r., 27, 33

### 1918 – Die Novemberrevolution

AKG Images, Berlin: 40, 48, 50
BPK, Berlin: 51
Getty Images, München: 44 (Stock Montage)
Süddeutsche Zeitung Photo, München: 38, 42, 43, 46, 47, 53 (Scherl), 36
Ullstein Bild, Berlin: 37 (DHM), 52 (Histopics), 35, 39, 45

### 1929 – Die wilden Zwanziger

BPK, Berlin: 55 (Herbert Hoffmann), 64 (Heinrich Hoffmann), 65 (Georg Pahl), 72 (Erich Salomon), 73 li., 73 r., (Hans Schaller), 59 li., 60 o., 67 u., 75
Getty Images, München: 68 (Hulton Archive)
Picture Alliance, Frankfurt: 60 (AKG Images)
Süddeutsche Zeitung Photo, München: 57, 58, 67 o., 76 (Scherl), 63, 66 (S.M.)
Ullstein Bild, Berlin: 59 r., 74 (Archiv Gerstenberg), 61, 62, 70

### 1933 – Die Machterschleichung

Bayerische Staatsbibliothek, München: 81 u. (Archiv Heinrich Hoffmann)
BPK, Berlin: 77, 78, 85, 91
Süddeutsche Zeitung Photo, München: 80, 81 o., 87, 93 (Scherl), 83
Ullstein Bild, Berlin: 92 (George Grosz »Hausdurchsuchung«, Ullstein/Archiv Gerstenberg/VG Bild Kunst, Bonn), 89

### 1939 – Der Weg in den Weltkrieg

Bayerische Staatsbilbiothek, München: 102, 104, (Archiv Heinrich Hoffmann)
BPK, Berlin: 97 (Karl Paulmann), 98, 99, 105, 110
Süddeutsche Zeitung Photo, München: 100 (Scherl)
Ullstein Bild, Berlin: 95 Claus Bergen: »Beschießung der Westerplatte«/Ullstein Bild/VG Bild Kunst, Bonn), 96 (LEONE), 101, 106, 109, 111

### 1943 – Das Ende in Stalingrad

BPK, Berlin: 113, 119 (Hermann Hoefke), 122, 130 (Arthur Grimm), 126 (Benno Wundshammer), 121 u., 131
Süddeutsche Zeitung Photo, München: 115, 116, 117, 121 o., 124, 125, 128 (Scherl), 123 (Heinrich C.), 132
Ullstein Bild, Berlin: 135

### 1944 – Der Tatort

AKG Images, Berlin: 143 (Hans Asemissen), 140, 142
BPK, Berlin: 145 (Karl Paulmann), 146, 149 u. (Berhardt Walter, Ernst Hoffmann), 137, 141, 153, 156
Picture Alliance, Frankfurt: 155 (MP/Leemage)
Süddeutsche Zeitung Photo, München: 138, 139 (S. M.), 144, 151 (Scherl), 152 (Tele Bunk), 157 (Fejer M.)
USHMM: 149 o.

## 1944 - Das Attentat

Bayerische Staatsbibliothek, München: 159, 161, 176 (Archiv Heinrich Hoffmann)
BPK, Berlin: 174 (Arthur Grimm), 179
Bundesarchiv Koblenz: 163 (183-R66036), 165 (101I-212-0212A-19), 178 (183-L03233)
Gedenkstätte Deutscher Widerstand, Berlin: 162
Süddeutsche Zeitung Photo, München: 167, 168, (S.M.), 170, 173, 175 (Scherl), 177 (S.M.), 180 (Brauchitsch W.)
Ullstein Bild, Berlin: 164 (Stiftung 20. Juli 1944), 166, 169 (W. Frentz)
Werke: S. 172 aus: Guido Knopp, Unser Jahrhundert, Seite 228, Wilhelm Goldmann Verlag, München, 2000

## 1945 - Die Flucht

BPK, Berlin: 182 (Arthur Grimm), 187 (Vinzenz Engel), 181, 183, 185, 195, 196 li.
Süddeutsche Zeitung Photo: 186 (Hering H.), 188 (Henrich C.), 196 r., 197 (Röhnert U.), 190
Ullstein Bild, Berlin: 184, 193 (dpa), 194

## 1945 - Die Kapitulation

AKG Images, Berlin: 215
BPK, Berlin: 202, 205 (Hans Brunswig)
Corbis, Düsseldorf: 209 (Bettmann)
Getty Images, München: 212 (Horace Abrahams)
Keystone, Hamburg: 216 (Topham Picture point)
Ullstein Bild, Berlin: 200 (AKG Pressebild), 207 (Popper Ltd.), 208, 213 (LEONE), 211 (dpa), 199, 203, 206, 217

## 1948 – Das neue Geld

AKG Images, Berlin: 219, 227
BPK, Berlin: 224
Corbis, Düsseldorf: 223, 237 (Bettmann), 226
Süddeutsche Zeitung Photo, München: 222 (AP), 220 u., 222, 229, 233
Ullstein Bild, Berlin: 220 o., 230 (dpa), 232, 234 (AP), 236
Werke: Seite 228 aus: Guido Knopp, Unser Jahrhundert, S. 302, Wilhelm Goldmann Verlag, München, 2000

## 1949 – Die Staatsgeburt

AKG Images, Berlin: 258
BPK, Berlin: 246 (Herbert Hensky), 247
Bundesarchiv Koblenz: 256 li. (005-011-022), 256 r. (005-004-014)
Süddeutsche Zeitung Photo, München: 241 (AP), 257 (AP)
Ullstein Bild, Berlin: 239 (dpa) 242 (BPA), 243, 251 (HDG, Bonn), 248, 250, 252 (dpa), 253 (Reuters), 255, 245

## 1953 – Der Aufstand

BPK, Berlin: 263 (Jochen Moll), 265 (Herbert Fiebig), 276 (Dietmar Katz), 279 (Carl Weinrother)
Bundesarchiv Koblenz: 275 (183-20115-0006)
Keystone, Hamburg: 260, 272 (Conti Press), 273
Süddeutsche Zeitung Photo, München: 262 (AP)
Ullstein Bild, Berlin: 278 (Wernicke, Walter), 259, 267, 268, 269, 270, 271, 274, 277

## 1954 – Das Wunder von Bern

Picture Alliance, Frankfurt: 287 (dpa-report/Keystone/Photopress-Archiv/Str), 292 (Koll), 295 o. dpa, 285
Süddeutsche Zeitung Photo, München: 291 r.
Ullstein Bild, Berlin: 283, 284 (Hartung), 288 (Nebe), 289 (Schirner X), 296 (Archiv Gerstenberg), 298 (Wefringhaus), 299 (Wolff & Tritschler), 281, 282, 286, 290, 291 li., 295 u., 297

## 1961 – Die Mauer

BPK Berlin: 306 (Gerhard Kiesling), 318 r. (Will McBride)
Corbis, Düsseldorf: 304 (Bettmann)
Keystone, Hamburg: 311 (Pelikan)
Picture Alliance, Frankfurt: 302, 307, 309 (AKG Images), 316 o. (dpa), 317 (UPI), 319
Ullstein Bild, Berlin: 303, 315 r. (Jung), 305 (Georgi. L), 312 (Leibing), 308, 313, 315 li., 316 u., 318 li.

## 1970 – Der Kniefall

BPK, Berlin: 323 (Charles Wilp), 325 (Kurt Rohwedder), 321
Picture Alliance, Frankfurt: 324 (Egon Steiner), 327, 328 (UPI), 329 (Bratte), 331 (Alfred Hennig), 332 (Horst Ossinger)
Picture Press, Hamburg: 338 (Stern/Volker Hinz)
Süddeutsche Zeitung Photo, München: 326 (SV-Bilderdienst), 335 (AP)
Ullstein Bild, Berlin: 333 (Sven Simon), 337 (Ritter), 339 (Schraps)

## 1977 – Der deutsche Herbst

Keystone, Hamburg: 349 (Helmut Weingarten), 350
Picture Alliance, Frankfurt: 344 li. (Sven Simon), 344 r., 356, 358 (Heinz Wieseler), 346 (Windeck/Sven Simon), 355 r. (UPI), 357 li. (dpa), 357 r.
Süddeutsche Zeitung Photo, München: 341 (Sven Simon), 345 (Kucharz L.), 351 (AP)
Ullstein Bild, Berlin: 347 r., 355 li. (AP), 347 li., 352 (dpa), 342 r., 342 Mi., 342 li.

## 1989 – Der Mauerfall

Picture Alliance, Frankfurt: 361 (Votava), 364 (Sven Simon), 368 (Lehtikuva Oy lei 61), 373 (ZB-Archiv), 376, 377 (dpa),
Süddeutsche Zeitung Photo, München: 375 (Schoelzl A.), 379 (Matwijow K.),
Ullstein Bild, Berlin: 359 (Imagebrocker.net), 362 (AP), 363 (dpa), 365 (Reuters), 366, 369, 371 (ADN Bildarchiv), 378 (Oteri)